개정증보 2판

평화사상과 통일의 길

개정증보 2판

평화사상과 통일의 길

박균열
이원봉
강명진
김진만
방원석
임여진
성현영
전찬영

경상국립대학교출판부

개정증보 2판 저자의 말

평화의 문제는 인류 문명이 개척되고 난 뒤 가장 큰 문제이자, 난제입니다. 다른 나라가 침략해 오고 있는데도 불구하고 아무런 대비를 하지 않아서도 안 되고, 다른 나라가 말을 잘 듣지 않는다고 무턱대고 침략해서도 안 됩니다. 이러한 평화문제가 대한민국의 통일문제와 결부되면 더욱 복잡해집니다. 대한민국과 북한은 같은 민족끼리의 평화통일을 추구해야 하는 동시에 군사적으로 대치하고 있는 이중적인 관계이기 때문입니다.

우리는 이러한 복잡한 문제를 설명하는 하나의 용어로 엔트로피entropy를 생각해 볼 수 있습니다. 이 말은 열역학 분야에서 사용되는 것으로 엔트로피는 계界의 자유 에너지를 결정짓는 요소 가운데 하나입니다. 온도는 평형 상태에 있는 계에서만 정의되는 값이므로, 이와 같은 엔트로피의 열역학적인 정의는 오직 평형 상태에 있는 계에서만 성립합니다. 반면 통계역학적인 엔트로피의 정의는 모든 계에 적용됩니다. 이러한 엔트로피의 증가는 흔히 분자들의 무질서도의 증가로 정의되어 왔는데, 최근들어 엔트로피는 에너지의 분산 또는 무질서도로 해석되고 있습니다.

어쩌면 평화란 반전쟁이라는 단순도식이 아니라 한반도라고 하는 하나의 계 속에서 무질서도인 엔트로피를 최소화하는 제반 활동으로 정의될 수 있습니다. 지속되지도 못할 일을 시작한다거나 금방 탈로 날 거짓말을 한다거나 구성원들의 갈등을 조장하는 일들은 금물입니다. 왜냐하면 이러한 일들은 엔트로피를 계속해서 증가하게 하기 때문입니다.

그렇다고 이러한 개념들을 새롭게 구성해서 개정증보 2판의 본문 속에 넣은 것은 아닙니다. 다만 제가 그러한 취지의 내용을 보강하는 의미로 제14장을 대폭 수정했습니다. '평화의식'을 '평화에 대한 가치의식'이라고 전제하고, 제가 개발한 가치의식 측정 기본 알고리즘에 대한 내용을 신규 작성하여 이번에 포함하게 되었습니다. 또한 이원봉 교수님이 제1장 기독교 평화사상 앞부분의 상당 분량을 수정하였습니다. 여타 책자 전반의 대소 부분에 대해 많은 교정이 이루어졌습니다. 이 작업을 위해 공동저자들의 세심한 관심과 노력이 있었지만, 특히 육군3사관학교에서 오랫동안 교수로 봉직하고 대령으로 명예롭게 정년퇴임하신 김진만 교수님이 공동집필진으로 참여해서, 본문 중에 인용된 원전을 보다 더 꼼꼼하게 확인해서 책자의 신뢰도를 드높이는 데 많은 기여를 하였습니다.

끝으로 이 교재로 같이 공부하고 있는 경상국립대학교 본교 학생들뿐만 아니라 전국의 거점국립대학교 학생들의 면학 노력을 치하하고, 어려운 주제인 평화사상에 관심을 가져준 데 대하여 고마움을 표합니다. 이 책자가 여러분의 마음의 평화, 가정의 평화, 마을의 평화, 우리나라의 평화, 세계의 평화를 이루는 데 조금이나마 도움이 되기를 기원합니다. 또한 2차 개정증보판임에도 불구하고 완전히 새로운 책을 만드는 작업처럼 잘 보완해 준 경상국립대학교출판부의 관계자 여러분의 노고에 감사의 말씀을 드립니다.

2025년 신년초에
가좌골 연구실에서
집필진을 대표하여 박균열

증보판 저자의 말

동양의 고전『대학大學』전傳 2장에 '나날이 새롭게 한다'日日新 又日新는 말이 있습니다. 이 말은 은殷나라를 창건한 탕湯 임금이 자신의 대야에 '구일신苟日新 일일신日日新 우일신又日新' 아홉 글자를 새겨놓고 세수를 할 때마다 마주하면서, 자신을 씻는 것처럼 정치 또한 깨끗하고 참되게 할 것을 다짐 한 것에서 유래한다고 합니다. 이는 스스로의 구태를 벗어던지고 좋은 모습을 더욱 새로운 모습으로 발전시키는 자기변혁의 좋은 가르침으로 여겨집니다.

이 책『평화사상과 통일의 길』은 바로 그런 집필진의 노력의 일환으로 만들어진 것입니다. 이 책은 2017년에 초판으로 출간된 이래 주로 대학교 교양과목 교재로 활용되어왔습니다. 벌써 3년이 지났습니다. 그 기간 동안 통일과 평화 문제에 국한된 특별한 내용의 변화가 있었던 것은 아닙니다. 오히려 통일과 평화 문제 이외의 분야에서 큰 변화가 있었습니다. 대표적으로 코로나 바이러스로 인해많은 사람들이 고통을 겪고 있습니다. 2019년 중국에서 시작된 코로나 바이러스로 인한 전염병이 기승을 부려 전 세계가 요동을 치면서 아직도 코로나 팬데믹corona pandemic의 광풍을 벗어나지 못하고 있습니다. 그동안 코로나 바이러스에 대처하고 적응하는 과정에서 사회적 거리두기social distancing로 명명된 대면활동의 절제는 비대면 중심의 생활패턴을 촉진시켰고, 심지어 인간의 생활양식 전반의 큰 변화를 가져왔습니다. 또한 인공지능Artificial Intelligence의 발달에 따른 변화도 간과할 수 없습니다. 인공지능은 4차 산업혁명의 핵심입니다. 이 역시 지금까지의 생활 패턴을 근본적으로 변화시키고 있습니다. 인공지능 자동차, 인공지능 의사, 인공지능 법률가 등 우리의 일상 속에 많은 부분에서 인공지능의 역할이 대두되고 있습니다.

하지만 온 인류가 맞이하고 있는 이와 같은 격변 속에서도 변하지 않는 가치는 인간의 존엄, 그리고 인간과 공존하는 많은 생명체를 포함하는 자연환경의 지속가능성의 확보 등이라고 할 수 있습니다. 이러한 문제를 한 마디로 정의할 수는 없겠으나, 우리는 그것을 평화平和라고 할 수 있을 겁니다. 이 평화는 모든 인류가 추구하는 보편적 가치입니다. 이 평화의 가치는 시간적으로 예나 지금이나 변함이 없으며, 공간적으로도 동서양을 막론하고 모든 인류가 공통적으로 추구하는 가치임에 틀림없습니다. 다만 평화를 실천하기 위한 구체적인 방법이나 모습은 생활문화권의 특성에 따라 다소간의 차이가 있습니다.

우리 대한민국 국민들에게 있어서 통일의 문제는 현실적인 군사적 대치 상황과 평화적 관계 회복이라고 하는 이중적인 관계를 숙명적으로 안고 있습니다. 얼핏 보면 상호 모순적인 관계로도 보입니다. 특히 대학생들에게 이러한 모순적인 주제를 교재로 삼는 일은 여간 어려운 일이 아닙니다. 하지만 아무런 일도 하지 않으면서 역사의 흐름을 다른 사람에게 내맡기는 것보다 비록 비판이 있고 또 스스로 만족스러운 준비가 되어있지 않더라도 일단 무슨 일이든 시작해봐야 한다는 용기 아닌 용기에 기대어 이 책의 증보판은 기획되었습니다.

이 증보판은 일부 오탈자와 문맥의 재조정과 같은 부분적인 오류를 보강했습니다. 그리고 평화통일에 대한 올바른 가치의식에 관한 내용을 담고 있는 제14장이 추가되었습니다. 이장의 내용은 필진박균열의 선행연구에서 가져온 것입니다. 주로 평화의식을 평화 주제에 대한 가치의식으로 전제하고 그 가치의식을 어떻게 고양할 것인지에 초점을 맞추고 있습니다. 이번 증보판을 위해 기존 책자의 오탈자와 미진한 부분에 대한 내용 보강에 많은 기여를 한 이원봉 교수님과 성현영 박사님께도 고맙다는 말씀을 전합니다. 끝으로 좋은 증보판을 만들어 준 경상대학교출판부에 감사의 말씀을 드립니다.

2020년 晩秋에
가좌골 연구실에서
집필진을 대표하여 박균열

초판 저자의 말

대한민국과 우리 국민들에게 통일은 큰 과제이다. 통일은 몇 사람이 모여서 그야말로 통 크게 결정하면 금방 되는 일이 아니다. 또한 주변국들과의 관계와 그들의 속내 의사를 전혀 무시할 수도 없는 형국이다.

사실 따지고 보면 대한민국이 나라로서 일어서고 난 뒤에 분단이 이루어진 것은 아니기 때문에 남한과 북한은 분단 이전에 단일 정체로서 경험을 공유하고 있지는 않다. 하지만 나라 이름이야 어떻든 한민족이라는 민족적 정체성은 면면히 이어오고 있고, 이러한 전통은 대한민국의 헌법 전문에도 잘 명기되어 있다. 따라서 분단 이전에 단일 국가 형태를 공유하고 있지 않았다고 해서 남한과 북한이 통일을 이루어야겠다는 의지를 대내외에 천명하는 일이 전혀 문제되지는 않는다.

통일에 대해 우리 국민들의 여론은 대체로 북진통일을 주장했었던 이승만 정권 시기의 강경한 대북정책에서부터 김대중 정권의 화해와 협력에 기반한 대북정책 사이에서 상호 이해의 폭을 넓히기도 했고 상호 적대감이 더 심화되기도 했다. 특히 남한은 자유민주주의 체제가 갖는 특성으로 의사 표현이 자유롭다 보니 북한 문제에 대해서도 이념적 대립 양상, 즉 '남남갈등'이 끊이지 않고 있다. 남한과 북한이 이념적 대결을 지속해 오고 있고 지금도 상호 군사적 대치 상황을 유지하고 있는 상황은 대학의 교양 강좌에서 통일과 북한 문제를 다루는 데 큰 장애요인이 되고 있다.

우리 사회의 많은 사람들은 법과 규정에 명시된 것을 따르는 것을 옳고, 선한 행위라고 단정한다. 하지만 특정 시점에서 최고통치자인 대통령이 '통일 대박'이라고 하면 통일은 국가의 최고 정책 목표가 되고 옳고 선한 전제 조건이 되기도 하다가 북한이 핵실험과 미사일 발사를 재개하면 곧장 북한을 '죽일 놈'이라고 단정하는 상황 속에서 통일교육을 담당하는 사람들은 큰 딜레마에 빠지게 된다. 그렇다고 해서 이 문제에 대한 대안이 전혀 없는 것은 아니다. 즉, 도덕심리학moral psychology에 근거해서 학생들이 도덕적 추론moral reasoning 능력에 기반하여 도덕성의 발달 단계를 높일 수 있도록 하면 된다. 그러나 교양교육을 받는 대부분의 학생들이 윤리교육을 전공하는 학생들인 만큼 도덕심리학의 기초를 이해하지 못하고 있는 상황이기 때문에 이러한 전략을 구사하는 것도 한계가 있다.

그 차선책으로 풍부한 인문학의 토대 속에서 통일 문제를 이해할 수 있도록 돕고자 한다. 경상대학교에서는 전부터 <북한 정치와 사회>라고 하는 과목을 운영해 오고 있다. 이 과목은 역시 교양과목인데 주로 북한에 초점을 두고 가르친다. 오랫동안 이 과목을 운영해 오면서 '통일' 주제를 따로 떼어 내서 북한 문제와 별도로 다룰 필요성을 느끼고 있었다. 그런데 마침 2016년 2학기부터 통일부에서 북한과 통일 분야의 강좌 지원사업의 기회를 얻게 되어 이후 계속해서 강좌를 진행해오고 있다. 강좌명은 <평화사상과 통일의 길>이라고 상정했다. 평화학의 풍부한 인문학적 소양을 토대로 통일 문제를 이해하고자 한 것이 이 강좌의 개설 취지였다. 혹여 사업 기간이 끝나 이 강좌에 대한 통일부의 지원이 중단되더라도 자생력을 갖춘 강좌로 만들어 나가기 위해 강의를 같이 이끌어 가고 있는 강사진의 협력으로 교재를 만들게 됐다.

이 책은 교양 수준에서 평화학에 기반을 둔 통일 문제를 탐구하도록 기획됐다. 이 교재는 제1부 평화사상, 제2부 평화운동과 실천, 제3부 통일의 길이라는 주제로 총 3부로 구성됐다. 각 장별 기획은 통일부 통일교육위원 중앙협의회 운영위원을 역임한 바 있는 강명진 박사님과 본인이 총괄했고, 각 장별 기술은 개인적인 역량과 경험 등을 종합적으로 고려한 역할 분담을 해서 이루어졌다. 우선 이원봉 교수님은 신학대학을 졸업하신 목사님이신데도 불구하고 종교적 편견 없이 제1장 그리스도교의 평화사상, 제4장 정의전쟁론과 평화사상, 제5장 반전 평화사상, 제9장 비폭력 인권운동의 평화사상을 맡아서 훌륭하게 기술해 주셨다. 임여진 박사는 해군리더십센터 교수로 근무하는 와중에도 난해한 제2장 유교의 평화사상, 제3장 불교의 평화사상을 맡아서 기술해 주셨다. 제6장 인간애 발현 운동과 평화, 제7장 인간차별 극복과 평화, 제10장 지역갈등 극복과 평화, 제11장 국제 평화유지활동과 평화 등은 전찬영 소령이 맡아서 기술해 주셨다. 전찬영 소령은 해군사관학교를 졸업한 엘리트 해군장교로서 UN의 요청에 의한 다국적군으로 세 차례나 해외파병을 다녀온 소중한 경험을 가지고 있어, 국제 문제와 윤리 관련 내용에 대해 권위 있는 기술을 해 주셨다. 전 소령은 임여진 박사와 함께 해군리더십센터에서 교수로 근무했으며, 현재는 해군에서 청해진함 부함장 임무를 수행하고 있다. 다양한 개인적 경험과 성실함이 이 책의 완성도를 높이는 데 큰 도움을 주었다. 그리고 제8장 인간안보를 위한 INGO의 활동, 제12장 국가의 통합과 분단국 통일, 제13장 한민족 통일의 노력과 평화통일의 길 등은 방원석 박사님이 맡아서 기술했다. 학위 논문 작성과 책자 집필 시기가 겹쳐서 개인적으로 큰 고생을 하셨는데, 특별히 감사하다는 말씀을 전해 드린다.

끝으로 이 책을 경상대학교출판부의 이름으로 명예롭게 출판될 수 있도록 기회를 주신 박현곤 출판부장님과 편집과정에서 많은 도움을 주신 김종길 편집장님을 비롯한 직원들의 노고에 감사드린다. 이 책의 초안을 읽어 보고 정성스러운 지적과 자문을 해 주신 경상대학교 윤리교육과 이상호 교수님께도 감사드린다. 이 책으로 공부하게 될 수강생 여러분들의 앞날에 행운이 가득하기를 기원한다. 또한 이 책은 통일부와 한국정치학회의 지원에 의한 '통일·북한 강좌 지원 사업' 덕분에 빛을 보게 됐다. 이 사업을 지원해 준 통일부와 한국정치학회에 다시 한 번 감사드린다.

2017년 여름
가좌골 연구실에서
집필진을 대표하여 박균열

목차

제1부

평화사상

제1장

그리스도교의 평화사상

1. 머리말

평화peace란 한마디로 평온하고 화목함을 말한다. 그리고 이러한 평화의 개념을 바탕으로 그리스도교의 평화사상은 "신의 계획과 신의 질서를 통해서 평화가 완성된다."[1]는 논리로 전개된다. 즉 이 세계는 신이 창조한 것이기 때문에 신이 계획한 질서와 섭리에 합당하고 조화를 이룰 때 진정한 평화가 실현된다는 것이다. 평화란 평온하고 화합된 상태를 말하는데, 이는 신이 창조한 이 세계가 신의 운용원리와 간섭에 의해 세계가 움직이고 진행될 때 평화의 세계가 가능하다는 논리이다.

이러한 평화의 세계에는 신과 인간과의 관계, 인간과 자연과의 관계, 그리고 인간과 인간과의 관계를 망라한다. 그리스도교에서 제시하는 신과 인간과의 평화관계는 예수 그리스도의 속죄를 통해 인간의 원죄를 해결함으로써 가능하게 된다는 논리이다. 즉 인간의 창조주 신에 대한 불순종의 범죄로 신과 불화하여 서로 갈라져 있다가 마침내 예수 그리스도의 십자가 죽음에 의한 희생적 속죄로 말미암아 신과의 화해를 이루게 되고 이로써 평화의 상태가 유지된다는 것이다.

인간과 자연과의 관계에서는 인간이 비록 신의 피조물이긴 하지만 신의 형상

1 최상용, 『평화의 정치사상』, 나남출판, 2006, p.63. 여기서 저자는 아우구스티누스의 『신국론』 내용 중 안전과 평화의 문제와 관련하여 역사의 궁극 목표는 신의 계획의 실현이라고 분석하고 있다.

으로 만들어졌기 때문에 가장 우월한 존재이므로 인간이 모든 피조물 즉 자연계를 지배하는 것이 당연하다는 논리다. 다만 인간이 탐욕을 부려서는 안 되고 순리적으로 자연을 지배해야 하는데 그렇게만 되면 평화의 상태가 지속된다는 것이다. 인간과 인간과의 관계에서는 인간 상호간의 문제로서, 각 개개인이 자신의 주변과 이웃에게 해를 끼치지 않고 사랑함으로써 평화의 상태를 유지한다는 것이다. 이를 구체적으로 표현한 것이 구약의 십계명과 신약의 산상수훈이다. 결국 그리스도교의 평화에 대한 강조점은 성서에서 제시하는 이 두 정신에 맞게 실천하고 행동함으로써 평화의 상태를 유지한다는 논리이다.

2. 그리스도교에서 평화사상의 위상과 의미

평화사상은 그리스도교에서 추구하고 강조하는 핵심적인 사상 중의 하나이다. 예수 그리스도의 가르침 중에서 가장 중시하는 산상수훈에서도 "복됩니다! 평화를 이루는 사람들이여, 그들은 하나님의 자녀라 불릴 것입니다."라고 강조했다.[2] 여기서 말하는 평화는 개인과 개인, 집단과 개인, 그리고 인간과 신과의 평화를 모두 망라하고 있으며, 이를 통하여 인간은 자신들이 추구하는 최고의 복인 팔복 중의 하나를 누리게 되는 것이다.

2-1. 샬롬שָׁלוֹם적 평화와 에이레네εἰρήνη, Eirene적 평화

그리스도교에서 주로 사용되는 평화는 샬롬שָׁלוֹם적 평화와 에이레네εἰρήνη, Eirene적 평화이다. 그리스도교의 경전인 구약성서에서 샬롬으로 표현되는 평화는 정치,

2 『성서원 쉬운말 성경』,「마태복음」5:9. 이하 성경 구절은 모두 『성서원 쉬운말 성경』에서 가져옴.

군사적 영역뿐만 아니라 법률, 예배, 사회질서, 생산 등 인간적인 삶의 모든 영역에도 관련되어 있는 넓은 개념으로 사용되어왔다. 그리고 보다 근원적으로는 신의 섭리 하에 부족함이 없는 완전한 상태를 이루고 온전히 치유됨을 뜻한다. 이러한 구약의 샬롬은 원래 인간 대 인간 관계에서의 개념이었으나 후기 이스라엘 시대에서는 신과 인간과의 관계까지 확대 해석되기도 했다. 그리하여 궁극적으로 평화의 주체는 바로 그 공동체의 신인 여호와 하나님이라는 점을 강조했다.

신약성서에서도 하나님의 나라는 신의 정의가 실현되는 세계로 표현하며, 그 결과 평화가 완성되는 세계라고 선포하고 있다. 신약시대에서 표현하는 평화의 개념인 에이레네는 헬라그리스어로 표기된 된 바와 같이 전쟁에 대한 반대 개념으로 사용되었다. 민족 간 또는 폴리스 상호간의 전쟁 상태에서 일시적인 평온 기간, 즉 휴전을 의미했다. 이 에리레네는 라틴어의 팍스pax와도 구별된다, 팍스는 전쟁을 막기 위한 정치적 지배체제를 공고히 하고 군사력을 동원하여 무력적으로 평정을 유지하는 소극적 의미의 평화를 말한다. 반대로 결국 에이레네는 전쟁의 지속적인 상태에서 하나의 쉼 또는 휴식기간으로 이해된 사건들의 상태를 의미한다. 즉 평화의 시간 혹은 평화의 상태를 의미했다. 동시에 이 에이레네는 궁극적으로 그리스도의 십자가 대속이라는 속죄를 통해 하나님과 인간 사이의 관계를 화해시킨 것이 핵심이라 할 수 있다. 뿐만 아니라 좀 더 나아가 인간과 만물과의 화해관계를 모색하기도 했다. 따라서 신약성서의 평화는 구약의 평화인 샬롬의 연장선산에 있는 개념인 동시에 구약의 평화를 완성하는 개념으로서 이해해야 할 것이다.

그리스도교에서 보여주는 평화는 단순히 전쟁이 없는 상태로서의 소극적 의미만 지닌 것이 아니다. 인간과 인간 사이의 관계 안에서 야기되는 차별과 구조적 불평등에서 오는 폭력, 인간이 자연에게 가하는 생태적 폭력에 반대되는 의미도 지닌다. 이러한 에이레네적 평화는 당시 로마에 의한 평화Pax Romana로 통하던 로마사회에서도 생존이 가능했었다. 그 이유는 강력한 통치와 지배질서 속에서도 에이레네적 희생과 양보를 통해 로마사회의 공동체 안에서 유지될 수 있었기 때문이다. 그리하여 이 에이레네적 평화는 권력의 정당성을 부여하는 정치적 이론으로 확립되기도 했다.

2-2. 에이레네εἰρήνη, Eirene적 평화에서의 케노시스κένωσις

에이레네적 평화가 나타내는 속죄적 평화의 상태는 그리스도교에서 가장 강조하는 부분이다. 즉 신은 예수 그리스도의 속죄를 통해 신과 인간과의 평화를 이루고 동시에 인간 상호간에도 평화를 이루게 했다는 것이다. 이러한 평화의 완성 과정에서 가장 중요시되는 개념이 바로 케노시스κένωσις이다. 케노시스란 신약성경 「빌립보서」의 '자신을 비움'[3]이라는 표현에서 유래한 것으로서, 예수 그리스도의 자기비하自己卑下를 지칭한 표현으로 쓰인다. 즉, 예수 그리스도는 성육신成肉身: incarnation[4]을 통하여, 신성神性을 감소시킨 것이 아니라 낮은 모습의 인성人性을 취한 것이다. 다시 말해서 예수 그리스도는 높은 영광의 위치에 있을 수 있음에도 불구하고 스스로 낮은 곳을 택하였다는 것이다.

이 케노시스를 그리스도의 겸비self-humiliation of Christ라고도 표현한다. 다시 말해서 그리스도의 겸비란, 세상의 인간을 구원하기 위해 신의 아들인 예수 그리스도가 신적인 위엄을 스스로 버리고 인성을 취했다는 것을 의미한다. 동시에 이렇게 함으로써 율법의 제정자인 신이 오히려 그 율법의 요구와 저주 아래 놓인 상태가 되었다는 것이다. 다시 말해서 겸비는 예수 그리스도의 자기 비움, 자기 비하 또는 낮아짐을 가리킨다. 예수 그리스도가 자기를 비워 겸손하게 한 것을 다른 말로 표현하면 스스로 신성神性을 포기한 것이 아니고 신성을 완전히 감추어 많은 사람들의 눈에 신성을 가지지 않은 존재로 나타낸 것이라고 할 수

---

3 "그리스도께서는 본래 하나님과 똑같은 분이면서도 하나님과 똑같은 자리에 있지 않으시고, 도리어 자신을 온전히 비운 후에 종의 모습을 취하셔서, 우리와 똑같은 사람이 되셨습니다." 「빌립보서」 2장 6-7절.

4 성육신이란 신적인 존재가 인간의 육체 안으로 들어와서 인간 가운데 거하는 것을 이르는 말로써, 하나님의 아들인 예수 그리스도가 사람의 몸을 입고 동정녀를 통해 탄생하여 마침내 인류를 구원한 역사적 사건을 말한다. 사도 요한은 이를 "그 말씀(로고스)이 육신이 되어 우리 가운데 사셨다." (「요한복음」 1장 14절)라고 표현했다.

있다.[5]

3. 성경에 나타난 평화사상

3-1. 구약의 십계명에 나타난 평화사상

십계명은 그리스도교의 구약성경의 핵심 내용이다. 이 십계명에 나타난 평화사상은 신과 인간 사이의 평화와 인간과 인간 사이의 평화를 동시에 다루고 있다. 십계명에서는 인간 공동체의 평화적 상태의 유지를 위해서 두 가지 핵심적 요구를 제시하고 있다. 첫째는 신 중심적 공동체를 통한 평화적 상태의 유지이다.[6] 즉 인간과 자연을 창조한 유일신 여호와를 사랑하고 섬기라는 것이며, 이는 유일신의 뜻을 거스르지 않고 순종함으로써 신을 중심으로 피라미드식 위계질서를 유지할 때 이 세계는 평화의 상태를 유지할 수 있다는 것이다.

둘째는 인간 상호간의 평화상태 유지이다. 이를 위해 강조한 것이 타인 무해의 원칙 또는 피해 최소화의 원칙이다. 즉 모든 인간이 각자의 삶을 영위하기 위해 열심히 살아가되 최소한 각 개인은 자기 이웃에게 해를 끼치지 말라는 것이다. 예컨대 살인, 간음, 도둑질, 거짓증언 등으로 인하여 다른 사람에게 피해를 주어서는 안 된다는 것이다. 이와 관련하여 십계명에는 '눈에는 눈', '이에는 이'라는 동해보복법同害報復法의 정신이 그 저변에 흐르고 있다. 다만 유의할 점은

5 『마태복음』 11:25-27.

6 구약의 십계명 중 제1-4계명은 신과 인간과의 관계를 제시하고 있다. 예컨대 제1계명, 너희는 나 외에 다른 신들을 모시지 말라. 너희는 신상을 새기지 말라. 위로 하늘에 있는 것이나, 아래로 땅에 있는 것이나, 땅 밑 물속에 있는 것이나, 어떤 것이든 그 모양을 본 떠 우상을 만들지 말라. 제2계명, 너희는 우상을 만들어 그 앞에 절하지 말고 섬기지 말라. 너희의 주 하나님께서는 질투하시는 하나님이다. 제3계명, 너희는 너희 주 하나님의 이름을 함부로 부르지 말라. 내 주는 내 이름을 함부로 부르는 자들을 가만 두지 않겠다. 제4계명, 안식일을 기억하여 거룩하게 지켜라. (「출애굽기」 20장 3-8절)

이 동해보복법의 원리가 얼핏 과장된 피의 복수를 부르는 것처럼 보이지만 실제는 그렇지 않다는 것이다. 오히려 과도한 보복으로 말미암아 초래되는 공동체 파괴의 위험 보다는 그러한 보복이 뒤따름을 염두에 두고 남에게 피해를 주는 행위를 삼가라는 사전 예방적 의미가 더 강하다. 동시에 비록 남을 해치는 잘못된 결과를 초래했다고 할지라도 피해자는 감정에 치우쳐서 대량보복으로 대할 것이 아니라 동일 분량의 보복을 가함으로써 형평의 원칙 또는 공평 공정의 정의원리를 보여줌으로써 공동체의 질서를 유지하자는 면이 더 강하다. 결국은 모든 인간이 십계명의 평화사상만 잘 지키고 유지해도 이 세계는 평화의 상태를 유지할 수 있다는 논리이다.

3-2. 신약의 산상수훈에 나타난 평화사상

산상수훈의 평화사상은 신약성경의 핵심사상이다. 산상수훈은 예수 그리스도의 가르침으로써 앞의 십계명을 토대로 이루어졌다고 볼 수 있다. 그러나 그 내용이 보다 근원적, 본질적이고 자기희생적이며 변증법적 발전을 보여주는 평화사상이다. 예컨대 산상수훈에서는 십계명의 동해보복법의 원리를 더욱 발전시켜 완벽한 평화사상을 전개하고 있다.[7] 다시 말해서 비록 상대방이 자신에게 어떠한 위해危害를 가한다 하더라도 상대에 대하여 복수를 삼가라는 것이다. 예컨대 누구든지 네 오른 편 뺨을 치거든 왼편도 돌려 대라고 강조한다. 이러한 평화사상은 피해자가 마땅히 주장할 수 있는 피해 보상의 권리를 양보하거나 포기하라는 교훈이어서 구체적 실천을 어렵게 하는 매우 충격적인 논리이다. 그 어떤 경우라도 직접 대응함으로써 복수가 복수를 낳는 악순환의 고리를 끊고 오히려 상대방에게 관용하며 비폭력 무저항으로 대응함으로써 문제를 근본적으로 해결하라는

7 "모세의 율법에는 '눈에는 눈으로, 이에는 이로!'라고 쓰여 있습니다. 그러나 나는 여러분에게 말합니다. 똑같이 앙갚음하려고 하지 마십시오. 만일 당신의 한 쪽 뺨을 때리는 사람이 있거든 당신의 다른 쪽 뺨도 대 주십시오." 「마태복음」 5장 38-39절.

것이다. 뿐만 아니라 너에게 속옷을 가지고자 하는 자에게 겉옷까지도 가지게 하며 또 누구든지 너로 억지로 오리를 가게 하거든 그 사람과 십리를 동행하라[8] 고 한다. 그야말로 투쟁과 갈등을 근원적으로 차단하고, 적대의식을 불식시킴으로써 가장 안전하고 평화로운 상태의 공동체를 유지할 수 있는 사상이다. 그러나 현실적으로 실천 가능성 여부와 관련하여 지적될 수 있는 문제점도 있다. 과연 이러한 평화사상을 우리 사회의 보통 사람들이 일상생활 속에서 개인적으로 실천할 수 있겠는가 하는 것이다. 다시 말해서 자기 자신의 생존을 위한 이기적 본성을 적절하게 통제하고 이타적 희생정신을 실천할 수 있을 것인가 하는 의구심이다. 자칫 이상적 평화사상으로만 치부될 우려도 없지 않다. 그럼에도 불구하고 그리스도교의 평화사상이야말로 개인의 희생적 삶을 통하여 공동체의 평화를 실현하려는 가장 바람직한 사상이라고 할 수 있다.

4. 중세 교부들의 평화사상

전술한 바와 같이 그리스도교는 평화의 종교이다. "눈에는 눈, 이에는 이"의 동해보복의 원칙이 아니라, "네 이웃을 사랑하라", "오른뺨을 때리면 왼뺨을 내밀어라", "원수를 사랑하라"라는 등 화해와 용서를 가르치는 사랑의 종교이다. 따라서 그리스도인들에게 전쟁의 문제는 양심의 갈등을 불러일으키는 문제일 수밖에 없다. 초기 그리스도인들 가운데는 "나는 그리스도인이다. 따라서 군인이 될 수 없다"라는 평화주의를 내세우며 군대를 떠난 사람도 있다. 그러나 이후 신

8 "속옷을 달라고 하는 사람이 있거든, 겉옷까지도 벗어주십시오. … … 또 모세의 율법에는 '네 이웃을 사랑하고, 네 원수를 미워하라.'고 쓰여 있습니다. 그러나 나는 여러분에게 말합니다. 당신의 원수를 사랑하십시오. 당신을 박해하는 자들을 위해 기도하십시오. 그래야만 여러분이 하늘에 계신 아버지의 자녀가 될 것입니다. 하늘 아버지는 악한 사람에게나 선한 사람에게나 똑같이 햇빛을 비추어 주시고, 의로운 사람에게나 불의한 사람에게나 똑같이 비를 내려 주십니다." 「마태복음」 5장 40-45절.

학자들은 전쟁의 불가피함을 변호하기 위해 정당한 전쟁이라는 개념을 정립했다. 역사적 관점에서 볼 때 기독교적인 평화사상을 내세우면서도 동시에 정당한 전쟁의 개념을 가장 잘 정리한 이론가는 중세의 교부 철학자 아우구스티누스와 토마스 아퀴나스이다.

4-1. 아우구스티누스Aurelius Augustinus, 354~430의 평화사상

아우구스티누스는 교부철학의 아버지로 불린다. 이때 교부는 그리스 고전고대 시대에서 로마로 이어지는 시기에 기독교 교의를 설명하고 변론한 일군의 기독교 신학자들을 일컫는다. 이들 중 특히 아우구스티누스는 그의 저서 『신국론』을 통해서 안전과 평화의 문제를 제기했다.

가. 신의 계획과 섭리에 의한 평화의 실현

아우구스티누스는 그리스도교의 평화사상과 관련하여 뚜렷한 역사관을 갖고 있다. 그는 역사의 궁극 목표를 신의 세계 계획의 실현이라고 강조한 것이다. 신의 세계 계획은 신의 창조와 신의 섭리로 표현된다. 천지창조 당시 모든 창조 세계는 신의 뜻에 부합됐고 신이 보기에 매우 흡족했다.[9] 그러나 인간의 등장과 더불어 인간이 신의 명령을 어기고 신의 뜻에 거스르는 행동을 하게 됨으로써 지상의 세계는 불화不和와 갈등과 전쟁의 상태가 됐다. 이에 신은 인간과 신 사이에 평화의 상태를 회복하기 위해 희생적 화해자를 보내게 되는데 그가 바로 예수 그리스도이다. 여기서부터 평화적 세계를 회복하려는 신의 섭리가 강조된다. 물론 신의 섭리는 창조 이전부터 이미 시작됐고 계속하여 진행되어 왔었다.

---

9 "태초에 하나님께서 하늘과 땅을 창조하셨다. 땅은 아무런 형태 없이 텅 비어 있었고, 어둠만이 깊은 바다 위를 뒤덮고 있었다. 하나님께서 말씀하셨다. "빛이 있으라!" 그러자 빛이 생겼다. 하나님께서 빛을 보시니, 그 빛이 좋았다" 「창세기」 1장 1~4절. 이 외에도 하나님께서 뭍과 바다를 만드실 때와 온갖 식물들을 창조하실 때, 해, 달, 별을 창조하실 때, 그리고 온갖 동물들을 창조하실 때마다 모두 좋았다고 말씀하셨다. 특히 「창세기」 1장 31절에서는 "하나님께서 손수 만드신 것들을 보시니 매우 좋았다"라고 기록되어 있다.

루터는 이러한 신의 섭리와 목표를 향하여 인간의 역사가 진행하고 있다고 생각했다. 또한 그 과정에서 신에의 사랑과 자기에의 사랑이 서로 대립하는 상태, 즉 신국과 지상국의 대립이 생긴다고 생각했다. 그는 지상국을 육체의 법칙에 따라 안전을 추구하는 사람들의 나라로, 신국을 영혼에 따라 평화를 애호하는 사람들의 나라라고 설명하고 있다. 지상국에서 나타나는 육체의 법칙은 인간의 부패한 이기심과 신에 대한 불순종이 그 저변에 잠재되어 있기 때문에 항상 갈등과 불화의 상태가 지속된다고 그는 보고 있다. 이는 마치 토마스 홉스가 표현한 '만인에 대한 만인의 투쟁' 상태Bellum omnium contra omnes로서의 자연 상태를 방불케 한다. 그러므로 생존을 위한 안전의 추구가 무엇보다 중요하다. 따라서 모든 인간은 신의 계획과 섭리를 정확하게 파악하여 이에 순종함으로써 평화를 누리는 것이 중요하며, 이것이 교부 철학자들의 관심사이다.

나. 신국과 지상국에서의 평화

아우구스티누스가 강조한 평화사상의 논리 안에는 로마인들이 숭배했던 신에 대한 예배와 그들의 현세적인 쾌락 추구도 밀접히 관련되어 있다. 그렇기 때문에 로마의 신 역시 선과 정의에 대한 규범일 수 없고 오히려 인간을 도덕적 퇴폐로 이끌었다고 서술하고 있다. 그러면서 로마사회의 위기적 상황은 로마인의 정신적 타락에서 유래한다고 했다. 이에 비해 기독교의 신은 인간이 올바르게 살아가면서 축복된 생명을 부여받는 방법을 가르치는 신이라는 것이다. 따라서 그 신은 현세의 잘못된 인간을 재판하지만 그 과정에서도 오히려 인간은 현세의 행복을 위해 희망을 갖고 이 유일신을 믿어야 할 것이라고 서술하고 있다.

후반에서는 이 신에 대한 신앙과 사랑의 방향에 따라서 두 개의 국가가 성립하게 된다. 신국과 지상국이 그것이다. 그리고 인류의 역사는 이들 두 국가의 대립 항쟁과 조화에 의해서 채색되고 있다는 사실을 보여 준다는 것이다. 두 국가는 신을 멸시하고 스스로를 과장하는 자애自愛에 의해 성립된 지상의 국가와 자신을 비하하고 기뻐하면서 신에의 사랑에 의해 성립된 신의 국가로 나눠진다.

이러한 지상국과 신국의 대립은 역사의 종말에 가서 확연하게 구분된다. 즉 지상국의 종말은 영원한 단죄로, 신국의 종말은 영원한 행복으로 나누어진다는 것이다.

신국에서는 예수 그리스도의 케노시스적 자기 비움[10]의 희생과 사랑으로 인하여 완전한 평화의 상태가 유지되고 동시에 이를 애호하는 세계가 된다고 강조한다. 아우구스티누스는 신의 창조와 관련하여 세계가 신의 이데아에 따라 그 의지에 의해 창조된 것이라고 설명한다. 그리고 신의 섭리와 관련하여 원죄를 짊어진 인간은 악을 행하는 자유를 가질 뿐이며, 구원은 오로지 신의 은총에 의해 가능하다고 주장했다. 또한 이 구원의 대상이 누가 되는가는 신의 영원한 예정에 의한 것이며 교회가 이 은총을 매개한다고 주장했다.

그는 만년의 저작인 『신국론』을 통해 '교회 외에 구원은 없다'라는 그의 신앙과 사상을 역사 철학의 형태로 전개하고 있다. 그리고 여기에서 인간의 존재를 지상적인 측면과 천상적인 측면 양쪽에서 파악했다. 동시에 역사를 인간에 대한 신의 구원 계획의 실현 과정으로 보면서, 교회라는 보편적인 인간 공동체의 확립을 통하여 영원한 기독교 공화국인 '신의 나라'가 최종적으로 실현된다고 주장했다. 그의 시대인 노예제의 붕괴와 게르만족의 침입에 의해 몰락하고 있던 로마제국에서 이교도가 횡행하는 황폐한 현실이 '땅의 나라'였던 것이다.

그의 말에 따르면, 사람이 신의 은혜를 입는 것은 교회와 그 신비神秘에 의해서만 가능할 뿐, 교회 밖에서의 구원은 없다. 신을 추종하는 신에 대한 사랑과 신을 등지는 자애自愛로 구별되는 두 개의 나라는 반드시 교회와 세속국가를 의미하는 것은 아니며, 하나님의 나라는 지상에 이국인異國人으로서 거류하는 자국의 백성을 교회를 통해서 자신의 곁으로 인도하는 것을 가리키는데 이런 의미에서 교회는 비로소 그 존재 의의를 찾는 동시에 그 신앙에서의 위치를 확립한다는 것이다.

10 최정석, "불교와 그리스도교의 평화와 실천", 『한국불교학』, 제60집, 서울: (사)한국불교학회, 2011, p.138.

다. 질서 있는 조화로서의 평화

아우구스티누스는 여러 가지 수준의 평화에 대해서 설명하고 있다. 예컨대 개인적인 수준과 공동체적인 수준으로의 구분이 그것이다. 한 인간에게 신체의 평화는 여러 지체들의 각 부분이 서로 질서 있는 조화를 이루고 있는 상태이고, 비이성적 영혼의 평화는 본능적 욕구들이 서로 질서를 이루면서 휴식 상태를 이루는 것이며, 이성적 영혼의 평화는 인식과 행위가 서로 질서 있는 일치를 이루는 것이라고 말한다. 그리고 개인과 공동체에 따라 평화의 상태를 구분하면, 먼저 개인에게 신체와 영혼의 평화는 생물의 질서 있는 생활이고, 사회적 존재로서의 인간 상호 간의 평화는 질서 있는 화합의 상태를 지향한다. 공동체에서 국가의 평화는 시민 가운데 명령하는 자와 복종하는 자의 질서 있는 화합을 말하고, 천국의 평화는 신을 향수하고 신을 만나 서로 사랑하는 가장 질서 있는 교류의 상태라는 것이다. 결국 아우구스티누스가 강조하는 평화의 논리는 질서의 평온이라고 할 수 있다.[11]

이러한 평화 즉 질서의 평온과 관련하여 아우구스티누스는 이를 창조주의 의지와 자연의 질서로 보고 있다. 즉 모든 존재가 창조주의 의지에 복종하면서 각기 부여받은 고유의 영역에서 최선을 다하고 고유의 본성에서 가치를 지니고 있을 때 평화의 상태가 완성된다는 것이다. 아우구스티누스는 이러한 타인에 대한 자율적 양보 상태를 질서라고 말하며 거기에 바로 평화가 있다고 강조한다. 따라서 질서는 창조와 함께 만물에 부여된 것이며, 이 질서가 보존되는 곳에 질서의 평온 즉 평화가 존재하는 것이다. 아우구스티누스에 의하면 평화는 단순히 싸움이 없는 휴지休止 상태를 의미하는 것이 아니다. 모든 것이 전체적 질서 속에서 자기의 위치와 의의를 발견하고 그 질서에 적극적으로 동참하는 가운데 평화가 이루어진다는 것이다.

아우구스티누스는 평화를 논할 때 우선 신의 피조물 전체를 망라하면서도

11 최상용, 『평화의 정치사상』, 나남출판, 2006, p.65.

특히 인간의 평화 추구를 강조했다. 예컨대 '모든 인간은 평화만큼 호의를 가지고 듣는 말도 없고 평화만큼 선한 것을 볼 수도 없다'라는 테제가 그것이다. 아우구스티누스에 의하면 평화는 신이 타락한 인간[12]에게 남긴 존재론적 선善 바로 그 자체이며 천지창조와 인간 역사의 섭리에 대한 궁극적 목표라고 볼 수 있다.

아우구스티누스의 문제의식은 당시 혼란한 지상의 삶을 살아가는 인간들에게 어떤 목표가 있는지에 대한 것이었다. 그는 이에 대해서 동시적으로 존재하는 하나님의 도성을 제시한다. 초기 그리스도교를 관통했던 하나님 나라의 당대적 도래와 예수의 재림[13]이라는 기대가 시간적으로 지연되면서 발생하는 신학적 갈등을 사상적으로 재정리하여 그리스도교인들에게 삶의 목표와 지향점을 제공하게 된 것이다.

더불어 하나님의 도성은 정치적 격변기라 할 수 있는 로마제국 말기에 국가와 인간의 관계에 대한 모범적인 해답이 됐고, 정치와 종교의 관계 설정에 하나의 교본이 됐다. 실제로 하나님의 도성은 당시 로마뿐만 아니라 이후 중세로 이어지는 유럽 사회에서 정치질서를 바로 잡은 중요한 가늠자로서 그 역할을 충실히 이행했다. 아우구스티누스는 이러한 하나님의 도성 개념을 통해서 정치와 종교가 어떻게 관계 설정을 해야 하는지에 대한 원론적 답변을 해 주고 있다.

그리스도교가 당대의 종교에서 시대의 정치사상으로 자리매김을 하기까지 아우구스티누스의 역할과 공헌은 절대적이다. 아우구스티누스는 플라톤의 이데아론을 적용하여 하나님의 나라를 설명하고 가시화한다. 고대 그리스의 소크라테스와 플라톤의 정치사상이 아우구스티누스를 통해서 다시 살아나, 기독교

---

12 인간의 타락은 신의 명령에 대해 불순종한 결과의 상태이다. 『창세기』 3장 17절을 참조, "하나님께서 아담을 향해 말씀하셨다. "너는 네 아내의 말을 듣고 내가 먹지 말라고 명한 그 나무 열매를 먹었으니, 이제 너로 인해 그 땅이 저주를 받을 것이다.""

13 하나님 나라의 당대적 도래와 예수의 재림에 대해서는 『요한계시록』 22장 20절을 참조, "끝으로 이 모든 것을 증거하신 분께서 다시금 말씀하십니다. "그렇다, 내가 참으로 속히 가겠다!" 아멘 주 예수여, 오시옵소서!"

는 명실공히 세계종교이자 세계의 정치사상으로 자리를 잡아가게 된 것이다.[14]

라. 평화에 대한 수준별 개념

아우구스티누스의 평화사상은 매우 다양하고 세분화되어 있다. 그는 시간적 존재로서의 인간의 평화를 신체와 영혼의 질서 있는 조화 속에서 찾고 있다. 그리고 인간 상호 간의 평화는 명령과 복종의 질서 있는 화합에서 도출하고 있다. 특히 공동체의 출발점인 가정의 평화에 대해서는 가정이 국가의 한 부분이기도 하지만 가장의 지배를 국가 수준의 정치지배의 모델로 이해했다. 다만 여기서 유의할 부분은 평화적인 국가와 관련하여 지배자의 배려를 중시했다는 점이다. 즉 지배자는 복종자를 배려하고 복종자가 오히려 배려를 받음으로써 국가 공동체에는 단순히 권력적인 상하관계가 아니라 사랑으로 봉사하고 사랑으로 따르는 데서 평화가 생긴다는 것이다.

그러나 이러한 모든 지상의 평화 관계는 신국의 평화가 오면 소멸해 버린다. 따라서 지상의 시간적 평화는 지상에서의 생을 보내는 한에서만 필요하고 천국에서의 영구 평화에 도달하기 위해서일 때만 의미가 있다. 결국 지상의 일시적 평화는 그 자체가 목적이 아니며, 모든 지상의 평화는 궁극적인 신국의 영구 평화의 수단으로서만 의미가 있다고 본 것이다.

아우구스티누스의 평화에 대한 개념은 세 개의 수준으로 분류할 수 있다. 첫째는 개인적 차원의 평화이다. 이는 개인에게 있어서 신체와 영혼의 평화, 인간과 신의 평화에 대한 정의이다. 두 번째는 인간의 사회적 평화로써, 인간 상호 간의 평화와 가정 및 국가의 평화에 대한 개념이다. 이는 인간을 사회적 측면에서 분석한 것으로 아우구스티누스에 의하면 평화는 인간의 사회적 본성의 요청이기 때문에 개인을 단위로 한 가정과 가정을 단위로 국가에로의 평화 지향성을 제시하고 있다. 세 번째는 천국의 평화에 대한 개념이다. 이는 시간적 제약을

14 박의경, "로마제국과 아우구스티누스: 기독교와 정치질서 그리고 평화", 『세계지역연구논총』, 제28집 3호, 한국세계지역학회, 2010, p.9.

받지 않는 영원한 평화로서 지상의 평화와는 그 차원을 달리한다. 인간이 신을 보고 신을 사랑하고 신을 만나서 서로 사랑하는 관계가 존재하는 그야말로 참된 의미의 평화이다.[15]

요컨대 참다운 의미에서의 평화라고 할 수 있는 영구 평화, 즉 천국의 평화는 지상에서 성취하기에는 많은 제한을 가져오는 개념이기도 하다. 이 평화는 인간에게는 부활에 의한 영생을 가진 자들 간의 사랑의 교류에서만이 성립하는 평화이기도 하다. 여기서는 이미 지배복종의 관계가 아니라 모든 자가 다 같이 영생의 축복을 얻고 신과의 관계도 신앙에 의한 축복의 생활을 지속하는 그야말로 평화로운 관계를 의미한다.

이처럼 아우구스티누스는 천상의 평화라는 준거틀에서 지상의 평화를 상대화함으로써 지상의 평화가 가지는 한계와 함께 천상의 평화가 가지는 효용을 동시에 인정했다. 그에 의하면 로마는 신의 섭리에 의해서 깊고 넓게 평화를 창출할 수 있었다. 그러나 그것은 덕의 완성이 아니라 죄의 용서에 지나지 않았다. 로마의 평화는 참다운 평화가 아니라 바벨론의 평화에 지나지 않는다. 이처럼 천국의 평화와 지상의 평화를 준별함에 있어서 중요한 것은 이 양자의 관계이다. 그는 후자의 한계를 분명히 인정하면서도 전자와의 관계에서 적극적인 의미를 부여하고 있다. 이 점이 바로 그의 평화사상의 특징이라고 볼 수 있다.

지상의 평화에 대한 아우구스티누스의 관점은 그의 질서 개념에서 찾을 수 있다. 그는 평화의 정의 다음에 질서를 정의하면서 '질서는 같은 것과 같지 않은 것을 각각의 장소에 할당, 배치하는 것'이라고 말했다. 즉 만물의 창조주인 신이 모든 사물을 각각 있어야 할 곳에 배치하고 지배한다는 것이다. 이와 같은 근원적 세계상을 아우구스티누스는 자연의 질서라고 부르는데 여기서는 모든 존재가 창조주의 의지에 복종하면서 각기 부여받은 고유의 영역과 고유의 본성에서 가치를 지니고 있다. 이러한 상태를 질서라고 말할 수 있으며 여기에 바로 평화

15 최상용, 앞의 책, p.65.

가 있는 것이다. 질서 있는 곳에 바로 평화가 있고, 평화 있는 곳에 질서가 있는 것이다.

아우구스티누스는 질서로의 평화가 신에 의해 주어져 있으나 지상의 나라에서는 그것이 끊임없이 위협받게 되어 전쟁의 가능성이 있음을 인정했다. 더욱이 그는 기독교에 대한 적과의 평화는 있을 수 없고 교회를 옹호하기 위한 전쟁은 정당하다고 선언했다.

4-2. 토마스 아퀴나스Thomas Aquinas, 1225~1274의 평화사상

토마스 아퀴나스는 중세를 대표하는 사상가이다. 그의 평화사상은 아우구스티누스를 중심으로 한 전통 기독교 신학과 아리스토텔레스의 철학을 수용함으로써 중세 기독교 사상을 집대성함과 동시에 중세 신분사회를 이론적으로 변증하는 것이었다.[16]

가. 자애와 정의를 포괄하는 평화

토마스 아퀴나스의 평화에 대한 관심과 애착은 지대하다. 그는 자기의 주요저서인 『신학대전』에서 평화는 정의가 평화에 대한 장애를 제거하는 한에서는 간접적으로 정의의 개념을 포함한다고 말한다. 동시에 자애慈愛가 그 본성에 따라 평화를 가져오는 이상 평화는 직접적으로 자애의 개념도 포함한다고 하면서 평화의 포괄적 개념을 강조했다. 여기서 자애는 '아랫사람에게 베푸는 도타운 사랑'을 의미한다. 토마스 아퀴나스는 평화와 관련된 자애와 정의를 구분하여 설명하고 있다. 즉 자애는 종교와 교회의 일이며, 정의는 정치와 국가의 일이라는 것이다. 그러면서도 모두가 평화에 연결되어 있다고 강조한다. 따라서 평화는 자애와 정의를 포괄하는 개념이며 그 평화의 실현은 교회와 국가의 과제가 된다는 것이다.

---

16 최상용, 앞의 책, p.73.

당시 로마제국의 가장 중요한 과제는 두 가지였다. 하나는 이민족의 침입으로부터 로마의 평화를 지키는 것이었고, 또 하나는 이단을 척결하여 정통 그리스도교 신앙을 확고히 하는 것이었다. 그런데 대부분의 이민족들은 그리스도교도가 아니었으므로 제국의 두 적은 실제로는 하나인 경우가 많았다. 즉 그리스도교의 주된 임무는 이단을 제거하는 것이었지만, 그것은 동시에 로마의 정치적 적인 이민족을 물리치는 일이기도 했다.[17] 토마스 아퀴나스의 연구 과제는 변증법적 지향점을 추구한다. 즉 어떻게 하면 새로 들어온 아리스토텔레스의 교의를 전통 기독교 신앙과 모순 없이 조화롭게 설명하느냐 하는 것이었다. 그의 평화사상도 아우구스티누스의 평화사상을 계승하면서 그것을 아리스토텔레스의 정치사상, 국가관에 용해시키는 것이었다. 이 작업은 당시로서는 엄청난 도전이었으며, 신선한 충격이기도 했다.

토마스 아퀴나스가 활동하던 당시 교황의 권위는 절대적이었고, 심지어 정치권력까지 지배할 정도였다. 토마스의 정치 철학도 정치에 영향을 주었다. 그는 인간을 정치적 동물 또는 사회적 존재로 여겼다. 이러한 견해는 아리스토텔레스의 관점과 동일하다. 인간은 혼자서 살 수 없는 동물이고, 인간이 과연 인간이 될 수 있는 까닭은 다른 사람과의 관계 속에 살아가기 때문이다. 그러므로 각 개인에게도 국가의 존재와 질서는 아주 중요하고, 없어서는 안 될 필수사항에 속한다고 강조했다.

나. 유기적 질서유지로서의 평화

토마스 아퀴나스가 평화의 개념과 관련하여 또 하나 강조하고 있는 것은 유기적 질서로서의 평화이다. 만일 모든 사람들이 각각 자기의 이기적 목적만을 추구하고 있는데도 그들을 통치하는 구조가 없다면, 사회의 조화와 질서는 깨지고 말 것이다. 다시 말해서 그 공동체는 평화가 파괴되는 것이다. 이것은 마치 우리 신

---

17 박의경, 앞의 논문, p.22.

체기관의 전체 질서를 유지해 주는 어떤 통일적인 규제력이 몸 안에 없을 경우, 생명을 잃을 수밖에 없다는 것과 같은 논리다. 이것이 바로 구조적 질서를 강조하는 유기적 평화의 개념이다. 여기서 토마스 아퀴나스는 원죄 이전에 유기적 사회공동체와 정치적 권위의 기원을 인정했다. 그는 아우구스티누스처럼 강제력을 독점하여 노예를 지배하는 주인의 이미지를 정치적 권위로 파악하는 것이 아니고, 인간의 자연본성에 의해 결합된 사회관계 속에서 공동선에 대해 배려하는 정치적 권위를 상정하고 있었다.

토마스 아퀴나스는 아우구스티누스에 의해 대표되는 전통 기독교 교의에서 일관되게 제기하는 원죄관에 아무런 반론을 제기하지 않았다. 그런 면에서 토마스 아퀴나스는 아우구스티누스의 사상을 계승했다고 할 수 있다. 그러면서도 토마스는 인간의 정치생활을 용인하려 했으며, 그러한 관점을 아리스토텔레스의 국가관을 적극적으로 수용했다고 볼 수 있다.[18] 이것이 토마스의 변증법적 사상 발전이다.

이처럼 평화를 국가 공동체의 본질적 조건으로 보았던 토마스 아퀴나스의 사상은 『군주정치론』에서도 동일하게 사회적 통일성 유지로서의 평화를 강조하고 있다. 즉 사회를 형성하고 있는 다수인의 복지와 안전은 그 사회의 통일성의 유지 여부에 놓여 있으며, 통일성의 유지 그 자체가 바로 평화로 불린다고 설파했다. 만약 국가 공동체가 자기의 계속성을 유지하는 데 사회적 통일성이 결여되고, 평화가 없어지게 된다면 그 사회의 구성원인 각 개인에게는 자기 생활의 이익이 순식간에 사라지게 될 것이다. 더욱이 그 사회 안에서 평화가 깨어지고 불화의 상태가 계속될 때 여기에 소속되어 있는 다수인의 사회 그 자체에도 무거운 부담이 된다는 논리이다. 이처럼 토마스는 일관되게 평화사상을 피력하고 있다.

18 최상용, 앞의 책, p.80.

다. 공동체의 궁극 목표로서의 평화

토마스 아퀴나스는 인간 공동체를 가정, 도시, 왕국 등 3단계로 나누어서 설명하고 있다. 그는 이 중에서도 특히 왕국 공동체인 국가가 문자 그대로의 공동체라고 하면서 이 국가 공동체의 최고 목적을 평화라고 강조했다. 그에 의하면 어떤 목적을 위해서는 가정이, 또 어떤 목적을 위해서는 도시가 그것을 수행할 수 있으나, 가정이나 도시에서는 달성될 수 없는 가장 포괄적인 목적이 존재하는데 그 중에서도 가장 중요한 목적이 바로 평화라는 것이다. 다시 말해서 국가의 최고 목적을 토마스 아퀴나스는 평화라고 강조하고 있다.

토마스 아퀴나스의 시대에 있어서 국가와 그 핵심 기능으로서의 평화는 아우구스티누스의 그것에 비하여 더욱 적극적인 것이 되어야 했다. 토마스에게 평화는 공동선 실현의 궁극적 필요조건이었다. 아우구스티누스에게 현세의 질서는 원죄에서 비롯된 인간의 사회적 타락을 통제하기 위한 최소한의 정치로서 아직도 소극적인 의미를 가지는 것이었다면, 토마스 아퀴나스에게 평화와 국가는 긍정적인 것일 뿐만 아니라 공동선의 실현을 위해서 반드시 필요한 것이기까지 했다.[19]

토마스 아퀴나스는 아리스토텔레스의 국가기원론을 대체로 받아들이면서 아리스토텔레스의 사상 속에서 자각적으로 제기되지 않았던 평화를 국가 공동체의 가장 중요한 목적으로 설정했다. 그는 『마태복음 주해』에서도 평화에 대해서 언급하고 있다. 생명이 인간에 필요한 것처럼 평화는 왕국에 꼭 필요하다는 것이다. 그리고 개인의 신체에 네 개의 체액 즉 혈액, 점액, 황담즙, 흑담즙의 적당한 배합이 없으면 건강하다고 할 수 없듯이, 평화는 사회적 공동체인 유기체가 본래의 질서를 유지할 때 비로소 존재한다. 그래서 건강이 무너질 때 인간이 죽음으로 향하는 것처럼 평화가 무너지면 국가 공동체인 왕국은 쇠락으로 향한다. 따라서 인간이 궁극적으로 추구하지 않으면 안 되는 것이 평화라고 강

19 서을호, "토마스 아퀴나스의 전쟁과 평화론", 『법철학연구 제14권』, 제1호, 한국법철학회, 2011, p.34.

조하고 있다.

토마스 아퀴나스는 특이하게도 인간은 사회적 동물이라는 고대 아리스토텔레스의 사상을 계승하고 있다. 그러면서도 아우구스티누스가 강조한 정치는 원죄 이후에 나타난 위계적 지배 복종 관계라는 견해를 내면적으로 소화하고 있다. 토마스 아퀴나스는 『신학대전』에서 인간은 자연적으로 사회적 동물이라고 강조하고 있다. 따라서 원죄 이전의 상태에서도 인간은 사회 속에서 생활했을 것이라고 말한다. 이 부분에서 그는 아리스토텔레스의 사상을 계승하고 있다. 그러면서도 그는 다수인이 집단으로 행동하는 사회생활은 그 가운데 누군가가 권위를 가지고 공동선에 대해 배려하지 않으면 존재할 수 없을 것이라고 하면서 위계질서에 의한 평화 상태를 강조하고 있다. 이 부분에서 그는 아우구스티누스의 사상과 맥이 통하고 있다. 결국 그는 아리스토텔레스와 아우구스티누스의 주요 사상을 변증법적으로 계승·발전시키고 있는 것이다.

라. 평화를 위한 조건

토마스 아퀴나스가 제시한 사회생활 속에서의 평화의 향유 조건은 매우 현실적이다. 개인의 유기적 통일은 자연적 본성에 의해 주어지지만 평화로운 상태로서의 사회적 통일은 지배자의 노력을 통해서 획득하게 된다. 따라서 그는 다수인이 평화의 실현을 통해 유덕하게 살아가기 위해서는 세 가지 조건이 필요하다고 강조하고 있다. 첫째는 다수인의 생활양식이 그 사회 속에서 평화지향성의 통일적 원리로 확립되어야 한다는 것이다. 이는 사회를 형성하고 있는 다수인의 복지와 안전이 그 사회의 통일성의 유지 여부에 놓여 있으며 통일성의 유지 그 자체가 평화로 불리기 때문이다. 둘째는 평화의 틀 속에서 통일된 다수인은 선한 행동으로 인도되어야 한다는 것이다. 왜냐하면 평화롭게 통일되어 있지 않은 다수인은 집단으로서의 존재 그 자체를 거역하여 서로 대립함으로써 유덕한 행위를 할 수 없기 때문이라는 것이다. 셋째는 적당한 정도로 살기 위해 필요한 사물의 충분한 공급이 지배자의 노력에 의해 손쉽게 되는 것이 필요하다는 것이다. 이는 개인의 이기적 본성을 지배자의 적절한 조정과 통제로 완화시킴으로써 평화의 상태를 유지하려는 것이다. 여기서 특기할 점은 토마스 아퀴나스가 평화의 조건을 달성하기 위해서는 사회의 통합과 함께 정치지도자의 노력을 강조했다는 점이다. 이와 관련하여 토마스 아퀴나스는 국가의 유지에 대한 장애 요인이 국가 바깥에서 들어온다고 했다. 즉 평화가 외적의 공격으로 파괴될 때를 가리키고 있다.

이처럼 토마스 아퀴나스는 아우구스티누스가 그의 『신국론』에서 지상의 공동체의 목적으로 제시한 평화의 사상을 대체로 계승했다고 볼 수 있다. 그는 세계 공동체의 정치적 조직에 대해서는 논하지 않았다. 그러나 정치적 공동체가 안정법을 필요로 하고 있다고 함으로써 평화를 보전하기 위해서는 신법과 자연법으로서는 충분하지 않음을 인정했다. 즉 실정법에 의한 강제 권력을 가짐으로써 인간을 평화 지향의 유덕한 행동으로 인도할 수 있다고 보았다.

요컨대 토마스 아퀴나스는 평화를 위해서 인간의 선한 양심에 따른 행동을 강조하고 있다. 즉 양심은 자연법에 근거한 보편적인 지식이라는 것이다.[20] 인간 본성이 타락한 상태에서 신법과 자연법은 평화, 즉 정치 공동체의 통일을 가져오기에는 불충분하다. 그래서 정치 조직은 실정법을 필요로 하고 세계 공동체라는 정치 조직은 세계적 규모의 실정법을 필요로 하며, 이를 채용하고 집행하기 위해서는 세계적 수준의 사법 행정기관을 필요로 하게 된다. 국가 간에 구속력이 있는 세계법이 필요하다는 것이다. 만일 이것이 존재하지 않으면 국가 간에는 흡사 홉스의 자연 상태처럼 될 가능성이 있다는 것이다. 즉 인간 개개인이 국가의 틀 안에서 실정법이 존재하지 않을 경우 나타날 것으로 예상되는 위기의 공동체와 유사하다는 것이다. 이것이야말로 평화의 파괴라 할 수 있다. 토마스 아퀴나스는 사회, 국가 수준에서도 평화의 보전을 위해 실정법에 의한 강제력을 인정했으나 그와 같은 논리를 세계 수준으로 확대하지는 않았다.

---

20 유경동, "종교적 양심의 내면적 자유와 공공 영역에서의 양심 실현: 어거스틴, 아퀴나스, 마틴 루터의 양심론을 통하여 살펴보는 신앙의 공공성에 대한 소고", 『기독교사회윤리』, 제33집, 2015, p.85.

5. 종교개혁자들의 평화사상

5-1. 마틴 루터Martin Luther, 1483~1546의 평화사상

가. 생애

마틴 루터는 1483년 독일의 작센안할트 주의 아이스레벤Eisleben에서 태어났다. 그는 매우 특이한 체험을 통해 신부의 길을 걷게 됐다. 처음에는 그의 아버지의 염원대로 법률가가 되기 위하여 에르푸르트에서 공부를 했다. 그러나 그 과정에서 집에 잠깐 왔다가 돌아가는 길에 벼락이 그의 바로 옆에 떨어졌다. 그는 이것을 하나님의 메시지로 받아들이고, 부친의 반대에도 불구하고 루터는 은둔자 수도회 소속의 검은 수도원에서 신부의 길을 걷기 시작한 것이다. 그곳에서 성서를 중심으로 진지하게 공부했고 그것은 신앙적인 고민을 해결하는 데에 큰 도움이 됐다.

당시 로마 가톨릭교회는 부패하여 면죄부를 판매하는 등 폐단이 심했다. 루터는 여기에 적극적으로 반발하여 비텐베르크에 있는 만인성자교회의 문 앞에 '95개의 논제'를 붙여 놓았다. 이로써 그는 가톨릭교회와 전면적인 대립으로 치달았으며, 이 95개의 논제는 인쇄술의 발달로 대중에게도 폭발적인 영향력을 발휘했다. 루터는 교회가 인간의 죄를 면하거나 구원할 수 없으며 그것은 오로지 하나님의 은혜로써 가능한 것이라고 주장했다.[21]

나. 물리적 비폭력의 평화

마틴 루터의 평화사상은 한마디로 물리적 비폭력의 강조이다. 종교개혁을 주도했던 루터는 자신의 의지를 관철하는 방법으로 대화에 의지하지 않고 물리적 폭력을 사용하는 것에 거세게 반대했다. 그가 종교개혁의 거친 과정에서도 일관되

21 강정인 외, 『서양 근대 정치사상사』, 서울: 책세상, 2009, p.104.

게 주장하는 것은 바로 물리적 비폭력의 평화적인 해결이다.

대표적인 사례가 슈팔라틴에게 쓴 편지에서 나타나고 있다. 그가 바르트부르크 성에 머물고 있는 동안 비텐베르크에서는 그의 대학 교수 동료인 칼슈타트가 교회를 무력과 폭력으로 개혁하려고 했다. 여기에는 하나님으로부터 특별한 계시를 받았다는 츠비카우의 예언자들[22]도 합세를 했다. 이러한 급진적 개혁의 와중에 로마 가톨릭 미사를 거행하던 수도사들은 돌에 맞기도 하고, 성인들의 성상들은 교회에서 제거되고 불태워졌으며, 폭력적 소요가 곳곳에서 일어났었다. 이 모습을 본 루터는 자신의 순수 신앙으로 시작한 평화적인 일들이 오해받게 되고 위협당하고 있다는 것을 직감했다. 이에 그는 비텐베르크를 비밀리에 방문하여 5일간 머물다 돌아갔다. 이때의 느낌을 적나라하게 표현한 것이 슈팔라틴에게 쓴 편지이며 이는 루터가 얼마나 폭력을 싫어하고 평화와 질서를 강조하는지를 짐작하게 한다. 마틴 루터는 저들을 향하여 복음이 주는 자유를 순리적으로 수용하지 않고, 평화가 아닌 강제와 폭력 조항으로 만들었다고 비난했으며 심지어는 그들을 폭도라고까지 단정하고 있다. 그는 세상의 질서를 바로잡는 것은 물리적 폭력이 아니라 평화의 말씀이라는 것을 강조하고 있는 것이다. 마틴 루터는 "나는 어느 누구도 폭력과 피 흘림을 가지고서 복음을 위해 싸우는 것을 원치 않는다. 말씀을 통해 세상은 정복되며, 말씀을 통해 교회는 구원받으며, 말씀을 통해 교회는 부흥한다"라고 편지를 통해 강조한 것이다.

다. 평화를 위한 세속적-영적 세계의 위계질서 확립

이러한 와중에 루터에게는 또 하나의 숙제가 생겼다. 바로 '세속적 권력과 기독교교회와의 관계를 어떻게 설정하느냐?'라는 문제였다. 이는 5세기 말 겔라시우

22 츠비카우 예언자들(Zwickau Prophets)이라고 불리는 니콜라스 스토르히(Nicholas Storch), 마르크 쉬튀브너(Mark Stubner), 토마스 드레히젤(Thomas Drechsel) 등이 비텐베르크에 와서 칼슈탓트 등과 합세하여 큰 소요를 일으키기도 했다. 이들은 성령의 직접적인 지도를 받는다고 주장하면서 기록된 말씀인 성서조차도 경시했고, 모든 것을 자의적으로 단행했다. 그리하여 루터가 없는 비텐베르크의 개혁은 과격한 양상을 띠게 됐다. [네이버 지식백과] 비텐베르크 소요(騷擾), (종교개혁 이야기, 2006. 2. 28. ㈜살림출판사)참조.

스 1세의 세속적 권위와 영적 권위의 구분을 연상시킨다. 로마 가톨릭교회가 세속적인 영역에서까지 재판권을 행사하는 것을 막고, 교회와 관련된 일이라도 갈등이 있다면 세속적 정치권력의 판단에 맡겨야 한다는 것이다. 그러나 루터의 입장은 다르다. 인간의 이성은 원죄적 죄성으로 인한 결함 때문에 근본적으로 인간을 위한 하나님의 계획을 이해할 수 없다는 것이다.[23] 여기서 세속적-영적 질서에 대한 교회 우위의 위계적 평화사상이 나온다. 루터의 위계질서적 평화사상이다.

그러나 다른 한편에서는 세속적 권위가 종교적 권위보다 우월하다고 결론지어질 요소를 갖고 있다. 루터는 기독교 사회에서도 인간의 사악한 본성으로부터 공공선을 지키기 위해 정치권력이 필요하다고 보았고, 결과적으로는 종교적 권위도 정치권력의 올바른 행사의 대상이 될 수밖에 없다고 보았다. 따라서 정치적 권위와 종교적 권위가 모두 신으로부터 부여된다는 전제에서 본다면, 루터는 최소한 통치 차원의 세속적 정치권력이 교회보다 우위에 있다고 인정한 것이며 이것의 궁극적 목표는 바로 평화적인 세계의 구축이라고 볼 수 있다. 이렇게 세속적인 세계와 영적인 세계를 구분하여 주관함으로써 이 세계는 안정적인 구조와 질서를 갖게 되고 동시에 평화를 얻을 수 있다는 것이다.

이렇듯 평화를 강조한 루터는 1525년 토마스 뮌처Thomas Müntzer에 의해 촉발된 독일농민전쟁에 대해 깊은 우려를 표명한다. 그는 주관적으로 경험된 신비주의 신앙에 대해서도 부정적이었으며, 교황의 전횡만큼이나 비판적이었다. 그리고 정치 사회적 차별을 찬성한 것은 아니었지만 평화를 파괴하는 급진적 신앙운동이 가져올 병폐에 대해서도 민감했다. 한마디로 극단적인 것을 지양했다. 세속적인 것과의 철저한 단절도 천년왕국의 혁명적 건설도 그에게는 피해야 할 극단이었다. 그만큼 루터의 사상은 혁명적이면서도 동시에 평화적 사회를 추구하는 보수적 입장이었던 것이다. 그러기에 멜란히톤Philipp Melanchton이나 칼뱅Jean Calvin과 같이 루터의 혁신사상에 공감한 신학자들은 혁명적 파괴력을 순화

23 백승현, "종교개혁의 배경에 관한 정치사상적 고찰", 『사회과학연구』, 제34권 3호, 2008, p.190.

할 새로운 제도를 고민했다. 그리고 키에르케고르와 같이 보수적인 측면에 불만을 가졌던 사상가들은 루터가 지나치게 세속적이었다고 비판했다.

5-2. 칼뱅Jean Calvin, 1509~1564의 평화사상

가. 신의 절대성과 평온한 질서유지로서의 평화

칼뱅은 인간 공동체가 평화의 상태를 이루기 위해서는 신의 섭리에 따르는 것이 필수적이라고 강조했다. 다시 말해서 칼뱅의 평화사상은 신의 계획에 따른 평온한 질서유지의 평화를 추구하는 사상이다. 칼뱅은 법의 원천은 성서이며, 인간은 이성에 따라 해석을 할 따름이고, 정의로운 정부는 창조된 질서를 유지한다는 것을 강조하고 있다.[24] 또한 우주만물의 창조주 하나님은 우주를 법에 따라 창조하듯이 사람과 인간 사회도 법에 따라 창조했다. 그러므로 우주의 모든 사건은 하나님의 뜻에 통일되어 있다는 것이 칼뱅의 강조점이다.[25]

칼뱅의 평화사상은 국가를 통해 평온한 질서유지를 추구하고 있으며, 국가의 기원에 대한 답을 '신의 섭리'라는 틀 안에서 찾고 있다. 국가는 세상을 관통하는 하나님의 섭리와 신적인 제정에 기초한다는 것이다. 그리고 국가의 성립을 하나님의 창조질서의 일부로 보았다. 그러므로 국가는 인간의 타락, 인간의 부패성으로 인해 깨어진 공동체를 하나님께서 인간 사회의 질서를 유지하기 위해 세우신 섭리적인 도구라고 볼 수 있다. 물론 이를 가능케 하는 것은 하나님이 인간에게 준 사회적 본성인 군집본능이다.[26]

칼뱅은 인간의 공동체가 평화를 이루는 과정에서 루터에 비해 신의 절대성을 한층 더 높였다. 그가 강조하는 대표적 신학 주제인 예정설이 이를 상징하고 있다. 무력한 존재인 인간이 신의 의도를 알 수는 없다는 의미에서 예정설은 신의

24 박의경, "칼빈의 그리스도정치와 기독교 국가: 기독교적 이상국가를 찾아서", 『정치사상연구』, 7, 2002. 11., 한국정치사상학회, p.111.

25 선우학원, "칼빈의 생애와 정치사상", 『기독교사상』, 11, 대한기독교서회, 1967, p.98.

26 박의경, 앞의 논문, p.117.

절대성을 갖는 논리적 귀결이었다. 여기서 칼뱅은 외부의 강제가 아닌 평화적인 방법으로 자기 스스로 완전히 신에게 순종함으로써 신의 계획과 예정에 동참한다는 논리를 제공하고 있다.

칼뱅은 자신의 정치신념에 관한 정당성을 성서적 통찰로부터 얻고자 했다. 따라서 칼뱅은 자신의 헌법이론의 근거를 이스라엘 초기 국가 형태의 사사기에서 찾고 있다. 그는 사사기 시대를 최고의 모범적인 정부 형태로 여기고 있다. 왜냐하면 사사들의 정부는 이스라엘의 자유를 지속적으로 보호했고 보전해 왔기 때문이다. 칼뱅이 강조한 정치적 형태는 하나님의 직접 개입 속에서 계시된 하나님의 주권적인 통치 형태이다.[27]

그는 『그리스도교 강요』를 통해 평화 회복의 논리를 전개하고 있다. 인간의 이기적 본성 때문에 갈등과 투쟁의 상태를 벗어날 수 없지만 신의 계획과 은총에 의해 궁극적으로는 평화의 상태로 회복될 수 있다는 희망적 교리가 그것이다. 칼뱅이 주장하는 기본 교리는 다음과 같다. 첫째는 인간의 본성적 불순종과 이기심에 의한 전적인 타락total depravity의 교리이다. 이러한 인간의 이기적 본성 때문에 세계는 갈등과 투쟁의 상태에서 벗어날 수 없게 된다. 둘째는 그럼에도 불구하고 신은 인간의 도덕적 행위나 선악을 따지지 않고 수용하는 신의 무조건적 선택unconditional election에 대한 교리이다. 즉 이러한 신의 선택의 조건에 도덕적 양심이나 행위의 선악이 적용되지 않기 때문에 어떤 인간도 신의 계획과 섭리에 참여할 수 있는 기회가 제공된다는 것이다. 이러한 무조건적 선택의 교리가 바로 인간 세계를 평화의 공동체 상태로 이행하게 하는 원동력이라고 할 수 있다. 셋째는 제한적 속죄limited atonement의 교리로써 이는 창세전부터 신의 계획에 의해 예정된 생명에게만 적용되는 구원의 방법이다. 이 제한적 속죄의 교리는 매우 이해하기가 어려운 것이며 오해의 소지도 많은 부분이다. 그럼에도 불구하고 이 교리 때문에 여기에 동참하는 사람들의 자부심 또한 대단한 것이

27 박성규, “칼빈의 정치윤리”, 『장신논단』, 제41집, 2011. 7., 장로회신학대학교 기독교사상과 문화연구원, p.179.

어서 신자들에게 나름대로의 사명감을 가지고 적극적으로 세계 평화의 대열에 동참하는 계기를 주기도 한다. 넷째는 이 모든 대상과 과정에 대하여 인간 개인이 도저히 거스를 수 없는 불가항력적 신의 은혜Irresistible grace의 교리이다. 그리고 마지막으로 한 번 선택된 생명은 신의 은총에 의해 그의 약점과 범죄에도 불구하고 신은 끝까지 인내하며 그들을 수용해 주는 성도의 견인Perseverance of the saints 교리 등이 주요 내용으로 나타난다. 이러한 조직적 교리의 주장에 담긴 칼뱅의 평화사상은 한마디로 신의 계획과 섭리에 의한 평화적 세계의 회복이라고 할 수 있다.

나. 신정정치와 관용을 통한 평화의 실현

칼뱅은 1532년 세네카의 『관용에 대하여』의 주해註解를 발표하여 인문주의자로서의 학문적 재능을 인정받았다. 여기서 그는 관용을 통한 평화의 세계 구축에 큰 관심을 표명하고 있다. 태생적으로 이기적이고 충동적인 인간들 사이에서 벗어날 수 없는 갈등과 투쟁의 상태를 완화하고 이를 해결하여 평화의 상태를 이룰 수 있는 방법으로서는 관용이 최선이라는 것이 주요 내용이다. 칼뱅은 또한 공동체 형성의 핵심인 국가론에서 중요한 것은 지배 관계라기보다는 상호 관계임을 강조하고 있다. 그리고 상호 관계에서 특히 중요한 것은 타인에 대한 관용이라고 했다. 동시에 유기적 공동체로서의 국가 개념을 제시하면서 칼뱅은 그러한 국가의 이상적 모델을 역사 속의 이스라엘 민족에게서 찾는데 그것이 사사 시대이다.[28]

그 후 1533년 에라스뮈스와 루터를 인용한 이단적 강연의 초고를 썼다는 혐의를 받고, 은신해 지내면서 교회를 초기 사도 시대의 순수한 모습으로 복귀시킬 것을 다짐하고 로마 가톨릭교회와 결별했다. 그는 갑작스러운 회심回心에 의해 종래의 가톨릭적 입장에서 복음주의적 입장으로의 선회, 즉 프로테스탄트

28 강정인 외, 앞의 책, p.175.

주의의 입장을 명확히 했다. 이로 말미암아 1535년 프랑스 국왕 프랑수아 1세의 이단에 대한 박해로 신변의 위험을 느낀 그는 스위스의 바젤로 피신하기도 했다. 그리하여 그곳에서 1536년 복음주의의 고전이 된 『그리스도교 강요綱要: Institutio christianae religionis』를 저술했다. 이것은 박해받고 있는 프랑스의 프로테스탄티즘에 대해 변호하고 그 신앙을 옹호하기 위한 것이었다.

한편 칼뱅은 제네바의 종교개혁을 위해 함께 일할 것을 파렐Guillaume Farel[29]로부터 요청받고 그의 종교개혁 운동에 참가했다. 그러나 칼뱅은 처음부터 신정정치에 기반을 둔 엄격한 개혁을 추진하려 했기 때문에 파렐과 함께 추방되어, 프랑스의 스트라스부르로 갔다. 그는 그곳에서 설교자·신학 교수로 있으면서 『로마서 주해』를 저술했다. 3년 후에는 상황이 변해 다시 제네바에 초빙되어 거기서 《교회규율》1542을 제정하고 제네바의 일반 시민에게도 엄격한 신앙생활을 요구하여, 신정정치적 체제를 수립했다. 제네바는 그 후 종교개혁파의 중심지로서 전 유럽에 영향을 끼쳤다.

6. 맺음말

이 장에서는 그리스도교의 평화사상에 대해 다루었다. 주요 내용을 요약하자면 다음과 같다.

첫째, 그리스도교에서 차지하는 평화사상의 위상은 매우 높은 위치에 있다고 할 수 있으며, 이는 예수 그리스도의 케노시스에 의해 평화가 완성된다는 사상적 논리이다. 이러한 평화사상은 예수 그리스도의 케노시스, 즉 인간 구원을 위한 성육신과

29 스위스의 종교개혁자. 1532년 월드파를 알프스 산중에 찾아서 이 파를 스위스의 종교개혁에 결부시켰으며 35년 제네바의 종교개혁을 결단시키고, 이듬해 칼뱅을 협력자로 맞이했다. 또한 38년 이후에는 누샤텔에서 개혁을 수행하고 그곳에서 죽었는데 칼뱅과는 평생 우정을 맺었다.

십자가 속죄를 통해 신과의 화해가 이루어지기 때문에 그리스도교에서 추구하고 강조하는 핵심적인 평화사상 중의 하나라고 할 수 있다.

둘째, 십계명의 평화사상에서는 인간 공동체의 평화적 상태를 유지하기 위해서 인간과 자연을 창조한 유일신 여호와의 계명을 준수하고 그 신을 중심으로 피라미드식 질서를 유지하는 것이 중요하다고 강조하고 있다. 동시에 인간과 인간 사이의 평화 상태를 유지하기 위해서는 모든 인간이 최소한 자기의 이웃에게 해를 끼쳐서는 안 된다고 말한다. 즉 '눈에는 눈, 이에는 이'라는 동해보복법의 원리를 강조하고 있다.

셋째 산상수훈의 평화사상은 십계명의 동해보복법의 원리를 더욱 발전시켜 자기희생적 비폭력의 완벽한 평화사상을 전개하고 있다. 다시 말해서 십계명의 정신을 토대로 하면서도 그 내용이 보다 근원적이고 자기희생적이며 변증법적 발전을 보여 주는 평화사상이다. 특히 예수 그리스도의 자기 비움을 통한 케노시스적 희생은 신과의 화해를 통해 평화를 완성한다는 논리를 전개하고 있다.

넷째, 아우구스티누스는 신의 계획과 섭리에 인간이 복종함으로써 실현되는 평화를 강조했다. 그는 질서 있는 조화로서의 평화를 추구했으며, 평화를 개인 차원, 가정과 국가 공동체 차원, 천국 차원 등으로 분류하여 수준별 평화의 의미를 부여했다. 특히 세 번째의 천국의 평화는 영원의 평화로서 일시적 평화나 지상의 평화와 달리 신을 보고 신을 사랑하고 신을 만나서 서로 사랑하는 관계가 존재하는 그야말로 참된 의미의 평화라고 강조하고 있다.

다섯째, 토마스 아퀴나스는 자애와 정의를 포괄하는 평화, 유기적 질서유지로서의 평화, 공동체의 궁극 목표로서의 평화 등을 제시했다.

여섯째, 마틴 루터는 평화를 위한 물리적 비폭력을 강조했고, 동시에 평화를 위한 세속 세계와 영적 세계의 구분을 통해 상호 간의 위계질서를 확립함으로써 갈등과 분쟁을 해결하고 안정과 평화를 유지할 것을 제안한다.

끝으로 칼뱅은 평온한 질서유지로서의 평화와 이러한 평화를 달성하기 위한 신의 절대성 인정을 강조했고, 관용을 통한 평화의 실현과 신정정치로 평화를 완성할 수 있다고 주장했다.

요컨대 그리스도교의 평화사상은 신의 계획과 신의 질서를 통해서 평화가 완성된다는 논리이고, 모든 인간은 개개인이 성경의 가르침을 받아 이를 실천함으로써 실현된다는 사실을 강조하고 있다.

생각해 볼 문제

1. "눈에는 눈, 이에는 이"를 의미하는 동해보복법同害報復法의 평화사상과 산상수훈의 에이레네적 평화사상과의 차이점은 무엇이며 각각의 장단점은 무엇일까?

2. 역사적으로 케노시스적 평화사상이 적용된 부분은 어떤 것이 있으며, 향후 적용 범위와 실현 가능성은 어느 정도일까?

제2장

유교의 평화사상

1. 머리말

유교에서 추구하는 평화는 대동세계이다. 이것은 예로서 인을 실현하면서 이루는 이상세계이다. 이러한 유교의 평화 개념은 하늘로부터 부여받은 성性의 실현을 통해 개인의 완성을 이루어 개인 간, 집단 간, 계층 간의 불평불만이 없는 상태를 뜻한다.[1] 특히 인화人和가 반드시 실현되는 대동사회를 만드는 것이라 할 수 있다.

유교 평화사상의 원리는 격치성정格致誠正과 수제치평修齊治平의 원리이다. 이는 수신修身을 근본으로 하는 것이다. 즉 자신을 중심으로 하여 지知와 행行을 수련하고 밖으로는 가정과 사회와 국가 그리고 인류 세계를 바르게 인도하여 안녕과 질서와 세계 평화를 가져온다는 것을 의미한다.[2]

유교는 공자가 창립했다. 사람의 근본을 중심으로 인간관계의 화해, 사회질서의 안정과 국가의 태평을 중시하고 있다. 즉, 예와 인을 근본 바탕으로 화합을 이루는 것이며, 사람답게 사는 길을 밝히고, 인간 본래의 의미를 찾아서 행복이 넘치는 대동세계 건설이 바로 유교가 지향하는 이상세계인 것이다. 이러한 대동세계를 만들기 위해서 많은 유학자들은 공자의 사상을 바탕으로 교육과 예악을 통한 사회 안정과 법과 민본주의적인 요소를 통해 국가의 평화까지

1 이용수, "유교평화사상의 의미와 현대적 재해석", 『평화학논총』 vol 3, 2013, p.121.

2 김국현, "한국 유교의 평화사상과 평화교육에 관한 연구", 『국민윤리연구』, 제43호, 2002, p.193.

이루려고 노력했다. 더 나아가 온 천하의 대동세계화를 이루려는 태평천하의 평화 철학적 의미와 사상적인 기초 위에 평화로운 이상세계를 만들고자 한 것이다.

유교가 2,000여 년간이나 동양의 중심 사상으로 자리 잡아 왔을 뿐만 아니라 윤리적으로 그 영향을 지대하게 미친 것은 바로 그 속에 함축되어 있는 사상적 배경이 인류에 보편적인 것이었기에 가능했다. 유교는 사람답게 사는 길을 밝히고, 인간 본래의 의미를 찾아서 행복이 넘치는 대동세계를 건설하는 것이다. 유교의 진리는 공자孔子에 의하여 완성됐다. 공자는 인간의 본성이 어질다고 보았다. 이것은 인仁 사상을 기초로 했으며, 공자는 인도주의를 주장했다. 인은 사랑의 원리요, 착한 마음씨로서 모든 사람이 본디 타고난 고유한 인간성이다. 그러므로 사람은 하늘과 땅 사이의 만물 가운데서 가장 신령한 존재이고, 가정과 나라 및 세계를 경영하는 중심체이다. 인간다운 삶은 바로 이 인간성을 밝혀서 지혜롭고 착하고 용기 있는 인격을 갖추어 자연법칙에 투철한 하늘과 땅의 도덕을 지키고, 사회질서에 철저한 인생의 윤리를 실천하여 행복한 가정, 밝은 사회, 평화로운 세상을 건설하는 데서 인간의 본의本義를 찾을 수 있다는 것이다.

이 장에서는 유교의 평화사상, 그중에서도 공자와 맹자의 평화사상을 중심으로 고찰해 보고자 한다. 이를 위해 먼저, 유교에서 중심이 되는 공자와 맹자의 평화사상이 등장하게 된 배경을 알아보고 유교에서의 평화사상의 위상과 의미, 공자의 인仁 사상과 평화 그리고 맹자의 정전론과 평화에 대해 살펴볼 것이다. 그리고 이를 통해 현대 사회에서 유교의 평화사상은 우리에게 어떤 의미와 가치가 있는가에 대해 생각해 보고자 한다.

2. 유교에서 평화사상의 위상과 의미

2-1. 유교에서의 평화사상

가. 공자와 맹자의 평화사상 등장 배경의 이해

기원전 770년부터 기원전 221년까지의 중국사를 춘추전국 시대라 부른다. 이 시기에 이르면 '주나라 지배 하의 평화'는 막을 내리고 중원이 수많은 열국들로 나뉘어 전쟁이 끊임없이 계속되는 대혼란의 시기가 된다. 이러한 춘추전국 시대는 열국이 분립하는 정치적 혼란 가운데 사상과 문화가 꽃을 피우는 시기이기도 했다. 또한 천문, 역법, 수리, 토목, 건축, 공예에서도 많은 발전을 보였던 시기였다. 전국 시대에 위의 문후, 제의 위왕·선왕 때에는 유가를 비롯해 여러 사상가들도 자신의 교단을 이끌고 제후왕과 공의 정치에 접근하여 세력을 확대하려 했던 시기였다. 이들 교단과 그들의 저작을 총칭하여 제자백가諸子百家[3]라고 한다. 특히 '예禮'를 중심으로 한 유가사상의 성립은 주목할 만하다. 공자는 부자와 형제를 축으로 하는 가족 도덕을 기본으로 하고 사회적 규율로 예를 중시했으며, 또한 덕치주의에 의한 정치론을 전개했고 군신의 '의義'를 강조하기도 했다. 그는 인仁의 사상을 확립하여 유교의 기본 원리로 삼았다.

제자백가 가운데 묵가墨家는 공리주의의 입장에서 겸애兼愛·비공非攻·상동尙同·상현尙賢·천지天志 등의 이념을 강조하고 군권 강화를 주장했다. 법가法家는 군권을 절대화하고 법과 술에 의해 신상필벌을 엄격히 할 것을 주장했다. 도가道家는 무위자연의 도를 주장했다. 이들 제자백가는 각각 자신의 입장을 내세우고 서로 비판하면서 깊은 영향을 주고받게 됐다.

---

3 '제자(諸子)'란 여러 학자들이라는 뜻이고, '백가(百家)'란 수많은 학파들을 의미한다. 곧 수많은 학파와 학자들이 자유롭게 자신의 사상과 학문을 펼쳤던 것을 나타낸다. 《한서(漢書)》의 〈예문지(藝文志)〉 에서는 제자백가를 유가(儒家)·도가(道家)·음양가(陰陽家)·법가(法家)·명가(名家), 논리학파)·묵가(墨家)·종횡가(縱橫家), 외교술파)·잡가(雜家)·농가(農家) 등 9류에 소설가를 부록으로 한 것으로 분류했다. 두산백과 (2017. 3. 16. 검색).

이 시기에는 군주와 신하 간의 관계가 어지러워지고 하극상의 반란도 빈번하게 일어났다. 241년간 지속된 춘추 시기는 모두 36명의 군주가 신하에게 피살됐던 격동과 혼란의 시기였으며, 이러한 혼란을 틈타 수많은 폭동과 반란이 일어났다. 백성들의 고통은 극한 상황까지 왔으며, 인간의 질서를 찾고 삶의 철학을 이끌어 내서 생활의 안정을 찾고자 하는 지식인들이 등장하기 시작했다. 이들은 인간의 이성 속에 숨겨져 있는 진리를 찾고자 노력했다. 이것은 21C를 살고 있는 오늘날 현대를 살아가는 우리들에게 인간의 본성과 삶의 가치를 깨우쳐 준다는 사실을 간과해서는 안 될 것이다.

나. 유교의 이해

유교는 공자가 창립했으며, 사람의 근본을 중심으로 인간관계의 화해, 사회질서의 안정과 국가의 태평성대를 중시하고 있다. 공자는 『대학大學』에서 인仁을 평화의 출발점으로 보고 있다. 인 사상은 맹자의 인정仁政, 왕도정치王道政治의 이념으로 계승됐다. 송명대에는 만물일체설로 확대되어 인간 간의 평화뿐만 아니라 만물 간에도 일체를 이루는 적극적 평화사상으로 전개되기도 했다. 그래서 공자의 인은 화和와 서恕[4]로 해석될 수 있다고 볼 수 있다.[5] 공자는 인간의 주체성과 존엄성을 신뢰하는 기반 위에서 우리 사회에 인간의 사랑을 실천하고 인간의 도덕적 가치를 구현하고자 했는데 이것이 바로 공자의 인도人道사상이며, 평화사상과도 연관되어 있다.

공자가 살았던 시대는 춘추 시대이다. 이때는 종법과 혈연관계를 토대로 하는 봉건제도가 무너지는 가운데 중앙집권화가 가속화되는 추세에 있었던 시기였다. 공자는 '천하에 도가 사라진'天下無道 혹은 '예禮가 무너지고 악樂이 붕괴된' 시대로 진단했으며, 이러한 시대적 상황을 맞아 공자는 예악禮樂의 문화를

4 서는 남의 이익을 나의 이익으로 동등하게 대우할 수 있는 공정한 마음가짐을 의미하며, 이것은 타산심을 가진 둘 이상의 개인들이 서로 공정하게 이익을 배분하고 서로의 권익을 침해하지 않도록 해 주는 호혜성의 원칙이다, 이광세, "유교를 다시 생각한다", 『동서문화와 철학』, 1996, pp.15~24.

5 김국현, 앞의 논문, p.193.

다시 복원하는 일을 시작했다.[6]

공자의 인도사상은 인간의 인권과 생명을 저해하는 일체의 비인도적 행위에 대해서 강한 비판정신을 보였다. 또한 "정치·법령으로 민중을 이끌고 형벌로 그들을 다스리면, 사람들은 형벌만 면하려 하고 수치심은 없어진다. 그런데 도道로써 그들을 인도하고 예禮로써 그들을 질서 있게 하면, 사람마다 수치심을 가지고 자기의 과오를 바로 잡는다"라고 하여 예에 의한 새로운 질서와 그에 따른 수직적 구조를 주장했다. 이는 예가 사랑[仁]에 기초를 두고 있기 때문이다. 즉 "예의 사회적 작용은 화和 즉, 평화를 귀하게 여기는 것"[7]이다. 그리고 정명正名사상에 근거하여 각 구성원은 각자 자기의 역할을 다하도록 강조하고 있다.

이것은 임금은 임금답고 신하는 신하답고, 부모는 부모답고, 자녀는 자녀다운 가운데 질서와 사랑과 화목이 이루어지고, 신의와 사랑으로 관계가 맺어져 건전한 사회의 기반이 이루어진다고 본 것이다.[8] 유교의 가치관은 대인관계와 행위 준칙의 기본 규범을 말하고 있다. 주로 인仁, 의義, 예禮, 지智, 신信, 충忠, 삼강三綱, 팔목八目, 오륜五倫, 중용中庸의 도道를 포함하고 있다.

인은 타인을 고려하여 타인과 사랑을 나누며, 관심과 사랑을 갖고 있는 것이다. 의는 우선 사람의 행위가 법도, 신분, 윤리 규범에 적합한 것을 가리키고 의리를 중시하고 이익을 경시하며, 덕을 중시하고 공리를 경시하는 것을 가르치고 있다. 예는 곧 제도를 준수하는 것으로 법 또는 기율紀律의 예절과 양보를 공경하는 것이다. 지는 아지雅志, 총명, 박학, 명백한 구별의 크나큰 지혜를 가리킨다. 학식이 넓고 깊을 뿐만 아니라, 독립적인 사고와 민첩한 반응, 과감한 판단도 필요로 하다는 뜻이다. 신은 성실하고 신용을 지키며 확고하고 믿음직스러워 서로가 신뢰하는 품행이다. 다시 말하면, 성실한 신뢰의 품성이며, 단순한 성실이 아니라 신용을 기본적으로 내포하고 있다. 이는 사람들에게 자신의 행위에 성실

6 강봉수, "공자의 윤리사상 다시 읽기", 『윤리연구』, 제84호, 2012, p.6.
7 서강대학교 철학연구소, 『平和의 學』, 철학과현실사, 1995, p.249.
8 오석원, "儒教의 大同社會와 平和精神", 『유교사상연구』, 제10권, 1998, p.69.

하고 신용을 지킬 것을 요구하고 사람들에게 어떤 사물 또는 이념에 대한 인식 측면에서의 확고하고 믿음직함을 반영하는 것이다. 사람과 사람, 사람과 사물 간의 상호 신뢰 관계를 반영하는 것이다.[9]

충은 조직, 국가에 대한 충성을 의미한다. 개인은 조직에서 적극적으로 작용하고 조직의 명예를 옹호하고, 조직의 이익을 지키고 조직에 대한 봉사 정신이 있으며 조직을 배신하지 않는 것이다. 삼강, 7증, 8목은 사람들이 어떻게 행동해야 하는지와 어떻게 인간의 도리와 인륜의 본분을 완성해야 하는지에 대한 교도教導에 있다. 이것은 인간으로서 기본적으로 자신의 본분조차도 제대로 지킬 수 없다면 다른 어떠한 것도 지향할 수 없음을 뜻한다. 그리고 오륜은 부모친의 자율과 자식의 효도를 표현한 부자유친父子有親, 여성의 남편에 대한 순종과 충성을 표현한 부부유별夫婦有別, 임금과 신하에 관계를 나타낸 군신유의君臣有義와 친구 간의 신의를 표현한 붕우유신朋友有信과 연장자에 대한 예의의 표현으로 장유유서長幼有序 등의 의미도 포함한다. 또한, 중용은 자아통제와 극단적인 것의 회피와 불편부당하지 않아 어느 한쪽으로 치우치지 않음을 가르친다.[10]

이상에서 살펴본 바와 같이 유교에서 이해하는 사람이란 '관계적 인간'이다. 서양의 인간관이 '더 이상 쪼개지지 않는 존재' 즉, 개인individual을 기초로 하고 있는 데 반해 동아시아의 인간은 사람 사이를 중시하는 '관계적' 존재라는 점이다. 이런 점에서 유교는 관계를 바탕으로 모든 것이 이루어진다고 할 수 있다.

다. 유교의 인간관과 평화사상

유교에 있어서 개인은 제대로 된 사람이 아니다. 홀로 된 사람, 혼자 힘으로 사는 사람은 부족하며 미완성된 존재라는 점이다. 그래서 맹자는 환·과·독·고鰥寡獨孤 즉, 홀아비와 홀어미, 독거노인과 고아를 나라에서 가장 먼저 보살펴야 할 불

9 강혜원, "유교적 가치가 조직시민행동에 미치는 영향", 건국대학교 경영대학원 석사학위논문, 2012, pp.7~8.
10 위의 논문, p.8.

행한 사람들로 여기기도 한 것이다.[11] '나'라는 존재에서 볼 때, '참된 나'는 타인과 함께 더불어 살아가며 '우리'가 될 때만 진면목이 드러날 수 있음을 의미한다.

맹자는 인간 본성이 본래 착함을 강조하고 있다. 그러한 이유로 '차마 남에게 하지 못하는 마음'을 인정仁政의 기반으로 삼도록 했다. 『대학大學』에서도 바람직한 인간의 관계를 위한 구체적인 방법으로 '혈구지도絜矩之道'를 제시하고 있다. 이것은 바로 '자기의 올바른 마음을 미루어 남을 헤아리는' 서恕의 정신이며, '자기가 서恕하고자 하는 바로 남을 서恕하게 해 주며 자기가 통달하고자 하는 바로 남을 통달하게 해 주는' 것, 즉 인仁의 정신이다.

그러므로 유교에서는 진정한 의미의 참 평화란 천부적인 인권을 존중하는 인간관을 바탕으로 하여 타인의 인격을 존중하는 것이다. 인간관계를 맺을 때에 이해와 사랑을 바탕으로 관계 맺음을 하여야 하며, 이것이 바로 올바른 인간 사회의 기반을 이룬다고 본 것이다. 이러한 정신이 바로 평화로운 사회를 열어 나갈 수 있는 첫 실마리라고 할 수 있다.[12]

또한 『중용中庸』에서는 인간과 자연과의 조화로운 관계에 대하여 설명하고 있다. "인간이 중中과 지知를 지극하게 하면 천지가 제자리를 잡게 되며 만물이 잘 길러진다"라고 했으며, "만물은 같이 자란다고 하더라도 서로 해롭지 않으며, 진리는 병행한다고 하여도 서로 어긋나지 않는 것이다"라고 했다.[13] 이와 같이 유교에서는 인간을 자연의 일부로 간주하여 자연의 질서로서 생명을 존중하면서 자연과의 조화를 이루고자 하는 가치의식이 중심을 이루고 있다. 즉 자연과 인간의 조화로운 상태를 통해 공존과 상생을 위한 평화의 정신이 스며들어 있음을 알 수 있다.

유교의 기본적인 평화정신은 주나라의 종법제도와 정명론에 근거한 예禮를 통한 인의 실천이라고 할 수 있다. 예는 한 개인의 행위를 규제하는 윤리적 규

11 배병삼, 『우리에게 유교란 무엇인가』, 녹색 평론사, 2012, pp.59~60.
12 서강대학교 철학연구소, 앞의 책, pp.252~253.
13 오석원, 앞의 논문, pp.66~70.

범일 뿐만 아니라 국가의 법규범 또는 국가와 국가 간에 지켜야 할 국제법과 같은 광범위한 성격을 띠고 있다.[14] 즉 예는 바로 하늘에 근거한 것이다. 하늘로부터 받은 성품이 있는데 그것을 좇아서 사는 것이 바로 도道이고, 그 도를 계발하는 것이 교화이고, 나아가서 이를 현실적으로 실천하는 것이 정치이다. 그 정치의 근본은 예이고, 또 예의 근원은 하늘이라고 하고 있다.

즉 예를 실현함으로써 궁극적으로 내치와 외치를 통해 평화를 실현할 수 있다고 할 수 있는데 이러한 예는 원래 천자天子가 하늘天의 은혜에 대하여 감사를 표시하기 위하여 드리는 의례에서 유래됐으며, 이러한 의례를 통하여 천자는 천하의 통치권을 확보했다. 오직 천자만이 하늘에 제사를 지낼 수 있고, 또 하늘은 덕德을 닦은 사람에게 천명天命을 내린다는 사상이 천자의 지위를 공고히 하여 지상의 평화를 가져올 수 있었다. 이것이 후대의 평천하平天下의 이상적 모델이 됐다.[15] 즉 예에서 비롯된 실천적 방안을 통한 사회질서 안정이 바로 평화정신의 이상적인 모델로 작용하고 있었음을 알 수 있다. 또한 예는 계급조직과 권위를 인간화하는 것일 수도 있지만 이것을 토대로 유지하고 명료화는 것을 목적으로 하고 있으며, 계급구조와 권위의 적절한 조직망을 전제로 하여 강화시키고 있다.[16]

유교에서 평화의 의미는, 국제적으로 전쟁이 없는 화해의 교린관계를 유지하는 상태이며, 국내적으로는 기존 정부에 대한 혁명이나 민란 없이 국민의 화합을 이룬 것을 의미하는 것이다. 즉, 국내외로 아무런 투쟁이 일어나지 않고 인간 간에 화합의 분위기가 조성되는 것이며, 이른바 태평세월의 상태가 유교에서 사용하는 기본적이고 일반적인 평화의 개념이다. 이런 의미로 비추어 볼 때 유교에서의 평화의 개념은 화평和平이라는 용어와 일맥상통한다.

따라서 유교의 평화의 개념은 개인 간의 불평불만이나 집단 간·계층 간의 불

14 하영선 외, 『21세기 평화학』, 풀빛, 2002, p.82.
15 서강대학교 철학연구소, 앞의 책, p.242.
16 벤자민 슈워츠, 나성 역, 『중국 고대 사상의 시계』, 살림, 2004, p.107.

평불만이 없는 상태로서, 특히 인화人和가 반드시 실현되는 대동大同사회를 구현하는 것을 강조하고 있다. 여기서 말하는 대동세계의 모습은 바로 이런 것이다.

> 대도가 행해지는 세상에서는 천하가 모두 만인의 것이며, 사람들은 현명한 이와 능한 이를 선출하여 관직을 맡게 하고, 온갖 수단을 다하여 서로 간의 신뢰와 친목을 두텁게 했다. 그러므로 사람들은 각자의 부모만을 부모로 섬기지 않았고, 각자 자기 자식만을 자식으로 여기지 아니한다. 그리고 노인에게는 그의 생애를 편안하게 마칠 수 있게 했으며 장정에게는 충분한 일을 시켰다. 또한, 어린아이는 마음껏 성장할 수 있게 했으며, 과부와 고아, 불구자 등에게는 고생 없는 생활을 시켰다. 성년 남자에게는 직분을 주었으며, 여자에게는 그에 합당한 남편을 갖게 했다. 재화라는 것이 헛되이 낭비되는 것을 미워했지만 반드시 자기만 사사로이 독점하지 않았으며, 힘이라는 것은 사람의 몸에서 나오지 않으면 안 되는 것이지만 그 노력은 반드시 자기 자신의 사리私利를 위해서만 쓰지 않았다. 모두가 이러한 마음가짐이었기 때문에 모략이 있을 수 없었고, 절도나 폭력도 없었으며 아무도 문을 잠그는 일이 없는 상태, 이러한 세계를 바로 '대동大同'이라고 하는 것이다.[17]

2-2. 유교 평화사상의 의미와 영향

평화는 인류가 태동하면서 이루려고 노력한 가장 심층적으로 인간의 공간에 존재하는 본성의 표현이기도 하다.[18] 그리고 평화는 건강하고 조화로운 생명의 질서로 정의할 수 있다. 인간의 본성에 바탕을 두고 있는 평화의 하나로 유교의 평

17 『禮記』「禮運」: "大道之行也, 天下爲公. 選賢與能, 講信修睦. 故人不獨親其親, 不獨子其子. 使老有所終, 壯有所用, 幼有所長. 矜寡孤獨廢疾者, 皆有所養. 男有分, 女有歸. 貨惡其棄於地也, 不必藏於己. 力惡其不出於身也, 不必為己. 是故謀閉而不興, 盜竊亂賊而不作. 故外戶而不閉, 是謂大同"

18 하영선 외, 『21세기 평화학』, 풀빛, 2002, p.186.

화사상을 꼽을 수 있다. 유교는 인간 공동체의 가장 기본적인 단위로서 가정을 중요시 여긴다. 그래서 인간의 사회화 과정과 사랑의 실천도 가정에서 출발한다고 보고 있다. 이것이 인류사회로 확대될 때 진정한 힘을 발휘할 수 있다고 보고 있으며, 개인과 사회 그리고 국가의 평화는 가정 공동체의 행복과 직결되어 있다고 본 것이다. 그러므로 정명正名사상에 근거하여 가정의 구성원은 각자 자기의 역할을 다하도록 강조했다. 즉, 부모는 부모답고 자녀는 자녀다운 가운데 서로 사랑과 화목으로 결속되어야 하며, 부부 역시 신의와 사랑으로 관계를 가질 때만이 건전한 사회의 기반이 이루어진다고 본 것이다.[19]

유교의 평화원리가 가정에 적용된 것이 바로 부자자효父慈子孝이다.[20] 이것은 인의 근본, 예의 핵심, 인륜의 근본이 된다. 효는 자녀의 부모에 대한 효행이다. 이 효의 첫째는 부모에 대한 생활상의 봉행이며, 다음은 신종추원愼終追遠, 즉 상사와 제사를 중시하는 것이며, 마지막으로는 부모의 유지를 계승하는 것이다.

효도는 가족이란 인간 공동체 속에서, 경험과 의식적인 학습을 통과할 때 길러지기 때문에 공자는 가족을 중시하고 또 효행을 강조했다. 그렇다고 효도란 것이 부모에 대한 자식의 복종만을 뜻하는 것은 아니다.[21]

그리고 평화원리가 유교에서 가정에 적용된 내용 중 부부관계는 부의부현夫義婦賢을 강조한다. 이 내용은 부부가 각기 도를 준수하여 부부간의 화해를 실현할 것을 요구했다. 또한 남녀의 불평등을 나타내는 삼종지도三從之道를 요구했으며, 형제간에 우애를 강조하기도 했다. 여기에는 형제간의 평등사상이 내재되어 있다.[22]

유교에서 말하는 가정 평화의 실현 방법은 앞서 고찰해 본 내용인 부자자효夫慈子孝, 부의처현夫義妻賢, 형제우애兄弟友愛이다. 이것을 가정 윤리의 가치로 삼

19 오석원, 앞의 논문, p.68.

20 부모(父母)는 자녀(子女)에게 자애(慈愛)로워야 하고, 자녀(子女)는 부모(父母)에게 효성(孝誠)스러워야 함을 이르는 말, 네이버 어학사전 (2017. 2. 15. 검색).

21 배병삼, 앞의 책, p.63.

22 최용수, 앞의 논문, pp.30~31.

고 행해져 왔다. 이후 삼강오륜三綱五倫이 정착되면서 군자, 아버지, 지아비의 통치 지위를 신성화한 것이 봉건제도의 도구가 되기도 했다.

유교의 가족주의에서 특히 비판을 받은 것이 삼강오륜三綱五倫이다. 이 중에 가정에 관련된 항목으로 삼강 중에는 부모와 자식 사이에 마땅히 지켜야 할 도리를 말하는 부위자강父爲子綱이 있고, 오륜五倫 중에는 부부유별夫婦有別과 장유유서長幼有序가 있다. 이는 동서고금을 통해 아버지와 아들이 별로 친하지 않았기 때문에 소원한 부자 관계를 친함으로 돌이키려는 시도이며, 남녀 간에 너무 친할 때 아무렇게나 말하고 행동함으로써 결국은 친함을 해치게 됨을 경계하고 부부간에 하는 일의 중복을 피함으로써 서로 존중하고 예의를 지킴으로써 갈등의 소지를 줄이라는 말로도 해석할 수 있다. 그리고 윗사람은 아랫사람으로부터 공양을 받는 대신 어려운 일을 먼저 나서서 솔선수범하고 아랫사람의 허물에 대해서는 윗사람이 책임지는, 그러한 차례를 의미한다고도 할 수 있다.[23]

따라서 유교 전통에서는 가족 구성원의 개인적 삶보다 가정의 존속을 우선했으며, 가정의 목표는 지고한 가치를 가지는 구성원의 생명을 실현하는 것에 있다. 이러한 사람의 생명은 생명의 마음이자 사랑의 이치인 인을 실천함으로써 구현될 수 있다. 인의 실천에서 중심이 되는 것이 바로 가정이다. 유교의 평화사상이 사회에 영향을 끼친 것은 부의 평등적인 분배를 통한 사회 안정과 세속적인 가치를 긍정하는 것과 근로를 강조하는 것을 들 수 있다. 즉 공자는 경제 문제에서 빈부의 차이가 크면 갈등이 야기되기도 하지만 고르게 되면 비록 어렵더라도 화목을 도모하여 가난을 극복할 수 있다고 했다. 또한, 맹자는 정전법井田法에 의한 왕도정치를 강조하여 기회만 있으면 소외계층의 보호를 강조했다.[24] 또한 경제 문제 해결과 함께 교육을 통한 도덕정치의 실시를 강조하여 민본주의 사상을 접목하게 됐다. 다음은 공자의 인 사상과 평화와 맹자의 정전론, 그리고 평화에 관하여 좀 더 상세히 고찰해 보고자 한다.

---

23 국민호, "유교 문화적 전통과 자유민주주의", 『동양사회사상』, 제3집, 2000, pp.29~30.

24 오원석, 앞의 논문, pp.70~71.

3. 공자의 인仁 사상과 평화

3-1. 공자의 인 사상의 본질과 의미

유교사상이 우리 전통 윤리와 사상의 뿌리라는 것은 더 말할 필요도 없는 당연한 사실이다. 유교사상은 수백, 수천 년 동안 우리나라 사람들의 삶의 규범이나 지침이 되어 왔고 현대화된 오늘날까지도 많은 영향을 끼치고 있기 때문이다. 이러한 유교사상에서 가장 중요한 덕목으로 바로 인仁 사상을 꼽을 수 있다.[25]

유교 윤리에 있어 최고 덕목으로 포괄적인 의미를 갖는 것이 바로 인仁이다. 인은 공자사상의 핵심이며, 인을 현대적인 언어로 풀이해 본다면 그것은 '사람다움'이라고 표현할 수 있다. 따라서 '사람다움'을 실현하고, 실천하는 것이 공자사상의 핵심이다. 그러나 공자 이전의 인은 온화, 종순의 좋은 사람 정도의 뜻이었으며, 공자의 인과는 달랐다. 종전의 인이 제덕諸德과 병립관계였다면 공자의 인은 제덕이 인에 종속되는 종속관계이다. 그러므로 인은 공자에 의해 제기된 최고 이념이며, 천리의 지순으로 인심의 전덕을 총괄한 유교사상의 핵심 개념이다.

공자는 노예사회였던 서주西周의 제도를 따를 것을 강력하게 주장했으나, 그 당시는 서주의 제도가 이미 몰락하고 봉건제도로 대체되고 있었다. 그가 목도한 예악禮樂이 붕괴되는 사회적 혼란 즉, 통치계급 내부의 귀족 사이에서 주례가 훼손당하고 위를 범하는 혼란과 임금의 몰락 등 한 역사 시대의 복잡한 사회모순은 실제로는 신구 사회제도의 과도기에 나타나는 정상적인 현상이었다. 그러한 상황하에서 공자는 구제도를 주장함과 동시에 도덕 범주인 '인'을 제시하여 사회의 질서를 통일·안정시키려고 한 것이었다.

인仁은 우리말로 주로 '어질다', '사람답다' 등으로 표현된다. 더 나아가 '불쌍

25 신정근, 『사람다움의 발견』, 이학사, 2005, p.46.

히 여기다', '박애', '만물을 낳다' 등으로도 풀이될 수 있다. 이처럼 여러 가지 뜻을 지니고 있어 오늘날 사람들은 인이라고 말하면 한 번에 그 뜻을 직감하기가 쉽지 않다. 오늘날의 현실에서 인을 실천하기 위해서는 인 관념에 대한 충분한 이해가 동반되어야 하는 까닭이 여기에 있다.

그런데 오늘날 사람들은 이러한 유교적 가치와 인을 고리타분한 옛 관념으로 여기며 마치 극복되어야 할 인습의 일종처럼 표현하기도 한다. 우리나라는 현대화와 산업화 과정에서 외세의 침략에 의해 전통과의 단절을 경험했다. 이른바 현대화의 과정에서 우리는 전통적 가치, 특히 유교사상에 대해 도외시하고 심지어 없어져야 할 구시대의 관습으로 여기기도 한다. 그러나 이러한 유교사상의 핵심가치, 특히 인이 현대사회에서도 분명 충분한 의미가 있을 것이다.

공자는 인의 개념을 여러 가지 윤리적인 덕의 기초가 되는 심적 상태라고 정의한다. 이를테면 『논어論語』에서는 "자기를 극복하고 예로 돌아가는 것을 인이라고 한다克己復禮"라는 말이 있는데, 이는 다시 말하면 "자기의 사욕을 억누르고 예를 실천에 옮기는 것이 바로 인이다"라는 뜻으로 해석될 수 있다. 인의 근본은 심적 상태를 말한 것이므로 인이 그 의미를 가장 잘 전달해 주고 있다. 인의 의미는 '인忍'과 같으며 '인내忍耐'를 뜻한다. 여기서 '인'은 '자기 자신을 억제할 줄 아는 사람'이라는 뜻이다. 즉 "자기가 서고 싶으면 남을 먼저 세우고 자신의 뜻을 이루고 싶으면 남의 뜻을 먼저 이루도록 해 주는己欲立而立人 己欲達而達人"(『논어』, 雍也) 사람이 인한 사람인 것이다. 이런 사람은 타인에 대한 배려가 깊기 때문에 타인이 위태롭게 되고, 어려운 상황에 빠져 있는 것을 보고 그냥 지나칠 수가 없다. 이런 것을 맹자는 '차마 못하는 사람의 마음不忍人之心'이라고 표현했고, 또 이것을 인이라고 정의했다. 따라서 인에는 양 측면 즉 자기에 대한 측면과 타인에 대한 측면이 다 존재하고 있다.[26] 이때 인은 자기에 대해서는 인忍하고 타인에 대해서는 불인不忍할 것을 요구한다.

26 안재순, "한국문화속의 유교사상", 『인문과학연구』, 제6호, 1986, p.24.

공자 이전에도 인이란 단어는 존재했으나 그다지 주목받지 못했다. 처음으로 등장한 『시경』과 『서경』의 인 개념은 '사람'(人: 물체적 의미)에서 남자다움[개념-구성적 의미]으로 일차적으로 변화했고, (특수한 몇몇 사람의) '남자다움'이라는 형식적 의미로 고착됐지만 이때까지만 하여도 도덕적 의미는 포함되어 있지 않았다.[27] 공자는 명확한 관념을 가지고 있지 않았던 이전의 인이란 글자에 보편적이고 추상적인 관념을 부여하여 유교에서 가장 중심이 되는 가치로 완성시켰다고 할 수 있다. 공자에게 있어서 인이란 효孝, 충忠, 지혜智, 용기勇, 예禮 등을 포괄하는 완전한 덕이며, 공자의 사상을 '인' 한 글자로 요약할 수 있다고 하여도 과언이 아니다. 모두 20편으로 이루어진 『논어』에는 '인' 자가 105회 나오기까지 한다.

공자 이전에 성립한 유교 경전에는 공자가 편수한 『시경詩經』[28]을 꼽을 수 있다. 『시경』은 지역별로 일반 사람들 사이에 널리 불리던 민요, 접대와 연회 등 공식 행사에서 쓰이던 음악, 그리고 국가 기념일과 제사에서 동질성을 확인해주는 국가 등으로 되어 있다. 공문의 문답 내용에 '시'가 많이 언급되는 것으로 미루어 보아 『시경』은 공자 생전 당시 비교적 완벽한 형태를 띠고 있었을 가능성이 높다고 알려져 있다. 『시경』에는 인이 「숙우전」과 「노령」에서 각각 한 차례씩 쓰이고 있다. 우연의 일치이겠지만 두 번 모두 시적 대상은 주위 사람들의 시선을 확 끌 정도로 요란하고 화려한 행차로 사냥을 나가는 귀족의 모습을 나타내고 있다.[29]

> 숙이 사냥을 나가니, 골목에 사는 사람이 없도다. 어찌 사는 사람이 없으리오마는, 숙과 같이 진실로 아름답고 또 仁하지 못하기 때문이니라. 숙이

27 장승희, "공자사상에서 '사랑'의 의미 고찰", 『윤리교육연구』, 제34호, 2014, p.206.

28 시경은 중국 최초의 시가총집인 동시에 중국 순문학의 시조이다. 중국 문학사의 모태가 곧 시경이라고 할 수 있는 것이다. 지금으로부터 약 2500~3000여년 전인 서주(西周) 초기로부터 춘추(春秋) 중기에 이르는 약 500여년 간의 시가 305편이 수록되어 있다.

29 신정근, 『사람다움이란 무엇인가』, 글 항아리, 2009, p.42.

> 사냥을 나가니, 골목에 술 마시는 사람이 없도다. 어찌 술 마시는 사람이 없으리오마는, 숙과 같이 진실로 아름답고 또 좋지 못하기 때문이니라. 숙이 들에 나가니, 골목에 말을 타는 이가 없도다. 어찌 말을 타는 이가 없으리오마는, 숙과 같이 진실로 아름답고 또 굳세지 못하기 때문이니라.[30]

위의 「숙우전」에서 시적 대상은 고귀한 신분을 상징하는 말을 타니 길 위의 사람들보다 자연스럽게 높은 위치에 자리하면서 부각되고 주위의 시선을 한 몸에 받고 있다.

> 사냥개의 방울이 딸랑딸랑하니, 그 사람 아름답고 또 仁하도다. 사냥개의 방울이 겹치니, 그 사람 아름답고 또 수염이 많도다. 사냥개의 사슬고리가 이중이니, 그 사람 아름답고 또 수염이 많도다.[31]

「노령」에서 시적 대상은 움직임에 따라 소리가 울리는 방울을 단 사냥개를 데리고 있으므로 자연스레 주위의 시선을 불러 모으면서 개를 통해 자신으로 옮겨지는 눈길을 받게 된다. 시적 화자는 말을 탄 사람, 개를 데리고 있는 고귀하고 특별한 사람을 두고 '아름답고 인하다'라고 말하고 있다. 여기서 우리는 어렵지 않게 인이 사람의 내면보다 외적 특성으로 인해 주위 사람들을 빠져들게 만드는 매력과 관련되어 있다는 것을 알 수 있다.[32]

이처럼 공자 이전의 인의 의미는 귀족이나 높은 위치에 오른 사람들이 가지는 능력이나 매력과 관계된 덕목이었다. 공자는 이전의 이런 인 사상의 흐름을 인간의 내면으로 돌려놓은 인물이라고 할 수 있다. 공자는 인의 본질에 대해 일

30 성백효 역주, 『시경집전』, 전통문화연구회, 2007, p.25: 「숙우전」: "叔于田, 巷無居人. 豈無居人, 不如叔也, 洵美且仁. 叔于狩, 巷無飮酒. 豈無飮酒, 不如叔也, 洵美且好. 叔適野, 巷無服馬. 豈無服馬, 不如叔也, 洵美且武"

31 위의 책, p.42: 「盧令」: "盧令令, 其人美且仁. 盧重環, 其人美且鬈. 盧重鋂, 其人美且偲"

32 위의 책, p.43.

의적으로 개념을 정의한 적은 없다. 제자들의 질문에 따라 혹은 상황에 따라 인이 무엇인지에 대해 단편적으로 답변할 뿐이었다. 그래서 『논어』에서 인은 마치 알 수 없는 실체로 다음과 같이 등장하기도 한다.

> 공자는 이익과 운명과 인에 대해서는 말을 드물게 했다.[33]

공자가 말하는 '인'은 한 마디로 명확하게 정의되지 않는 추상적인 개념이다. 공자는 '인'을 묻는 제자들마다 "사람을 사랑하는 것", "자신을 이기고 예로 돌아가는 것" 등으로 그 답을 다르게 하여 해설했다. 이러한 공자의 '인' 속에 공통적으로 들어가 있는 요소는 바로 사람이라면 마땅히 지향해야만 하는 도덕적인 가치이다. 공자가 살았던 당시는 신분세습에 기초한 봉건질서가 급속히 무너짐에 따라 군주를 몰아내는 하극상이 만연하고 약육강식 논리가 팽배했던 혼란기였다. 이러한 상황 속에서 공자는 도덕을 떠난 기타의 일을 염두에 두지 말고 오로지 옳고 그르냐의 문제만을 생각하라고 했다. 공자는 "군자는 의리에 밝고, 소인은 이익에 밝다君子喩於義 小人喩於利"라고 했다. 뒤에 유자들은 이 말을 근거로 하여 의리와 이익을 예리하게 구분했는데 이것이 유가의 도덕교육 가운데 가장 중요한 것이 됐다. 공자 이전의 '인'은 사람들을 끌어들이는 뛰어난 사람의 매력 또는 지도자의 덕목이었다.

그러나 공자의 시대에 이르러서는 혼란한 시대 속에서 사람들을 편안하게 하기 위해서는 타고난 재능만으로는 불충분하게 됐다. 이에 공자는 치인에 앞서, 먼저 자신의 내면을 갈고 닦아 도덕적으로 완성시킬 것을 촉구했다. 이러한 의미에서 그가 말하는 '인'이란 반드시 따라야만 하는 일종의 정언명령이다. 공자는 일찍이 "되지 않을 것을 알면서도 그것을 하려고 하는 사람"이라는 조소를 받았다고 한다. 그러나 이에 대해 공자는 "군자가 벼슬을 하는 것은 그 의를 실

33 『論語』「子罕」: "子罕言利與命與仁"

행하는 것일 뿐이다. 도가 행하여지지 않을 줄은 이미 알고 있었다"라고 말했다. 이처럼 그의 사상에서 '인'은 사람이라면 누구나 마땅히 지향해야 하고 노력해야 하는 중요한 덕목이라고 할 수 있다. 이처럼, 인이 유학에서 핵심이 되는 사람다움의 가치라고 한다면, 이것을 실현하기 위한 구체적 요소는 다음과 같이 세 가지로 정리할 수 있다.

첫째로 충서忠恕이다. 충서는 공자가 말한 가치로 증자는 공자의 일이관지 一以貫之를 충서로 이해했다. 인이 진정한 사람다움의 가치라고 한다면, 인을 실현하기 위해서는 우선 자신과 남의 마음을 헤아려야 한다. 충忠은 자신의 마음을 흔들림이 없이 지키는 것을 의미하고 서恕는 자신의 마음을 미루어 남의 마음을 헤아려 보는 것이다. 충과 서는 별개의 것이 아니라 인간의 본성에 대한 양면의 표현이며, 상호 공감할 수 있는 마음의 기초이다. 북송 시대의 성리학자 정호程顥는 인을 자신과 타인을 한 몸처럼 공감할 수 있는 것으로 보았고 불인을 마치 손과 발이 마비된 것에 비유하여 교감 능력을 잃은 것으로 설명했다. 비단 정호뿐만이 아니라 여러 유명한 유학자들은 남의 마음을 헤아리는 공감 능력을 중요한 것으로 파악했다. 남의 입장에서 생각하고 느낄 수 있어야 남의 기쁨을 축하하고 남의 불행을 안타까워할 수 있으며, 거기에서 측은지심惻隱之心, 즉 측은하고 불쌍하게 여기는 마음도 발생하게 된다.

둘째로 예禮를 아는 것[知]이다. 상대방의 마음을 헤아린다고 하더라도 그것은 적절한 방식으로 표현되어야만 진정으로 인하다고 할 수 있을 것이다. 예컨대 우리나라에서는 선의로 이해되는 행동도 다른 나라가 문화권에서는 매우 무례하고 불필요한 행동으로 이해될 수 있다. 타인의 마음을 헤아려 취해진 행동이라도 사람들 사이의 규범인 예에 합당하게 표현되어야만 적절한 가치를 가지는 것이다. 인이 내면적인 도덕성이라고 한다면 예는 외면적인 사회규범인 것이다. 결국 인은 예를 통하여 겉으로 드러나는 것이다. 그러므로 인을 실천하는 데는 예가 꼭 필요하다.

셋째로 행동하는 것[行]이다. 아무리 마음속에서 상대방의 마음을 헤아리고 예의를 갖춘다고 해도 결국 현실에서 실천하지 않는다면 의미가 없다. 그런 맥락에서 결국 모든 덕목의 최종 규결은 행동으로 나타나는 것이라고 해도 과언이 아닌 것 같다. 인한 마음을 가지는 것, 그것을 예에 맞게 표현하는 것을 아는 것, 그리고 그것을 실제로 행하는 것은 분리된 것이 아니다.

3-2. 인仁 사상과 평화

공자의 사상은 고대 문화유산과 그가 처한 시대의 사회 실천에 근거를 두고 있다. 이러한 사상의 핵심 문제는 바로 인간의 문제로, 인간의 본질과 인간 사이의 복잡한 관계 문제는 당시의 진보적인 선비들의 주된 관심사를 이루고 있었다. 공자도 마찬가지로 인간의 문제를 그의 중심과제로 생각하고 그러한 인을 사상의 중추로 삼았다.

공자는 『논어』의 여러 곳에서 여러 상황에 따라 '인仁'[34]을 말하고 있으나 '인'의 뜻을 직접 그 상황에만 명확한 언어로 표현한 기록은 보이지 않는다. 다만 상대자弟子의 생활 태도나 수준에 따라, 인의 중요성이나 인에 도달하는 방안 등을 말함으로써 '인'의 뜻을 간접적으로 이해하도록 했다. 공자는 인에 대한 질문을 받았을 때, "인仁은 곧 사람을 사랑하는 것이다"[35] 라고 대답한 적이 있다. 여기에서 보면 '사람을 사랑하는 것'이 '인'의 본질이요, 인을 체득함으로써 인간이 인간답게 된다고 보는 것이 공자의 생각이었을 것으로 보인다. 『중용中庸』에서도 다음과 같이 말했다.

34 지동철, "유학윤리의 스포츠 윤리에서의 함의", 용인대 대학원 박사학위논문, 2007, p.22: 옛날에는 '人'과 통용했으며, 공자는 "사람을 사랑하는 것이다"라고 했다. 이것으로 보아 "仁'이란 것은 사람이다" 仁이란 사람이 사람된 이치로 사람이 살아가는 도리로 사람 사이에 서로 돕는 것을 말한다. 인이란 결국 인간들과 더불어 살아가는 현세 속에 개인이 처한 현실적인 문제와 인간들 사이의 관계에 대한 문제가 무엇보다 중요하게 다루어지며, 이러한 문제는 결국 도덕의 문제로 귀결되는 것이다.

35 『論語』「衛靈公」: "子曰 人能弘道 非道弘人"

인은 사람다움이니, 어버이를 친근하게 모시는 일이 큰 것이다.[36]

『논어』에서 같은 뜻으로 표현된 구절의 예를 볼 수 있다.

효孝와 제弟라는 것은 그 인을 행하는 근본일 것이다. [37]
군자가 부모와 하나 되는 데 돈독하면 백성들에게 인이 일어난다. [38]
자기를 극복하여 예禮로 돌아가는 것이 인이 되는 것이다.[39]

위 인용문에서 '효제孝悌가 인을 행하는 근본이라' 함은 인간관계의 친소親疎와 인 사이에 기본적으로 불가분의 관계가 있다는 뜻을 내포하고 있다. 부모에 대한 효와 형제간의 우애는 가장 가까운 혈연관계로서 자연의 情을 발휘하는 덕목이기 때문이다.

'군자가 부모와 하나 되는 데 돈독하면 백성들이 인이 일어난다'라는 문장에서의 군자는 위정자를 말한다. 지도자가 부모에게 효도하고 하나되는 모범을 보인다면 백성들도 본받고 돈독해져서 모든 사람들이 하나같이 인으로 발전할 것이다.[40]

원래 '인'이라는 글자는 '사람[人]'과 '둘[二]'이라는 글자가 모여서 이루어진 것이다. 따라서 둘 이상의 사람 관계에서부터 '인'이라는 개념이 출발하고 있음을 보여 준다. 보통 우리가 '사람이 어질다' 또는 '어진 사람이다'라고 말할 때, 여기에는 이미 한 사람이 다른 사람과의 관계에서 갖게 되는 덕목이 포함되어 있다. 제자인 번지樊遲가 인에 대해 물었을 때 공자는 한 마디로 '타인을 사랑하

36 『中庸』: "仁者人也 親親爲大"
37 『論語』「學而」: "孝弟也者 其爲仁之本與"
38 『論語』「泰伯」: "君子篤於親 則民興於仁"
39 『論語』「顔淵」: "克己復禮 爲人"
40 이환식, "선진 유가의 도덕원리와 자연 질서의 상관성에 관한 연구", 성균관대학교 유학대학원 석사학위논문, 2005, pp.23~24.

는 것[愛人]'이라고 대답해 주었다. 즉, 인이란 타인에 대한 사랑의 정신이다. 자기 몸이나 자기 욕망만 소중하게 생각하는 것이 아니라, 자기 이외의 다른 사람들에 대해서도 배려할 수 있는 마음 자세를 갖는 것이 바로 인의 정신이다.

따라서 인의 정신이란 막연한 어떤 관념이 아니라, 자기와 타인의 구체적인 관계에서 출발하는 것이다. 그래서 '논어'에는 자기[己]와 타인[人]의 관계를 통해 인의 정신을 설명한 구절이 많이 나온다. 예를 들어 "자신이 바라지 않는 것은 남에게도 하지 말아야 한다己所不欲 勿施於人"라거나 "어진 사람은 자기가 서고자 할 때에는 남부터 세워 주고, 자기가 이루고자 할 때에는 남부터 이루게 한다仁者 己欲立而立人 己欲達而達人"라는 구절이 대표적이다. 결국 인이란 이기적인 마음을 넘어서서 자기와 더불어 살고 있는 타인에 대한 존중과 배려에서 피어나는 정신인 것이다. 인간의 삶이란 크게 보면 넓은 사회적 관계에서 고려될 수 있는 것이지만, 모든 사회관계의 출발점은 바로 '나와 너' 또는 '자기와 타인'이라는 가장 기초적인 단위에서 비롯된다고 할 수 있다. 그리고 이러한 인간관계의 가장 기초적인 출발점에서의 마음 자세가 결국은 한 개인의 모든 사회적 관계를 결정하고 있다고 할 수 있다. 그래서 공자는 인간답게 살아가는 데 필요한 덕목 중에서 그 무엇보다도 이 '인'을 가장 중요한 것으로 보았던 것이다.

인은 밖에 있거나 멀리 있는 것이 아니라. 선천적으로 내 마음 속에 보존되어 있는 것이기 때문에 인을 행하고 행하지 않는 것은 나에게 달려 있다. 따라서 인자仁者는 천리天理대로 하는 것을 즐거워하고 천명天命을 알기 때문에 안자顔子와 같이 자기에게 주어진 분수를 알고 처해진 그 자리에 근심하지 않고 편안할 수 있다. 그리고 하늘이 모든 사람에게 똑같이 부여한 타고난 착한 본성本性 즉, 인仁에 충만하게 되면 본성대로 옳게 나가고 있기 때문에 남과 나를 똑같이 사랑할 수 있는 마음이 자연스럽게 나오게 되고, 세상을 하나로 볼 수 있게 된다. 그러므로 인자의 행위는 인간 본래의 순수한 모습에서 자연스럽게 나오는 것이기 때문에 남을 사랑함에 있어서도 자신의 이익利益을 추구하기 위해 인위적人爲的이고 조건적으로 사랑하는 것이 아니라 인간의 본성本來性에서 우러나오는 자연스럽고 무조건적인 사랑을 실천한다. 따라서 인을 행한다고 하는 것은 부자간의 애정과 같이 인간이 출생할 때 타고나는 순박한 자연성을 잃지 않고 잘 키워서 그대로 실행하여 인류 전체의 공존공영을 위하는 것을 의미한다.

공자에게 인은 인간의 본성으로 동시에 도덕성이고 우주의 근본이 된다. 인을 애인愛人이라 풀이하면 묵가墨家의 겸애兼愛나 기독교의 사랑으로 이해할 수 있지만, 유학에서 말하는 사랑은 차등差等과 질서秩序가 있는 사랑을 의미한다는 점에서 차이가 있다. 논어에는 다른 사상과 구별되는 공자의 인에 대한 독특한 생각을 단적으로 나타내는 사례가 다음과 같이 제시되고 있다.

> 섭공이 공자에게 말했다. 우리당마을에 몸을 정직하게 행동하는 자가 있으니, 그의 아버지가 양을 훔치자 아들이 이를 증명했습니다. 공자께서 말씀하셨다. 우리당의 정직한 자와는 다르다. 아버지는 자식을 위하여 숨겨 주고 자식은 아버지를 위하여 숨겨 주니, 정직함이 이 가운데 있는 것이다.[41]

아버지와 자식이 서로 숨겨 줌은 천리와 인정의 지극함이다. 천리와 인정을 따르는 것은 정직함을 구하지 않아도 정직함이 그 가운데 있다는 것이다. 결국 인간의 성性은 천리天理와 다름이 없는 것으로 성을 따라 행동하는 것은 곧 천리대로 행한 것이다. 인간이 천리를 따라 행하는 것이 정직함이 되고, 그것이 곧 인이며, 인간의 본성이 되는 것이다.[42]

인에 대한 대답은 그때그때의 행동에 대한 구체적인 말씀이요, 인의 전체적인 개념 설정이 아니다. 그 이유는 공자가 제자들의 자질과 성향에 맞추어 교육을 설하는 인재시교因材施教의 교육방법에도 기인하지만 인의 개념과 내용이 그만큼 중요하기 때문이다. 그렇다면 인의 내용은 어떠한 것인가? 공자의 인에는

41 『論語』 子路: "葉公語孔子曰 吾黨有直躬者 其父攘羊 而子證之 孔子曰 吾黨之直者 異於是 父爲子隱 子爲父隱 直在其中矣"

42 지동철, "유학 윤리의 스포츠 윤리에서의 합의", 용인대학교 대학원 박사학위논문, 2007, p.23.

적어도 다음의 네 가지 뜻이 포함되어 있다.

첫째, 친애親愛 혹은 자애慈愛로써 인의 개념과 친애 혹은 자애의 개념과는 거의 일치하는 바가 있다. 인이 무엇인지에 대한 질문에 대해, 공자가 『논어』에서 '남을 사랑하는 것'이라고 한 것은 인과 친애·자애를 연관 혹은 일치시켜 설한 것이라 하겠다.

둘째, 지성至誠인데, 꾸미지 않음을 말한다. 즉 단지 남을 친애할 뿐 순간의 지경에 이르지 못한 이는 결코 인仁에 도달한 것이 못된다는 것이다. 결국 남에 대하여 아무런 허식도 작위도 없이 마음속에서 자연히 발로하여 그만두려고 하여도 그만둘 수 없는 성誠을 인이라 한다. 만약 교언영색巧言令色으로 오직 남을 즐겁게 함을 목적으로 삼는다면 인이라 할 수 없음은 말할 것도 없다.

셋째, 구제救濟인데, 공자의 인은 차별적인 사랑이어서 자기의 부모처자父母 妻子를 사랑함이 남의 부모처자를 사랑함에 미치며, 제 나라 사람을 사랑함이 남의 나라 사람을 사랑함에 미침을 당연한 것으로 보지만, 인의 극치에 이르면 그 덕택이 널리 사해에 끼쳐서 한 사람도 제자리를 얻지 못하는 이가 없게 된다.

넷째, 이타利他인데, 공자의 인은 남을 이롭게 하는 데 귀착된다. "인자는 자신이 서기를 바라면 남을 세워 주고, 자신이 이루기를 바라면 남을 이루게 해 준다"라는 공자의 말이 있지만, 자기의 이해득실에서 기인된 인은 결코 진정한 인이 못된다. 즉 어떤 경우에는 자기의 생명까지도 희생으로 바쳐야 하는 것이니 공자의 "뜻있는 선비와 인한 사람은 살기를 도모하여 인을 해치는 일이 없고, 자신의 몸을 죽여 인을 이루는 일은 있으니라"라는 말로써 알 수 있다.[43]

공자는 인을 실천하는 다양한 방법을 제자들의 수준에 따라 다르게 일러 주고 있다. 그 가운데 '극기복례위인克己復禮爲仁'과 '인자애인仁者愛人'의 명제는 인 사상의 핵심을 잘 나타내 준다. 극기복례로서의 인은 객관적 예에 의해서 주관적 이기심이나 정념을 제어하는 것이다. 이는 공자의 윤리사상이 행위의 외면적

---

43 가노나오키, 오이환 역, 『중국철학사』, 을유문화사, 2011, pp.120~121.

객관성을 중시하는 것을 뜻한다. 여기서 말하는 예禮는 사회생활에서 인간들 사이에 요구되는 적절한 간격과 차이를 문화적으로 의례화한 보편적 행위양식의 체계로서 외면적 성격이 강하다. 이에 반해서 '인자애인仁者愛人'으로서의 인은 '극기복례'에 비해 보다 인간주의적이며 정감적 성격이 강하다. 남을 사랑하는 자는 자기가 원하지 않는 것을 상대에게 강요하지 않을 뿐만 아니라, 자신이 상대에게 원하는 바를 상대방이 먼저 성취하도록 도와주는 적극적인 측면을 지닌다.[44]

4. 맹자의 정전론井田論과 평화

4-1. 맹자의 정전론의 본질과 의미

맹자孟子의 평화사상은 공자를 계승했지만 평화의 구현 방법을 더욱 뚜렷이 제시했다. 맹자는 공자가 죽고 나서 100년 정도 뒤에 태어난 인물이다. 맹자는 평화의 구현 방법을 서恕의 논리를 근거로 한 불인인지심不忍人之心에서 찾고 있다. 그래서 통치자가 인을 행하는 인정人政과 왕도王道만이 평화를 초래할 수 있음을 역설하고 있다. 맹자는 "힘으로 남을 굴복시키면 진심으로 복종하는 것이 아니라 힘이 모자라서 복종하는 것이고, 덕으로 남을 복종시키면 마음속으로 즐거워 진실로 복종할 것이다"라고 말하며 인화人和를 강조하고 있다. 즉 인화란 사회 구성원들의 욕구가 평형과 조화를 이루게 된 상태를 말하며, 이렇게 덕으로 인을 실행하는 왕도정치만이 평화를 가져다 줄 수 있음을 역설했다.[45]

44 이재형, "퇴계의 향내적 철학과 다산의 향외적 철학의 비교", 한국학중앙연구원 한국학대학원 박사학위논문, 1995, p.16.

45 김국현, 앞의 논문, p.194.

맹자가 살고 있던 당시의 주된 산업은 농업이었다. 농업은 백성들의 생활수단이면서 동시에 국가 재정의 원천이었다. 그러므로 토지제도는 백성의 생계 문제와 관련될 뿐 아니라 조세제도와도 긴밀히 연결되면서 국가 경제의 근간이 되는 것이었다. 맹자는 정전제井田制라는 토지·조세제도를 시행할 것을 주장했다. 정전제는 우물 정井 자 모양으로 토지를 구획해서 여덟 가구에게 주위의 한 구획씩을 경작하게 하고 중앙의 한 구획을 공동으로 경작하게 하는 것이다. 공동 경작한 수확물은 세금으로 내고 각자 경작한 수확물은 각 가구의 수입이 되는 것이다. 그러므로 생산량의 9분의 1을 세로 내는 세법이다.

맹자의 정전제는 붕괴되어 가는 주대 이래의 봉건제를 유지하려는 의도를 갖는 것이기도 했다. 지대의 수납은 봉건제의 경제적 기초이다. 그런데 당시는 토지겸병과 농민의 유민화로 인해 봉건제가 대단히 불안정해지고 있었기 때문에 봉건적 경제의 안정을 회복하기 위해서는 토지의 경계를 엄정하게 하고 소유권의 불법적 변동을 막는 일이 중요했다. 또한 직접 생산자인 농민을 토지에 묶어 두는 일도 필요했다. 이 두 가지를 실현시킬 수 있는 제도로서 맹자는 정전제를 구상하게 된 것이었다.[46]

맹자의 왕도론은 성선설의 연장선에서 이루어진 것이다. 왕도는 인정仁政에서 나오는 것이며, 인정仁政은 성선설에 근거하고 있으며, 성선설과 왕도론은 맹자 사상의 시작과 완성이기 때문이다. 인정仁政이 성선설에 근거하고 있는 것은, 인정仁政이란, 인간은 누구나 그 본성이 선하기 때문에 사람에게 차마하지 못하는 마음으로써 차마하지 못하는 정치를 베풀어야 한다는 것이다. 이러한 이론은 인간의 본성이 선하다는 믿음, 곧 성선性善에서 나온 것이었고, 이를 미루어 백성들을 잔인하게 대對하여서는 안 된다는 것이 인정仁政이었다. 그러나 왕도정치는 백성들의 구휼, 곧 오묘五畝의 택지에 뽕나무를 심는 것으로부터 시작되는 것이며, 뽕나무를 심으려면 정전제도가 이루어져야 가능할 수 있는 것이다. 그

46 오종일, "맹자의 정전론과 정전제도의 사상적 연원", 『동양철학연구』, 제37권, 2004, p.331.

러므로 왕도정치는 정전제도가 선행되어야 이루어질 수 있다. 따라서 왕도정치는 정전제도에서 시작되는 것이다.

맹자는 백성들에게 토지를 나누어 주고 세금을 받았던 것은 하夏, 은殷, 주周 때부터 시작된 것으로서, 그 실상은 주대周代에서 이루어진, 이른바 밭갈이하는 사람에게 구일九一의 세금을 물리게 한 것이 정전제도의 시작이라고 했다. 이러한 견해는, 정전제도의 출발은 하, 은, 주 시대에서 시작됐고 주대에 그 정립이 이루어진 것으로 본 것이다.

맹자사상뿐만 아니라, 유학사상의 핵심은 성선설이라 할 수 있다. 성性의 실체가 선한 것이라는 사실을 어떻게 정의할 것인가 하는 것은, 인간의 본성은 어떻게 생겨나게 됐는가 하는 형성 동기와 관계된다. 그것은 성性이란 하늘의 명으로서 부여받은 것인가 그렇지 않으면 저절로 생겨나게 된 것인가 하는 문제였다. 맹자는 인간이 지니고 있는 네 가지 마음의 단서를 통하여 인간의 본성이 인의예지의 선한 본성을 지니고 있다는 사실을 증명할 수 있다고 했다. 그리고 그 성은 하늘이 부여한 명命에 근본한 것으로 보았다. 곧 인간이 세상에 태어나면서부터 당연히 간직하고 있었던 성性, 이른바 덕을 좋아하는 떳떳한 덕성을 본래의 본성으로 보았다. 이는 결국 하늘과 인간의 관계성을 전제로 하여 본성의 실체를 해명하고자 한 것이다.

맹자는 본성의 실체를 인의예지로 규정하고, 인의예지라는 것을 알 수 있는 것은, 측은하게 여기는 마음, 수오하는 마음, 사양하는 마음, 시비를 분별하는 마음의 단서를 통하여 인의예지라는 본성의 실체가 존재하고 있음을 알 수 있다고 했다. 그런데 인의예지는 본성에 갖추어진 내재성으로서 그치는 것이 아니라, 부자 형제 사이에 베풀어야 하는 도리로서 나타난다고 했으니, 측은하게 여길 줄 아는 인仁의 실상은 부자 사이에서 이루어진 것이며, 의義의 실상은 형제 사이에서 이루어진 것이며, 지知의 실상은 이를 실천할 줄 아는 것이며, 예禮의 실상은 이를 법도에 맞게 표현하는 데 있는 것으로 보았다. 그러므로 인의예지는 본성이지만 부자와 형제 사이에서 베풀어지는 인의仁義의 도리로서 나타나는 것이다. 이와 같은 부자 형제 사이의 도리는 오륜의 기초가 된 것으로서, 효제孝悌로서 실현되고 애친경장愛親敬長의 도道로서 발전되어 사회윤리의 기초가 됐던 것이다.[47]

맹자의 성선설은 이와 같이 본성이 지니고 있는 인의예지의 선善을 발현하도록 하여 국가사회의 윤리적 질서를 회복하고자 했다는 데 그 가치가 있는 것이다. 그는 선한 본성을 얼마만큼 밝힐 수 있느냐 하는 것이 목적이었다. 이와 같은 논리를 이해한다면 맹자의 어진 정치, 곧 인정仁政이란 인간이 본래부터 간직하고 있는 본성의 선을 확충시키는 것, 곧 성선설에서 출발하고 있다는 것을 알 수 있다. 이러한 정신으로 백성을 다스리고자 하는 것이 왕도로서, 왕도정치란 이를 실현하는 것에 불과하다는 것이다. 그러나 인정仁政이란 성선性善을 발현하는 데 있고, 왕정은 백성들을 구제하는 데 있다는 점에서 엄격하게 구분한다면 본말 선후의 관계에 있기 때문에 그 계한界限이 없을 수는 없다.[48]

인정仁政은 인간의 본성에 간직된 선한 마음을 백성들에게 베푸는 것으로서, 불쌍한 것을 보면 긍휼히 여길 줄 아는 마음에서 나온다. 곧 불쌍한 것을 보고 측은하게 여기는 마음을 확충하여 백성들에게 차마 하지 못하는 정치를 하는 것이다. 그러나 왕정이란 이른바 차마 하지 못하는 마음을 베푸는 데 그치지 않고, 백성들을 구제하여 주는 데 있다. 맹자는 왕도를 이루기 위한 방법으로서 두 가지를 제시했다. 그것이 백성을 먹여 살리는 일과 효제를 가르치는 일이다. 곧 상서의 가르침을 오로지 하는 것은 효제를 가르치는 것이며, 계돈구체鷄豚拘彘를 길러 번식하는 시기를 놓치지 않는 것은 백성을 먹여 살리는 일이다. 여기서 맹자가 말하는 이와 같은 두 가지의 방법, 곧 가르쳐야 한다는 것은 교민敎民이며, 먹여 주어야 한다는 것은 양민養民이기 때문에, 맹자의 왕도정치란 교민과 양민의 두 가지 방법을 통하여 이루어진다는 것을 알 수 있다.

맹자는 인간이 가지고 있는 본래의 선한 마음이란 백성을 먹여 살릴 수 있어

47 오종일, 앞의 논문, pp.333~334.
48 최지태, 『맹자의 정치 및 사회사상』, 을지서적, 1991, p.54.

야 생겨나게 되는 것이며, 백성을 먹여 살리지 못하면 그러한 마음이 생겨날 수 없다고 했다. 이와 같은 맹자의 논리는 인정仁政은 양민養民을 통해서만이 이루어질 수 있다는 것이다. 백성들에게 효제를 가르쳐서 인간이 지니고 있는 선한 본성을 깨닫도록 하는 것은, 먼저 백성들이 먹고 살 수 있어야 가능하기 때문에 본성의 선은 양민에서 비롯될 수밖에 없다. 따라서 양민이 없이는 교민이 이루어질 수 없는 것이다. 그것이 이른바 유항산有恒産 유항심有恒心론이다. 그런데 항산恒産은 어떤 방법으로서 이루어지게 되는가. 이는 결국 정전제도를 올바로 시행하여 백성들의 세금을 경감하여 준 다음이라야 이루어질 수 있기 때문에, 맹자의 항산론恒産論은 정전제도의 시행과 관계된다. 이와 같은 사실들을 논리적으로 보면 정전제도를 이룩하여야 항산恒産이 있게 되고 항산이 있어야 항심이 있게 되는 것이며, 항심이 있어야 선한 본성이 간직될 수 있는 것이다. 그러므로 성선론性善論은 정전제도를 떠나서 성립될 수 없는 것이다.[49]

이와 같은 논리를 종합하면, 왕도정치는 인정仁政에서 시작되는 것이며, 인정仁政은 성선性善에서 나오는 것이지만, 왕도는 백성들을 불기不飢 불한不寒하도록 해 주는 데 있기 때문에 이는 정전제도의 실현으로서만이 가능하게 된다는 것이다.

맹자는 인간의 본성이 선하기 때문에, 선한 마음으로 어진 정치를 이루어야 하는 것이며 어진 정치는 왕도에 이르는 길이라고 했다. 이런 인간의 선한 본성이 발휘되도록 하기 위해서는 백성들이 먹을 수 있어야 하기 때문에, 먼저 항산恒産이 있어야 하는 것이다. 항산이 있어야 선한 마음이 있게 될 것이므로 항산은 인정仁政의 전제가 된다.

맹자는 인정仁政이란 형벌을 줄이고 세렴을 적게 하는 것뿐이라고 했다. 이와 같은 형벌을 줄이는 것은 백성을 사랑하는 것이며, 세금을 적게 거두는 것은 백성들을 먹여 살리는 일이었다. 그러므로 세금을 적게 하고 백성을 먹여 살리는

49 오종일, 앞의 논문, p. 335.

일이야말로 정전제도의 시행 이외에는 다른 방도가 없는 것이다. 맹자는 세금을 경감하는 방법으로서, "시장에서 장사를 하는 사람에게, 전廛에 세금을 거두지 않고, 법으로 정하여진 세금만 물리게 하고 전세廛稅를 물리지 않으면, 천하의 상인들이 모두 기뻐서 그 시장에 물건을 쌓기를 바랄 것이다"라고 했다. 또한 "관문에서 기찰譏察하기만 하고 행려行旅세를 거두지 않으면 천하의 길 가는 사람들이 모두가 그 길을 가고자 할 것이다"라고 했으며, "밭갈이하는 사람에게 공전에 조력하는 세금만 물도록 하고 다른 세금을 물리지 않으면 천하의 농사꾼이 모두가 즐거이 그 땅에 밭갈이하고자 할 것이다"라고 했다.[50] 또한 "전廛에 일부一夫의 불모세不毛稅를 물리지 않으면 천하의 백성들이 모두가 그 나라의 백성 되기를 바랄 것이다"라고 했는데, 여기에서 제시하고 있는 세금의 경감 방법은 모두 정전제도로 거두는 세금만을 물도록 하여야 한다는 것이며, 그 밖의 세금을 물려서는 안 된다는 것을 알 수 있다.

이와 같은 맹자의 박세렴薄稅斂의 방법이 정전제도와 어떤 관계가 있는가 하는 것을 구체적으로 설명한다면, "시장에서 장사하는 사람에게 전廛에 세금을 물리지 않아야 한다"라는 것은 읍에 거주하는 사람과 농사에 조력하는 사람들이 같은 사람들이기 때문에 읍의 시전市廛에는 세금을 물리지 말아야 한다는 뜻이다. 정전제도는 농사짓는 백성들에게 십일什一을 조條로 하는 세금만을 거두는 것이므로, 다만 그와 같은 조력하는 세금만을 물도록 하고 전세廛稅를 따로 물려서는 안 된다는 것이다. 그러므로 맹자는 "밭갈이하는 사람에게 공전에 조력하는 세금만 물게 하여야 한다"라고 했다. "전廛에 일부一夫의 불모세不毛稅를 물리지 말아야 한다"라는 것 또한 읍에 거주하는 사람에게 불모의 택지가 있더라도 리포里布의 세금을 물려서는 안 된다는 것이다. 리포里布의 세를 물리지 말라는 것은 일부一夫에게 십일什一의 조세를 물리고 또한 리里에 불모세를 물렸기 때문에 이를 금하도록 하여야 한다는 것이다.[51]

50 최지태, 앞의 책, p.55.

51 하영일, 『맹자의 왕도주의』, 북경대학교출판사, 1993, p.192.

이와 같이 살펴본다면, 맹자가 위에서 제시한 네 가지의 세금을 경감하여 주는 방법으로 제시했던 박세렴은 모두 정전제도를 올바로 시행하면 해결될 수 있었던 것들이었다. 그러므로 이와 같은 정전제도를 시행하여야 세금을 경감할 수 있고 왕도정치를 이룩할 수 있다는 것이다. 세금을 경감하여 주면 백성들의 항산을 보장할 수 있기 때문에, 비로소 한가한 날을 가려서 효제충신을 가르칠 수 있을 것이며, 효제충신을 가르치게 되면 부모에 효도하고 어른을 공경하게 될 것이므로 자연히 선한 마음이 생겨나서 인정仁政을 베풀 수 있는 것이다. 인정을 환과고독에게 먼저 베풀어 나가는 것이 왕도의 시작이니 그렇게 했던 것이 문왕의 왕정이라는 것이다. 그러므로 왕도는 인정에서 시작되는 것이며, 인정은 정전제도에서 비롯된다는 것을 알 수 있다.

이것이 맹자의 한결같은 주장으로서, "무릇 인정이란 반드시 경계를 올바로 하는 것으로부터 시작된다는 것이다. 경계가 올바르지 못하면 정전의 땅이 고르게 나누어지지 못하고, 곡물이 평등하게 되지 못한다. 그러므로 폭군과 탐관오리는 반드시 그 경계를 올바로 하는 일을 게을리하는 것이다. 경계가 이미 똑바로 된다면 땅을 나누어 주고 녹봉을 올바로 제정하는 것은 저절로 이루어지게 된다"라고 했다. 왕도정치란 이와 같은 과정을 통하여 이루어지기 때문에, 정전제도를 떠나서는 왕도를 실현할 방도가 없었던 것이다.[52]

맹자는 백성들에게 세금을 물리는 방법은 본래 십일什一의 힘을 조력하도록 한 것이었으며, 그와 같은 제도는 하, 은, 주 시대부터 있어 온 것이라고 했다. 그러나 왕도가 쇠퇴하며 이러한 제도도 점차 무너지게 됐는데, 『논어』에는 이러한 사실을 확인할 수 있는 기록이 있다. 공자 시대에 이르러는 정전제도가 허물어져서 십일의 제도가 십이什二로서도 이미 부족하게 됐다. 이는 십일의 세법을 원칙으로 하는 정전제도가 이미 무너져서 십이의 세금을 거두어도 오히려 궁핍하게 됐다는 것을 알 수 있다. 이러한 사실을 미루어 보면 맹자는 공자 시대에

52 송인창, "맹자 왕도사상의 체계", 『동양철학연구』, 제17집, 1997, p.258.

십이의 세법으로서도 이미 곤궁함을 면할 수 없었기 때문에 십일의 세법을 시행하여 백성들에게 세금을 경감하여 주는 정전제도를 회복해야 한다고 했던 것임을 알 수 있다.

맹자가 지적한 하후씨夏后氏의 공법이란, 우왕禹王이 처음으로 제정한 토지제도로서, 이에 대한 기록은 『서경』「하서, 우공」에 나와 있다. 그러므로 맹자는 이와 같은 십일의 세법은 하, 은, 주 시대부터 있었던 세법으로서, 이러한 법으로 토지를 경작하게 되면 경계가 올바를 것이라고 했다.

여기에서 말하는 경계의 올바름이란 토지의 분배와 세공稅貢의 경감에서 이루어지는 것이기 때문에, 이는 정전제도의 시행과 밀접한 관계가 있다. 그것은 백성들에게 십일의 세법만을 적용하고 다른 세금을 받지 않았기 때문에 백성들이 넉넉히 먹고 살 수 있었으므로, 밭두둑의 경계를 서로 양보하게 되어 그 경계가 똑바르다는 것을 말하기 때문이다. 그러므로 이는 정전제도의 시행으로 세법의 경감이 이루어졌음을 말하는 것이다.

그러면 정전제도의 시행을 알리는 이러한 사실은 언제부터 나타난 것일까. 이에 대한 기록은 멀리 요순의 시대에서부터 나타나고 있었음을 확인할 수 있다. 이로써 순임금이 백성을 다스릴 때, 처음으로 백성들에게 많은 땅을 주고 세금을 경감해 주었다는 것을 알 수 있다.[53] 이와 같은 사실은 정전제도의 이상이 요순의 시대부터 있었음을 나타낸다. 그러므로 맹자는 정전제도가 하, 은, 주 시대에 이미 있었다고 했던 것이다.

53 위의 책, pp.56~57.

4-2. 맹자의 평화 사상

맹자는 기본적으로 반전反戰의 입장이다. 왜냐하면 전쟁은 맹자에게 기본적으로 피아彼我를 모두 파괴하는 악惡의 존재이기 때문이다. 전쟁이 발생하는 원인을 맹자는 강국과 부국, 곧 패도정치覇道政治를 지향하기 때문이라고 인식했다.[54] 하지만 맹자는 현실에 존재하는 모든 전쟁이 동일한 수준의 것이라고 파악하지는 않았다. 전쟁의 동기나 목적에 따른 질적 차이에 대해서는 인정하고 있다. 예를 들면, 자국의 영토 확장이나 권력자의 탐욕 때문에 타국의 국권과 국민의 생명을 위협하는 대부분의 침략전쟁이 존재하는가 하면 자국의 국권수호를 위한 방어전쟁, 그리고 이를 원조하는 주변국들의 해방전쟁이 존재한다고 보았다. 여기서 맹자는 방어전쟁과 해방전쟁이 국민의 생존과 직결되며 자국의 보호를 위한 부득이한 전쟁으로서 상대적으로 정당한 전쟁에 속한다고 생각했다.

맹자는 반전의 입장을 취하고 있으며, 정치적 의무에 충실한 군주, 즉 왕자에 의한 징벌전쟁만을 정당한 것으로 인식했다. 사실상 맹자는 당시의 혼란을 극복하기 위한 수단으로서 전쟁의 불가피성을 부정하지는 않았다. 오히려 의전을 수행하는 왕자의 존재, 즉 의무에 충실한 군주만이 전쟁을 통한 질서의 구축이 가능하다는 왕정의 당위성을 강조하려고 했다.[55] 맹자의 의전은 전쟁의 선택이 아니며 반전의 연장선상에서 전쟁을 억제하기 위한 것이었다. 맹자는 군주가 신민의 삶에 무관심한 경우에 신민이 자신의 군주에게 똑같은 방식으로 대응하게 된다고 경고하고 있다. 만약 그런 상황에 이르게 되면 신민의 불복종과 저항이 발생하고 이것은 군주가 의도한 부국강병과 반대되는 결과를 가져온다. 반면에 맹자는 군주가 정치적 의무에 충실하면 "이웃나라 백성들이 그 군주를 마치 부모처럼 우러러보게 될 것이며, 자식들을 거느리고 그들의 부모를 공격하는 것은 사람이 생겨난 이래로 성공한 경우가 없으니 이와 같이 된다면 천하에 대적

54 안외순, "전쟁과 평화에 대한 맹자의 인식", 『동양고전 연구』, 46권, 2012, p.7.

55 윤대식, "맹자의 전쟁과 반전쟁", 『國際政治論叢』, 제43집, 2013, p.9.

할 사람이 없게 될 것"이라고 지적하고 있다.[56] 또한, 맹자는 군주에 대해서 인의를 공리功利에 우선하고 백성에 대해서는 사적 이익추구를 허용해야 인의로 교화할 수 있다고 했다.

맹자에게 가장 바람직한 것은 전쟁을 방지하고 평화를 구축하기 위한 평상시의 노력이다. 요컨대 평상시 내수內修에 기초한 국방력 강화 및 주변국들과의 우호적 관계에서만이 가능한 외교적 노력을 요구했다. 그러나 맹자에게 전쟁 상태를 종식시키고 평화를 찾는 근본 방법은 무엇보다도 왕도정치 곧 인정仁政이었다. 맹자에 의하면, 인정은 백성들의 생명보호와 이를 통한 백성들의 윤리화를 최우선 목표로 삼는 정치, 곧 '양민과 교화[養民而教化]'의 도덕정치이기에, 이러한 정치 공동체라면 적이 침략했을 때 인민들은 국가가 요구하지 않아도 자신의 생명과 권리를 보호하기 위해서라도 국가를 지키고자 헌신할 것이라고 보았던 것이다.[57]

5. 맺음말

이 장에서는 유교의 평화사상에 근간을 이루는 공자의 인 사상과 평화 그리고 맹자의 정전론과 평화에 관해 고찰해 보았다. 유교는 근본적으로 사람의 근본을 중심으로 인간관계의 화해, 사회질서의 안정과 국가의 태평을 중요시하고 있다. 이것은 예와 인을 근본바탕으로 화합을 이루어 대동세계를 만드는 것이었으며, 이것이 바로 유교가 지향하는 이상세계이기도 했다.

유교의 평화정신은 '예'를 바탕으로 한 '인'의 실천이라고 볼 수 있다. 또한 유교의 평화사상은 개인의 완성을 넘어 가정의 평화 더 나아가 국가에도 많은 영향을 끼쳤다. 예를 바탕으로 하는 가정에 질서안정을 통한 평화를 강조하여 부부 및 부자간 등이 지켜야 할 가정 윤리를 통해 가정의 평화까지 이루고자 했

56 위의 논문, p.12.
57 안외순, 앞의 논문, p.16.

다. 그리고 사회에서는 균전제와 정전제를 통해 균등하게 분배함으로써 생활안정을 통한 사회적인 안정을 유지하려고 했다. 또한 국가적으로는 왕도정치를 통한 민본주의적인 요소와 함께 예를 통한 법치주의의 근본을 세웠고 나아가 국민주권적인 요소가 반영되는 새로운 의미의 정치제도를 낳을 수 있도록 했다.

그러나 유교는 요순 시대의 정치를 가장 본받고자 하기 때문에 현실적으로 괴리감이 있는 부분도 존재한다. 또한 유교에서 달성하고자 하는 이상세계, 즉 대동세계는 한계점도 존재한다. 유교의 근본은 주나라의 문물제도인 종법제도에 있는데, 종법제는 신분질서 속에서 인과 예를 바탕으로 한 평화로운 세상을 추구하고자 했다. 따라서 이 제도는 결국 신분차별과 남녀차별을 가져왔으며, 이로 인해 가부장제도와 같은 불합리한 사회규범을 탄생시키게 됐다. 또한 질서 안정을 통한 법치제도를 추구했던 유교는 후대로 오면서 더욱더 차별적인 요소를 산출하는 여러 가지 제도를 만들어 내면서 원래 추구했던 대동사회와는 거리를 두게 되기도 했다.[58] 그럼에도 불구하고 유교가 가진 세계적이고 수직적인 구조에서 수평적이고 평등적인 구조가 보강될 수 있다면 오늘날의 우리에게 요구되는 현실적인 평화사상으로 재탄생할 수 있는 여지는 충분히 존재하기에 더 가치가 있다는 사실은 다시 한 번 생각해 볼 필요가 있을 것이다.

58 이용수, 앞의 논문, pp.146~147.

생각해 볼 문제

1. 인간의 본성인 인仁에서 출발한 유교가 물질적 한계를 넘어 정신적 가치를 융합한 현대적 형태인 평화의 사상으로 재해석되려면 어떤 방법들이 있을까?

2. 유교는 개인의 완성뿐만 아니라 가정의 평화에도 많은 영향을 끼쳤다. 오늘날 우리에게 유교사상은 가족의 평화 그리고 더 나아가 국가의 평화와도 연관이 되어 있다고 볼 수 있는데 어떠한 의미가 있다고 생각하는가?

제3장

불교의 평화사상

1. 머리말

불교는 '평화의 종교'라고도 한다. 왜냐하면 불교는 전쟁을 반대하고 평화를 염원하며 이상 국가를 실현하는 데 그 뜻을 두고 있기 때문이다. 불교에서 지향하는 평화 개념은 '연기론적緣起論的인 세계관'과 '비폭력' 그리고 '불살생'을 바탕으로 한다. '연기론적 세계관'은 모든 존재는 서로 밀접한 연관을 맺고 있으므로 공존과 조화를 모색한다는 의미이다. 그리고 연기緣起는 고통이 절대적인 것이 아니고 그 조건과 원인을 파악하여 고통에서 벗어나고자 하는 것이므로, 연기론적인 세계관은 창조적이고 비판적 정신이 밑바탕에 흐르고 있는 것이다. '비폭력'과 '불살생'은 자비의 실천에 속한다.[1]

또한 불교윤리는 사회윤리의 성격을 포함하고 있다. 초기 불교이든 대승 불교이든 간에 모두 불교가 사회에 몸담고 있으면서 사회의 복리와 정의를 추구하기 때문이다. 초기 불교에서는 선과 악에 대하여 많은 가르침이 있음에도 불구하고 선과 악의 개념을 명료히 규정한 바는 없었다.

선과 악을 지칭하는 대표적인 낱말로는 쿠살라Kusala와 아쿠살라Akusala, 또는 빠빠pāpa를 쓰고 있다. 경전에서는 쿠살라[善]란 바람직한 과보[istavpāka]가 있는 것이고 불선不善이란 바람직하지 못한 과오가 있는 것이라고 하고 있는데 이

1 이재수, "평화를 위한 불교적 입장", 『한국불교학결집대회논집』, 제1집 하권, 2002, pp.701~702.

것은 행위와 결과인 인과응보와의 사이에 필연적인 관계를 인정하는 것으로, 선과 악의 판단을 인과응보의 사상에 근간을 두고 있다고 볼 수 있다.[2]

칠불통설七佛通說에 기록된 제3구 "제 마음을 밝게 하라[自淨其意]"[3]는 불교윤리에서 선과 악을 판별하는 기준을 나타내며 불교윤리의 특징이라 할 수 있다. 이처럼 일반 윤리의 선악관은 자정기의自淨其意를 기반으로 하는 불교의 선과는 다르다. 왜냐하면 일반 윤리의 선악관은 자기를 중심으로 한 타산적 경향이 많기 때문이며, 이기적이고 타산적인 선을 불교에서는 유소득有所得의 선 또는 유루有漏[4]의 선이라고 한다. 따라서 불교에서 강조하는 선은 무소유無所有의 선 혹은 무루無漏의 선을 말한다. 일반 윤리에서 선은 인간의 번뇌를 긍정하는 것에 반하여, 불교윤리에서의 선은 인간 번뇌와 타협을 배제하고 스스로 마음을 맑게 하는 정심淨心을 요구하고 있다.[5]

불교의 평화사상은 사회 또는 국가 사이의 평화보다는 한 개인의 마음에 깃든 영구한 평화를 만드는 데 있다. 즉 평화로운 마음씨를 뜻한다. 더 나아가 가난을 구제하고 고용의 기회를 확대할 것, 생활 수준을 높일 것, 교육 기회를 확충할 것, 건강보건시설을 제공할 것, 인권을 보장할 것, 무력 사용을 철폐할 것 등 인간의 근본적인 가치 개조를 강조하는 데 있기도 하다.[6]

이번 장에서는 불교의 평화사상에 대해 고찰하고자 한다. 먼저 불교의 평화사상이 갖고 있는 의미를 알아보고, 불교 교리를 통해 나타난 평화사상에 대해 논의한다. 그리고 한국의 전통불교에서 보여 준 호국불교와 평화 활동에 대해 살펴보고자 한다.

---

2 강미경, "불교윤리의 사회적 역할에 관한 연구", 동아대학교 교육대학원 석사학위논문, 2003, p.3.

3 목정배, 『불교윤리개설』, 경서원, 1986, p.39.

4 여기서 유루란 번뇌가 완전히 끊어지지 못한 상태, 즉 마음이 청정하지 못한 상태를 의미한다.

5 강미경, 앞의 논문, p.5.

6 심재룡, "불교의 평화사상", 『현대사회의 평화』, 서광사, 1991.

2. 불교에서 평화사상의 위상과 의미

2-1. 불교에서의 평화사상

20세기 들어서면서 평화는 더 이상 추상적인 표어구로서가 아니라 생존의 문제임을 주목하기 시작했다. 그것은 철학의 범주나 정치상의 미사여구의 위치에 머물렀던 평화의 존재 의미가 세계 제1, 2차 대전을 겪고 나서 인류 생존의 의미로 인식되기 시작했기 때문이다. 이에 따라 적극적인 목적의식으로 평화 연구가 진행되어 왔다. 먼저, 국가를 단위로 하는 국가안보와 국제관계학에서 첫 평화 연구가 시작됐다. 전쟁이 일어나는 이유를 분석하고 전쟁을 방지하는 방법을 찾는 것으로 시작된 평화 연구는 곧 평화의 개념이 전쟁이 없는 상태, 전쟁의 부재 상황을 유지해 나가는 것으로 인식됐다. 이와 같은 소극적 개념의 평화 연구는 미국의 리처드슨L. Richardson, 소로킨P. Sorokin, 라이트Q. Wright 등을 필두로 미국의 주요 대학 연구소에서 진행됐다.

평화 연구의 두 번째 흐름이 되는 것은 노르웨이의 오슬로PRIO: Peace Research Institute Oslo가 설립되고 그곳에서 요한 갈퉁Johan Galtung이 '적극적 평화 개념'을 주창하게 되면서부터이다. 평화의 개념이 지금까지 전개되어 온, 단지 전쟁이 없는 상태나 그것의 유지에 머물러서는 안 되며 보다 넓은 개념인 인간 사회의 통합으로서의 개념으로 변환되어야 함을 주장하게 됐다. 불교의 사상이 평화 개념에 어떻게 접근하고 있는지를 처음으로 접근하고 불교사상을 평화주의로 규정한 사람은 정치사회학자인 요한 갈퉁이다.[7] 그는 불교사상을 평화주의적 관점에서 크게 4가지를 중심으로 주장하고 있다. 첫째, 모든 생명의 존중과 둘째, 발전과 생태의 조화, 셋째, 인권의 존중, 넷째, 평화운동과 여성의 역할 등이다.

7 이병욱, "불교의 평화관의 재구성", 『大同哲學』, 제51집, 2010, p.25.

불교사상은 국제평화를 논할 때 "평화에 이르는 길은 평화 그 자체"라는 관점을 취하고 있다. 따라서 불교사상은 국제평화를 이루기 위한 제도나 절차보다는 그 전제 조건을 강조한다고 볼 수 있다. 이런 면에서 그가 불교사상 안에서 서구사상의 세 가지 중요한 구성요소를 발견한 것은 매우 의미가 깊은 것이며, 가치 있다고 볼 수 있다.

2-2. 불교에서의 평화사상의 의미와 역할

불교의 평화사상의 의미와 역할에 대해 알려 주는 대표적인 연구는 링Trevor Ling의 연구이다. 링은 불교가 과연 평화의 종교인지에 대해 동남아 불교 국가 가운데 특히 태국과 미얀마를 중심으로 분석하여 연구했다. 그 결과 태국과 미얀마의 개인의 삶에는 도발 행위를 자제하는 경향이 있기는 하지만 국가 사이에는 도발 행위가 벌어진다고 지적하고 있다.[8]

태국과 미얀마를 보면, 개인의 관계에서 가장 큰 특징은 도발 행위를 피한다는 점이다. 미얀마에서 가장 존경받는 인격은 싸움과 논쟁을 피하고, 거친 언어를 절대로 쓰지 않으며, 듣는 사람이 쉽게 요지를 파악할 수 있도록 말을 조리있게 하는 사람이다. 그래서 태국이나 미얀마에서는 "술주정꾼이나 아편 중독자만이 다툴 뿐이지 우리는 결코 싸우지 않는다"라고 말하기까지도 한다. 이렇게 개인 사이에 도발 행위를 피하는 것은 불교문화의 영향이며 또한 나트nat신앙의 영향이기도 하다는 점을 지적하고 있다. 불교문화의 영향은 『법구경』에서 증오憎惡야말로 탐욕貪, 분노瞋, 어리석음痴의 삼독三毒 가운데 가장 근원적인 원인이고, 미움은 미움으로써 극복될 수 없고 사랑으로 극복될 수 있다고 말한 점에서도 확인할 수 있다. '나트'는 살인이나 익사 사고 등으로 갑자기 죽은 사람의 영혼인데, 이러한 '나트'를 잘 달래기 위해서 태국과 미얀마의 사람들은 세심

8 K. 스리 담마난다, 김호성 역, 『이것이 불교다』, 대원정사, 1988, p.251.

하게 주의를 기울인다는 것이다.[9]

그러나 국가 사이에서는 개인 사이에서 도발 행위를 피한다는 전통이 적용되지 않는다는 점을 지적하고 있다. 태국, 미얀마, 캄보디아, 라오스의 국왕은 자신의 나라를 방어하기 위한 수단으로서 전쟁을 했을 뿐만 아니라 정복과 팽창의 도구로서 군사력을 사용한 적이 있다. 미얀마 사람이 페구Pegu에서 저지른 대학살 사건이나 1767년에 태국의 아름다운 수도 '아유타야'를 폐허로 만든 사건이 있었다. 태국도 미얀마의 동부와 남부를 정복하기 위해서 수차례에 걸쳐서 전쟁을 시도하기도 했다.

불교의 평화사상은 소극적 평화와 적극적 평화가 있다. 우선 소극적 평화는 전쟁을 회피하는 것이고 직접적 폭력이 존재하지 않는 것이다. 불교사에서 전쟁의 원인에 대해 체계적 분석이 있는 것은 아니지만, 문헌을 통해서 어느 정도 예측 가능하다. 첫 번째 이론 유형처럼 인간의 마음에서 전쟁의 원인을 찾는 것이 불교의 주요 흐름일 것으로 보인다. 그러나 제한적으로 두 번째 이론 유형의 단서를 찾을 수 있고, 세 번째 이론 유형의 단서를 추정해 볼 수 있다. 그것은 첫째, 불교에서는 전쟁의 원인을 인간의 욕망에서 찾는다는 점이다. 둘째, 불교에서는 전쟁과 평화의 문제를 국가의 정치경제 제도에서 구한다는 단서를 불교경전, 『유행경遊行經』에서 찾아볼 수도 있다. 셋째, 불교경전에서는 전쟁의 원인을 국제사회의 구조에서 찾고 있다는 근거를 찾을 수 없다.[10]

하지만 불타의 행적을 국제정치학적 관점에서 재조명한 연구도 또한 존재한다. 불타가 활동하던 당시 석가족 주변의 국제관계의 현실은 전제군주국으로서 정체체계를 정비한 마가다국이나 코살라국이 석가족의 국가와 같은 공화국 형태의 작은 왕국을 속국으로 삼고, 식민지로 만들려고 하는 제국주의적 정치 국면에 있었다. 이러한 국제관계의 현실은 끊임없이 고통을 다시 생산할 수밖에 없는 악업惡業의 연속이라고 볼 수도 있는 것이다.

---

9 이병욱, 「불교의 평화관의 재구성」, 『大同使學會』, 제51집, 2010, p.26.

10 위의 논문, pp.28~29.

이에 반해 불교에서 적극적 평화는 구조적 폭력과 문화적 폭력이 없는 것을 뜻한다. '구조적 폭력'이란 사회구조의 결함으로 인해서 생긴 것이다. 그 대표적인 것으로서 착취를 들 수 있다. 이러한 구조적 폭력에 대한 인식이 불교 쪽에서 철저하지 못하다는 주장이 있으나, 불교경전에서 사성계급의 평등을 주장하고 있으므로 착취에 대해 반대하고 있음을 알 수 있다. 또한, 『구라단두경』, 『전륜성왕수행경』에서 구조적 폭력을 인식하고 있었다는 약간의 단서를 발견할 수 있다.[11]

문화적 폭력에 대한 불교의 입장은 '문화적 폭력'은 직접적 폭력과 구조적 폭력을 정당화하는 데 이용될 수 있다는 것이다. 이 문화적 폭력은 종교, 이데올로기, 언어, 예술, 과학 등의 분야에서 나타난다.

3. 불교에서의 자비와 평화

3-1. 불교의 자비

불교에서 자비란 사랑의 개념과도 유사하다. 사랑과 자비는 모든 인간이 가지고 있는 자질이다. 불교에서 사랑이란 다른 중생이 행복하도록 도와주고 싶은 마음이고 자비慈悲는 다른 중생이 고통에서 벗어나기를 바라는 마음이기도 하다. "이 사람들은 내 친구니까 고통에서 벗어나기를 바라!" 이런 마음은 이기적인 태도이지 자비가 아니다. 진정한 자비심은 적에게도 영향을 미친다. 왜냐하면 자비심은 다른 중생이 고통 받고 있는 것을 볼 때 솟아나는 것이기 때문이며 그 중생에는 나의 적도 포함되기 때문이다. 우리의 적이 고통 받고 있는 것을 볼 때 우리를 해

11 정천구, 『붓다와 현대정치』, 작가서재, 2008, pp.221~223.

친 사람에게도 진정한 자비가 솟아날 수 있다.[12]

자비나 사랑은 보통 아주 가까워진 느낌을 수반하지만 그건 본질적으로 애착 내지는 집착하지 않는 것이다. 보통 사랑에선 상대방이 아름답거나 마음에 드는 한 사랑이 존재한다. 그러나 상대방이 아름답지 않게 보이거나 마음에 들지 않으면 우리 마음은 변한다. 어떤 사람을 친한 친구로 여기고 우리가 그를 매우 사랑한다 할지라도 다음 날 아침 상황은 완전히 변할 수 있다. 그 사람은 여전히 똑같은 사람인데 적으로 보이는 것이다. 이젠 사랑과 자비가 아니라 적의를 느낀다. 진정한 사랑과 자비가 있다면 다른 이의 겉모습이나 행동은 우리의 태도에 아무런 영향도 미치지 못한다.

진정한 자비는 다른 이의 고통을 보는 데서 나온다. 자비는 3가지로 정리될 수 있다. 첫째, 다른 중생이 고통에서 벗어나기를 바라는 자생적인 소망이 있다. 고통 받는 자를 보는 것이 너무 마음 아파 그 고통이 없어지기를 바라는 것이다. 둘째, 자비는 타인이 행복하기를 바랄 뿐만 아니라 진정한 책임감을 느끼고 그들의 고통을 없애 주고 열악한 환경에서 그들을 구해 주려 끝까지 애쓰고 노력하는 것이다. 이런 자비심은 모든 중생이 유한한 삶을 살고 있음에도 자신들이 영원한 존재라고 착각하는 데서 나오는 혼란과 고통을 깨달을 때 더욱 강해진다고 보고 있다. 진정한 자비심이 있으면 남이 잘되도록 일해야 할 책임감이 절로 생겨난다. 세 번째 자비심은 모든 중생이 서로 의존하는 관계에 있으며 독자적 관계가 아님에도 불구하고 자신들은 독자적 존재라고 착각한다는 것을 깨닫는 데서 나온다. 이런 자비심이 가장 고차원적인 자비심이다.

자신 안에 진정한 자비심을 기르고 발달시키기 위해서는 중생이 처해 있는 고통의 상태와 성질을 알아야 한다. 중생이 고통에서 벗어나기를 바라기 때문에 우린 먼저 고통이 무엇인지 알아야 한다. 부처가 사성제四聖諦를 가르칠 때 3가지 고통을 말했다. 첫째, 몸의 통증처럼 확실하고 즉발적인 고통, 둘째, 변화

12 www.buddhistweb.com (2017. 2. 16. 검색)

에 수반되는 고통, 이를테면 즐거운 경험이 고통이 될 가능성 같은 고통, 셋째, 유한한 존재에 공통인 보편적 고통이다.[13]

자비를 기르기 위해선 우선 고통이 무엇인지 숙고해 보고 고통을 고통이라고 인지해야 한다. 고통의 본질을 깊이 성찰하면 더 나은 대안이 없는지 찾게 된다. 즉 고통을 없애는 것이 가능한가 하는 것을 찾아보는 것이다. 고통을 피하거나 해결할 방법이 없다면 고통을 성찰해 보는 것만으로도 우울해질 것이며 아무런 도움도 안 될 것이다. 고통을 없앨 방법이 없다면 생각도 않는 것이 더 낫다. 고통의 근원을 설명한 후 부처는 고통을 근절하고 끊을 수 있는 길에 대해 이야기했다. 고통을 만드는 뿌리를 없애는 것이 가능하다고 깨달을 때 고통을 모든 차원에서 성찰하고 규명하겠다는 결심이 커질 것이고 그로 인해 해탈을 찾게 된다는 것이다.

불교에서 인간은 누구나 한 사람의 중생일 뿐이다. 그러나 그들 사이엔 서로 밀접한 인연의 관계가 있다. 우리의 고통이나 행복은 다른 이와 가깝게 연결되어 있다. 그것 또한 현실이다. 이러한 상황에서 손가락 하나를 살리기 위해 다른 아홉 개 손가락을 희생시킨다면 그건 어리석은 일이다. 그러나 아홉 개 손가락을 살리기 위해 한 개 손가락이 희생한다면 그건 가치 있는 일이다. 그래서 우린 다른 이의 권리와 나의 권리, 다른 이의 복지와 나의 복지의 중요성을 알게 된다. 숫자를 비교하면 무수히 많은 다른 이의 권리와 복지가 당연히 더 중요하게 된다.

불교가 한국 사회에 정착하면서 우리의 문화와 전통에 커다란 전기가 마련됐다. 윤회와 인연, 자비의 실천을 요구하는 인간관은 새로운 윤리적 삶을 촉구하는 계기가 됐다. 또한 불교는 우리의 전통 사상에서 찾을 수 없었던 새로운 세계관을 심어 주었으며, 이와 결합하여 독자적인 사상 체계를 수립했다. 한국 불교사상의 특징은 다음과 같다. 먼저, 한국 불교는 대승 불교 정신을 지향하며

13 고익진, 『불교의 체계적 이해』, 광륵사, 2015, pp.21~45.

사회적 실천을 중시한다는 점이다. 불교의 발생은 인도였지만, 한국은 중국을 통해 불교를 받아들임으로써 처음부터 대승 불교로 출발했다. 한국 불교의 이러한 특징은 동아시아 불교와의 공통점이라고 할 수 있다. 대승 불교는 기본적으로 "상구보리 하화중생上求菩提 下化衆生", 즉 위로는 진리를 구하고 아래로는 중생을 구제하는 구도자로서의 삶을 추구한다. 또한 한국 불교는 신라의 세속오계에서 드러나듯 일상생활에서 실천할 수 있는 구체적인 삶의 윤리로서 기능해 왔다.[14]

3-2. 불교의 평화

일반적으로 평화란 '평온하고 화목함' 또는 '전쟁, 분쟁과 일체의 갈등이 평온한 상태'라고 말한다. 불교에서 평화란 개인에게는 고통, 번뇌와 불안이 없는 평온한 상태로 열반涅槃[15]과 같은 개념이다. 세간에 있어서는 분쟁, 폭력, 대립과 갈등이 없는 화목하고 조화로운 상태라고 할 수 있다.[16]

불교에서는 전쟁을 반대하고 있다. 불교에서 인간은 모두 불성buddhahood을 갖고 태어나서 행복하고 평화롭게 살기를 희망하지만, 동시에 실제적인 삶의 과정에서는 이러한 의망을 가로막아 인간의 삶을 고통스럽게 하는 마장魔障이 수반된다고 보고 있다.[17] 인간의 마음속에 삼독三毒이 끼어들기 시작할 뿐만 아니라 이는 집합적 사회의 폭력으로 비화되곤 하기 때문에 불교의 교리 중 연기법, 사성제, 삼법인 등에 의해서 행복하고 평화롭게 살기를 희망하는 사람은 이러한 마장 즉 인간의 마음속에 끼어들어 버린 삼독을 제거하고 나아가 인간 사회

14 왕혜천 외 3명, 『불교철학 이야기 100』, 서책 보누스, 2011, p.88.

15 불교에서 열반이란 수행을 통해 도달한 궁극적 경제를 불교에서는 해탈이나 열반이라는 말로 부른다. 해탈(解脫)은 결박이나 장애로부터 벗어난 해방이나 자유 등을 의미하고 열반은 '불어 끈다'는 뜻으로서 번뇌의 뜨거운 불길이 꺼진 고요한 상태를 가리킨다.

16 김강녕, "원효의 평화사상에 관한 연구", 『민족사상』, 6호, 2012, p.70.

17 유승무, "불교의 합심주의적 평화사상과 그 현대적 전개", 『한국학논집』, 55호, 2014, p.156.

를 구성하고 있는 정치적 집단들 사이의 이해갈등과 그로 인한 구조적 폭력을 제거해야 함을 강조하고 있다.[18]

불교의 평화의 개념은 『법구경法句經』에 나오는 '원한 불보복怨恨 不報復'이라든지 후기 대승 불교에서 강조하는 '심성을 닦아 전미개오轉迷開悟함으로써 얻게 되는 마음의 적정상태寂靜狀態' 등에서 찾아볼 수 있다. 그리고 『법구경』에서 가장 압축적으로 표현된 문구를 보면 다음과 같다.

> 미움은 미움으로 가라앉힐 수 없다. 미움은 사랑에 의해서만 가라앉혀야 한다. 이것이 영원한 법이다.[19]

위의 구절의 의미를 보면, 비폭력을 상징하는 자비만이 평화의 유일한 수단임을 말해 주고 있는 것이다. 이것은 평화의 수단이 평화의 목적 즉 결과로 귀결된다는 보편적 법칙[Dharma]이 성립됨을 보여 주고 있다.

불교 수행의 최고 경지를 일컫는 평화로운 상태, 즉 열반은 제행무상諸行無常과 제법무아諸法無我 그리고 열반적정涅槃寂靜이라는 말로 표현하고 있다. 불교의 열반은 탐貪·진瞋·치癡 라는 세 가지 악한 의업이 멸滅한 상태를 뜻한다.[20] 이러한 상태가 되면 무탐無貪, 무애無碍[無嗇, 無恣], 정견正見[無痴, 無癩]의 세 가지 선한 의업이 곧 발생하게 된다. 열반의 적극적 의미를 사제팔정도에서 더욱 심층적으로 이해할 수 있을 것이다.

18 위의 논문, p.157.
19 크리스토퍼 퀸, 셀리 킹, 박경준 역, 『아시아의 참여불교』, 초록마을, 2003, p.53.
20 고익진, 앞의 책, p.94.

4. 불교에서의 중도中道와 십이연기十二緣起

4-1. 불교의 중도

불교에서 최초로 설법한 초전법륜의 내용은 중도中道이다. 불교에서 가장 오래된 부처님의 방편설이 중도의 선언인 것이다. 사성제는 말 뜻 그대로 '4가지의 성스러운 진리'이다. 첫째로 고성제는 인생이 고苦라는 것이다. 이는 "너희들의 삶은 고통이다"라는 조금은 독특한 현실 진단이라고 할 수 있다. 생, 로, 병, 사 4가지 고에 애별리고愛別離苦, 원증회고怨憎會苦, 구부득고求不得苦, 오취온고五取蘊苦를 포함하여 8고라고 한다.[21]

고성제가 현실이 고라는 진단을 한 것이라면 두 번째로 집성제는 "그렇다면 고는 왜 생기는가" 하는 고의 원인을 설명한다. 고의 여러 가지 원인 중 가장 근본적인 것으로 '욕망'을 말하고 있다. 우리는 어느 지향성의 대상에 늘 집착하기 때문에 고통스럽다는 것이다. 그러나 우리는 욕망 없이는 살 수 없고, 결국 인간은 한없는 욕망 때문에 끝없는 고통을 겪는다는 것이다. 셋째, 멸성제에서 "멸滅"은 열반을 뜻한다. 이는 고가 소멸된 상태로서 불교가 추구하는 궁극적 이상이라 할 수 있다. 넷째는 도성제이다. 이는 말 뜻 그대로 고의 소멸에 이르는 길을 설명해 주는 것인데 이것이 바로 '중도中道'라는 것으로 가장 객관적이고 적당한 상태의 길을 말한다고 할 수 있겠다. 이러한 중도를 구체적으로 말한 것이 팔정도이다.[22]

불교는 다른 종교와 확연히 구별되는 독특한 종교적 입장을 가지고 있다. 인도 정통파 사상의 아트만을 부정하는 무아설이라든가 형이상학적인 희론戲論을 부정하는 무기설無記說 등은 그 대표적인 것이라고 말할 수 있다. 초기 경전에 설해진 최상법문으로서의 십이연기설十二緣起說은 이러한 불교의 종교적 입장에

---

21 http://blog.naver.com/yangbsun/40109685191 (2017. 2. 16. 검색)

22 대한불교조계종,『불교입문』, 조계종출판사, 2006, pp.78~82.

대해서도 가장 체계적이고 심오한 이론적 근거가 되고 있다.

먼저 무아설無我設에서부터 살펴보면, 일체가 무아라는 판단은 앞서 삼법인설에서 소개한 바와 같이 '일체는 무상하고, 무상한 것은 괴로움이요, 괴로운 것은 무아'라는 근거에 입각한 것이다. 따라서 무상하고 괴로움이라는 것이 그 이유라고 말할 수 있다. 그러나 이러한 무아설은 완전하고 철저한 무아설에서도 소개한 바와 같이 다음과 같은 문제가 발생할 우려가 있다.

"일체법이 무아라면 이 중에서 어떤 나가 있어서 이렇게 알고 이렇게 본다고 말하고 있는가?" 무아라고 하지만 현재 나는 분명히 있지 않느냐는 것이다. 불교의 무아설은 우리들이 강하게 집착하고 있는 나에게는 실재성이 없으므로 무아인 것이다. 불교의 무아설은 유와 무의 두 끝을 떠난 중도적인 교설이라고 할 수가 있는데, 그것은 곧 십이연기설에 입각한 것이다. 불교의 무아관은 존재의 실상을 밝히는 존재론적 이해를 넘어서 모든 중생을 향하여 자기를 열고 비우게 하는 것이다. 자기부정의 절정이기도 하다. 무아는 자신을 둘러싸고 있는 모든 존재와 뗄 수 없는 불의不二의 관계라는 것을 실제로 실천하게 하는 사랑의 대원리이다. 이것이 곧 붓다가 알려준 평화의 실천이다.[23]

석가모니는 형이상학적인 희론戱論에 대해서 매우 부정적인 태도를 취하고 있었는데, 이것 또한 십이연기설에 최상의 이론적 근거를 두고 있다. 불교 초기 경전에 나타나는 형이상학적 희론의 조직적인 제시는 십사무기설이다. 이것은 열네 가지 문제에 관한 것이다. 세계는 상常인가, 무상無常인가, 상도 아니고 무상도 아닌가? 세계는 유한有限인가, 무한無限인가, 유한이며 무한인가, 유한도 아니고 무한도 아닌가? 정신과 육체는 하나인가, 둘인가? 여래는 사후에 유인가, 무인가, 유이며 무인가, 유도 아니고 무도 아닌가? 이런 문제에 대해 석가모니는 의례 답변을 않고 침묵을 지키며 '무기無記'는 해답이 없다는 뜻이다. 그래서 이 열네 가지 문제를 십사무기라고 하는데, 불교가 본래 현실 세계의 관찰에

23 최종성, "불교와 그리스도교의 평화와 실천", 『한국불교학』, 제60집, 2011, p.149.

서부터 시작하는 기본적인 입장 때문이라는 것을 그 이유의 하나로 들 수가 있다.[24]

4-2. 불교의 십이연기十二緣起

인간의 궁극적 문제를 해결하여 대자유를 얻는 것을 깨달음이라 하고 그 깨달음의 가르침이 바로 불교이다. 궁극적인 문제를 해결하여 대자유를 얻은 깨달은 자, 붓다의 가르침은 생명체든 무 생명체든 모든 존재에 적용되는 것이며 이는 모든 중생에게 대자유의 행복과 평화를 주는 가르침이다.[25]

불교의 연기설은 존재론적인 의미를 지닌다. 모든 존재는 연기하고 있다는 것이 연기설의 근본 입장이다. 부처님의 깨달음의 말씀 중 연기는 말미암아 일어난다는 뜻으로 그대로 존재의 존재 방식을 드러내고 있는 것이다. 모든 것은 그럴 만한 조건이 있어서 생겨나는 것이며 객관적인 실체라고 부를 만한 것은 없다. 그래서 불교는 다른 종교와는 달리 절대적인 유일신을 인정하지 않는다. 세상에 모든 것들은 관계를 이루면서 존재하기 때문에 모든 존재는 서로의 원인이 되면서 동시에 서로의 결과가 되면서 존재한다. 일체의 것은 모두가 그럴 만한 조건이 있어서 생겨난 것이며 그 조건이 없으면 존재도 없다는 것이다.

불교의 근본사상은 상대주의에 근거하여 연기설緣起說, 곧 세상 모든 것은 인연으로 맺어져 일어난다는 인연법이 근본 특징을 이루고 있다. 사법인 사상도 연기설을 그 바탕으로 하고 있다. 연기란 세간의 유전양상流轉樣相을 도식으로 표한 것으로서, 원시불교 교리뿐 아니라 모든 불교종과 교리의 핵심을 이루는 부분이다. 붓다의 성도成道 시 깨달은 내용도 이 연기로 표현됐고, 발달된 대승불교의 이론도 모두 연기의 교리에 바탕을 두고 있는 것이다.[26]

---

24 고익진, 앞의 책, pp.68~70.

25 최종성, 앞의 논문, p.146.

26 정병조, 『인도철학사상사』, 경서원, 1977, p.59.

부처님은 이러한 연기설이 자신이 만든 것이 아니라 우주법계에 항상 머물고 있는 것이라고 했다. 연기의 뜻에 따라 공을 깨닫는 것이 진정한 자아를 찾는 것이라고 했다. 십이연기는 십이인연, 십이지연, 십이인연기, 십이인생, 십이연문 등으로 불려진다. 십이연기는 연기설 중 가장 대표적인 것으로 중생의 괴로운 현실상을 떠나기 위해 그 발생과 소멸을 추구하는 12단계를 거쳐 그 결론을 얻은 것으로 무명無明에서 노사老死까지이다. 존재의 법칙성에 대한 깨달음을 명明이라고 부르는데 이 명과 모순되는 개념이 무명無明이다. 명의 유무는 인간의 존재 방식을 근본적으로 바꿔 놓는 결정적인 계기가 된다. 무상한 존재 속에 상주하는 법칙성을 발견한 자와 그렇지 못한 자의 존재 방식이 동일할 수는 없기 때문이다.[27]

이런 무명이 사람에게 있으면 이것은 연하여 행行이 있게 되고, 행을 연하여 식識이 있게 되고, 식은 연하여 명색名色이 있게 되고, 명색을 연하여 육처六處가 있게 되고, 육처를 연하여 촉觸이 있게 되고, 촉을 연하여 수受가 있게 되고, 수를 연하여 애愛가 있게 되고, 애를 연하여 취取가 있게 되고, 취를 연하여 유有가 있게 되고, 유를 연하여 생生이 있게 되고, 생을 연하여 노老·사死·우憂·비悲·고苦·뇌惱가 있게 된다. 그리하여 커다란 하나의 괴로운 온蘊의 집集이 있게 된다는 것이다.[28]

12연기란 연쇄적 반응으로 일어난 괴로움이다. 예나 지금이나 우리들 삶은 뜻대로 되는 것보다 그렇지 못한 경우가 더 많다. 또 우리는 유한한 시간 속에 던져져 있어서 나이 들고, 병들고 마침내는 죽지 않으면 안 되는 상황 속에 있기도 하다. 이런 유한한 인간의 실존을 불교는 한마디로 '괴롭다苦'라고 한다. 불교의 목적도 바로 '어떻게 하면 그 괴로운 상황으로부터 벗어날 수 있을까?' 하는 것이다.

연기의 진리에 의하면, 이 세상에 존재하는 모든 것은 그럴 만한 원인과 조건

27 고익진, 앞의 책, p.59.
28 대한불교조계종, 『불교입문』, 조계종출판사, 2006, p.86.

에서 생겨난다. 그러므로 '괴롭다'라는 상황도 조건이 있어서 괴로운 것이지 아무 이유도 없이 괴로운 것은 아니다. 12연기는 연기의 진리로서 우리 인간의 삶을 조명해 본 것이다. 그래서 괴로움이 어떤 조건으로 생기고 어떤 결과를 낳는가를 비춰 보는 것이다. 고통의 원인을 알면 그 괴로움을 해결할 길도 열리기 때문이다. 괴로움이 끊임없이 생성되는 연기의 조건을 없애 버리면 괴로움도 자연히 소멸할 것이기 때문이다. 우리가 생사의 괴로움 속에 빠져 사는 것은 진리에 대해서 근원적으로 어둡기 때문이다. 즉 연기의 진리를 모르기 때문에 내가 다른 사람과 하나로 더불어 살고 있으면서도 나를 분리된 존재로 착각하여 '나다'라는 생각과 자기중심적인 삶을 살아가고 있는 것이며 그로 인해 괴로운 삶이 시작되는 것이다.

그러므로 연기의 진리가 존재의 일반적 모습이라면, 12연기는 일종의 특수 연기로 일반적 연기의 진리를 인간의 삶에 적용해서 조명해 보는 것이다. 즉 괴로움이 어떻게, 무엇으로 말미암아 생기는지 연기의 진리로 비춰 보니, 열두 가지 인연의 고리들이 연쇄적인 반응을 일으키면서 생기고 있다는 것이다. 그래서 이를 12연기라고 한다.[29]

십이연기의 과정은 다음과 같다. 우리는 어떤 대상이나 환경을 만나면 반응을 나타낸다. 그 반응은 행동으로 나타나기도 하지만, 그 행동이 어떠한 심리적 과정을 거쳐서 나타나는지에 대해서는 잘 모른다. 어떤 사람이 자기를 보고 '나쁜 놈'이라고 욕을 한마디 한다면 우리는 듣자마자 기분이 상해서 같이 욕을 하든지, 아니면 주먹이 날아가든지 한다. 이렇게 즉각 반응은 나타나지만, 이런 반응이 나오기까지 우리 내면에서는 여러 과정을 거치게 된다.[30]

똑같은 욕이나 비난의 소리를 들어도 거기에 대한 반응은 각기 다를 것이다. 어떤 사람은 욕을 듣자마자 더 큰 소리로 욕을 하는 경우도 있을 것이고, 또 어떤 사람은 욕이 아니라 주먹을 먼저 날릴 수도 있을 것이다. 그런가 하면 그 순

29 L. 데이비드 외, 『붓다는 무엇을 말했나: 불교철학의 역사적 분석』, 한길사, 2011, p.256.
30 위의 책, p.258.

간에는 차분히 받아들이고 적절한 때 조용히 타이르는 사람도 있을 것이다. 인간은 모든 것을 자신의 경험을 통해서 받아들이고 있다. 똑같은 내용을 이야기하는데도 어떤 사람은 너무 쉽다고 하고, 어떤 사람은 너무 어렵다고 할 수도 있는 이유가 바로 여기에 있다. 그것은 지금까지 살아온 경험이 각각 다르기 때문이다. 이 말을 다르게 표현하면 업의 보따리가 다르기 때문이다. 이것이 12연기의 무명과 행이다. 무명과 행은 우리가 연기의 진리를 모르고 '나다' 하는 생각으로 말하고 행동해 온 것의 총체이다. 이 총체로써 현재의 대상을 만나게 되는 것이다.[31]

지금까지 "어떤 대상을 만나서 어떻게 반응하는가" 하는 과정을 대략 살펴보았는데 실제로 우리가 살아가는 모습 그대로이다. 그렇게 한 행위는 전 우주적으로 영향을 미칠 뿐만 아니라 우리 의식 속에 잠재적인 영향력을 남기게 된다. 생각 한 번 일으킨 것, 말 한마디 한 것이 행동의 흔적을 남기고, 그것은 후에 비슷한 상황을 만나면 비슷한 행동을 하도록 영향력을 남기게 된다. 이것을 업業: karma이라고 하는 것이다. 이렇게 업의 보따리를 짊어지고 살아가고 있다. 이것이 바로 윤회하는 인간의 모습이다.

지금까지 설명한 것은 연기의 진리를 모르는 무명, 즉 어둠 속에서 자기중심적인 삶을 살아가는 과정이며, 결과적으로 '괴롭다'라고 하는 것이다. 이러한 삶은 잘못 살아가는 삶이다. 진리를 등지고 방황하며 타락해 가는 삶의 모습이다. 이것을 유전연기流轉緣起라고 부른다. 이렇게 잘못된 삶, 유전하는 삶을 조명하는 것은 잘못된 삶의 모습을 밝게 알아서 잘 사는 길로 전환하기 위해 필요한 것이다. 즉 괴로운 삶이 어떻게 전개되고 있는가를 앎으로써 괴로운 삶을 전환해서 괴로움으로부터 벗어나게 하려는 것이 목적이다.[32]

우리가 유전연기를 통해 알 수 있는 것은 진리를 모르는 무명으로부터 연쇄반응을 일으켜 '괴롭다'는 실존에 빠졌다는 것이다. 그러면 어떻게 하면 '괴로

31 고익진, 앞의 책.

32 왕혜천 외 3명, 앞의 책, p.169.

움'을 멸할 수 있을까? 바로 괴로움을 연기하는 고리를 끊으면 된다. 근원적인 문제의 원천인 무명無明을 명明으로 전환하면 되는 것이다. 지혜로 밝아지면 '나다' 하는 착각이 일어나지 않고, 자기중심적인 생각이나 말, 행동이 아니라 더불어 사는 자비의 삶이 전개될 것이다.

이렇게 무명이 멸하면 자기중심적인 행위도 멸하고 차례로 식, 명색, 육입도 자기중심적인 것으로부터 벗어나 마침내 괴로움으로부터 벗어날 수 있다. 이렇게 보는 것을 환멸 연기還滅緣起라고 한다. 환멸 연기는 본래의 인간다운 삶을 회복해 가는 길이요, 열반의 길이다. 이를 위해 유전연기의 조명도 필요했던 것이다.

십이연기에 의하면, 괴로움이란 신의 노여움이나 저주에 의한 것이 아니라 우리가 스스로 진리를 등지고 살기 때문이라는 사실이다. 따라서 괴로움은 영원히 치유가 불가능한 숙명적인 병이 아니라, 우리의 노력으로 치유가 가능하다. 즉 무명의 삶으로부터 지혜의 삶으로 일대 전환을 할 때 괴로움은 자연히 멸해지는 것이다.

이처럼 불교는 보이지 않는 것에 대한 맹목적인 믿음이 아니라 괴로움의 원인에 대한 철저한 규명과 그를 통한 극복의 길을 제시하는 합리적인 종교이다. 따라서 불교의 가르침은 '나다', '너다' 하는 소세계만이 전 우주인 것처럼 집착하는 소아적인 착각으로부터 벗어나, '더불어' 살면서 모두 인간 완성의 길에 나서는 대승적인 삶으로 큰 전환을 해야 한다는 가르침인 것이다. 불교의 모든 수행도 결국 그런 전환을 위한 체계로 되어 있다. 그러므로 연기의 실상, 12연기의 고리들이 어떻게 연쇄 반응을 일으키는지 알아서 헛된 욕심이 일어날 때 그것을 알고 끊어 버리면 행위도 점차로 깨끗해질 것이다.[33]

33 조수동, 『불교사상과 문화』, 세종출판사, 2003, p.235.

5. 불교에서의 사제四諦·팔정도八正道와 평화

5-1. 불교의 사제四諦

석가는 인연법에 근거하여 인간이 해탈을 이루기 위한 가장 근본인 원리를 제시했는데, 이를 4제[고苦, 집集, 멸滅, 도道], 4성제the Four Noble Truths라고 하며, 8정도八正道와 함께 불교의 구원을 이루는 가장 중요하고도 기본인 교리이다. 여기서 제라는 말은 삿트야[삿트야Satya는 아리야삿짜Ariyasacca], 즉 온전한 진리, 변함없는 것을 의미하는 말인데, 고제와 집제는 상계의 인과이며, 멸제도 도제는 이상계의 인과이다.[34]

고제Dukklaha-Satys는 태어나는 것도 괴로움이요, 늙는 것도 괴로움이며, 죽는 것도 괴로움이다. 원한 있는 자와 만나야 되는 것도 괴로움이요, 사랑하는 사람과 헤어지는 것도 괴로움이요, 구하나 얻지 못하는 것도 괴로움이니, 요컨대 번뇌의 수풀에 뿌리박고 있는 이 몸이 겪게 되는 것이 괴로움이다. 이것을 8고라 한다. 괴로울 수밖에 없는 인간실존은 다름 아닌 욕망에서 비롯된다. 따라서 고에 대한 진리는 현실적으로 사람에게 엄습하는 결과이며, 그 원인은 집제에서 설명될 수 있다. 즉 현세에서의 삶은 곧 고통과 같다는 진리를 말한다.

집제Samdaya-Satya는 고제의 한 원인으로 제의 외로움이 있게 된 원인을 두고 한 말이다. 탐욕貪慾, 진에 분노瞋恚, 우치愚癡-어리석음는 인간의 그릇된 세 가지 마음, 곧 삼독심三毒心이다. 그 근본은 우치, 즉 무명無明이다. 이 근본인 어리석음 때문에 인간은 남의 것을 탐하고, 시기하고, 질투하고, 분노하는 그릇된 행위를 나타낸다.

멸제Nirodha-satya란 석가는 모든 번뇌의 불꽃을 끈 상태를 열반涅槃 이라고 했다. 열반은 니르바나Nirvana의 음역으로써 지멸止滅한다는 것은 단절한다는 의미

34 E. A Burtt, 박기준 역, 『불교의 진리』, 서문당, 1972, p.41.

를 가진 말이다. 아울러 다시는 그것이 일어나지 않게 됐다는 말이다. 따라서 이 것은 미래의 결과이다. 이렇게 되기 위한 원인, 방법론이 바로 도제이다.[35]

도제Magga-Satya란 해탈을 얻기 해서는 여덟 가지의 바른 길, 팔정도八正道를 행해야 함을 의미하는 것이다. 도道제에서는 해탈을 한 구체적인 수행법인 팔정도를 가르치고 있다. 이 팔정도만 바르게 수양하면 마음속의 집착의 불을 끄고 해탈하며 열반에 이를 수 있음을 의미한다.

5-2. 불교의 팔정도八正道

불교 교리에서는 팔정도만 바르게 수양하면 마음속의 집착의 불을 끄고 해탈하며 열반에 이를 수 있다고 한다. 팔정도八正道의 내용은 다음과 같다. 첫째, Samma ditthi[正見, Right Understanding]는 바른 견해라는 뜻으로 불교의 올바른 세계관과 인생을 가리키기도 한 것이다.

둘째, Samma ankappa[正思惟, Right Thought]는 올바른 사고방식과 올바른 마음가짐을 지칭한 것이다. 사람은 언제나 올바른 지혜에 의해서 바르게 사유하고 자신의 임무에 대해 올바른 사고가 있어야 된다는 것이다.

셋째, Samma vaca[正語, Right Speech]는 바른 언어적 행위를 말한다. 올바른 견해나 사고방식에 의한 언어는 필경 올바른 말이 될 것이니 좀 더 구체적으로 말한다면 거짓말이나 욕설이나 중상모략이나 쓸데없는 말을 저지하고 적극적이고도 성실한 말로 사람을 대하는 것을 말한다.

넷째, Samma kammanta[正業, Right Action]는 올바른 신체적 행위를 말한다. 즉, 살생이나 도둑질, 불륜한 행위를 단절하고 선행을 도모하는 것이다.

다섯째, Samma ajiva[正命, Right Livelihood]는 신身, 구口, 의意의 삼업을 바르게 하고 규칙 바른 생활을 통해서 올바른 삶을 가지고자 하는 것이다.

35 박상규, "불교의 구원론과 웨슬리의 구원론 비교연구", 목원대학교 신학대학원 석사학위 논문, 2008, p.10.

여섯째, Samma vayama[正精進, Right Effort]는 올바른 노력과 용기를 가지고 삶에 임하지 않으면 성공을 얻을 수 없고 사회의 진보도 있을 수 없다는 것이다.

일곱째, Samma sati[正念, Right Mindfulness]는 올바른 선정이며 정신의 안정으로서 이에 의해서 사물을 정확하게 보고 올바른 행동을 할 수가 있다는 것이다.

여덟째, Samma Samadhi[正定, Right Concentration]는 바른 집중과 명상을 말한다.[36]

이상의 팔정도는 다시 셋으로 요약될 수 있다. 정견, 정사유는 혜慧로, 정어, 정업, 정명은 계戒로, 정정진, 정념, 정정은 정定으로 요약할 수 있다. 이처럼 팔정도의 근간은 계, 정, 혜인데, 이들은 서로 깊은 연성을 가지고 있다. '계'란 하지 말아야 할 금계禁戒를 의미하고, '정'은 마음의 정화를 위한 준비 작업을, '혜'는 정신훈련을 통해 얻는 마음의 최고의 경지를 의미한다. 후기 불교학자들은 그 중에서도 혜를 가장 중요시하는데, 그것은 사물의 실상을 파악하고 실제의 수행을 행할 수 있는 근간으로서의 깨달음이었기 때문이다. 불교에서는 계, 정, 혜를 특별히 삼학三學이라고 하는데, 이 삼학은 불교에서 강조하는 실천 윤리의 덕목으로서 이후 모든 교리의 근본을 이루게 됐다.[37]

부처는 팔정도, 즉 여덟 가지의 덕을 행함으로써 불교의 이상세계인 열반에 이를 수 있다고 가르쳤다. 이 열반은 해탈과 같은 의미이며, 곧 불교의 궁극적 경지로서, 구원의 상태를 의미한다.

---

36 김익원, 『그리스도인이 본 불교』, 성광문화사, 1989, pp.139~140.

37 박상규, 앞의 논문, pp.12~13.

6. 한국전통의 호국불교와 평화

6-1. 호국불교의 정의

우리나라의 불교의 역사는 호국불교의 역사이기도 하다. 한국 불교는 신라시대 의상에 의해 호국불교로 정착된 이후 그 숭고한 정신이 면면히 이어져 왔다. 호국불교사상은 곧 평화를 이루고 지키려는 정신이기도 하다.[38]

호국불교사상護國佛教思想 또는 호국사상護國思想은 진호국가鎭護國家, 즉 불교의 교법教法으로 난리와 외세를 진압하고 나라를 지킨다는 불교사상으로 다른 불교 국가에서는 거의 나타나지 않은 한국 특유의 불교사상이다.[39] 4세기경 삼국 시대에 불교가 최초로 중국을 통해 전래됐을 때, 고구려·백제·신라의 삼국에서 불교는 모두 선인선과善因善果의 인과를 가르치는 새로운 종교로서뿐만 아니라 새로운 주술呪術로도 여겨져 토속 신앙인 무속 신앙과 융합되어 무속 신앙적인 성격을 가졌으며, 또한 고대 국가 건설의 정신적인 기둥의 역할을 하는 호국사상의 성격을 띠고 있다. 한국 불교에서 호국불교사상이 본격적으로 형성된 것은 신라에 불교가 토착화되면서부터이다. 신라의 불국토사상은 호국불교사상과 결부되어 삼국 통일의 밑거름이 됐다.

호국불교사상은 신라 시대 이후에도 계속됐다. 고려 시대의 고려대장경高麗大藏經 판각 사업, 임진왜란 때의 승병의 활동, 3·1운동 때 민족대표 33인에 백용성白龍城·한용운韓龍雲의 두 고승이 참여한 것 등은 모두 호국불교사상이 한국 불교에서 면면히 이어져 온 것을 보여 주는 것이다. 그리고 불교사에서는 호국신앙을 "우리나라 불교의 일심된 신앙으로 숭신으로 호국한다는 사상"이라고 풀이하고 있다. 이어서 불교를 굳게 믿음으로써 국가와 민족의 번을 생각하는 이른바 세 불교 신앙에서 나왔다. 불교와 왕권은 이 호국신앙으로 굳게 결부

38 박용모, "불교에서 본 남북의 평화 소통에 대한 연구", 『한국불교학』, 제60집, 2011, p.97.
39 위키백과, 우리 모두의 백과사전 (2017. 2. 17. 검색).

되어 있었고, 그리하여 역대 제왕들은 더욱 불교를 숭상하고 장려해 왔다. 이와 같은 신앙은 삼국 통일을 후하여 독자인 성격을 가지고 우리의 정신계를 이끌어 가는 원동력이 됐으며, 선덕여왕 때 황룡사 9층탑이 왕조의 무궁함을 바라는 호국기원에서 세워졌고, 문무왕이 당나라 군사의 내침을 물리치고 백제·고구려의 옛 땅을 통합한다는 사상에 입각하여 사천왕사를 창건했다. 또한 전설에 문무왕이 평소 지의법사知義法師에게 '내가 죽은 후에는 나라를 지키는 대룡大龍이 되어 불법을 숭하고 우리나라를 수호하고 싶다'라고 한 사실 등은 모두가 호국신앙에 그 근본을 둔 것이다. 이와 같은 사상은 고려 시대에도 일관됐는데, 사원은 불교 자체를 위하기보다 국가를 위한 비보사원裨補寺院으로써 의의가 컸다. 고려 태조 십훈요 제1조에 '우리 국가의 업은 반드시 제불호위諸佛護衛의 힘에 의존한다'라고 한 것이라든지 문종 때 불교의 법력에 의하여 국가의 복리를 증진한다는 의미에서 흥왕사를 세운 것 등은 이와 같은 사상에서 연유된 것이다. 외침을 막기 위하여 장경을 간행한 것은 더욱 유명하다. 조선 시대에는 억불정책으로 불교의 부흥정책을 보지 못했으나 임진왜란 때에 구국운동에 앞장섰던 승군의 활동은 모두 호국신앙의 발현이라고 할 수 있다.[40] 또한 같은 개념인 진호국가鎭護國家는 불교의 교법敎法으로 난리와 외세를 진압하고 나라를 지킨다는 불교사상으로 다른 불교 국가에서는 거의 나타나지 않는 한국 특유의 불교사상이다.[41]

호국이라는 용어를 불교학에서 사용할 때 국토에 대한 개념은 다양하나,[42] 두 가지로 분류할 수 있다. 하나는 중생국토衆生國土이고 다른 하나는 보살국토菩薩國土이다. 중생국토는 현실적 토지를 의미하며, 보살국토는 법신지혜를 뜻한다.

---

40 김길상 편, 『불교사』, 홍법원, 2001, pp.2826~2827.

41 위키백과, 우리 모두의 백과사전 (2017. 2. 17. 검색).

42 원측은 「인왕경소」 교화품 제3에서 국토를 설법토(說法土), 신통토(神通土), 지혜토(智慧土)로, 호국품 제5에서는 이승범부(二乘凡夫)의 세간국토(世間國土)와 십신(十信)에서 십지(十地)까지의 출세간국토(出世間國土)를 지의는 「인왕경소」 호국품 제5에서 동거토(同居土), 유여토(有餘土), 과보토(果報土), 적광토(寂光土) 등의 네 가지 국토를 천태교의 장(藏)·통(通)·별(別)·원 (圓)에 매칭해 설명한다. 서윤길, 「고려의 호국법회와 도량」, 『한국불교학연구총서』, 104권, 불함 문화사, 2004, p.144.

전자前者가 현실이고 물질인 의미를 가진 국토를 의미한다면 후자後者는 이상이고 정신 의미를 가진 불국토佛國土로서 국토를 상징한다.

6-2. 역사상 호국불교의 사례

한국 불교가 호국불교 특징을 갖고 있다고 주장하는 근거로는 크게 6가지 근거를 들 수 있다. 첫째, 『금광명경金光明經』, 『금광명최승왕경金光明勝王經』, 『불설팔관재경佛說八關齋經』, 『인왕경仁王經』 등을 바탕으로 한 불교 의례들은 자연재해와 외침 방지를 위해 개최됐다는 점이다. 둘째, 한국 역사상 특히 신라 시대 중기부터 고려 시대를 거쳐 조선 시대에 이르기까지, 명승들은 정치권과 중요한 관계를 맺고 있었으며, 그들은 왕실의 정치적 조언자 역할을 했다는 것이다. 셋째, 화엄종의 일즉다다즉일一卽多多卽一, 모든 현상들은 관계 속의 존재임을 뜻함과 같은 특정 불교 사상은 정치사상으로 전개됐다는 점이다. 넷째, 국가는 국사·왕사 등과 같은 승직을 제정하여 승단을 통제하게 했다. 다섯째, 전쟁 중에 승려들이 승병으로서 전쟁에 참가했다는 점이다. 여섯째, 고려대장경도 호국불교의 산물이었다.[43]

가. 불국토사상과 호국사찰

불국토佛國土사상은 부처님이 계시는 국토 또는 부처님이 교화하는 국토를 뜻한다. 이것은 이 땅이 곧 불국토라는 것을 믿고 강조한 신라의 독특한 불교관이다. 신라의 불국토사상은 시기별로 과거불 인연설, 탑, 불상의 조성에서의 반영, 진신상주 신앙, 다불 신앙 등 다양한 양상으로 소개됐다. 7처 가람설, 황룡사 9층탑과 장육상의 조성, 낙산과 오산 신앙이 대표적 사례이다. 성골과 진골 개념이 생긴 진종설화도 신라가 불국토이며 신라 왕실은 석가모니의 가문과 같은 신성한 혈통이라는 의식에서 나온 것이다.[44]

43 김종명, 앞의 책, p.278.
44 이은수, 앞의 논문, pp.24~25.

황룡사 창건에 관한 설화 중 『삼국유사』 권3에는 황룡사장육존상黃龍寺丈六尊像·황룡사 9층탑이란 제목으로 황룡사 연기를 기록하고 있다. 신라 불교가 호국불교로서 그 성격이 강하게 나타난 중요한 설화이다.[45]

신라 최대의 사찰 황룡사의 9층 목탑을 세우게 한 장본인은 자장이다. 이 9층 목탑의 기록은 『삼국유사』에서 찾아볼 수 있다. 기록에 의하면 자장이 당나라에 유학 중에 태화 못가를 거닐고 있을 때에 신인神人이 나타났다. 이때 신인과의 대화에서 자장은 "우리 신라는 북으로 말갈에 연하고 남으로 왜국에 접해 있으며 그리고 고구려와 백제의 침범이 잦아 걱정이다"라고 말했다. 그 말에 신인은 말하기를 "황룡사의 호법룡護法龍은 나의 장자로서 절을 보호하고 있으니 돌아가서 그 절에다가 9층으로 탑을 세우면 모든 근심이 없어지고 나라가 태평할 것이다"라고 말했다고 한다. 즉 이 내용은 9층 목탑을 세우게 된 동기를 사상적인 배경으로 부처의 힘을 빌어서 나라의 안녕과 부흥을 꾀했다는 것을 알 수 있다. 자장은 643년에 당태종에게서 받은 불경과, 불상, 가사 등을 갖고 귀국하여 선덕여왕에게 탑을 세울 것을 건의하여 관철하게 됐으며, 용춘을 감독관으로 삼고 백제의 아비지를 초청하여 탑을 건립했다.[46] 신라의 수도 경주 중심지에 세운 황룡사 9층탑이야말로 호국불교의 상징이라 하겠다.[47]

호국 신앙에서 강조되는 국토는 결국 정토인 불국토이다. 진리의 세계가 지켜져야 하고, 진리가 지켜지는 국토란 곧 불국토이기 때문이다. 우리나라의 호국신앙이 불국토사상과 표리관계를 이루면서 전개됐던 것도 바로 이 때문이다. 가섭불이 머물던 땅, 미륵불이 출현할 땅, 관음·문수·법기 등의 보살이 머물고 있는 불국토, 그곳이 우리나라다.[48] 이처럼 불연 깊은 땅이기에 이곳은 부처님의 가피력에 힘입어 지켜져야 하고 보호되어야 마땅하다고 생각했다. 신라 불교가 확립한 독특한 신앙세계의 하나로 불국토사상을 들 수가 있다. 신라야말로 이

45 가카타 시게오, 신현숙 역, 『한국불교사』, 민족사, 1988, pp.52~53.
46 http://m.egloos.zum.com/goodpeop/v/6928560 (2017. 4. 28. 검색)
47 가카타 시게오, 앞의 책, p.54.
48 이은수, 앞의 논문, p.25.

지상에서 가장 훌륭한 불교국가이며 현실적인 불국토, 즉 부처님의 나라라고 신라 사람들은 믿었던 것이다. 때문에 그들은 신라 시대 이전 오랜 과거부터 불법과 인연이 깊었던 것으로 믿고 있었다.

나. 원광의 세속오계

세속오계의 역사 사실은 『삼국사기三國史記』, 『삼국유사三國遺事』, 『해동고승전海東高僧傳』 등에 나타난다. 신라의 화랑들이 인생을 살면서 꼭 지켜야 한다고 여겼던 다섯 가지 계율이 바로 세속오계이다. 이는 신라의 승려인 원광이 화랑들을 위해 알려 준 것이다. 원광圓光, 555년[진흥왕] 16~638년[선덕여왕 7]은 신라 진흥왕 때 중국에 가서 불경을 연구하고 자신이 공부한 것을 강의한 승려이다. 어느 날 사량부沙梁部 출신 장군 무은武殷의 아들로 어려서부터 뜻이 높은 귀산貴山은 그의 친구 추항箒項과 함께 원광법사圓光法師에게 자신들은 별로 아는 게 없으니 살아가면서 지켜야 할 것이 무엇인지를 가르쳐 달라고 부탁했는데 이에 원광은 세속오계世俗五戒 즉, 다섯 가지 계율을 일러 주게 됐다.[49] 이후 세속오계는 귀산과 추항뿐 아니라 화랑도에 속한 청소년들이 꼭 지켜야 할 계율이 됐다. 이 세속오계의 내용은 다음과 같다. 첫째, 임금을 섬김에 충성으로서 다하고 둘째, 어버이를 섬김에 효도로서 다하고 셋째, 벗을 사귐에 신의로서 하고 넷째, 싸움터에 나가서는 물러남이 없도록 하고 다섯째, 살아 있는 목숨을 죽이는 데 가려서 하라는 것인데, 그들은 이를 실행함에 있어서 소홀히 대함이 없도록 했다.

그리고 그는 또한 "육재일六齋日과 봄철 그리고 여름철에는 살생하지 말라는 것이니 이것은 시기를 가리라는 것이요, 가축을 죽이지 않는다는 것은 곧 말·소·닭·개를 말하는 것이고 세물細物을 죽이지 않는다는 것은 즉 작은 동물을 죽이지 않는다는 것은 곧 고기가 한 점도 되지 못한 것을 죽이지 않는다는 말이며 이것은 생물을 가리는 것이고, 또한 죽이는 것도 그 소용되는 것만 하지

49 국립중앙도서관, 『한국 고대 인명사전』(2017. 5. 1. 검색).

많이 죽이지는 말라는 의미"라고 부가적으로 이야기했다고 전한다.[50]

이 조항은 비단 귀산 등 일부 화랑에게만 제시된 윤리덕목이라기보다는 신라사회에 있어서의 개인과 사회와의 체계정립을 위한 새로운 가치질서 확립의 지침이었다고 보아야 할 것이다. 당시 신라사회의 엘리트 집단이 화랑이었고 화랑들의 도덕적 기준이 불교에 의거했다. 원광은 당시 불교계를 대표하는 인물이었다는 점을 미루어 예측해 볼 때, 이 세속오계는 당시 신라 청년들이 받들어 행하던 강령이라고 보아야 할 것이다.

세속오계는 원광의 생애에서 살펴본 것과 같이 원광이 진평왕 22년인 600년에 귀국하여 만든 것으로 이 시기는 삼국이 지속적으로 전쟁을 벌이던 때였기도 했다. 귀국 후 원광의 행적에 관해서는 견해가 엇갈리고 있다. 예를 들면 『속고승전續高僧傳』에는 원광이 귀국하고 바로 경주의 왕경에 거주하며 활동한 것으로 서술되어 있다. 또한 『삼국사기』 열전의 기록을 보면 귀산과 추항이 찾아간 곳을 볼 때 경주가 아닌 운문사의 가슬사嘉瑟寺에 머무르고 있었다는 의견이 있다.[51]

다. 원효대사617년[진평왕 39]~686년[신문왕 6]의 화쟁사상

원효元曉는 당나라로 유학 가던 길에 해골물 일화를 통해 득도한 신라의 승려이다. 속성은 설薛, 아명은 서당誓幢 또는 신당新幢이며, 이름은 사례思禮이며 원효는 출가한 뒤의 이름이다. 서기 661년 의상과 함께 당나라에 유학을 가기 위해 당항성현재의 경기도 화성지역으로 가는 중 어느 토굴에서 밤에 잠을 자다 목이 말라 바가지에 있던 물을 달게 마셨는데, 다음날 아침에 보니 토굴이 아닌 무덤의 해골에 고인 물을 마셨다는 것을 알고는 "마음이 일어나므로 갖가지 현상이 일어나고 마음이 사라지니 감실과 무덤이 둘이 아님을 알았다心生則種種法生 心滅則龕墳不

50 一然, 『三國遺事』, 卷第四 義解 『한국불교서』, 6, p.342.

51 최연식, "원광의 생애와 사상: 『삼국유사』 〈원광전〉의 분석을 중심으로", 『태동고전연구』, 12, 1995, pp.25~26.

二[52]"고 깨달은 뒤 유학을 포기했다고 한다.

원효는 불교뿐 아니라 유교와 도교, 법가사상 등에도 해박했으며, 요석공주와의 사이에서 후일 대학자가 된 설총을 낳았다. 오늘날 서울에는 그의 이름을 따서 원효대교와 원효로 등이 있다.

원효는 많은 저술에서 자신의 주장을 폄에 있어 화쟁和諍이라는 방법을 썼다. 그는 어느 일종一宗·일파一派에 구애됨이 없이 "만법萬法이 일불승一佛乘에 총섭되어야 하는 것은 마치 대해大海 중에 일체 중류衆流가 들어가지 않음이 없는 것과 같다"라고 하였다. 대·소승, 성性·상相·돈頓·점漸의 상호 대립적인 교의를 모두 융회하여 일불승一佛乘에로 귀결시키려 했다. 이러한 그의 사상은 "뭇 경전의 부분적인 면을 통합하여 온갖 물줄기를 한맛의 진리 바다로 돌아가게 하고, 불교의 지극히 공변된 뜻을 열어 모든 사상가들의 서로 다른 쟁론들을 화해시킨다"라는 말로 요약할 수 있는 화쟁인 것이다.

원효의 이 화쟁방법은 근원적으로는 석가모니의 화합和合 정신에서 나온 것이다. 석가모니는 당시 수많은 사상체계들이 서로 대립, 충돌을 일으키는 형이상학적 문제에 대한 논쟁에 끼어든 적이 없었다. 그는 진실하게 살아가는 길과 진실에 대한 실천적 인식을 사람들에게 가르치려 했을 뿐, 베다veda[53]의 권위를 배척하고 모든 형이상학적 논의를 무의미한 것으로 간주했으며, 불교에 있어서의 화和의 원리는 이처럼 실천원리를 중시하는 석가모니에서 그 싹이 나타난 셈이고 이는 대중교화에 뜻을 두어 진속일여眞俗一如를 주장한 대승불교에도 계승된 것이다.[54]

52 감(龕)은 龕室을 일컬어 사당 내 신주를 모시는 곳을 말한다. 분(墳)은 무덤을 뜻한다.

53 베다란 인도 전통의 진리 찬가(讚歌)이다. 베다가 만들어진 정확한 연대는 알 수 없으나 대개 BC 1500~1200년경으로 연대를 추정. 이들 찬가는 부분적으로 예배의 내용이 되었다. 찬가들은 자연과 우주의 현상이 인격화한 존재인 신들을 찬양했다. 가장 오래된 찬가 본집으로는 〈리그베다〉가 있다.

54 원효의 저술로는 『法華宗要』, 『華嚴經疏』, 『涅槃宗要』, 『彌勒上生經宗要』, 『無量壽經宗要』, 『阿彌陀經疏』, 『遊心安樂道』, 『菩薩戒本持犯要記』, 『金剛三昧經論』, 『大乘起信論別記』, 『起信論海東疏』, 『二障義』, 『判比量論』, 『中邊分別論疏』, 『十門和諍論』, 『發心修行章』, 『大乘六情懺悔』, 『彌陀證生偈』 등이 있다. 이들은 모두 『한국불교전서』 1권에 실려있다.

원효사상의 특징으로 '화쟁和諍'을 드는 것은 그가 십문화쟁론十門和諍論을 지었을 뿐만 아니라 그의 저술 전반에 걸쳐 교리적 다툼의 화해를 의미하는 화쟁和諍이 곳곳에서 보이기 때문이다. 훗날 고려시대 대각국사大覺國師 의천義天, 1065~1101년이 원효에게 '화쟁국사和諍國師'의 시호諡號를 올린 것도 이점을 높이 평가한 것이다.

원효가 활동하던 시대에 신라 불교에서 가장 심각했던 문제는 종파불교간의 교리적 대립, 특히 공空의 실상[無]을 강조한 삼론종三論宗과 식識에서 만법이 있음[有]를 강조한 유식종唯識宗 사이의 이론적 대립이었다. 그 뿐만 아니라 세속적 이해인 속제俗諦와 출세간적 진리인 진제眞諦를 둘러싼 관점 사이의 충돌도 있었다. 파벌간의 화합을 위한 핵심교리로, 開合과 宗要, 立破와 與奪, 同異와 有無, 離邊非中, 一味와 絶言의 원리를 제시했다. 이중에서도 입파와 여탈이 후학들에게 중요하게 여겨졌다고 한다. 특히 분쟁과 갈등을 조정한다는 의미에서 오늘날 남북한의 이념적 갈등을 극복하는 데 시사하는 바가 많다.[55]

라. 고려 인왕회와 대장경 조판

신라의 뒤를 이은 고려 태조 왕건은 의상의 호국불교사상을 전승하여 고려의 성격을 불교 국가로 자리매김했다. 왕건의 사후 국가 체제 정비가 미흡했던 고려는 대내외적으로 숱한 위기를 맞이하기도 했다. 그중 가장 큰 위기는 현종 때 거란의 40만 대군이 고려로 침략해 온 일이었다. 현종은 불교의 힘으로 이에 대항하고자 했으며, 그 결과 고려의 호국불교가 튼튼한 기반을 다지게 됐다.[56] 고려시대에 호국경전으로 알려진 『인왕경』은 국왕이 중시했다. 『인왕경』을 소의경전으로 하여 개최된 고려의 인왕회는 신라 시대의 전통을 이은 것으로서 고려 시대를 통하여 연등회, 소재도량에 이어 세 번째로 많이 열린 불교의례였다. 고려 인

55 원효대사와 관련된 일반적인 내용은 『위키백과』와 『Daum백과』, 『Naver 지식백과』를 참조하였다.
56 박용모, 앞의 논문, p.105.

왕회는 왕실의 후원 아래 그와 가까운 관계를 가진 사찰에서 3~10일 혹은 그 이상의 기간에 걸쳐 개최됐으며, 특히 대표적인 인왕회였던 정규 인왕회 때는 수만 명의 승려들에게 음식이 제공된 불교의례로서 경비도 많이 들었다.[57]

신라 말기에 기울었던 불교의 교세는 고려에 접어들면서 왕실과의 교섭에서 그 재흥을 도모하고 고려왕실을 중심으로 한 위정자들은 불법을 국가와 사회의 난제를 극복하고 해결하려는 신앙사상으로 수용하다. 이러한 양자의 의도적 목적이, 불보살의 공덕·전륜성왕사상·불교의 호국사상·밀교적 의궤·제석신앙·재래의 민간신앙 등과 서로 융합하여 법회 설제 도량과 같은 구체적인 방법으로 나타나게 됐다. 그리하여 고려에서는 80여 종에 이르는 불교행례가 있었고 그것들이 매년 매월 개설되지 않았던 때가 거의 없었다고 한다.[58]

이와 같은 반야바라밀의 호국 본질을 선양하려는 것이 고려 시대에 법회 도량을 개설했던 근본 목적이었으나 그와 더불어 외적의 침략을 물리치려고 개설한 경우도 있고 또는 천재지변 등을 극복하려고 개설했던 목적성도 있다. 그뿐만 아니라 이러한 다 목적성을 갖고 개설됐던 행사는 행사 그 자체가 이미 군사 성격을 띠고 있었던 것이다. 그리하여 도량이나 법회의 개설이 침입한 외적을 물리칠 수 있었던 경우도 많았다. 더욱이 법회나 도량 개설을 통하여 국론통일의 이념 논리인 근거가 제시됐으며, 화합 단결하는 국민정신을 사회에 널리 실천했으며, 이것은 고려 불교의 행사가 호국에 기여한 정신적 성과였던 것이기도 했다.[59]

다음은 대장경 조판이다. 고려 시대의 문화 사업으로 가장 유명한 것이 있다면 대장경의 간행이라고 할 수 있다. 이것은 3종이 있다. 제1종은 고려 현종 때에 간행한 대장경, 제2종는 대각국사 의천이 간행한 대장경, 제3종의 간행은 해인사에 있는 대장경이다. 대장경 조판은 현종1009~1031 2년에 착수되어 선종 4년

57 이은수, 앞의 논문, p.42.

58 고려시 법회·도량 개설 횟수와 시기에 대하여 자세한 내용은 다음 참조. 서윤길, “고려의 호국법회와 도량”, 불함문화사 편, 『한국불교학연구총서』, 104권, 불함문화사, 2004, pp.122~135.

59 위의 논문, p.153.

1087에 이르러 완성됐다. 대장경은 원래 거란의 침입을 막으려는 염원에서 비롯된 것이었다. 그 목적을 위하여 대장경의 조판을 하게 된 것은 불교의 교리를 정리하려는 뜻도 있었다. 대구 부인사에 소장됐던 이 대장경은 몽고의 침입으로 인하여 소실되고, 현재 해인사에 있는 고려대장경은 고종 때 강화도에서 다시 조판된 것이다.[60]

일제강점기의 독립운동 또한 호국불교의 사례이다. 일제는 조선을 강제합병한 후 불교계를 사찰령으로 통제했다. 불교계를 조선총독부의 감독 아래 둔 것이다. 일제강점기 불교계는 항일독립 활동이 있었지만 친일 행적도 적지 않았다. 당시 승려들은 비밀결사 활동과 독립자금 모금, 3·1운동 참가, 임시정부 지원 활동에 참여하기도 했다. 승려들이 독립을 쟁취하기 하여 항일독립운동에 투신한 것은 잃어버린 나라를 찾겠다는 호국정신의 발현인 것이다.[61]

결국 호국사상의 본질이란 우리 스스로의 수행과 참회 등을 통해 평화와 안녕이 수호될 수 있다는 것을 의미한다고 말할 수 있다. 반야바라밀의 실천, 올바른 진리의 수호 등에는 게으른 채 의식이나 행사 등에 매달리는 호국불교의 형태로는 호국·호법을 이룰 수 없었다. 호국불교는 경우에 따라 국가불교로서 또는 외적의 창칼에 방관할 수 없어 살생과 비법의 업을 지었든 참여불교인 것은 확실하다. 다시 말해, 호국불교는 순기능적이고 긍정적인 의미로 자비정신에 따라 중생을 보호하고 수호하는 실천불교이며, 참여불교라고 할 수 있다.

역사 속에서는 외침과 환란 속에서 살육을 당하는 중생들의 처참한 현실을 방관하지 않고 비록 출가자로서 계율에 어긋나는 칼과 창을 잡긴 했지만 그럼에도 불구하고 외적에 의해 죽어가는 중생을 외면하지 않았다는 것이다.[62] 이러한 불굴의 모습도 평화를 실천하기 위한 불교 정신이기도 했다.

---

60 서윤길, 앞의 논문, p.154.

61 이은수, 앞의 논문, p.54.

62 조준호, 「경전 상에 나타난 호국불교의 검토」, 『한국불교사에서 호국불교 통의 재조명』, 한불교조계종 불교사회연구소(세미나 자료), 2011, pp.28~29.

7. 맺음말

이 장에서는 불교의 평화사상에 대해 살펴보았다. 지금까지 살펴본 불교의 평화사상에서 특히 주목해야 할 부분은 불교에서는 어떤 것에도 집착하지 않는 것을 가르치고 있다는 점이다. 불교에서는 정치, 전쟁, 평화에 관한 관점은 비폭력과 평화가 보편적 교리이다. 불교에 따르면 어떤 것도 정당한 전쟁으로 합리화 할 수 없다. 모든 계율에서 발견되는 것이든 세 가지 단순한 원리로 요약할 수 있다. 즉, '나쁜 일을 하지 마라, 착한 일을 하라', 그리고 '마음을 청정하게 평안한 상태로 유지하라', 즉 '해탈과 열반에 상태에 임하라'이다. 또한, 모든 존재를 사랑하기 위한 전제 조건으로서 무아는 타자와의 경계를 소멸하게 하고 모든 존재와 평화를 이루게 하는 근본 원리이기도 했다. 이런 입장에서 보면, 어떤 이데올로기에도 집착하지 않는 공空사상을 기반으로 하고 있다.

그리고 불교에서는 좋은 것과 나쁜 것을 확연하게 구별할 수 있다. 이기심에서 출발하여 무언가를 탐하는 탐·진·치에 뿌리를 두고 있는 행동은 모두 자아에 대한 해로운 망상을 키우게 하는 것이기 때문이다. 관용과 사랑과 지혜라는 덕성에 뿌리를 두는 행동들은 모두 선업이라고 말할 수 있으며, 이런 입장에서 어떤 이데올로기에도 집착하지 않는 유연성과 개방성이 열리게 되고, 관용의 정신 또한 불교에서 발휘된다고 볼 수 있다.

또한, 우리나라에서 호국불교는 단순한 종교 행위가 아니라 반야바라밀의 실천을 통해 자신과 자신이 놓여 있는 사회 그리고 국토를 한 계단 높이며 정신적 이상형으로 바꾸어 가려는 불교의 사회사상이다.

더불어, 불교의 평화사상은 곧, 연기, 자비, 비폭력, 수행문화, 불성, 자연관, 화쟁사상 등으로 요약할 수 있는데, 이러한 교리는 한반도의 평화문화를 정착시키는 데 많은 부분 기여할 수 있을 것이다.

생각해 볼 문제

1. 한반도의 평화가 실현되기 위해서는 어떠한 사회문화가 필요하며, 이러한 문화 형성에 불교의 평화사상이 어떤 역할을 할 수 있겠는가?

2. 현대는 다문화 사회라고 해도 과언이 아니다. 이러한 다양성과 갈등 관리는 우리에게 필수적인 요소인데 불교의 평화사상이 이 시대를 살아가는 우리에게 주는 교훈은 어떠한 것들이 있겠는가?

제4장

정의전쟁론과 평화사상

1. 머리말

정의전쟁론은 말 그대로 정의를 옹호하고 동시에 평화를 회복하는 데 그 목표를 두고 있다. 국가 간의 상호 관계에 있어서 평화는 하나의 이상이다. 그리고 이 이상의 실현을 위하여 각 나라는 최후의 수단으로 전쟁에 호소하게 된다. 결국 전쟁의 목적은 보다 나은 상태의 평화를 얻는 데 있다. 역설적인 논리이다. 정의전쟁론에 의하면 전쟁은 때에 따라 평화를 위해 필수불가결할 뿐만 아니라 도덕적으로도 정당화될 수 있다.

전통적으로 정의전쟁론에서는 두 가지 논의가 진행되어 왔다. 하나는 정의로운 명분에 대한 해명이며, 다른 하나는 정의로운 수단에 대한 설명이다.[1] 정의로운 명분은 일반적으로 전쟁 자체에 대한 정당화이다. 이를 위해서는 당사자들 사이에 실질적인 공격이 존재해야 한다. 그리고 당사국의 비전투적 시정 방책이 가망성이 없거나 지나치게 값비싼 대가를 치러야 할 상황이어야 한다. 그렇지 않으면 전투적 시정 방책이 유망하거나 큰 대가를 치루지 않아도 될 경우이다. 정의전쟁을 위한 정의로운 수단과 관련해서는 최소한 두 가지 요건 즉 무고한 시민 보호와 과도한 전쟁 수단의 동원 금지의 요건을 갖추어야 한다. 첫 번째의 무고한 시민 보호는 무고한 시민들의 상해가 목적이나 수단으로 직접 의도되어

1 황경식, "전쟁과 평화 그리고 정의", 『철학연구』, 68, 철학연구회, 2005, p.6.

서는 안 된다는 것이다. 그리고 두 번째의 과도한 전쟁 수단의 동원 금지는 전투 수단의 해악이 특정 방어 목적의 달성과 대비해 과도해서는 안 된다는 것이다.

정의전쟁론은 통상적으로 전쟁 자체의 정의, 전쟁 수행상의 정의, 전쟁 종결 후의 정의 등으로 구분하여 다룬다. 단적으로 말해서 전쟁은 물리적 폭력이 개입하기 때문에 평화의 반대 개념이다. 전쟁은 무력을 사용하여 싸우는 것으로 많은 사람들이 이로 인해 죽게 된다. 그래서 사람들은 단순히 전쟁을 해서도 안 되고, 일어나서도 안 되는, 평화를 깨뜨리는 원흉이라고 생각한다. 그럼에도 불구하고 인류 역사는 전쟁의 역사로 점철되어 왔다. 당연히 싫어하면서도 필요악처럼 발생된 것이다. 어쩌면 인간의 끝없는 이기적 본성과 공격적 본성이 집단적으로 드러난 것일 수도 있다.

그렇다면 정의전쟁은 없는 것인가? 이 물음을 통해서 정의의 전쟁과 그렇지 못한 전쟁으로 구분하여 분석하고 결국에는 가치 지향적 정의전쟁을 추구할 수도 있다. 기본적으로는 전쟁 그 자체를 피하되 불가피한 경우에는 가급적 정의의 전쟁이 되도록 상황과 여건을 유도하려는 것이다. 결국 정의전쟁론은 한 국가가 다른 국가에 대해 무력을 행사하는 것이 도덕적으로 정당한가를 판단하는 이성적 논리가 된다.

2. 정의전쟁의 기준[2]

2-1. 전쟁 자체의 정당성

정의전쟁은 한 국가가 다른 국가나 단체에 대하여 무력을 행사하는 과정에서 윤리적·도덕적으로 정당하게 인정되는 것을 말한다. 근본적 입장에서 볼 때 전쟁은 물리적 폭력을 행사하기 때문에 평화의 반대 개념으로 사용되어 왔고, 따라서 도덕적인 행위와는 거리가 먼 것이 사실이다. 그러므로 평화사상을 거론할 때 그 반대 개념인 전쟁을 정의롭게 검토한다는 것 자체가 모순될 수도 있다. 그러나 국제적 테러조직 같은 악의 집단과 대항하여 싸우는 전쟁은 불가피하며 이를 퇴치하기 위한 전쟁은 정당화될 수도 있다. 따라서 정의의 전쟁을 설정하는 이유는 비록 현실적으로 불가피한 전쟁의 경우에도 전쟁 수행의 과정에서 피해의 최소화를 도모하기 위한 것이며, 그런 차원에서는 나름대로의 가치가 있다는 것이다.

가. 정당한 명분

이에 정의전쟁의 기준을 살펴보면 다음과 같다. 첫 번째 기준은 정당한 명분이다.[3] 이 기준은 공정한 명분, 정당한 명분, 또는 매우 충분한 이유라고도 일컫는다. 국가적 자위를 위한 전쟁 개시와 도발 징후를 전제한 선제공격이 대표적 예이다. 특히 선제공격의 경우 그 정당성을 인정받기 위해서는 당사국 간에 명백하고도 충분한 침략의 위협이 실제로 존재하고 있음을 객관적으로 입증해 보여야 한다. 동시에 전쟁 수행의 정의 차원에서 이 전쟁이 과연 윤리적으로 정당한가를 논의해 볼 수 있는 희망적 전망도 가능해야 한다. 즉 한 국가가 다른 국가에 대해 정치적 물리적 폭력을 사용하는 것이 윤리적으로 정당하지 않을 수도 있지만 나름대로의 합리적 전쟁 원인과 명분을 가지고 있고 동시에 그 전쟁을 수행하는

2 앤드류 볼즈 편, 김한식·박균열 공역, 『국제정치에 윤리가 적용될 수 있는가』, 철학과현실사, 2004.
3 위의 책.

과정에서 최소의 물리력을 동원한다면 정당화될 수도 있다. 이것이 선제공격과 전쟁 수행상의 정의에 대한 논의의 핵심이다. 이는 윤리적이라는 의미 자체가 평화를 보장하거나 이를 지켜주어야 한다는 의미를 포함하기 때문이다. 따라서 정의의 전쟁이 전쟁 그 자체로는 비록 평화와 동떨어져 있지만 그 전쟁의 수행 면에서는 평화에 보다 가깝게 근접시키려는 노력의 일환으로 보는 것이다. 다시 말해서 현실적으로 어쩔 수 없이 전쟁을 하면서도 가급적 최소의 물리력으로 전쟁을 수행함으로써 윤리 도덕적인 기준에 맞추도록 해 보자는 것이다.

또한 전쟁보다는 그래도 평화가 낫지 않을까 하는 지도자들의 신중한 견지가 중요하다. 동시에 이러한 신중성에는 전쟁 개시와 전쟁 수행에서 윤리적 문제의 정당성 여부를 검토하는 것이 중요하다. 여기서 마이클 왈처는 정의의 전쟁과 불의의 전쟁을 윤리적 차원에서 검토했다. 즉 아테네와 스파르타를 두 축으로 한 고대 그리스 도시국가들의 전쟁인 펠로폰네소스전쟁 등을 분석하면서 정의의 전쟁은 도덕적 실체를 가져야 한다고 주장했다.[4]

이 전쟁이 보편적인 정의를 실현하는 데 알맞은 전쟁인가? 또는 정의의 전쟁인가? 하는 것은 최소한 자국의 국민적 동의나 합의에 기초해야 한다는 의미를 포함한다. 이런 면에서 볼 때 국민적 합의나 동의를 필요로 하는 민주주의 국가들 사이에서는 전쟁이 일어날 개연성이 줄어든다. 실제로 역사적 차원에서 관찰해 보면 민주주의 국가끼리 전쟁을 한 사례는 찾아보기 힘들다.[5]

나. 올바른 의도

정의전쟁의 두 번째 기준은 올바른 의도의 원칙이다. 과거에 이 기준은 한 국가가 가슴에 증오심을 품고서 전쟁을 개시하려고 하면 안 된다는 것으로 이해됐다. 동시에 전쟁자체의 정의 관점에서 볼 때 전쟁은 분명 평화의 반대 개념으로

---

4 박정순, “마이클 왈쩌의 정의전쟁론: 그 이론적 구성체계와 한계에 대한 비판적 고찰”, 『철학연구』, 제68집, 철학연구회, 2005. 3. p.79.

5 최상용, 『평화의 정치사상』, 나남출판, 2006, p.269; 김재명, 앞의 글, p.39 참조.

사용되어 왔고, 윤리 도덕적인 행위와도 거리가 먼 개념이다. 그러나 다른 측면도 있다. 예컨대 인도적 개입이 그것이다. 이는 각 개인이 가지고 있는 인간의 존엄성을 최고의 가치로 삼는다는 논리이다. 다시 말해서 개인의 인권이 국가주권보다 앞선다는 주장이기도 하다. 아무리 특정 독립국가의 주권이 그 자체로 보호받을 고유한 자격이 있다 해도 그 국가 내 구성원들의 인권과 자유가 극심하게 훼손되고 피폐화된다면 그 국가의 주권은 근본적으로 존중받을 자격이 없다고 봐야 한다.

이런 연유로 인도적 개입으로서의 정의로운 전쟁에 관한 실천철학적 논의에서는 개인의 인권이 국가의 주권에 비해 규범적 차원에서 우월적 지위를 갖는다고 보는 것이 합당하다. 그에 따라 인권 말살 같은 반인륜적 사태를 초래한 부정의한 국가에 대해서는 전쟁이라는 무력적 수단을 통해 인도적으로 개입하는 행위가 적어도 국가주권의 침해라는 이유로 그 전쟁의 정당성을 훼손 받는 경우는 사라지게 될 것이다.[6] 또한 비이성적 국가 지도자들이 대량살상무기를 제조하여 전 세계의 인류를 멸망의 위기로 몰아갈 때 이를 사전에 예방하고 차단하는 차원에서 전쟁을 수행한다면 정의의 전쟁이 될 수도 있다. 이것이 정의전쟁의 핵심적 논의이며 좋은 의도를 염두에 둔 논의이다. 물론 그런 판단을 누가 할 것인가 하는 판단 주체 문제가 있고, 또한 그 판단의 정당성과 합리성 여부가 당사자의 상황과 여건에 따라 달리 해석될 여지도 있다.[7]

오늘날 좋은 의도는 대체로 측정하기가 좀 더 쉽고 더 적은 노력을 요구하는 것을 의미한다. 다시 말해서 어떤 국가가 전쟁을 촉발하려면 반드시 보편적으로 인정되는 원칙에 따라 개시해야 한다는 것을 의미한다.

---

6 선우현, "정의로운 전쟁과 두 차원의 정의: 정의로운 전쟁의 규범적 정당화 가능성 및 현실화 가능성과 관련된 몇 가지 쟁점과 문제를 중심으로", 『사회와 철학』, 제32집, 2016. 10., 사회와 철학 연구회, p.160.

7 김재명, "정의의 전쟁, 그 기준은 뭔가", 『국방저널』, 2005. 8., p.37.

다. 비례성의 원칙

비례성의 원칙은 불가피하게 전쟁이 일어났다고 하더라도 그 전쟁을 수행하는 데 있어서 대량살상이나 무자비한 보복만은 피해 보자는 것이다. 그리고 예상되는 비용이 그 이득과 조화되어야 한다는 것을 의미하기도 한다. 이 기준의 장점은 예상되는 비용이 이득보다 압도적으로 클 때는 전쟁을 개시하지 말라고 우리를 일깨운다. 그리고 이와 유사한 기준으로 성공 가능성의 기준을 들 수 있다. 이 기준은 전쟁 개시를 고려하고 있는 국가가 전쟁을 개시하여 좋은 결과를 얻을 것 같지 않다면 그 국가는 전쟁을 해서는 안 된다고 말한다.

이 원칙은 국가적 수준에서 전쟁을 통해서 얻는 이익이 전쟁을 통해 입을 손실보다 더 커야 한다는 것이다. 전쟁을 수행하는 데 있어서 대량살상이나 무자비한 보복을 회피해야 한다는 요청이 반영된 것이다. 전쟁을 수행하는 데 있어서 예상되는 비용이 그 이득과 조화되어야 한다는 것이다. 예상되는 비용이 이득보다 압도적으로 클 때는 전쟁을 개시하지 말라는 것이다.

일반적으로 정의의 전쟁과 관련하여 당사국의 정치지도자들은 전쟁을 벌이기에 앞서 이 비례성의 부분을 면밀히 검토한다. 무엇보다도 '이 전쟁이 국가 이익에 얼마나 도움이 될 것인가' 하는 문제와 어느 정도까지 대응할 것인가 하는 문제가 중요하다. 한마디로 무모한 전쟁을 해서는 안 된다는 것이다. 이는 전쟁을 수행하는 근본적인 이유가 바로 국가이익을 침해당했거나 국가이익을 확대하기 위해서이기 때문이다. 물론 세계적 차원에서 전쟁 당사국의 지도자들이 감정에 치우치지 않고 이성적으로 비례성을 엄격히 적용한다면 피해를 최소화할 수도 있다. 여기서 방어의 전쟁은 당사국이 얼마간의 양보를 통하여 보다 큰 손실을 예방하는 차원이고, 침략적 전쟁은 이익의 극대화를 노리는 차원이다. 그러면서도 국제적으로 파상적 비난 공세를 피하려는 의도에서 정의의 전쟁을 모색하게 된다. 이 부분 역시 앞의 정의전쟁 조건의 연장선상에 다루어지는 내용이다.

라. 적법한 권한

적법한 권한이란 정상적인 국가들만이 전쟁을 정당하게 시작할 수 있다는 원칙이다. 사설 단체나 조직이 전쟁을 벌이고, 그 정당성을 주장하는 경우를 배제하는 것이다. 왜냐하면 국가가 무력의 적법한 사용을 독점하고 있기 때문이다.

마. 적법한 절차

적법한 절차는 위의 적법한 권한과 밀접한 관련이 있으면서도 다소 다른 특성을 갖고 있다. 아무리 적법한 권한을 가진 국가, 그리고 그 국가의 대표자가 전쟁을 개시할 수 있는 권한을 가진다고 하더라도, 국내법과 국제법에서 규정하고 있는 절차를 준수해야 한다. 국내적으로는 최고법의 규정에 따라 의회의 결정과 최고통치자의 최종적인 결정이 이루어져야 하고, 국제적으로는 전쟁관련 국제법과 국제기구의 기준에 부합되도록 해야 하며, 최종적인 선전포고를 통해 전쟁은 개시되어야만 한다.

바. 최후의 수단

전쟁은 최후의 수단이 되어야 한다는 원칙이다. 각국과 그 정상은 전쟁예방을 위해 각고의 노력을 해야 한다. 그럼에도 불구하고 상대편의 반응이 비인도적인 만행을 계속할 경우, 아측의 국가안보에 지대한 악영향을 준다면 불가피하게 전쟁을 수행하게 되는 것이다.

사. 성공할 확률

성공할 확률의 원칙은 소위 '계란으로 바위치기'와 같은 형국인데, 일방적인 희생이 예견될 때 전면전을 회피해야 한다는 요청이다. 어떤 일이든지 무모한 결정과 시도는 소모적인 일이 된다. 앞선 원칙들이 제대로 전제되었다 하더라도 전쟁을 개시해서 성공할 가능성이 낮다면 수행해서는 안 된다. 다만, 지더라도 적에게 치명적인 타격을 주는 전략적 목표가 있다면 승패를 떠나서 상징적인 의미는 남길 수 있을 것이다.

2-2. 전투수행상의 정당성

가. 수단에서의 비례성

수단에서의 비례성은 실제 전투수행 과정에서 이익=승리에 비례하지 않는 비용을 지불하면서까지 전투를 수행하는 것을 금지하는 원칙이다. 이는 전쟁자체의 정당성에서의 비례성과 유사해보이지만 수단적 비례성이라는 점이 다르다. 다른 계획의 비용이 그만큼 들지 않으면서도 승리를 보장할 수 있다면 그 원칙의 기준을 따라야 하고, 그렇지 않을 경우 이 기준에 따라 비난받게 된다.

나. 차별성 원칙

차별성의 원칙은 구별성의 원칙이라고도 한다. 전쟁을 하고 있는 적의 일부만이 적법한 공격의 표적이 되도록 해야 한다. 의료요원 및 시설, 병원, 노인, 민간여성, 아동 등은 배제되어야 한다.

다. 이중 효과 원칙

이중 효과의 원칙은 비례성과 차별성을 동시에 고려해야 한다는 원칙이다. 수단과 목적에 있어서의 비례성, 전투원과 비전투원 사이에 공격을 선정하는 데 있어서의 차별성을 동시에 고려해야 한다는 것이다.

라. 전투수행상의 정당성의 사례[8]

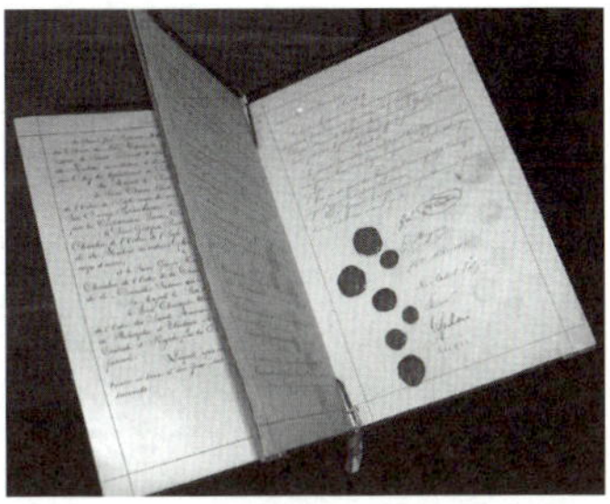

제네바협약서 원본, wikipedia.

이러한 포괄적인 원칙은 제네바협약을 예로 들 수 있다. 제네바협약은 광의로는 2차 세계대전 후 1949년 8월 12일 체결된 전쟁 피해자의 보호를 위한 제네바 협약과 1954년 체결된 한국의 재통일과 프랑스령 인도차이나의 평화 유지의 가능성에 토의한 것, 1988년 아프카니스탄의 문제를 논의한 것을 포괄하지만, 여기서는 가장 먼저의 사례를 가리킨다.

이 협약은 총 4개 협약의 총칭으로서 「전장에 있는 병력 중의 상자傷者와 병자病者의 상태개선을 위한 협약」 적십자협약이라고도 한다, 「해상에 있는 병력 중의 상자·병자 및 난항자의 상태개선을 위한 협약」, 「포로의 대우에 관한 협약」, 「전시에 있어서의 민간인의 보호에 관한 협약」을 포함한다. 이상의 4개 협약은 총가입조항을 포함치 않고 있으며, 전쟁이라는 명칭을 사용하지 않는 무력행사에도 적용할 수도 있다.

제네바협약은 "전쟁 중에도 자비를 베풀어야 한다"는 슬로건하에 7가지 원칙을 제시한다.

① 전투능력 상실자와 적대행위에 직접 가담하지 아니한 자는 그들의 생명과 육체적, 정신적 보존에 대하여 존중받을 권리가 있다. 그들은 모든 상황에서 차별 없이 보호되고 인도적으로 대우받아야 한다.

② 투항하거나 또는 전투능력을 상실한 적군을 살상하는 것은 금지되어야 한다.

8 제네바협정과 관련된 일반적인 내용은 『위키백과』와 『Daum백과』, 『Naver 지식백과』, 『나무백과』를 참조하였다.

③ 부상자와 환자는 적대행위에 있었던 충돌 당사자에 의하여 수용되고 진료되어야 한다. 의료요원, 시설, 수송기관 및 자재도 보호대상이 된다. 적십자의 표장은 이러한 보호를 위한 표지로서 반드시 존중되어야 한다.

④ 포로가 된 전투원과 적대국의 지배하에 있는 민간인들은 그들의 생명, 존엄성, 인권 및 신념에 대하여 존중받을 권리가 있다. 그들은 일체의 폭력 및 보복행위로부터 보호된다. 그들은 자기의 가족과 서신을 교환하고 구호품을 받을 권리가 있다.

⑤ 모든 사람은 기본적인 사법상의 보장을 받을 권리가 있다. 누구나 육체적, 정신적 고문과 체벌 또는 품위를 손상시키는 잔혹한 대우를 받아서는 아니 된다.

⑥ 충돌당사자와 그 군대의 구성원은 전쟁의 방법 및 수단을 무제한적으로 선택할 수는 없다. 불필요한 손실 또는 과도한 고통을 유발하는 성질을 지닌 무기나 전쟁방법의 사용을 금지한다.

⑦ 충돌당사자는 어떠한 경우에도 민간인과 그들의 재산을 보호하기 위해 민간주민과 전투원을 구별해야 한다. 민간인이나 개인이 공격목표가 되어서는 아니 된다. 공격의 대상은 오직 군사적 목표물에 국한되어야 한다.

이상의 7가지 원칙은 비전투원 및 포로의 취급문제, 인간으로서의 존엄성 보장을 핵심으로 다루고 있다. 이외에도 부가적인 임의 규칙 목록도 제시하고 있다.

① 확인사살double tapping은 허용되지 않는다. 이는 전장에서 기동할 때 상처입은 적군이 나중에 등 뒤에서 총격을 가해 올 것에 대비해 확인사살하는 것을 말한다.

② 민간인의 집과 여타 재산을 약탈해 가서는 안 된다.

③ 포로의 개인소유물을 약탈해서는 안 된다.

④ 민간인 또는 적군 여성을 강간해서는 안 된다.

⑤ 적의 의료시설을 공격하는 것은 금지된다.
⑥ 종교시설물을 공격해서는 안 된다.
⑦ 적군 포로를 고문하거나 세뇌하거나 음식, 의류, 치료기회 및 숙소를 박탈해서는 안 된다.
⑧ 적군 포로를 군사적 목적으로 이용해서는 안 된다.

전쟁으로 인한 희생자 감소 및 보호를 위해 1948년 8월 12일 체결된 국제조약인 제네바 협약의 일부인, 제3협약은 '포로에 대한 인도적 대우에 관한 협약'을 말한다. 이 제3협약은 총칙, 포로의 일반적 보호, 포로의 신분, 포로 신분의 종류, 포로에 관한 정보국과 구호단체, 협약의 시행, 제1부속서부상자 및 병자인 포로의 직접송환 및 중립국에서의 입원에 관한 협정 표본, 제2부속서혼성의료위원회에 관한 규칙, 제3부속서집단적 구호에 관한 규칙, 제4부속서각종 통지서 양식, 제5부속서포로로부터 본국에 보내는 송금에 관한 모형규칙로 구성되어 있다.

제네바 협약은 '전쟁에서의 희생자를 보호하기 위한 실정국제법'이다. 1859년 6월 오스트리아와 이태리 간에 '이태리 통일 전쟁'을 목격한 앙리 뒤낭의 제안으로 1863년 '전쟁 중에도 자비를'이란 기치를 내걸고 국제적십자사가 창설되게 되었고, 1864년 8월 12일에 제네바 협약이 탄생되게 되었으며, 이후 세 차례의 수정, 보완을 거쳐 1949년 8월 12일 제네바 4개 협약이 완성되었다.

우리나라는 대한제국 시기인 1903년 1월 8일, 1949년 제네바 협약의 기초가 되었던 1864년의 최초 제네바 협약에 가입하였다. 대한민국으로서는 1949년 협약에는 6·25 전쟁을 겪으면서 정식으로 가입하지 못하다가 1966년 8월 16일에 가입을 하게 되었다. 다만, 1949년 제네바협약이 제정되자마자 6·25전쟁이 발발하였기 때문에, UN을 비롯한 국제기구와 각국은 동 협약을 시험적으로 적용하게 되었고, 대한민국 정부와 북한은 동 협약을 지키겠다는 선언으로서 조약상의 의무를 지게 되었다.

3. 정의전쟁론의 변천

정의전쟁론은 중세 기독교 시대와 근세 중기까지 기독교 신학과 자연법에 의거하여 성행했다. 그러나 근대 민족국가의 태동과 절대주의의 시대에는 전쟁이 국가이성에 따른 국가의 주권적 권리로 인식됐다. 다시 말해서 전쟁은 국가이익을 위한 군주의 최종적 변론이라고 여겨져 온 것이었다. 따라서 전쟁 자체의 정의 여부에 대한 도덕적 판결을 지향하는 정의전쟁론은 쇠퇴했다. 그러나 제1차 세계대전 이후 정의전쟁론은 평화를 정착시킬 현실적 방책과 국제기구의 법률적 필요성에 의해서 주목을 받게 됐고, 그 이후 20세기 중반에 비로소 학문적으로 관심을 갖게 됐다.

물론 정의전쟁론의 전통적 맹아는 기독교적 전통보다 훨씬 오래된 것이며, 고대 그리스와 로마 시대까지 소급될 수 있다. 또한 정의전쟁론의 전통은 서구에만 국한된 것도 아니고 중국과 인도, 이슬람 세계에도 찾아볼 수 있다. 다만 여기서는 편의상 그 범위를 중세 기독교 시대의 정의전쟁론부터 살펴보는 것이다.

3-1. 서양 중세의 정의전쟁론

가. 초기의 정의전쟁 에이레네적 평화를 위한 전쟁 자체의 거부

서양 중세의 정의전쟁론은 기독교의 평화사상에 큰 영향을 받았다. 기독교의 신약성서 가운데는 전쟁에 관한 언급보다는 평화를 더 사랑하는 정신을 확인할 수 있다. 더구나 신국을 건설하기 위해서 무기를 가지고 로마인과 싸운다는 발상은 발견할 수 없다. 초기 기독교 공동체는 정치권력을 갖지 않고 또 그 권력을 획득하려고도 하지 않았던 것이다. 이러한 초기 그리스도교회의 신자들의 입장에서는 전쟁 문제에 대해 그들의 생각을 분명히 해야 할 필요가 없었다. 그들에게는 박해당할 때에 저항하는 것보다는 순응하는 마음가짐이 더 현실적이고 자연

스러웠다. 그리하여 그리스도의 가르침에 따라 힘으로 악과 싸우려 하지 않았고 선을 위해 죽음을 당하는 것, 즉 순교가 오히려 악에 대한 승리라고 믿고 있었다.

초기 기독교 공동체가 추구했던 평화는 에이레네적 평화였다. 이를 위한 그리스도의 가르침은 케노시스, 즉 자기 비움과 자기희생이다. 이는 세상의 인간 구원을 위해 신이 인간으로 내려온 성육신incarnation의 자기 비움과 인간의 죄를 대신하여 대가를 치루기 위해 피를 흘리는 십자가crucifixion 속죄의 자기희생을 직접 실천하여 보여 줌으로써 인간과 신과의 화해를 이루게 했다. 동시에 인간과 인간 사이의 화목을 도모함으로써 평화의 공동체를 이룰 수 있는 기반도 마련했다. 이러한 자기 비움과 자기희생의 평화사상 범주 안에서는 인간 상호 간의 갈등과 투쟁, 그리고 전쟁 자체가 성립할 수 없게 된다. 실제로 초기 로마사회에서 지배층이 남용했던 권력과 폭력에 기독교인은 비폭력, 무저항, 순종으로 일관함으로써 오히려 권력자들을 감동시키고 이로 말미암아 마침내 지배층도 기독교로 귀의하게 되는 사례가 속출하기도 했다.

나. 악의 퇴치를 위한 정의전쟁

로마 초기의 에이레네적 평화사상은 그리 오래 지속되지 않았다. 로마 황제 콘스탄티누스 1세가 기독교 신자가 되고 마침내 기독교가 국가종교로 공인됨312년에 따라 사정은 변하기 시작했다. 이후부터는 기독교의 군주가 교회와 국가를 지키기 위해 어떻게 해야 하는가 하는 문제가 더 이상 피할 수 없는 현실적 과제가 된 것이다.

정의전쟁론을 제시한 아우구스티누스가 활동한 시대에는 야만인들이 로마제국의 적인 동시에 또한 가톨릭교회의 신자들을 가끔 박해하는 이단자였다. 아우구스티누스의 양심론을 보면, 그는 양심에 대한 해석을 경험으로서의 양심, 타락한 양심, 은총으로 회복된 양심, 그리고 구속의 과정을 거치는 양심 등 네 가지로 구분하고 있다.[9] 그중에서 두 번째의 타락한 양심은 교만과 연관되어 평화의 공동체를 유지할 수 없게 만들었다고 말한다. 즉 타락한 양심은 본인이 불순종할 뿐만 아니라 자신의 불순종 원인을 타인에게 전가함으로써 자기의 모순과 잘못을 덮으려고 한다는 것이다. 이로 말미암아 인간들은 서로 불평하고 원망하며 마침내 갈등이 심화되어 투쟁의 상태로 된다는 것이다. 이러한 타락의 양심이 은총을 통해 회복되지 못하고 갈등의 상태로 나타나는 대표적 부류가 바로 야만인들이므로 악의 퇴치 차원에서 정의의 전쟁이 필요하다는 것이다.

이러한 상황에서 국가와 교회를 깊이 사랑했던 아우구스티누스는 자연스럽게 그들의 침략으로부터 국가와 교회를 지키기 위한 전쟁을 정당한 것으로 간주하게 됐다. 그리고 그는 기독교 지배자들이 통치하는 집단 간의 내부 전쟁을 허용하는 경우도 기독교적 평화와 질서에 기여하는 조건을 설정했다. 이런 면에서 결국 정의전쟁론의 본격적인 시작은 로마 중기 기독교 전성 시대부터라고 볼 수 있다. 기독교가 공인된 로마제국 아래서 기독교 신학과 교회가 당면한 환경 변화에 기인하여 생긴 사상이라고 볼 수 있다.

기독교가 로마제국에서 공인되자 교회는 초기의 에이레네적 평화주의를 버리게 된다. 변방 이교도들의 끊임없는 침략에 당면한 로마제국 아래서 기독교인이 어떻게 죄를 범하지 않고 전쟁에 참여할 수 있는가의 문제가 대두었기 때문이다. 이 문제는 아우구스티누스에 의해서 답변됐다. 이른바 정의전쟁론이다. 그는 정의의 편에 서서 정당한 명분을 가지고 평화를 정착시키기 위한 의도를 가지고 전쟁에 참여한다면 전쟁은 용인될 수 있다고 주장했다. 아우구스티누스의 정의전쟁론은 악의 퇴치를 위한 전쟁론이다. 그는 기독교의 호교적 차원에서 전쟁을 한다면 악마와의 싸움으로 간주하여 이를 피하는 것이 아니라 퇴치하는 것이기 때문에 정당하다고 주장한다. 그의 저서 『신국론』을 통해서 아우구스티누스는 질서로의 평화가 신에 의해 주어져 있으나 지상의 나라에서는 그것이

9 유경동, "종교적 양심의 내면적 자유와 공공영역에서의 양심 실현: 어거스틴, 아퀴나스, 마틴 루너의 양심론을 통하여 살펴보는 신앙의 공공성에 대한 소고", 『기독교사회윤리』, 제33집, 2015, p.81.

끊임없이 위협을 받게 되어 전쟁의 가능성이 있음을 인정했다. 더욱이 그는 기독교에 대한 적과의 평화는 있을 수 없고 교회를 옹호하기 위한 전쟁은 정당하다고 선언했다.[10]

로마의 입장에서 본 아우구스티누스의 업적은 전쟁에 대한 급진적 거부를 주창하는 기독교의 평화주의를 기독교 군대의 역동적 참여로 대체시켰다는 데 있다. 원시 기독교 관점에서 보면 그것은 하나의 변명이겠으나 결국 전쟁에의 종사는 도덕적으로 종교적으로 가능해진 것이다. 즉 정의전쟁론은 전쟁이 때때로 피할 수 없는 불가결한 세계에서 전쟁을 가능하게 할 뿐만 아니라 정당하게 만든 셈이다. 아우구스티누스의 전쟁관은 토마스 아퀴나스와 후기 스콜라 철학의 정의전쟁론에 결정적인 영향을 끼쳤다. 아우구스티누스의 정의전쟁론의 토대가 됐던 구약성서에서는 전쟁에 관한 언급이 비교적 많으며 구약의 신은 전쟁의 신으로 묘사되는 경우가 적지 않다. 구약에서 평화를 뜻하는 샬롬도 어원적으로는 번영과 성장이라는 적극적이고 능동적인 동적 상태이며, 구약의 사사시대의 부족국가였던 이스라엘의 생존과 독립을 위한 전쟁에 바탕을 깔고 있다.

다. 영구 평화를 위한 전쟁 수행의 정당성 역설

아우구스티누스의 평화에 대한 염원과 확신은 의심의 여지가 없다. 그는 평화 그 자체를 좋은 것이라고 생각하고 있었다. 완전한 평화는 신국의 시민이 궁극적으로 추구하는 것이지만 지상에서도 평화의 실현이 가능하다고 보았다. 처음부터 일관되게 평화를 염원했던 아우구스티누스가 다량의 유혈을 필연적으로 수반하는 전쟁에 대해서 쉽게 긍정적 의미를 부여할 수는 없었다. 그럼에도 불구하고 그는 실제적으로 모든 전쟁을 전면적으로 부정하지는 않았다. 아우구스티누스에 의하면 만일 영구 평화의 희망이 있는 싸움이라면 전혀 해방을 기대할 수 없는 포로보다 오히려 낫다고 생각했다. 결국 전쟁은 어디까지나 영구 평화를 얻기

10 선한용, "어거스틴의 신국론에 나타난 두 도성에 대한 문제 연구", 『신학과세계』, 제12집, 감리교신학대학교, 1986. 5, p.171.

위한 수단이며 그 자체는 추구의 대상이 아니라는 논리가 된다. 이런 면에서 아우구스티누스의 정의전쟁론에는 아리스토텔레스의 평화를 위한 전쟁이란 발상이 계승되고 있다.

한편 아우구스티누스는 정당방위의 경우 자기를 지키기 위해 상대를 죽이는 것까지 용인하는 법률은 인정하면서도 상대를 죽여도 좋다고 생각하지는 않았다. 그리고 그러한 정당방위의 경우도 사적인 개인과 공적인 임무 수행자로서의 병사를 분명히 구별했다. 즉 사적인 개인에게는 법률이 오로지 자기 자신을 지키기 위해서만 상대를 죽이는 것을 용인했을 뿐 그렇게 하도록 의무를 지운 것은 아니다. 따라서 양심에 따라 그 허가를 사용하지 않은 사람을 법률을 위반했다고 말할 수 없다. 그러나 병사의 경우 법률은 단순히 허가를 해 주었을 뿐만 아니라 필요한 경우에는 죄 없는 인간을 지키기 위해서 부정한 상대를 죽일 의무까지도 주어진다. 따라서 이를 따르지 않는 병사는 법률을 위반한 것으로 간주한다. 이것이 로마 중기의 정의전쟁론의 기초라고 할 수 있다.

라. 궁극 목표는 평화적인 방법으로 평화 획득

아우구스티누스의 전쟁관은 정의의 전쟁을 인정하긴 했으나 궁극 목표는 평화적인 방법으로 평화를 획득하는 것이었다. 그는 명예욕이나 허영심에 의한 모든 전쟁을 부정한 것으로 보았고, 국토를 확대하기 위한 전쟁 역시 부정한 것으로 보았으며, 로마의 역사에 그러한 전쟁이 많았던 것을 인정했다. 그리고 그에 의하면 구약성서 가운데 나오는 몇 가지 전쟁이나 로마제국이 행한 전쟁 가운데도 정의의 전쟁이 있었다고 인정됐다.

그러나 설령 그것이 정의의 전쟁이라고 하더라도 또한 아무리 좋은 결과를 가져와도 선량한 인간들에게 전쟁은 바람직한 것이 아니라고 강조했다. 전쟁의 비참함을 고통 없이 참아 내거나 이를 아무렇지도 않게 여기는 자는 인간다운

감각조차 잃어버린 처참한 자라고 비난했다.[11] 그는 정당한 전쟁과 그렇지 않은 전쟁을 구별했다. 그리하여 선량한 사람이 참가하는 정당한 전쟁만을 인정했고 그것도 불가피할 경우에만 허용한다고 분명히 주장했다.

무엇보다도 아우구스티누스가 강조한 것은 평화적 방법에 의한 평화의 획득이다. 그는 칼로 사람을 죽이기보다 언론에 의해 전쟁 그 자체를 없애는 것이 바람직하다고 강조했다. 또한 전쟁에 의해서가 아니라 평화에 의해 평화를 획득, 유지하는 것이 훨씬 자랑할 만한 것이라고 생각했다. 그는 전쟁도 평화를 위한 것이지만 궁극적으로 전쟁보다는 평화에 의한 평화의 획득을 더욱 가치 있는 것으로 보았다.

마. 아퀴나스의 정의전쟁론

토마스 아퀴나스Thomas Aquinas1224/1225?-1274는 중세 교부철학자로 유명하다. 그는 기독교 교리와 아리스토텔레스의 철학을 종합하여 스콜라 철학을 집대성한 중세 기독교 최대의 신학자로서, 아리스토텔레스를 수용할 때 "은총은 자연을 파괴하지 않고 오히려 자연을 완성시킨다"는 태도를 갖고 은총과 자연, 신앙과 이성 사이에 조화로운 통일을 부여했다. 그의 이러한 그리스도교적 휴머니즘은 특기할 만하다. 그에게 있어 온 자연은 신이 창조한 것이며, 인간의 이성은 자연 가운데서 가장 고상한 부분이므로 인간이 자연 전체에 대한 이해를 통해 신의 존재를 추론推論하는 것은 신을 찬미하는 길인 것이다.

정당한 전쟁 이론에는 그리스적, 로마적, 그리스도교적 요소가 혼합되어 있다. 로마적 요소와 그리스도교적 요소의 통합은 아우구스티누스에 의해 이루어졌고, 이 두 가지의 기초와 그리스적 요소의 통합은 토마스 아퀴나스에 의해 이루어졌다고 할 수 있다. 13세기 중반 이러한 통합 작업이 완성된 후에는 정당한 전쟁 이론은 현대에 이르기까지 탈신학화脫神學化를 제외한다면 큰 변화 없이 유

11 최상용, 앞의 책, p.71.

지되고 있는 것으로 보인다. 이러한 정당한 전쟁 이론의 역사적 연원을 토마스를 중심에 두고 추적하는 것이 이 논문의 주된 관심사이다. 로마의 정당한 전쟁 개념은 선전 포고에 관한 법적 요건을 갖추기만 하면 되는 형식적인 것으로서, 로마가 벌이는 전쟁은 항상 정당한 전쟁이 될 수 있었다.

그럼에도 불구하고 정당한 전쟁의 요건이 되는 정당한 원인과 물건의 반환청구라는 개념은 이후 시대의 전쟁에 관한 논의에 있어서 지속적인 영향력을 행사했으며 현대의 정당한 전쟁 이론에까지 유지되어 왔다. 초기 그리스도교는 예수의 가르침 중에서 폭력에 반대하는 쪽을 주로 받아들였다. 그래서 모든 종류의 폭력을 거부하였고, 로마 시민의 가장 중요한 의무였던 병역도 당연히 거부하였다. 이 초기 그리스도교의 입장이 평화주의의 역사적 기원이라고 할 수 있다. 아우구스티누스는 서로 대립적인 요소들, 즉 구약과 신약의 입장, 로마의 정당한 전쟁 관념과 초기 그리스도교의 평화주의를 통합하여 그리스도교화된 정당한 전쟁 이론을 확립했다. 이것은 그리스도교가 콘스탄티누스 황제와 테오도시우스 황제에 의하여 로마 제국의 공인 종교가 된 결과였다. 정당한 전쟁론을 11세기와 12세기에 걸쳐 활발하게 발전시킨 이들은 교회법학자들이었다. 이것은 11세기 중반의 서임권敍任權 투쟁 이후 교황 그레고리우스 7세가 이끌었던 이른바 교황 혁명을 통하여 교회가 세속권력으로부터 독립하여 대등한 관계를 가지게 되었던 결과이다.

평화와 전쟁에 관한 문제에 있어서 토마스는 특히 아우구스티누스의 이론으로부터 큰 영향을 받았다. 토마스의 시대에 있어서 평화 혹은 국가는 아우구스티누스의 그것에 비하여 보다 더 적극적인 것이 되어야 했다. 아우구스티누스에게 있어서 현세의 질서는 “원죄에서 비롯된 인간의 사회적 타락을 통제하기 위한 최소한의 장치”로서 여전히 소극적인 의미를 가지는 것이었다면, 토마스에 있어서 평화와 국가는 긍정적인 것일 뿐만 아니라 公同善의 실현을 위해서 반드시 필요한 것이기까지 했다. 토마스는 이러한 변화한 사회 속의 평화에 대한 교회와 국가의 역할을 설명하기 위하여 아리스토텔레스의 정치학 이론을 활용하였다.

정당한 전쟁에 관하여 토마스는 기본적으로 아우구스티누스의 이론을 계승하였고 교회법학에 의하여 발전된 정당한 전쟁의 요건들을 단순화하여 세 가지를 요구하였다. 첫째, 오직 합법적 권위를 지닌 군주에 의해 전쟁이 선포되고 수행되어야 한다. 둘째, 전쟁은 합법적 권위와 정당한 원인 그리고 정당한 의도에 근거해서 수행되어야 한다. 셋째, 전쟁은 불의를 바로잡아 선을 증진하고 악을 피하려는 의도에서 수행되어야 한다. 이 간단한 정식은 이후에 큰 영향을 끼쳤고 마치 토마스가 정당한 전쟁 이론의 대변자인 것으로 인식되는 결과를 가져왔다. 이처럼 정당한 전쟁의 요건을 단순화한 것도 그의 새로운 성과의 하나이겠지만, 보다 결정적인 토마스의 기여는 아우구스티누스와는 달리 전쟁의 정당성을 정치공동체의 공동선의 실현이라는 아리스토텔레스의 생각에 정초함으로써, 이성과 신앙 영역을 구분하면서도 각각의 고유한 의미를 인정하고 양자의 조화를 시도한 것이었다.[12]

3-2. 그로티우스의 정의전쟁론

가. 생애

그로티우스Hugo Grotius, 1583~1645는 1583년 4월 네덜란드의 델프트Delft에서 태어났다. 그가 태어난 시점은 네덜란드가 스페인의 펠리페 2세Felipe II에 대항해서 독립을 선언한 지 2년이 채 안된 때였고, 독립전쟁의 선봉에 섰던 빌렘 1세Willem van Oranje가 암살당하기 15개월 전이었다. 그로티우스의 가문은 상업을 통해 축적한 부를 바탕으로 13세기부터 델프트 지역정치에서 중요한 역할을 담당했다. 델프트 시장의 사위였던 그의 증조부를 비롯해 가문의 대부분이 혼인을 통해 네덜란드 유력 집안들과 인맥을 맺고 있었다. 한 마디로 그로티우스는 출생 때부터 시

12 『위키백과』 참조. https://ko.wikipedia.org/wiki/%ED%86%A0%EB%A7%88%EC%8A%A4_%EC%95%84%ED%80%B4%EB%82%98%EC%8A%A4 (2025.1.1. 검색)

대적 변화의 한가운데 있었던 것이다.[13]

그로티우스는 격동의 시기를 살았다. 네덜란드의 독립전쟁이 진행되는 와중에서도 해상의 패권을 차지하기 위한 경쟁이 치열했고, 자기 스스로의 삶까지 파괴했던 종교적 분쟁, 그리고 잔인하고 혹독했던 독일의 30년 전쟁과 같은 혼란을 몸소 경험했던 것이다. 그러나 그로티우스만 이런 고통스러운 사건들을 겪은 것은 아니었다. 로마 가톨릭교회와 신성 로마제국의 보편적 권위가 붕괴된 이후부터 1648년 베스트팔렌Westfalen조약이 체결되기까지, 유럽인들은 누구나 할 것 없이 전쟁의 소용돌이 속에서 신음했다. 따라서 '전쟁 상태'를 종결시키기 위한 다양한 의견들이 쏟아져 나오게 됐다. 그로티우스가 제시한 '자연법'을 통한 평화의 기획도 그중 하나였다.

17세기 전쟁을 종식시키기 위한 학문적 노력으로 마키아벨리 이후 급진전된 소위 '국가이성'[14]의 흐름을 들 수 있다. 비록 마키아벨리는 이런 표현을 사용하지 않았지만, 그의 정치사상으로부터 많은 사람들이 '공동체의 안위를 위해서는 비非도덕적이지는 않더라도 몰沒도덕적일 필요가 있다'라는 영감을 얻게 됐다. 당시의 분위기는 평화를 사랑한다는 인문주의자들조차 키케로Cicero가 말하는 '신뢰'fides의 원칙에 거리를 둘 정도였다. 즉 자국의 '일방적인 이익을 위해 동맹을 파기하거나 또는 전쟁 중에도 야만적 행위는 용납되지 않는다'라는 충고를 받아들이지 않았다. 한편으로는 보댕Jean Bodin의 절대주의가 환영을 받았고, 다른 한편으로는 전쟁에서 승리하기 위해서는 어떤 규범도 고려할 필요가 없다는 견해가 자리를 잡게 됐다.

1598년은 그로티우스에게 여러 계기를 제공한다. 무엇보다도 그가 대학 공부를 그만두고 프랑스 궁정에 파견된 네덜란드 공화국의 외교사절에 합류한 것이 눈에 띈다. 비록 16세기 귀족들에게는 자주 있는 일이었지만, 네덜란드를 돕

---

13 네이버 지식백과, 정치철학 다시보기, 그로티우스. http://terms.naver.com/entry.nhn?docId=2685369&cid=(2017. 1. 8. 검색)

14 국가이성(國家理性: raison d'État)은 국가가 국가이기 위하여, 혹은 국가를 유지·강화해가는 데 필요한 법칙 및 행동기준을 말한다.

던 앙리 4세가 스페인과 평화조약을 체결하려는 긴박한 상황의 국제 정세를 한 눈에 볼 수 있는 드문 경우였기 때문이다. 그리고 그가 오를레앙 대학Université d'Orléans에서 법학 박사학위를 취득한 사실에서 알 수 있듯이, 그의 프랑스 여행은 단순히 외교사절을 따라 유유자적하는 놀이는 아니었다. 비록 프랑스 왕을 설득하는 데에는 실패했지만, 그는 귀족사회의 주요 인물들과 교분을 넓히고 이후 이들과 지속적인 교류를 할 수 있는 기회를 포착했던 것이다.

정치적 측면에서는 1613년 로테르담Rotterdam의 서기장을 맡는 등 승승장구를 하기도 했지만 반대로 1618년에는 칼뱅주의 급진파의 쿠데타로 올덴바르네벨트와 그를 따르던 아르미니우스Arminius파가 몰락하면서 그들과 함께 고난을 겪기도 했다. 이때 그로티우스가 루버스떼인Loevestein 요새에 갇혀 쓴 저작이 바로 『전쟁과 평화에 대한 법』De Jure Belli ac Pacis, 1625이다.

나. 평화를 위한 자연법의 정립

그로티우스는 중세 자연법적 전통으로부터 근대 자연권 사상으로의 전환에 한 획을 긋는 인물로 평가된다. 그로티우스는 자연법을 어기는 사람들을 처벌하는 것은 정당하다고 말한다. 여기서 자연법은 단순히 사랑이나 자비와 같은 도덕법을 의미하는 것이 아니고, 모든 이성적 존재에게 알려진 도덕규칙으로서 국가의 관행이나 의지의 평가척도가 되는 것을 말한다.[15]

전통적으로 인정된 정당한 전쟁이란 약탈을 위해서건 영광을 위해서건 공격하는 전쟁이 아니라 방어하는 전쟁을 말한다. 또한 상대방의 공격으로부터 피해를 입은 자가 그 피해를 보상받기 위해 벌이는 전쟁이 정의의 전쟁이다. 그런데 상대방이 아무런 피해를 입히지 않더라도 그의 행위가 자연법에 어긋나면 처벌할 수 있다는 것이다. 이렇게 자연법을 어긴 사람들, 예컨대 독재자, 식인종, 해적 등을 처벌하는 것이 정당하다고 말하는 것은 근대 초 유럽인들이 아메리

15 오병선, "휴고 그로티우스의 법의 개념", 『서강법학연구』, 제5권, 서강대학교 법학연구소, 2003. 5, p.22.

카나 아시아의 토착민들을 상대로 벌인 전쟁을 정당화해 주는 논리로 이용될 수 있었다.

그로티우스는 전쟁을 할 수 있는가 하는 문제를 가지고 고민하지 않았다. 그는 그리스도교가 전쟁을 금하지 않았음을 여러 가지 자료와 논리를 동원하여 증명한다. 예컨대 모세가 네 이웃을 사랑하라고 한 것은 동족을 사랑하라고 한 것이지 이민족을 사랑하라고 한 것이 아니며, 산상수훈에서 네 오른뺨을 치면 왼뺨도 내밀어라 하는 말은 얻어맞은 당사자에게 한 말이지 행정관에게 한 말이 아니라는 것이다. 이런 면에서 보면 그는 평화주의자는 아니었다.

그러나 그가 자연권이 갈등과 혼란이 아니라 규범적으로 이상적인 질서를 만들어 낼 수 있다고 본 것도 간과할 수 없다. 인간은 기본적으로 자기 보존권을 가지고 있기 때문에 자기 보존을 위해서라면 전쟁은 불가피한 것이었다. 그로티우스에게 중요한 문제는 전쟁 그 자체를 없애는 것이 아니라 부당하고 야만적인 전쟁을 없애는 것이었다. 따라서 그에게는 종교적 관용과 전쟁의 종식을 동시에 달성할 보편타당한 규범적 원칙들이 시급했던 것이다.

그로티우스가 프랑스 망명 시기에 출간한 『전쟁과 평화의 법』은 국제법의 효시처럼 알려져 있지만, 실제는 전쟁의 법칙에 대한 주장을 담은 저술이라고 보는 것이 더 적절하다. 그럼에도 불구하고, 이 저술이 국제법의 시원적 저작으로 평가받는 이유는 다음과 같다. 첫째는 국가들이 국제사회 또는 인류사회의 일원이기에 '올바른 이성'recta ratio에 바탕을 둔 보편적인 법에 종속된다는 점을 보다 체계적으로 설명했다는 점이다. 둘째는 국가들 사이의 호혜적 질서를 유지하기 위해 고대나 중세 시대에서 거론된 것과는 구별되는 국가 사이의 법ius inter gentes으로서 우선적 만민법을 제시했기 때문이다. 따라서 그의 이론이 기존 사상들의 종합에 불과하다는 견해를 받아들인다 하더라도, 이 저술이 국제법 전통에 새로운 활력을 불어넣은 사실을 부인할 수 없다는 것이 중론이다.

다. 전쟁 자체의 정당화 문제

그로티우스의 『전쟁과 평화의 법』은 국가 간의 전쟁과 평화의 관계를 설명하는 것으로서, 당시로서는 가장 완벽한 국제법 저술이었다는 평가를 받았다.[16] 그로티우스가 『전쟁과 평화의 법』을 쓴 동기는 전쟁의 권리를 인정하되, 가급적 제한을 가하여 평화를 유지하는 데 방점을 두기 위함이었다. 그로티우스의 『전쟁과 평화의 법』은 일차적으로 전쟁을 규제하는 법을 주제로 한 작품이다. 그는 정당한 전쟁은 있는가, 그리고 전쟁에서 정당한 것은 무엇인가 하는 것을 검토하고자 했다. 따라서 그로티우스의 일차적 논의는 전쟁 그 자체에 관한 것이며 평화에 대한 적극적 호소는 보이지 않는다. 그러나 그로티우스는 당시에 진행됐던 종교전쟁의 비참성이 극에 달했기 때문에 이에 대한 종지부를 찍고, 동시에 신구기독교의 화해를 통해 평화를 달성하려고 했다. 이를 위해 확장성을 지닌 전쟁의 속성에 대한 규제는 필수적이다.

『전쟁과 평화의 법』은 세 권으로 구성되어 있다. 제1권은 전쟁을 정당화하는 문제이고, 제2권은 정의로운 전쟁의 기원에 관한 것이며, 제3권은 전쟁의 수행에 있어 자연법에 기초한 법적 규제를 다룬 것이다. 이 세 개의 주제는 자연법과 국제사회라는 틀을 축으로 결합되고, 궁극적으로는 '왜 국가 또는 국가를 통치하는 사람들의 행위가 규범적 잣대에 규제되는가?'라는 질문에 대한 대답으로 수렴된다.

제1권에서 그로티우스가 전쟁을 정당화할 때 제시하는 규범적 잣대가 바로 우선적 만민법이다. 이 만민법에서는 올바른 이성recta ratio을 가진 국제사회 구성원들의 관행이 어떤 것인가를 주로 다루었다. 그러면서 다른 한편으로는 국가 사이의 법을 제시하는데, 이는 국가 또는 통치자들 사이의 합의를 주된 내용으로 한다. 여기서 관행의 경우에는 자연법적 성격을 가지기에 그로티우스 이전 만민법의 전통을 반영하고 있다. 그리고 합의의 경우에는 실정법적 측면을 부각

16 김응종, "자연법과 전쟁: 후고 그로티우스의 전쟁과 평화의 법을 중심으로", 『軍史』, 제91호, 2014, p.329.

시키면서 그만의 특색을 구성하고 있다.

라. 정의로운 전쟁의 기원

그로티우스의 『전쟁과 평화의 법』 제2권에서 밝히는 '정의로운 전쟁의 기원'causa justifica도 관행과 합의의 결합을 강조하고 있다. 그로티우스는 정의로운 전쟁의 요인으로서 방어defensio, 회복Recuperatio reum, 처벌punitio 등을 제시하고 있다. 이때 방어나 회복의 대상은 원래 자기에게 속한 것이거나 법lex 또는 조약pacto에 의해 취득된 것을 뜻한다. 따라서 정의로운 전쟁의 요인도 자연법과 실정법의 혼합으로 귀결된다.

그로티우스의 관심은 종교전쟁이었다. 그는 당시 유럽을 혼란의 도가니로 몰아넣고 있던 종교전쟁의 정당성 문제와 관련하여 극단적인 견해들을 조정할 수 있는 법적 기반을 마련하고자 했다. 당시 유럽의 평화주의자들은 전쟁이 결코 그리스도교적 양심과 조화될 수 없다고 주장했다. 대표적 인물은 에라스뮈스이다. 그리고 다른 한 극단으로는 전쟁의 적법성에 대한 주장이었다. 그들은 주권적 의지에 의해 행해지는 모든 전쟁은 적법하며 전쟁 행위는 결코 도덕적 제재를 받지 않는다고 강조했다. 마키아벨리즘과 국가이성의 이름 아래 전쟁은 바로 현실 그 자체가 됐다. 이러한 상황에서 그로티우스는 국제법 개념을 통하여 정당한 전쟁과 부당한 전쟁을 구별 짓고 교전국 간의 전쟁 행위에 법적 제한을 가함으로써 정의와 선이 무력하지 않음을 다시 한 번 입증하려 했던 것이다.[17]

정의롭지 못한 전쟁의 원인도 동일한 방식으로 기술됐다. 우선 구성원 모두가 납득할 수 있는 필연성이 강조된다. 이웃 나라의 힘이 커지는 것을 우려하여 싹을 자르는 개념만으로는 전쟁의 정당한 원인이 성립되지 않는다. 동시에 원래 다른 사람 또는 다른 국가가 소유한 영토를 여러 구실을 통해 자기의 것으로 주장할 수 없음도 분명히 했다. 그런 연후에 그는 조심스럽게 이미 복속된 사람들

17 곽차섭, "근대 국가와 새로운 세계질서: 젠틸리, 그로티우스, 푸펜도르프의 국제법 사상을 중심으로", 『역사학보』, 제149집, 역사학회, 1996. 3, p.183.

의 자유를 위한 저항에 대해 부정적인 태도를 보였다. 예컨대 노예상태는 분명 자연법에 어긋나지만, 오랜 시간이 지났거나 적절한 사유로 복속된 경우까지 회복시켜야 할 이유는 없다는 것이다. 로마 가톨릭교회와 신성 로마제국, 그리고 스페인의 패권에 대한 날카로운 비판과는 달리, 네덜란드의 식민지 경쟁과 유럽의 봉건적 질서에 침묵하는 이유도 그의 정치사상에 내재된 자연법과 실정법의 혼합에서 비롯되는 것이었다.

마. 자연법에 기초한 전쟁 수행의 법적 규제

전쟁을 법으로 규제하기 위해서는 무엇이 법인가를 밝히지 않으면 안 된다. 여기서 그로티우스는 전쟁의 규제를 위한 법학의 구축을 목표로 논리를 전개하고 있다. 그로티우스에게는 국내체제나 국제체제의 변혁을 통해서 전쟁을 억제하려는 발상이 없다. 그는 자연법, 신법 등 규범적 관점에서 현실을 판단하고 폭력의 극한 형태인 전쟁을 정의의 규범하에 두려고 했다.[18] 그로티우스가 말하는 룰은 자연법을 핵심으로 하는 법이다. 그는 이 법을 만들 필요성과 관련하여 당시에 국민들 사이나 통치자들 사이에 타당한 법의 총체에 대해서는 연구가 별로 없었다고 비판했다. 즉 그것이 자연 자체에서 유래한 것이든 신법의 명령에 의한 것이든 관습과 묵시의 합의에 뿌리를 두는 것이든 거의 연구가 없었다는 것이다. 그러면서도 인류의 행복을 위해서는 이 과제를 달성하지 않으면 안 된다고 역설하고 있다.

결과적으로 『전쟁과 평화의 법』은 중세 자연법적 전통으로부터 근대 자연권 사상으로의 전환에 한 획을 긋는 역할을 했다. 그로티우스가 말하는 개개인 또는 개별 국가의 권리는 더 이상 자연법에 의해 규정된 객관적 조건에 얽매이지 않는다. 대신 각각이 획득하거나 소유하는 행위에 의해 규정되는 개별적 권리로 재정립된다. 이런 측면에서 보자면, 그로티우스는 키케로나 토마스 아퀴나스의 전통을 벗어나 이후 홉스에 의해 더욱 급진전된 자연권 사상에 경도된 것으

18 정치철학 다시 보기, 앞의 자료. 그로티우스. (2017. 1. 8. 검색)

로 볼 수 있다. 그러나 그가 자연권이 갈등과 혼란이 아니라 규범적으로 이상적인 질서를 만들어 낼 수 있다고 본 것도 간과할 수 없다. 이처럼 그에게는 종교적 관용과 전쟁의 종식을 동시에 달성할 수 있는 보편타당한 규범적 원칙들이 더 절실했던 것이다.

그로티우스의 또 다른 방향은 자연법이었다. 국가적 경계를 넘어 전쟁의 잔혹성을 규제할 수 있는 원칙을 찾고자 했던 것이다. 당시에는 토마스 아퀴나스의 궁극적인 목적이자 행위의 준칙으로서 자연법이 다시 논의되고, 키케로의 신과 자연의 법lex divina et humana이나 만민법jus gentium과 같은 구분이 다시 등장했다. 스페인의 수아레스Francisco Suàrez는 만민법을 국가들 사이에서 준수해야 할 법으로 상정했고, 젠틸리Alberici Gentili는 만민법이 공평하게 적용될 보편적인 인류사회societas gentium를 제창했다. 비록 스콜라 철학의 전통과는 거리를 두었지만, 그로티우스는 이들과 많은 것을 공유했다. 그는 모든 사람이 자연적으로 상호 전쟁 상태에 있다는 것을 거부했고, 개개인이 자기 국가의 공식적인 종교를 따라야 할 의무가 있다는 것과 내면적 동의가 없다면 최소한 겉으로라도 복종해야 한다는 것도 부정했다.

그러나 그로티우스는 홉스Thomas Hobbes가 『시민에 대하여』De Cive, 1642에서 제시한 자연법 해석에는 동의할 수 없었다. 물론 홉스의 자연법의 존재와 기능에 대해 확신을 갖고 있다는 점은 같았다. 하지만 그는 홉스가 설정한 자연 상태와 인간 본성을 받아들일 수는 없었다. 왜냐하면 그는 자연 상태가 혼돈이 아니라 하나의 정연한 질서이고, 인간은 자기보존의 과제로부터 자유롭지는 못하지만 이기적이거나 상호배제적이기보다는 오히려 사회적이고 상호의존적이라고 믿고 있었기 때문이다. 이런 측면에서 보면 그로티우스는 홉스보다는 키케로의 자연법에 더 경도되어 있었다고 볼 수 있다.

보다 구체적으로 보면, 그로티우스의 자연법jus naturae은 두 가지 특징을 가진다.[19] 첫째, 그의 자연법은 자연과 은총의 결합으로서의 자연법을 이해하던 스콜라 철학으로부터 결별한다. 비록 신법을 자연법의 상위에 두는 중세적 분류를 따르긴 했지만, 그가 말하는 자연법은 신의 의지에 기초를 둔 영원법lex aeterna이 인간의 도덕률에 적용된 것은 아니었다. 그는 다양한 의견과 일상적 삶으로부터 규범을 도출하는 아리스토텔레스의 귀납적 방법을 지지했다. 그리고 이를 통해 자연법의 내용을 찾고, 인간의 경험과 인간적 의지를 강조했던 근대인의 정신을 대변하고 있다. 그러기에 그는 신이 존재하지 않는다거나, 신은 인간사에 관심이 없다non esse Deum, aut non curari ab eo negotia humana고 하더라도, 인간의 이성만으로 자연법은 충분히 파악할 수 있을 뿐만 아니라 규범적 정당성까지 확보할 수 있다고 주장한다.

둘째, 그로티우스의 자연법은 인간의 자기보존에 대한 열망과 인간의 사회성에 대한 확신을 전제로 구축된다. 그의 역작인 『전리戰利법』De Jure Praedae, 1604에서 보듯, 그는 인간의 본성을 크게 자기보존과 사회성으로 이해한다. 우선 자기보존과 관련하여 스스로의 생명을 보존하기 위해서 위험을 피하고, 개인적 삶을 영위하기 위해 재화를 획득하고 유지하는 것을 지극히 자연스러운 행위로 규정한다. 그런 연후에 그는 사회성과 관련하여 자기보존을 하나의 자기애愛로, 동일한 이유에서 사회의 일원으로서 타인에 대한 애정appetitus societatis을 자연법으로 제시한다. 결국 그로티우스가 자기보존을 자연법의 중요한 전제로 상정한 것은 홉스와 유사하다고 볼 수 있다. 하지만 자연 상태status naturalis를 만인의 만인에 대한 투쟁 상태가 아닌 호혜적 질서로 규정하고 있다. 그렇게 함으로써 그로티우스의 자연 상태는 이러한 상태를 벗어나기 위해서가 아니라 잘 유지하기 위해 법적 강제를 요구하게 됐고 그런 점에서 홉스와는 근본적인 차이가 있다.

19 김용종, 앞의 논문, p.328.

3-3. 마이클 왈처Michael Walzer, 1935~ 의 정의전쟁론

가. 평화주의와 현실주의에 대한 변증법적 접근

마이클 왈처에게서 정의전쟁론과 관련하여 특별히 보이는 것은 평화주의와 현실주의에 대한 변증법적 접근이다. 그는 자신의 저서『정의로운 전쟁과 부정의한 전쟁: 역사적 사례를 통한 도덕적 논증』1977을 통해서 자신의 주장을 체계적으로 전개하고 있다. 왈처는 베트남 전쟁의 분석을 통해서 도덕적 논증을 시도하고 있다. 즉 미국의 부당한 전쟁 개입과 부도덕한 전쟁 수행으로 말미암아 반전 운동을 야기했고, 여기서 촉발된 도덕적 각성을 종합하여 이론적 논증으로 구현하려 한 것이었다. 마이클 왈처는 자신의 정의전쟁론이 정치 및 도덕이론을 위해서 정의로운 전쟁을 재구성하는 것이라고 강조했다. 왈처의 정의전쟁론은 사례 중심적이다. 그리고 전쟁은 때에 따라 필수불가결할 뿐만 아니라 전쟁의 정의 여부도 도덕적으로 판정될 수 있다고 주장한다.[20] 이는 모든 전쟁을 부정하는 평화주의와 모든 전쟁이 정당화된다고 보는 현실주의를 모두 지양하는 변증법적 논리이다.

왈처는 정의전쟁론에 대하여 처음부터 전쟁의 개시, 전쟁의 수행, 전쟁의 전후 처리 등 주로 세 가지 차원의 문제와 관련해서 비판적으로 분석했다. 그는 최초의 정복전쟁에 참여하거나 개시하는 것부터 비판했다. 그뿐만 아니라 정복전쟁 수행 과정에서 이루어지는 통상적인 군사적 관행인 야만적 강간 행위를 비롯하여 전쟁에서의 승리 후에 자행되는 무자비한 약탈에 대해서 매우 비판적이었다. 그는 기독교적 급진주의에 대해서도 평화주의만이 아니라 십자군적 성전으로도 표출됐다고 지적한다. 따라서 정의전쟁론은 기독교적 중심부의 논리로 전개됐고, 한편으로는 평화주의에 대항하면서도 다른 한편으로는 정의전쟁론에 대항해서 수립됐던 것이다. 그리하여 세속적 군주들은 대부분 정의전쟁론

20 박정순, "마이클 왈쩌의 정의전쟁론: 그 이론적 구성체계와 한계에 대한 비판적 고찰",『철학연구』, 제68집, 철학연구회, 2005. 3. p.79.

을 수용하게 됐고, 평화와 정의를 위한다는 명분 없이는 전쟁을 치루지 않게 됐다. 이에 왈처는 이러한 명분이야말로 위선적이라고 질타했고 결국 정의전쟁론은 악이 선에 바치는 공물에 불과하다고 지적했다.

왈처는 그로티우스가 정의전쟁론을 국제법과 관련하여 다루었다는 점에 주목했다. 보편성의 명분이 주어졌기 때문이다. 그러나 근대국가의 대두와 국가적 주권의 법률적 수용은 정의전쟁론을 다시 역사의 뒤안길로 내몰았다. 마키아벨리적 군주들은 국가적 이익을 우선시했기 때문에 세속적 타산을 정의보다 더 중시하게 된 것이다. 이제부터 국가는 군주가 필요하다고 간주할 때는 언제나 전쟁을 수행할 주권적 권리를 가지게 됐다. 동시에 그러한 주권적 결정에 대해서 아무도 어떤 판정을 할 수 없게 됐다. 결국 전쟁에서는 법이 침묵을 지킨다는 현실주의가 득세하게 된다. 현실주의는 정의에 관한 논증을 일종의 도덕화 작업으로 간주하고 있다. 그리하여 도덕이 국제사회의 무정부적 조건인 전쟁에서는 적용될 수 없고 부적절하다는 것을 주장하는 입장이다.

마이클 왈처에게 정의로운 전쟁이란 이론적으로 상정 가능한 개념일 뿐만 아니라, 실제에 있어서도 구현 가능한 실천적 목표이다. 물론 전쟁은 본질상 극한 상황으로 치닫게 될 가능성을 항시적으로 내재하고 있기 때문에 그것이 정의로운 것이 되기 위해서는 그만큼의 엄청난 비판적 노력과 의지를 요하는 것이기도 하다.[21]

왈처는 1950년대 이후 현실주의가 여전히 국제관계의 지배적 이론이었다고 하면서, 이 현실주의에서 가장 주목한 것은 정의가 아니라 국가이익이었다고 강조했다. 그래서 정의전쟁론은 그다지 주목을 받지 못했다는 것이다. 그러나 왈처는 비록 이론적 관점에서의 변화는 상당한 시간이 소요됐지만 베트남 전쟁이 이 모든 것을 바꾸어 놓았다고 강조한다. 베트남 전쟁에 대한 반대는 대부분 좌파에 의해서 이루어졌다. 마르크스주의적 제3세계론의 관점에서나 혹은 현실주

---

21 박찬성, "정의로운 전쟁, 인도주의적 개입 그리고 보편적 인권: 마이클 왈저의 논의를 중심으로", 『공익과 인권』, 제9권, 서울대학교 공익인권센터, 2011, p.87.

의적 이익의 관점에서 다양한 비판이 행해진 것이다. 그러나 무고한 민간인들에 대한 살상이 무참하게 전개됐던 베트남 전쟁에 대한 각종 정보와 비판적 경험은 결국 좌파들을 도덕적 논증으로 눈을 돌리게 만들었다. 그래서 모든 반전 진영에 있는 사람들은 왈처 자신을 포함해서 갑자기 정의전쟁론의 언어를 쓰기 시작했다는 것이다.

결국 베트남 전쟁이 끝나자 정의전쟁론은 학문적 주제가 됐다. 모든 학자들은 정의전쟁론을 환영했다. 그 이유는 그것이 국가권력의 횡포를 제한하는 사회 비판 이론이었기 때문이다. 왈처는 이처럼 당시에 학문적으로 주목받는 그런 분위기야말로 정의전쟁론이 성행하고 득세를 하게 된 결정적 이유라고 보았다. 이제 국가는 정의롭게 싸워야 할 이유를 고려해야만 하게 됐으며, 정의는 군사적 필요성의 주요 부분이 됐다는 것이다. 이후 정의전쟁론은 핵 억제 전략 문제를 거쳐 걸프 전쟁에 이르러서는 공적 토론의 주요 의제가 됐다. 따라서 미국의 정치, 군사 지도자들도 정의전쟁론에 입각한 관점과 용어들을 수용하기에 이르렀다는 것이다.

왈처의 정의전쟁론은 전쟁 수행의 정의에서 전쟁 규칙과 인권을 어길 수 있는 개연성과 극도의 비상 상황론을 개진하고 있다. 이렇게 함으로써 현실주의와는 선을 긋는다. 현실주의에서는 비상 상황이 도덕적으로 정당화될 수 있지만 왈처의 정의전쟁론에서는 도덕적 정당성을 유지해야 한다고 강조하고 있다. 비상 상황에서도 권리의 제한이나 침해가 정당화되는 것은 그것이 권리의 존립 조건을 지키기 위한 유일한 방법이기 때문이다.[22]

왈처는 오늘날 정의전쟁론이 이렇게 성행하고 그 성가를 높이면서 득세를 하고 있는 것은 당연하면서도 엄연한 사실이라고 주장한다. 그러나 다른 면도 있다. 왈처는 미국의 파나마 침공1989년이 정당한 명분을 결여했음에도 불구하고 정당한 명분 작전이라고 명명된 것을 비판하면서 정의전쟁론의 오용에 대한 위

22 박상희, "마이클 왈쩌의 정의전쟁론에 대한 논평", 『철학연구』, 68, 철학연구회, 2005. 3, p.132.

험성을 경계한다. 가장 큰 위험성은 정의전쟁론이 신성하고 결함이 없는 성전으로 치달을 수 있다는 점이다. 그러면서도 왈처는 정의전쟁론에 대하여 내재적 비판의 장점을 내세우고 있다. 즉 정의전쟁론은 그 오용 가능성 속에서도 여전히 정치, 군사 지도자들의 위선적 명분을 밝혀내어 신랄하게 비판할 수 있는 역량을 가지고 있다는 것이다.

나. 정의전쟁론의 세 가지 특징

왈처의 정의전쟁론은 세 가지 특징을 가지고 있다. 첫째는 전쟁의 도덕적 실상과 전쟁 관습에 의거한 내재적 비판이론이다. 이는 보편적인 원칙론보다는 사례 중심적 분석이 주를 이룬다. 왈처가 말하는 전쟁의 도덕성은 전쟁 자체가 도덕적이라는 의미가 아니라 전쟁을 도덕적으로 이해하고 해석할 수 있다는 점을 강조하는 것이다. 이는 전쟁에는 도덕이 적용될 수 없다는 현실주의를 반박하는 형식으로 전개된다. 전쟁의 도덕적 실상은 전쟁에 대하여 도덕적 논증과 평가가 결코 배제될 수 없는 상황임을 적나라하게 드러낸다. 전쟁의 개시와 그 수행 과정은 현실주의가 주장하는 것처럼 순전히 전략적 필연성에 따른 기계적인 결정만은 아니라는 것이다. 전쟁은 인간 의지의 산물이며 이러한 인간 의지를 통한 결정에는 도덕적 판단과 비판이 따를 수 있다는 것이 그의 논리이다. 또한 왈처는 전쟁이 국가이성에 따른 국가의 주권적 권리이므로 법률적 혹은 도덕판단의 대상이 되지 않는다는 주장에 대해서도 비판적이다. 따라서 전쟁에 참여하는 국가의 국민은 언제나 그 전쟁의 정당성에 대해서 공공의 여론으로 찬성과 이의를 비판적으로 제기할 수 있으며, 동시에 개인적 판단으로도 그러한 찬성 및 이의의 비판적 제기가 가능하다고 주장한다.

왈처는 전쟁에 관련된 도덕적 기준이 시대와 장소에 따라 다르다는 역사적 상대주의도 배격한다. 그리고 전쟁에 관한 도덕적 표현양식은 누구나 인정하는 보편성을 띠어야 하므로 이를 이해하는 데에는 충분히 공통적이고 안정적이라고 주장한다. 이러한 그의 입장은 나중에 전쟁 등을 비롯한 국제관계의 윤리적 근거가 보편적 도덕규범이라는 논지로 발전하게 된다. 결국 역사적으로 반복되어 나타나는 도덕적 논증과 판단은 전쟁의 도덕적 실상과 연계하여 전개된다. 즉 전쟁의 도덕적 논증은 도덕적 용어가 기술하는 모든 전쟁에 관한 경험을 형성한다는 것이다. 이러한 도덕적 실상은 전쟁의 개시와 전쟁의 수행 과정에 참여하는 정치가나 군인들의 실질적 활동만을 지칭하는 것이 아니라 전쟁에 영향을 받는 인류의 공통적 느낌과 견해도 포함한다.

전쟁 관습은 군사적 행위와 관련하여 우리의 판단을 형성하는 모든 요소들을 지칭한다. 즉 군사적 행위에 대한 일련의 규범, 관행, 직업적 강령, 법률적 규정, 철학적 원리들이 그것이다. 왈처는 이러한 전쟁 관습에 의거하여 전쟁 수행상의 정의를 구성하려고 시도한다. 이러한 관점에서 보면 왈처의 정의전쟁론에 대한 입장이 단순히 관습주의적 도덕이 아닌가 하는 의혹이 제기될 수 있다. 이에 대해 왈처는 전쟁의 실상에 관한 실제적 도덕과 전쟁 관습은 결코 기술적인 것만은 아니라고 강조했다. 그는 전쟁에 관하여 제기된 도덕적 주장들을 분석하고 그 일관성을 진단한 후에 그것들이 예증하는 원칙을 드러내고 있다. 동시에 군인과 정치가의 위선적 언변에 대한 폭로는 가장 중요한 형태의 도덕적 비판이라고 주장한다.

왈처는 전쟁의 실상에 관한 실제적 도덕을 위한 적절한 방식이 사례 중심적임을 분명히 한다. 그는 전쟁에 대한 실제적 판단과 정당화를 중시하므로 역사적 전쟁 사례를 참조한다고 하면서 역사적 전쟁 사례의 세부 내용을 위해 체계적인 이론의 제시는 자주 생략한다고 밝힌다.

둘째는 정의전쟁론의 전쟁이 때에 따라 필수불가결할 뿐만 아니라 도덕적으로도 정당화될 수 있다는 입장이다.[23] 즉 전쟁은 그 자체 또는 수행 과정이 정의롭거나 아니면 부정의하다고 평가될 수 있다는 것이다. 이것은 정의전쟁론이 모든 전쟁을 부정하는 평화주의와 모든 전쟁이 정당화된다고 주장하는 현실주의

23 설한, "마이클 왈쩌(M. Walzer)의 정치철학", 『한국정치학회보』, 37(3), 한국정치학회, 2003. 9., p.32.

의 중간적 자리에 위치하고 있음을 의미한다. 도덕성과 관련된 전쟁론 중에서 평화주의는 모든 전쟁을 부도덕하다고 보는 극단적 입장이고, 현실주의는 전쟁을 도덕성과는 상관이 없다고 보는 다른 한 극단의 입장이다. 그렇다면 정의전쟁론은 그 양극단의 사이에서 현실주의에 대한 비판으로 시작하여 평화주의에 대한 비판으로 끝이 난다. 왈처의 현실주의에 대한 비판은 많은 호평을 받았으나 평화주의에 대한 논의는 매우 간략하고 철저하지 못하다. 현실주의는 권력과 이익, 국가적 안보가 전쟁의 주요한 동인으로 작용하므로 전쟁에는 정의와 같은 도덕적 판단이 적용될 수 없다고 주장하는 것이다. 결국 전쟁에는 모든 것이 허용된다는 논리가 성립한다. 현실주의자들은 정의전쟁론이 전쟁의 동기를 정의의 실현에 둔다고 주장한다. 그렇게 함으로써 적을 부정의하고 사악한 세력으로 폄하하게 되어 결국은 적의를 가중시켜서 전쟁의 참화를 더욱 부채질하게 된다고 한다. 그리하여 정의로운 전쟁은 마침내 성전으로 변화하게 되고, 정치가와 군사지도자들은 그들의 정당한 명분에 걸맞은 전쟁 행위를 수행하게 된다는 것이다. 즉 완전한 승리, 무조건적 항복 등을 추구하게 된다는 것이다. 따라서 전쟁의 양상은 더욱 참혹해지고 오래 끌게 되며, 이를 통해 정의로운 전쟁은 평화를 뿌리고 죽음을 추수한다는 것이다.

한편 평화주의 입장은 좋은 전쟁이나 나쁜 평화는 결코 있을 수 없다는 것으로 요약될 수 있다. 즉 모든 전쟁은 부도덕한 것이며 결코 정당화될 수 없다는 것이다. 평화주의는 현실주의와는 달리 도덕적 판단이 전쟁에 적용될 수 있다는 점에서 정의전쟁론과 합치되지만 평화주의는 전쟁은 언제나 부정의하고 부도덕하다고 주장하는 점에서 정의전쟁론과 그 개념을 달리하고 있다. 이런 면에서 왈처는 평화주의를 비판하면서 현실주의적 입장을 개진하고 있는 것처럼 보인다. 즉 평화주의적 이상주의는 현실적 실효성을 결여하고 있다는 것이다. 이러한 현실주의적 비판의 근저에는 보다 도덕철학적인 원칙이 자리 잡고 있다고 볼 수 있다.

셋째는 왈처의 정의전쟁론이 권리 준거적 이론이라는 것이다. 이는 전쟁에 관한 도덕적 논증이 개인의 생명과 자유에 대한 권리를 강조한다는 사실에 있다. 이러한 관점에서 그의 정의전쟁론은 전쟁의 도덕적 기초로서 공리주의를 배척하게 된다.[24] 시즈위크의 공리주의는 효용 계산과 결과적 비례성의 원칙에 의거하여 승리에 기여하지 못하는 자의적인 군사행동이나 지나친 해악을 방지한다는 점을 인정한다. 즉 공리주의는 아무런 목적이 없는 무자비한 폭력을 방지해줄 수 있다고 본다. 이에 비해 왈처는 그러한 결과주의적인 효용 계산은 용이한 것이 아니라고 강조한다. 그뿐만 아니라 상황에 따라서는 군사적 필요성에 의거한 효용 계산에 따라서 인권이 무시될 경우도 발생하게 된다고 비판한다. 특히 공리주의는 치열한 전쟁 상황에서는 도시의 봉쇄나 보복, 그리고 대학살을 정당화할 수 있는 논리로 악용될 위험이 있다는 것이다. 왈처는 정의전쟁론에서 정의에 대한 강조는 성전으로 이어지고 오히려 전쟁의 더 큰 참상을 불러온다는 현실주의로부터의 비판의 화살을 공리주의로 돌리고 있다. 즉 공리주의자는 정의전쟁론을 종교적 성전, 전쟁을 끝내기 위한 전쟁이라는 군사적 극대화에 관련된 고전적 이론이라고 비판한다. 공리주의는 전쟁의 명분이 크면 클수록 승리 추구의 효용성이 절대적으로 높아지므로 전쟁 규약을 더욱더 위배할 수 있게 된다는 것이다.

4. 현대의 제4세대 전쟁과 정의전쟁론

현대의 제4세대 전쟁과 관련하여 가장 대표적인 전쟁은 사이버 전쟁이다. 사이버 전쟁은 다른 국가에게 피해를 주거나 혼란을 야기할 목적으로 그 국가의 컴퓨터 또는 네트워크에 침투하는 국가의 행동이라고 할 수 있다. 그러나 통념상 전쟁

24 박정순, 앞의 논문, p.90.

이라고 하면 무기, 병력, 장비 등이 통합적으로 운용되는 물리적 폭력이 나타나야 하는데 사이버 전쟁은 이런 요소들이 결여되어 있다. 따라서 이러한 것을 전쟁이라고 할 수 있는가 하는 논의가 있긴 하다. 그래서 사이버 전쟁보다는 사이버 공격이라는 용어를 주로 사용하고 있다.

사이버 공격에는 컴퓨터 시스템을 이용하여 핵발전소의 가동을 중단시키거나 댐의 수문을 열게 하는 오류 메시지의 침투, 항공기 충돌을 야기하는 항공운항통제시스템의 파괴, 주식시장을 마비시키는 컴퓨터 바이러스 침투 등이 포함된다.[25] 사이버 공격을 전쟁법의 적용과 관련지을 때 대표적인 문제점으로 대두되는 것은 직접적인 물리적 파괴는 거의 없으면서도 국가안보에 심각한 위협을 주는 행위를 어떻게 이해하느냐 하는 점이다. 그리고 어느 국가도 현 시점에서 사이버 공격이 일반 국제법상 금지된 무력의 사용이라고 주장하지 않고 있는 것으로 보인다.

그러나 사이버 공격의 사례와 범주가 증가하면서 국가들은 사이버 공격이 어느 시점에서 무력 공격 또는 무력의 사용에 해당하는지에 대하여 합의를 가질 필요성이 있다는 점에 대해서는 공감하고 있다. 다만 불행하게도 그러한 합의가 아직 이루어지기 전에 사이버 공격이 증가한다면 이 사태에 대하여 국가들이 재래식 군사력으로 대응할 가능성을 완전히 배제할 수 없는 상태다. 따라서 전쟁 법규뿐만 아니라 사이버 공격으로 원전 파괴나 댐의 붕괴와 같은 광범위하고 심각한 경제적 피해를 초래하는 행동을 규율할 포괄적인 법적 체제의 도입은 시급하다고 하겠다.

사이버 공간상에서 정의의 전쟁 개념을 적용하기에는 아직 어려움이 많을 것 같다. 즉 상대 국가의 사이버 공격에 대하여 군사력 사용의 필요성, 구별성, 비례성, 중립성의 원칙 등을 적용하는 것은 어려운 과제라는 뜻이다. 왜냐하면 사이버 공격이 있었을 때 즉시 그 영향을 파악하여 치명적이거나 파괴적이라고 단

25 장신, "사이버 공격과 Jus in Bello", 『국제법학논총』, 60(4), 대한국제법학회, 2015. 12., p.204.

정하기 어렵고, 단지 일시적인 컴퓨터 시스템의 장애를 초래하는 경우도 많이 있기 때문이다. 또한 합법적 공격 대상인 전투원, 적대 행위에 직접 가담한 민간인과 그렇지 않은 민간인을 사이버 공격 상황에서 구별한다는 것은 매우 어려운 일이다. 따라서 이러한 범지구적인 위협에 가장 바람직하게 대처하는 방법은 국제사회 전체가 보조를 맞추어 새로운 사이버 전쟁의 조약을 마련하는 것이다.

5. 맺음말

이 장에서는 정의전쟁론에 대해 살펴보았다. 주요 내용은 다음과 같다. 첫째, 정의전쟁은 한 국가가 다른 국가나 단체에 대하여 무력을 행사하는 것과 전쟁 수행의 과정, 그리고 전후 처리 과정 등에서 윤리적·도덕적으로 그 정당성을 인정받는 것을 말한다.

둘째, 정의의 전쟁과 관련하여 당사국의 정치지도자들은 전쟁을 벌이기에 앞서 세 가지 측면을 검토하는데, 이 전쟁이 보편적인 정의를 실현하는 데 알맞은 전쟁인가 하는 문제, 이 전쟁이 국가 이익에 얼마나 도움이 될 것인가 하는 문제, 전쟁보다는 그래도 평화가 낫지 않을까 하는 점 등이 그것이다.

셋째, 아우구스티누스는 악의 퇴치를 위한 정의전쟁과 영구 평화를 위한 전쟁 수행을 옹호하면서도 궁극 목표는 평화적인 방법으로 평화를 획득할 것을 역설했다.

넷째, 그로티우스는 『전쟁과 평화의 법』을 통해서 전쟁을 정당화하는 문제와 정의로운 전쟁의 기원, 그리고 전쟁의 수행에 있어 자연법에 기초한 법적 규제 등을 제시했다.

다섯째, 마이클 왈처는 사례 중심적 전쟁 분석을 통해서 평화주의와 현실주의에 대한 변증법적 접근을 시도했으며, 정의전쟁론의 세 가지 특징으로 사례 중심적 내재적 비판과 전쟁의 도덕적 정당성에 대한 제한적 인정, 그리고 개인 중심의 인권 보호적 전쟁론을 제시하고 있다.

여섯째, 현대의 제4세대 사이버 전쟁은 물리적 폭력이 표출되지는 않지만 국가 안보에 큰 영향을 미치므로 국제사회 전체가 보조를 맞추어 새로운 사이버 전쟁의 조약을 마련하는 것만이 가장 바람직한 대처가 될 것으로 보고 있다.

요컨대 정의전쟁은 전쟁 그 자체가 평화의 반대 개념을 품고 있기 때문에 평화지향이라는 논리가 모순될 수도 있다. 하지만 현실적으로 전쟁을 수행할 수밖에 없는 불가항력적 환경에서 이루어지는 전쟁 과정에서도 평화를 지향해야 한다는 것이 정의전쟁 개념이다. 이는 평화에의 욕구와 그 실천은 자연의 메커니즘인 동시에 인간의 도덕적 의무라고 강조한 칸트의 평화사상이 전 세계 지구인의 이성을 자극하고 있기 때문이다. 바로 이 명제가 오늘날의 모든 전쟁이 정의의 전쟁이라면 기본적으로 평화를 추구하고 지향해야 한다는 당위성과 규범성을 지닌 채 여전히 힘을 발휘하고 있다. 따라서 정의의 전쟁은 역설적으로 평화를 추구하고 평화를 지향할 수밖에 없다. 이런 측면에서 국제정치에서의 윤리성 존재 여부에 대한 논쟁이 끊임없이 지속되고 있다.

생각해 볼 문제

1. 역사적 사건으로 등장한 전쟁 중 정의전쟁론 관점에서 전쟁의 정당성이 인정된 전쟁은 어떤 것이 있을까?

2. 왈처의 정의전쟁론에 해당하는 3가지 특성에 입각하여 오늘날 특정한 전쟁 하나에 적용해서 분석해 보자.

제5장
반전 평화사상

1. 머리말

전쟁과 평화는 인간의 이기적 본성과 안전욕구의 외형적 표현이기도 하다. 즉 인간은 누구나 자기보존을 위해서는 무엇이든지 내가 모든 것을 독점해야 한다는 인간의 이기적 본성이 있는가 하면, 이와는 달리 누구나 심신의 평안함을 추구하는 안전욕구도 추구하는 이중성이 인간의 내면에 내재하고 있다. 따라서 전쟁을 일으키는 것도 인간의 이기적 본성에 의해 수행되지만 반전 평화사상 역시 인간의 안전욕구에 의해서 추구되는 것이다. 그런 측면에서 반전 평화사상은 보편적 공감을 얻을 수 있는 사상이라고 할 수 있다.

인류사회에 전쟁이 있는 한 평화는 불가능하다. 하지만 전쟁이 없다고 해서 곧 참다운 평화가 이룩되는 것도 아니다. 전쟁이 없는 상태로서의 평화, 즉 소극적 의미의 평화는 개인이나 공동체가 활기차고 복된 삶을 누리는 참다운 평화인 적극적 평화를 가능케 하는 필수조건이자 기본 바탕이 된다. 그러기에 평화 앞의 반전은 평화의 의미를 소극적 범위로 한정하는 뉘앙스를 주기 쉽다. 그럼에도 불구하고 이 글에서 평화 앞에 종종 반전이라는 용어를 붙이는 것은 평화의 의미를 제한하려는 의도에서가 아니라 전쟁의 위협에 시달리는 세계의 상황에 적극 대응할 필요가 있다는 뜻이다.[1]

1 한기옥, "변혁기의 반전평화운동", 『창작과 비평』, 31(3), 창비, 2003, p.22.

이에 본 장에서는 반전 평화사상의 위상과 의의, 반전평화운동의 양상, 반전 평화운동단체의 반전 평화사상, 그리고 양심적 병역거부, 현대 민주적 평화사상 등을 살펴보기로 한다.

2. 반전 평화사상의 위상과 의미

2-1. 반전 평화사상의 위상

평화는 인간의 생존을 위한 기본조건이다. 특히 최소한의 평화 상태인 전쟁이 없는 세상을 만드는 일이야말로 인류의 염원이기도 하다. 그런 면에서 반전 평화사상은 그 어떤 가치보다 높은 위상을 지니고 있는 보편적 가치이다. 현대의 지구사회에서 인간과 국가 공동체의 기본적 조건인 평화를 정착하기 위한 노력은 다양하게 전개되고 있다. 무엇보다도 국제사회에서는 국가 간 평화를 도모하기 위하여 국제연합과 같은 단체들이 등장하여 나름대로 그 역할을 하고 있다. 그리고 대륙과 지역에 따른 국가 간의 경제적 불균형과 불평등으로 말미암아 초래되는 갈등과 긴장을 해소하기 위하여 국제사회에서도 경제 정의의 문제가 진지하게 다루어지고 있다.[2]

그러나 전쟁을 없애고 세계 평화를 정착시키는 이면에는 여전히 극복해야 할 과제가 산적해 있다. 특히 국제사회에서 정의의 잣대가 되어야 할 국제연합의 역할이 강대국들의 이익과 영향력에 의하여 그 입지가 매우 좁아진 것이 현실이다. 그리고 세계적인 경제 문제 역시 심각하다. 이와 관련하여 현대 국제사회는 선진 자본주의 국가들을 주축으로 하는 세계화의 확산과 이에 대한 약소국가

2 유경동, "현대평화운동과 지구 공동체의 과제", 『신학과세계』, 69, 감리교신학대학교, 2010, p.232.

들의 저항으로 갈등이 점점 증폭하고 있는 것이다.

한편 각국의 시장경제를 세계화함으로써 지구 시민에게 자유시장의 혜택을 누리도록 하는 것도 문제다. 겉으로는 희망찬 미래를 제시하는 듯이 보이지만 실제 지구인의 시민의식이 결여된 상태에서는 의미가 없다. 즉 개인의 인권을 존중하는 의식의 세계화가 없는 단지 시장의 세계화는 인간이 경제의 도구로 전락하게 되는 결과를 자초하여 지구사회의 미래를 더욱 어둡게 하고 있다.

또한 평화를 수호하기 위한 방어전인 정당전쟁론은 오히려 전쟁에 대한 명분을 제공해 주어 그 본래적 의미가 퇴색해 버렸다. 따라서 전쟁과 테러로 몸살을 겪는 현 지구사회에서 핵과 같은 무기는 폐기되어야 하고 각종 군사무기의 생산은 중지되어야 함에도 불구하고 안보의 논리 속에 각국의 군사력은 계속 증강되고 있다. 이러한 상황 속에서 세계시민이 가져야 할 최고의 가치는 반전 평화사상이며 이를 실천하기 위해서 뜻을 가진 사람들의 집단이 점점 확대되어야 할 것이다.

한편 끊임없이 계속되는 전쟁을 막고 평화를 지키려는 인류의 노력도 꾸준히 이어져 왔다. 처음에는 전쟁의 피해를 줄이기 위한 개인적인 구호활동이 대부분이었지만, 차츰 그 한계를 깨달은 사람들은 서로 연대하여 본격적으로 전쟁에 반대하기 시작했다. 20세기 초의 적십자 운동이나 제1차 세계대전 후 맺어진 "전쟁을 하지 않겠다"라는 조약도 이러한 노력의 결실이었다.

제2차 세계대전이 끝나고도 냉전이 계속되자, 세계인들은 파리와 프라하에서 세계 평화 옹호 대회를 열어 원자 폭탄 금지와 일본·서독의 재무장 반대를 선언했다. 1950년대와 1960년대에는 비동맹 운동이 거세게 일어나, 제국주의적인 국제 질서에서 벗어나 자주적이고 평등한 국제관계를 맺음으로써 평화를 이룰 수 있다고 주장했다. 이처럼 반전 평화사상은 인간의 존엄성, 행복 추구권과 관련하여 그 어떤 가치보다 높은 위상을 지닌 보편적 가치라고 볼 수 있다.

2-2. 반전 평화사상의 의미

인류의 역사는 전쟁의 역사라고 해도 과언이 아닐 만큼 전쟁은 인류 역사와 함께해 왔다. 그래서 사람들은 전쟁을 '싫지만 피할 수 없는 일' 또는 '당연히 존재하는 일'로 생각한다. 전쟁영화를 보면 그러한 사상을 읽을 수 있다. 예컨대 제2차 세계대전과 한국 전쟁, 그리고 동서 냉전 분위기에 영향을 받아 20세기 중반에 만들어진 할리우드 전쟁영화들을 보면 이들은 피할 수 없고, 따라서 애국심을 고취하는 것들이 주류를 이루었다. 그러나 그렇지 않은 것도 있다. '우리가 왜 이러한 잘못된 전쟁에 참전했는가?'라는 반전 메시지를 담는 쪽으로 전쟁영화 분위기가 크게 바뀌는 것은 사이공 함락1975으로 막을 내린 베트남 전쟁을 거치면서부터다. 많은 사람들은 미국이 베트남전에 개입해선 안 되는데도 잘못 개입함으로써 도덕적인 상처를 입었다고 여겼다.[3]

사실 끔찍하고 무모한 전쟁이 계속 일어나는 까닭은 전쟁을 통하여 이익을 얻는 사람이나 집단이 있기 때문이다. 서구 자본주의가 제국주의 침략을 감행하면서부터 전쟁은 규모가 커지고 잔인해졌다. 서구의 자본가들은 더 많은 이윤을 얻기 위하여 식민지가 필요했고, 이러한 식민지를 얻기 위하여 기꺼이 전쟁을 벌일 준비가 되어 있었다. 그들은 생산의 힘을 파괴의 힘으로 둔갑시켰고, 인간의 창의성을 비인간적인 광기에 체계적으로 이용했다. 과학은 여기에 기꺼이 이용됐다.

이런 탐욕은 제1차 세계대전으로 이어졌다. 그리고 제2차 세계대전 역시 국가의 영광과 전체의 이익을 내건 파시스트의 침략 전쟁이었다. 이후 냉전은 미·소로 대표되는 두 진영이 벌인 패권 쟁탈전이었고, 그 와중에 힘없는 나라에서는 냉전이 아닌 열전이 벌어지기도 했다. 냉전이 끝난 후에도 미국으로 대표되는 패권주의는 여전히 맹위를 떨치고 있고, 세계 곳곳에서 민족 분쟁이나 영토분

3 김재명, "전쟁영화와 반전평화주의", 『민족21』, 2007. 7, p.126.

쟁, 그리고 내전이 끊이지 않고 있다. 내전은 보통 문화나 전통이 다른 민족·부족 간의 갈등 때문에 발생하는 것처럼 보이지만, 좀 더 깊이 파고들어가 보면 대부분 경제적 이익이 걸려 있다.

예컨대 전쟁이 자주 일어날수록 이익을 보는 것은 바로 군수 산업체와 무기 수출국들이다. 죽음의 상인이라 부르는 거대 군수 산업체의 규모는 상상을 초월할 만큼 어마어마했다. 특기할 것은 무기 수출의 80퍼센트 이상은 국제연합 안전보장이사회 상임이사국, 즉 미국·영국·프랑스·중국·러시아와 같은 강대국들이 주도하고 있다는 사실이다. 따라서 강대국들의 국가 경제적 탐욕의 고리를 끊는 차원에서도 반전 평화사상은 그 의미가 매우 크다고 할 수 있다.

평화를 갈망하는 민중들의 노력 중 눈에 띄는 것은 1982~3년에 일어난 미국 핵무기의 유럽 배치 반대 시위였다. 미국과 유럽에서 100만 명이 넘는 사람들이 이 시위에 참여했다. 비동맹국 정상 회의도 핵무기 철폐를 호소했고, 국제 연합도 군비 축소 특별 총회를 개최했다. 그 결과, 1987년 지상 발사 중거리 핵전력 협정INF Treaty이 미·소 간에 조인됐다. 민중의 연대가 국가 정책을 바꾼 것이다.[4] 1999년 11월에 미국 중심의 세계화가 오히려 세계의 평화를 해친다고 생각한 사람들이 시애틀에 모여 반세계화 투쟁을 벌였다. 특히 2003년 2월 15일은 반전 평화 운동의 한 획을 그은 중요한 날로 기록될 것이다. 그날에는 무려 1,000만 명이 넘는 사람들이 미국의 이라크 침공에 반대하여 세계 곳곳에서 동시 다발로 시위를 벌였다.

반전 평화사상에서 고려되는 요소 중에는 전쟁 비용도 들어 있다. 전 세계적으로 소모되는 전쟁 비용은, 지구에서 기아를 완전히 없애고 전 세계 인류가 인간다운 삶을 영위하기에 충분할 정도로 어마어마하다. 소수 군수 산업체의 배를 불리는 군비를 축소하고 전쟁의 위협을 없앰으로써, 평화를 바라는 인류의 오랜 소망이 결실을 맺는 21세기가 되기를 기대한다.

---

4 김재명, 위의 책, p.128.

반전평화를 위한 국제적인 노력 역시 지대하다. 국제단체의 중재를 통하여 국제협력을 이끌어 내거나 또는 군사적 힘의 균형을 통하여 평화를 지키려는 국제정치적 노력은 다수의 행복을 위한 공리주의적 관점과 비슷하다. 국제기구를 통한 평화운동은 국가들이 서로 힘을 합하여 공동의 목표를 설정하고 각각의 역할을 수행하여 나아가는 과정을 통하여 분쟁을 조정하고 평화를 신장하는 것이다.[5] 특히 제1, 2차 세계대전의 경험은 국제사회에서 각국의 갈등을 조정할 국제연합과 같은 초국가적 정치 공동체의 필요성을 절감했다. 동시에 현재까지 다양한 국제기구의 창설을 통해 나름대로 지구 공동체의 평화를 지키는 데 이바지하고 있다.

3. 반전평화운동의 양상

3-1. 미국의 반전평화운동

미국의 반전평화운동은 미국사회 최후의 양심으로 대표되는 학생 운동에서 비롯됐다. 미국에서의 학생 시위는 오랜 역사를 자랑한다. 기록을 보면 1766년 하버드 대학에서 최초의 시위가 발생한 것으로 되어 있다. 이후로 대학 교정에서의 학생 시위는 하나의 행사처럼 되어 버렸다. 대부분은 하찮은 문제들에 대한 소동의 차원이고 일상적 삶의 지루함에서 벗어나려는 학생들의 가벼운 몸짓에 불과한 것들이었다. 아무튼 대학들은 오랫동안 이상주의적 자극의 원천이었다. 1830년대에 들어서면서 노예제도 폐지 운동이 학생들을 사로잡기 시작했다. 남북전쟁이 일어나기까지 북부와 남부의 많은 대학에서 노예제도 철폐를 위한 학생 시

5 한국정치학회 편, 『정치학 이해의 길잡이 5: 국제정치와 안보』, 법문사, 2008, p.143.

위가 잇따랐다.

제1차 세계대전 중 대학 캠퍼스는 평화 운동과 반전 운동의 강력한 진원지였다. 전쟁이 끝나고 잠시 평화가 찾아왔지만 대공황에 의한 경제적 사회적 불안은 학생들을 노동조합 운동으로 끌어갔고, 동시에 루스벨트 대통령의 뉴딜 정책으로 끌어갔다. 일부 대학생들은 공산당과 기타 좌익 단체에 가담하여 활동을 벌이기도 했다. 1934년에는 영국을 근거지로 하는 소위 옥스포드 운동이 미국 캠퍼스에 몰아쳐 들어와서, 수천 명의 미국 대학생들이 어떠한 전쟁, 심지어는 조국 수호를 위한 전쟁에도 참가하지 않겠다는 서약을 했다.

1960년대에 이르러 남녀 대학생들이 대규모로 시민권 운동과 반전 운동에 동참하면서 학생 운동은 또 하나의 분수령을 만나게 된다. 1964년 시민권 법안이 의회를 통과하는 데에는 학생 주도의 대규모 농성, 시가행진, 흑인 투표 참여 확대 운동 등이 결정적 역할을 했다. 이런 활동들은 대부분 학생 비폭력 조정위원회SNCC라는 전국적 학생 조직이 주도했다.[6]

1965~1968년은 매우 주목을 끄는 반전 운동 시기이다. 이 기간에 베트남 전쟁이 고조되면서 학생들은 미국의 전쟁 개입을 반대하는 운동을 대규모로 벌이기 시작했다. 최초의 학생 시위는 1964년 가을 버클리 대학에서 있었다. 일부 학생들이 언론자유운동FSM이라는 반전 서클을 결성하고 대학건물을 점령하는 등 격렬한 반전 시위를 벌였다. 교내로 진입한 경찰이 주동자들을 체포하고 시위를 강제 해산시키기까지 극심한 혼란 상태가 두 달이나 계속됐다. 그러나 이것은 단지 더 큰 혼란의 시작을 의미할 뿐이었다. 유사한 학생 시위가 급속히 전국적으로 확대되어 나갔다.

천천히 성장하던 반전 운동은 중동전과 관련하여 급진전했다. 부시 대통령이 중동에 파견하는 병력과 탱크의 수를 두 배로 늘린다고 발표하고 유엔에서 무력 사용 결의안이 통과되면서 전쟁의 가능성이 높아지자 빠른 속도로 확산되기

6 네이버 지식백과, "미국사 다이제스트 100 사회 최후의 양심" (2017. 1. 12. 검색)

시작했다. 캘리포니아에서는 버클리와 산타바바라, 스탠포드 대학 등에서 열린 반전집회에 각각 1천 명 이상의 대학생들이 몰려들었으며, 산타크루즈에서는 1천여 명의 시위대가 모병소 앞에서 시위를 벌여 이를 폐쇄시키는 데 성공하기도 했다. 이 여세를 몰아 서부 지역의 학생 운동가들은 '서부 지역 진보학생회의'를 출범시켰다. 이들은 미국의 중동 개입과 같은 외교 문제와 빈부격차 문제, 그리고 인종차별 등 미국 내의 문제를 동시에 제기하기도 했다.[7]

이런 반전 시위가 벌어지고 또 그것이 널리 학생들 사이에 공감을 얻을 수 있었던 이유는 무엇인가? 많은 학생들은 미국의 베트남전 참전이 명분도 없고 비도덕적인 행위라고 생각했다. 심지어 지성의 상징인 대학들조차 전쟁과 관련된 연구 사업에 경쟁적으로 참여하여 정부의 비도덕적인 행위에 동참하고 있었다. 가난하고 힘이 없는 사람들만이 전장에 끌려가고, 부유한 사람들은 징집을 기피하며 살아가는 사회적 비리에도 학생들은 분노했다. 여기에 시민권 운동에 참여한 많은 학생들이 인권 문제로부터 벗어나 운동의 새로운 명분과 방향을 찾고 있었다. 베트남전이 바로 그 새로운 명분을 제공했다. 학생 운동 지도자들은 '민주 사회를 위한 학생연합'을 조직하고, 토론회와 농성 시위 등을 통해 학생들의 참여를 유도했다.

1968년 컬럼비아 대학의 반전 시위는 1960년대 말 학생 운동의 한 획을 긋는 중요한 사건이었다. 민주사회를 위한 학생연합과 흑인 학생들은 다섯 대학의 건물을 점거하고, 대학의 비밀 군사 연구 및 대학 내 소수민족 정책과 관련된 자신들의 요구가 수용되지 않는 한 절대 물러서지 않을 것이라고 선언했다. 점거 8일째 그레이슨 커크 총장이 경찰에 협조를 요청했다. 출동한 경찰은 항의하는 학생들뿐 아니라 무고한 사람들까지 곤봉으로 마구 폭행하고 700여 명을 체포했다. 이 사건 이후 전국에서 학생들의 폭력 시위가 더욱 격화됐다. 이런 학생들의 노력이 전쟁을 직접 종식시키지는 못했지만 적어도 많은 대학에서 학교

7 서재정, "미국의 반전평화운동", 『월간말』, 1991. 3, p.168.

운영 방식을 획기적으로 바꾸는 데는 성공했다. 결국은 미국이 베트남 전쟁을 베트남화 명분으로 전개하면서 주월 미군을 철수함으로써 10여 년간이나 치렀던 전쟁을 종식시키게 됐다. 이는 미군이 승리를 기대할 수 없었을 뿐만 아니라 지속적인 학생들과 시민들의 반전 시위에 명분을 잃게 된 연유도 있다고 본다.[8]

학생들의 반전 운동은 1970년 미국의 캄보디아 내전 개입과 더불어 절정에 달했다. 시위는 더욱 격렬해지고 심지어 폭력이 동반되는 일도 잦았다. 1970년 5월 4일 오하이오 주 켄트 주립 대학에서는 학생들이 학생군사교육단ROTC 건물을 사제폭탄으로 폭파하면서 격렬한 시위를 벌였다. 출동한 진압군의 발포로 시위 학생 4명이 죽고 9명이 부상당하는 사건이 발생했다. 5월 15일에는 미시시피 주 잭슨 주립 대학에서도 학생 2명이 군대의 발포로 사망했다. 1970년 1학기에 학생들의 시위로 전국 448개의 대학 캠퍼스가 파괴됐으며 더 많은 수의 학교가 문을 닫고 학생들을 집으로 돌려보냈다. 이런 학원 소요는 1973년 베트남에서 미군이 철수하면서 비로소 잠잠해지기 시작했다. 사실 이 시기의 학생 운동은 미국에만 국한되지 않은 전 세계적 현상이었다. 사회의 마지막 양심을 자처하는 학생들은 전쟁, 기아, 인권 유린, 독재 등의 사회 문제에 대하여 이전의 수동적 태도를 버리고 행동으로 나섰으며, 그들이 기대했던 것보다 훨씬 많은 것을 성취할 수 있었다. 대학생들의 힘Students' Power이라는 말도 이때부터 나오기 시작했다.

이 시기 학생 운동에 대해서는 여전히 비판적인 평가가 일부 있는 것도 사실이다. 그러나 전쟁에 지치고 삶의 의미를 회의하는 많은 사람들에게 젊은이들의 진보적 사고와 행동은 큰 자극제가 됐다. 히피, 록 음악과 더불어 학생 시위는 당시 미국 젊은이들의 이상과 낭만, 그리고 좌절을 상징한다. 대학에서 이상과 낭만이 사라지고 전쟁의 좌절도 경험하지 않은 오늘날의 신세대 미국 대학생들에게는 이전의 학생 시위와 학생의 힘이 이제 단순한 추억으로만 남아 있을 뿐

8 이선호, "베트남전쟁에 대한 미국의 비판 및 재평가: 군 원로들의 반전 평화공세 논의를 중심으로", 『군사논단』, 23, 한국군사학회, 2000, p.139.

이다.

3-2. 반전평화운동단체의 활동

반전평화운동은 관련 단체들의 연합활동으로 발전해 갔다. 미국의 대이라크 전쟁 구도를 불의한 침략으로 간주하고 이를 저지해야 한다는 분위기가 시대적 요청처럼 간주되는 시점이었다. 이런 분위기에 빠르게 대응한 유럽과 미국, 캐나다 등의 운동 단체들은 반전평화운동을 위해 연합전선을 형성하는 쪽으로 힘을 모았다. 이러한 힘의 결집은 2001년 12월 카이로에서 열린 국제반전회의에서 채택된 카이로선언을 통해 그 결실을 보았다.[9] 카이로선언은 전 세계의 진보 진영에 큰 영향을 주었으며, 이후 '세계사회포럼'에서 반전평화-반미 전선을 형성하자는 결의로 이어졌다.

세계사회포럼과 직간접적으로 연관을 가진 전 세계의 시민단체NGO들은 자기 조직 주변의 시민들을 향해 이라크 전쟁을 반대하자고 설득하고 선전하면서 거리 시위를 추진하기도 했다. 각국의 관련 시민들은 부시 정권의 일방주의적인 전쟁 구도에 강력하게 대응해야 한다는 데 뜻을 함께하면서 평화를 위한 세계시민사회의 단결을 이루어 내었다. 이러한 과정에서 주목해야 할 반전평화운동의 단체 또는 조직을 보면, 유럽 지역의 교회단체와 독일의 녹색당, 그리고 스칸디나비아의 사회주의정당 등이 있다.

시민사회의 물밑에서 평화운동의 잠재력을 키워 온 유럽과 미국의 반전평화운동 단체들은 이라크 전쟁 국면이라는 운동의 호기를 살려 평화의 힘을 분출시키는 데 성공했다. 미국의 군사적인 수단에 의해 후세인 정권을 붕괴시키는 비이성적인 행위를 중단하라는 구호가 시위장에서 터져 나왔다. 중요한 쟁점은 미국의 전쟁 개입 명분이 없다는 사실이다. 이라크에 진격한 미군은 전쟁의 정

9 김승국, "전 세계 반전평화운동의 구도: 이라크전쟁 반대를 중심으로", 『기억과 전망 37』, 민주화운동 기념사업회, 2003, p.105.

당성 확보를 위해 대량살상무기를 찾아내려 했으나 실패했다. 대량살상무기를 보유한 후세인 정권이 인류평화의 적이므로 전쟁을 통해서라도 제거해야 한다는 미국의 전쟁 명분이 더 이상 근거가 없음을 드러낸 것이다.

3-3. 양심적 병역거부

양심적 병역거부는 어떠한 상황에서도 인간의 생명을 빼앗는 것은 악이라는 종교적 평화주의에 뿌리를 두고 있다. 다시 말해서 병역·집총執銃을 자신의 양심에 반하는 절대악이라고 확신하면서 거부하는 행위이다. 이것을 권리로서 주장할 때는 양심적 병역거부권, 양심적 집총거부권, 양심적 반전권反戰權[10]이라고 한다. 현재 러시아, 스위스, 중국 등의 국가에서는 개인의 신념과 양심에 따른 병역거부권을 인정하여 병역 자체를 면제하거나, 그들에 대해 대체복무제를 신설하여 병역을 대신하도록 하는 등 법률로서 개인의 권리를 보호해 주고 있다.

양심적 병역거부와 관련하여 종교적 자유의 신념에 따른 병역거부의 사례로는 과거의 역사 속에서 기독교인들과 유대인들의 종교적 신념에 따른 병역거부를 찾을 수가 있다. 로마 군인들은 로마 황제에 대한 충성 서약을 해야 했기 때문에, 당시 로마의 식민지였던 유대인들은 야훼 신 외에는 누구도 섬길 수 없다는 신앙적 신조에 따라 병역을 거부했다. 고대 초대교회의 기독교인들은 폭력에 반대하는 비폭력주의나 예수 그리스도 외에는 왕이 없다는 신념에 따라 병역을 거부했다. 이러한 행위는 기독교가 당시 로마사회에서 반反국가종교로 규정되어 박해받는 원인이 되기도 했다. 하지만 기독교 평화주의는 더 이상 실천되지 못했다. 성 아우구스티누스가 로마제국의 강제력에 대하여 악을 응징하려면 폭력을 행사할 수도 있다는 논리를 펼쳤기 때문이다.

10 두산백과, "양심적 병역거부", http://terms.naver.com/entry.nhn?docId=1124334&cid=(2017. 1. 13. 검색)

한편 메노나이트 평화주의도 주목을 받고 있다. 메노나이트[11]는 재세례파재침례파 지도자인 메노 시몬스가 창시한 개신교 교파로, 신약성서에 신학적인 근거를 둔 평화주의가 특징이다. 메노나이트 교회에서는 그리스도인들이 평화를 위해 하나님의 부름을 받았으며, 전쟁이나 폭력 이외의 방법으로 문제를 해결해야 한다는 기독교 평화주의를 주장한다. 따라서 이들은 폭력에 반대하는 의미로 양심적 병역거부를 대체복무제로 실천할 것을 주장했다.

이스라엘에서는 양심위원회conscience committee에서 병역거부 문제를 심사했다. 이스라엘의 병역거부의 특징은 평화주의, 아나키즘과 같은 보편적, 절대적 병역거부도 존재하나 팔레스타인 점령지에 대한 병역을 거부하는 선택적 병역거부도 있다. 선택적 병역거부는 1982년 레바논 침공 시기에 현저하게 나타나기 시작했다. 이때 유대인 병역거부자들을 적극적으로 지원하기 위한 예쉬 그불[12]이 설립됐다. 예쉬 그불은 이 전쟁 기간 동안 168명의 유대인 병역거부자들이 투옥됐다고 말한다. 이러한 선택적 병역거부 운동의 빠른 성장은 전쟁지휘관들을 매우 조심스럽게 만들었다. 그리고 많은 유대인 병역거부자들이 국가적 처벌을 받는 대신 이스라엘 내에서 다른 병역 대체 임무를 맡게 됐다.

한국의 경우 근대사에서 종교와 연관된 양심적 병역거부자들의 문제는 네 종류의 신앙집단에서 나타났다. 제칠일안식일예수재림교도들, 여호와증인들, 퀘이커교도들, 그리고 일반 그리스도인들이다. 이 중에서 퀘이크교도들과 일반 개신교 신자로서 병역을 거부한 자들에 대한 자료는 확인이 안 되고 있는 상태다. 하지만 종교와 연관된 대표적인 양심적 병역거부자들로서 제칠일안식일예수재림교도들, 여호와증인들이 주목을 받고 있다.[13] 제칠일안식교도들과 여호와증인

---

11 메노나이트(Mennonites)는 기독교에서, 종교 개혁 시기에 등장한 개신교 교단이다. 한국에는 1953년부터 1971년까지 대구 경산 지역에 메노나이트 직업중·고등학교를 설립하여 전쟁고아들을 대상으로 교육을 실시했고, 전쟁미망인 프로그램, 물자 원조 프로그램 등 다양한 사역을 감당했다.

12 예쉬 그불(Yesh Gvul): 한계는 있다는 뜻. 1982년 레바논전쟁 당시 예쉬 그불이라는 모토를 내걸고 민간인 살상을 거부하며 총을 놓았고, 양심적 병역거부의 선례를 남겼다.

13 오만규, “한국의 양심적 참전 거부자들과 그 기독교적 비판들의 신학전통”, 『한국기독교신학논총 26』, 한국기독교학회, 2002, p.109.

들이 종교적 양심에 따라 병역을 거부한 것은 공통적 근거이지만 그 방법은 서로 달랐다. 안식교도들은 입영통지서를 받으면 일단 군대에 입대하는 것이 특징이다. 그런 연후에 훈련소에서 비무장 훈련을 요구한다. 반면에 여호와증인들은 통지서를 받고도 아예 입대를 하지 않는다. 요컨대 한국에서 여호와증인들은 신앙적 양심에 기초하여 오래 전부터 군입영 자체를 기피하고 전면적으로 거부한 반면, 안식교도들은 국가의 소집명령을 받으면 일단 입대를 한다. 그러나 그 후 신앙적 양심에 따라 무장을 거부하는 것이다.[14]

한편 안식교도들의 집총거부 행위도 시간적 흐름에 따라 약간 변화되기도 했다. 1974년까지 안식교도들은 한국사회에서 대표적인 신앙적 집총 거부자들로 인식됐지만, 이들은 집총 문제가 교단적 관심사에서 교인의 개인적 신앙관심사로 후퇴하게 됐다. 그렇게 되자 1970년대 이후 안식교인들의 집총거부는 현저하게 줄어들었다. 반면 여호와증인들은 입영 자체를 거부하기 때문에 병무청의 강제에 의한 입영에 강력하게 저항하게 되고, 동시에 군대에서의 집총거부로 자신들의 양심적 병역거부 신념을 한층 강하게 펼치게 된다.

오늘날 일반화되어 가는 추세에 있는 양심적 병역거부권은 각국의 특수한 여건이나 상황에 따라 그 구체적인 내용에 차이가 있다. 그러나 기본적으로는 다음과 같은 공통적 경향을 보여 주고 있다. 첫째, 양심적 병역거부의 근거가 종교적인 이유 이외에로 확대되어 가고 있고, 둘째, 양심적 병역거부자들이 과연 진실로 양심에 따라 병역이나 집총을 거부하는 것인가의 여부를 심사하는 심사기관을 설치하고 있으며, 셋째, 양심적 병역거부권을 인정하는 거의 모든 국가에서 이에 대한 대체역무代替役務를 과하고 있다는 점이다.

현 시점에서 한국의 경우 양심적 병역거부에 대한 일반 국민 다수의 의견은 부정적이다. 남북이 분단되어 여전히 군사적으로 대치되어 있는 상태이고, 이로 말미암아 국민들의 불안정성과 불가예측성이 상존하는 특수한 안보 상황이기

14 유경동, "양심적 병역거부와 기독교 사회윤리", 『신학과세계』, 52, 감리교신학대학교, 2005. 3, p.200.

때문이다. 이를 고려하면 국방의 의무는 보다 강조되어야 마땅하다는 논리이다. 그러나 반대 의견도 제시되고 있다. 국가의 형벌권이 한발 양보함으로써 개인의 양심의 자유가 보다 더 존중되고 보장되도록 해야 한다는 것이다. 국가는 국민의 기본권인 양심의 자유를 최대한 보장해야 하기 때문이다.

4. 현대의 민주적 평화사상

4-1. 민주국가 상호 간의 전쟁 지양 논리

민주적 평화사상은 한 나라가 민주적일수록 그 나라는 평화 지향적이며 더욱이 민주국가 상호 간에는 전쟁을 하지 않는다는 논리를 강조하는 사상이다. 여기서 말하는 민주주의는 국가 공동체 내에서 자유롭고 공명한 선거에 의한 지도자의 선출, 국민 개개인의 인권 보장, 권력분립을 통한 상호 간의 견제와 균형으로 국민 개인의 자유 보장 등을 내용으로 하는 정치구조와 제도를 가리킨다. 민주적 평화론자들의 경험적 연구에 의하면 각 국가는 민주적일수록 그들의 대외관계가 투쟁이 아니라 평화적이라는 것이다. 물론 민주국가의 경우도 때로는 물리적 폭력을 사용하고 전쟁을 수행하기도 하지만 적어도 민주국가끼리는 전쟁하는 경우가 거의 없다는 것이다.

그 이유는 간단하다. 만일 민주국가의 지도자들이 다른 민주국가를 공격하게 되면 그 나라 국민들이 그러한 공격과 침략 등의 전쟁 행위를 다른 수단에 의한 외교정책의 연장으로 보지 않으며, 외교정책의 실패로 보기 때문이다.[15] 민주국가의 지도자들은 전쟁으로 생명과 재산을 잃는 것을 꺼리는 국민들의 여론을

15 최상용, 『평화의 정치사상』, 나남출판, 2006, p.269.

염두에 두지 않을 수 없다. 그리고 민주국가 간에 전쟁이 없는 이유를 보다 분석적으로 설명하기 위하여 민주국가가 가지는 규범 및 문화와 구조 및 제도의 특성 등을 제기하는 사람도 있다.

민주국가의 의사결정 과정에서의 지배적인 규범은 평화적인 경쟁, 설득, 그리고 타협이다. 비민주국가에서는 정책결정자가 국내정치의 갈등이나 다른 나라와의 갈등을 해결하기 위해서 폭력이나 폭력의 위협을 이용하지만 민주국가에서는 정책결정자가 대체로 다음과 같은 세 가지 규범에 익숙해 있기 때문에 폭력적 갈등을 피하려 한다. 첫째, 민주국가에서는 정책결정자가 국민의 뜻을 존중하여 타협과 비폭력으로 갈등을 해결하기를 기대한다. 둘째, 민주국가는 다른 민주국가와의 관계에서 평화적으로 갈등을 해결하는 민주적 규범을 따른다. 셋째, 한 나라의 민주주의가 안정될수록 민주적 규범이 다른 민주국가와의 관계를 평화주의적으로 규제한다.

4-2. 국민적 합의로 무력 사용에 제동

민주국가 간에 전쟁을 하지 않는다는 명제를 설명할 때 민주국가의 규범적 요인과 함께 그 민주국가의 구조적 요인도 중시하지 않을 수 없다. 민주국가의 정책결정 과정에서는 견제와 균형, 권력 분립, 국민의 지지를 얻기 위한 공론의 필요 등의 요인이 필수적이다. 때문에 대규모의 폭력을 사용하는 전쟁 행위를 결정할 경우에는 국민적 합의가 반드시 있어야 한다. 그러므로 그 결정이 늦어질 뿐만 아니라 실제로 그러한 폭력 사용의 결정이 내려질 가능성도 줄어들 수밖에 없다.

이처럼 정치적으로 안정되고 산업화된 민주국가끼리는 공개적인 전쟁을 하지 않는다는 명제가 논리적 설득력을 갖게 되고, 동시에 경험적 타당성도 있음을 보게 된다. 제2차 세계대전 후 냉전기간 중에 미국이 비교적 민주적인 비유럽 여러 나라들에 대해 은밀한 군사개입을 한 적이 있으나, 산업화된 민주국가 상호 간, 즉 미국과 유럽제국 간의 전쟁은 없었다. 이리하여 민주적일수록 평화

적이라는 명제에서 도출된 민주적 평화의 개념은 도덕적 규범일 뿐만 아니라 경험적 사실로도 확인됐다.[16]

한편 평화에 대한 욕구와 그 실천은 자연의 메커니즘인 동시에 인간의 도덕적 의무라고 강조한 칸트의 평화사상은 오늘의 지구민주화 시대에 와서야 활짝 꽃피게 됐다. 1795년 칸트의 『영구 평화론』이 세상에 나온 이래 민주주의는 두 차례의 세계대전을 경험하면서도 크게 발전했고, 제2차 세계대전 후 냉전 시대에도 의회민주주의는 꾸준히 확산됐다. 동시에 사회주의 경제체제의 전면적인 붕괴로 냉전체제가 무너진 후부터는 시장경제를 축으로 하는 민주주의의 지구화 현상이 두드러지게 나타나고 있다. 특정 지역에서의 종교적, 인종적 전쟁의 발발에도 불구하고 민주주의의 보편화와 그에 따른 평화의 일상화는 냉전 후 세계사의 돋보이는 추세이다. 이 민주적 평화는 우리의 역사적 경험 속에서도 존재했으며 21세기 우리의 지구상에서도 얼마든지 실현가능한 이상적 가치로 설정할 수 있다. 이처럼 민주적 평화는 당위Sollen인 동시에 존재Sein라는 평가를 받고 있다.

이제 우리에게 민주적 평화는 허황된 이상이 아니라 하나의 자기충족적 예언self fulfilling prophecy의 효과를 가지고 있다고 말할 수 있다. 인간의 규범이 행동을 지도하는 것이라면 그 규범에 의한 행위의 반복은 그 규범의 실현에 도움을 준다. 이러한 명제와 관련하여 민주국가끼리는 전쟁을 해서는 안 된다는 규범적 명제를 되풀이함으로써 민주국가끼리 전쟁하지 않을 개연성이 강화될 것이다. 사회과학자는 기존의 현실을 분석도 하지만 새로운 현실을 창조하기도 한다. 현대사의 분석을 통하여 우리는 최소한 민주국가끼리는 덜 싸운다는 것을 경험적 사실로 확인했다. 이제 우리는 민주국가끼리는 싸워서는 안 된다는 규범을 재생산해 나감으로써 민주적 평화의 현실을 창조해야 할 과제를 안고 있다.

16 위의 책, p.274.

4-3. 타 국가 침공을 반대하는 자유주의적 평화사상

자유주의적 평화사상은 타 국가의 침공을 반대한다. 특히 자유민주주의를 강조하는 미국이나 유럽의 자유민주주의체제에서는 민주주의 못지않게 자유주의에도 관심이 많다. 즉 자유주의는 무엇보다도 개인에게 허용될 수 있는 이성적인 자유의 공간을 확보하려는 정치이념이다. 이 목적을 실현하는 방도로서 자유주의는 법의 지배, 입헌제도, 삼권분립과 같은 법적 제도화를 희구한다. 그리고 전쟁과 평화의 문제와 관련하여 국력증강이나 국위선양을 자유의 방위수단으로서만 인정할 뿐이다. 그리고 오히려 국력증강이나 국위선양의 경우 그런 명목하에 다른 국민의 자유를 침해하는 것을 두려워하거나 꺼려한다.[17]

민주주의의 규범에는 전쟁을 반대하는 평화사상이 내면에 깔려 있다. 역사를 통하여 인간성에 내재하는 악마적 요인을 적나라하게 체험한 우리로서는 아무리 바람직하고 또한 있음직한 규범도 일거에 무너질 수 있다는 것을 모르는 바는 아니다. 그럼에도 불구하고 적실성 있는 규범은 인간의 행동에 일정한 긴장을 줌으로써 원하는 것과 원하지 않는 것, 해야 할 일과 해서는 안 될 일을 가려준다. 원래 정치적 발언은 규범적 성격으로부터 자유로울 수 없다. 민주주의가 널리 퍼지는 세계에서는 민주적 평화의 규범도 보편화되기 마련이며, 이를 통해 민주적 평화도 실현될 수 있다.

냉전체제의 붕괴 후 새로운 민주국가들의 등장으로 국제체제는 엄청난 변화를 겪고 있다. 만약 지금까지의 통념대로 역사가 전쟁과 정복의 역사라고 가정한다면 지구 규모의 민주화가 확산되는 금후 세계에서는 우리의 통념이 수정될 것이다. 그리고 역사에 대한 새로운 의미 부여를 요구할지도 모른다. 정치적 자원의 불평등 구조로 인하여 소수의 비민주적 국가는 남겠지만 전체적으로 볼 때 21세기의 국가시스템은 민주국가를 구성원으로 하는 새로운 국제질서로 전

17 이극찬, 『정치학』, 법문사, 2008, p.493.

환될 것이다.

요컨대 인간의 이기적 본성에 변화가 없는 한 전쟁은 과거에도 있었고 현재에도 있고 미래에도 없어지지 않을 것이다. 그러나 이러한 사실에도 불구하고 평화가치에 대한 자각도 과거보다는 현재, 현재보다는 미래에, 즉 시간의 진행과 함께 더욱더 심화될 것이다. 이는 인간의 이기적 본성 못지않게 평화와 안전을 추구하는 욕구도 크기 때문이다. 따라서 전쟁의 극소화와 평화의 극대화는 인류의 변함없는 도덕적 확신인 동시에 정치적 실천과제가 될 것이다.

5. 맺음말

이 장에서는 반전 평화사상을 다루었다. 그 내용은 다음과 같다. 첫째, 전쟁과 평화는 인간의 이기적 본성과 안전욕구에 대한 이중성의 표현이기도 하다. 즉 자기 보존을 위해서 무엇이든지 내가 독점해야 하고 모든 것을 가져야 한다는 인간의 이기적 본성과 더불어 누구나 심신의 평안함을 추구하는 안전욕구의 이중성이 인간의 내면에 내재하고 있기 때문이다.

둘째, 평화는 인간의 생존을 위한 기본조건이다. 특히 최소한의 평화 상태인 전쟁이 없는 세상을 만드는 일이야말로 인류의 염원이기도 하다. 그런 면에서 반전 평화사상은 그 어떤 가치보다 높은 위상을 지닌 보편적 가치이다.

셋째, 강대국들의 국가 경제적 탐욕의 고리를 끊는 차원에서도 반전 평화사상은 그 의미가 매우 크다고 할 수 있다.

넷째, 미국의 반전평화운동은 미국사회 최후의 양심으로 대표되는 학생 운동에서 시작됐다. 그리고 시민사회의 물밑에서 반전평화운동의 잠재력을 키워 온 유럽과 미국의 반전평화운동 단체들은 이라크전쟁 국면이라는 운동의 호기를 살려 평화의 힘을 분출시키는 데 성공했다.

다섯째, 양심적 병역거부는 어떠한 상황에서도 인간의 생명을 빼앗는 것은 악이라는 종교적 평화주의에 뿌리를 두고 있다. 다시 말해서 병역·집총執銃을 자신의 양심에 반하는 절대 악이라고 확신하여 거부하는 행위이다. 이것을 권리로서 주장할 때 양심적 병역거부권, 양심적 집총거부권, 양심적 반전권反戰權 등으로 일컬어진다.

여섯째, 민주적 평화사상은 한 나라가 민주적일수록 그 나라는 평화 지향적이며 더욱이 민주국가 상호 간에는 전쟁을 하지 않는다는 논리를 강조한다. 여기서 말하는 민주주의는 자유롭고 공명한 선거에 의한 지도자의 선출, 인권의 보장, 권력분립 등을 내용으로 하는 정치구조와 제도를 가리킨다.

요컨대 이기적 인간의 본성에 변화가 없는 한 전쟁은 과거에도 있었고 현재에도 있고 미래에도 없어지지 않을 것이다. 그러나 이러한 전쟁의 사실에도 불구하고 평화가치에 대한 자각도 과거보다는 현재, 현재보다는 미래에, 즉 시간의 진행과 함께 더욱더 심화될 것이다. 이는 인간의 이기적 본성 못지않게 평화와 안전을 추구하는 욕구도 크기 때문이다. 따라서 전쟁의 극소화와 평화의 극대화는 인류의 변함없는 도덕적 확신인 동시에 정치적 실천과제일 것이다.

생각해 볼 문제

1. 반전평화운동과 학생 운동이 어떤 연계성을 갖는지 논의해 보자.

2. 왜 민주주의 국가들의 상호 간에는 전쟁을 하지 않을까?

제2부

평화운동과 실천

제6장

인간애 발현 운동과 평화

1. 머리말

현대인들은 과학의 발전에 따른 물질적 풍요와 편리함 속에 살아가고 있다. 우리의 조상들이 살던 시대와 비교할 때 생산성의 증대에 의해 배고픔의 문제가 해결되고 이동수단의 발달로 삶의 영역이 확대됐으며 수명은 점점 늘어나 이제는 100세 시대라는 주장이 낯설지 않다. 과거에 지배계층에 의해 독점됐던 예술과 문화는 미디어의 발달로 인해 언제, 어디서라도 우리가 접하고 싶은 것에 단숨에 접속함으로써 문화적 욕구를 충족시키게 됐다. 신분에 의한 차별은 철폐되고 있으며 개개인의 인권이 강조되고 민주주의라는 강력한 제도의 정착으로 인해 평등과 정의가 주창되는 시대를 살아가고 있다. 하지만 이러한 시대를 살아가는 현대인은 이전의 시대를 살았던 사람들보다 행복한 삶을 살고 있는가? 이러한 질문에 선뜻 긍정적인 답을 하기에는 많은 고민들이 뒤따르는 것이 사실이다.

과학의 발달과 산업화는 물질적 풍요와 편리함을 가져다주었지만 물질적 풍요 속에 소비가 생산을 이끌고 다시 소비하게 하는 순환이 경제를 지탱하는 구조가 되면서 경쟁적인 생산과 필요 이상의 소비는 우리의 생활터전인 지구와 생태계를 병들게 하고 있으며 동식물, 자연뿐 아니라 같은 인류 안에서도 서로의 이익을 위해 침략하고 전쟁을 일으키며 자원을 탈취하는 등 공존하지 못하는 모습을 보이고 있다. 배불리 먹는 사람들은 비만을 걱정하여 다이어트 식품을 먹으며 음식물쓰레기 처리를 위해 심지어 음식물 쓰레기 처리기까지 만들어

판매하는 반면, 지구 반대편에서는 절대적 빈곤에 갓 태어난 생명들이 죽어 간다. 이러한 모습은 인간의 욕심에서 기인한다. 욕심은 나와 남을 구별케 하고 함께 잘 살아가는 공존과 상생의 세계관이 아닌 제로섬 사회에서의 투쟁과 승리의 세계관 속에 함몰되게 함으로써 타인은 물론 자기 자신에 대한 존엄성도 망각하게 한다. 이러한 비극은 인간애의 회복을 통해 극복할 수 있다. 이 장에서는 인간애의 사상적 근거를 살펴보고 어려운 상황 속에서도 인간애를 발휘한 사례를 통해 우리가 회복해야 할 인간애를 확인하고자 한다.

2. 인간애의 사상적 근거

인간애는 인간 존재에 대한 사랑을 말하는 것으로 유사한 의미로 인류 전체에 대한 사랑을 표현하는 인류애, 모든 사람을 평등하게 사랑한다는 박애, 인간의 존엄성을 최고의 가치로 여기고 인종, 민족, 국가, 종교 등의 차이를 초월하여 인류의 안녕과 복지를 이상으로 하는 사상이나 태도를 나타내는 인도주의 등을 찾아볼 수 있다. 공자의 중심사상인 인仁 역시 선의 근원이 되고 행의 기본이 되는 것으로 효孝, 제悌, 예禮, 충忠, 서恕, 경敬, 공恭, 관寬, 신信, 민敏, 혜惠, 온량溫良, 애인愛人 등의 개념들을 모두 포괄하고 있으며 단군의 홍익인간, 동학의 인내천 사상도 인간애를 나타내고 있다. 이와 같이 범위나 표현의 방법에 의해 조금씩 차이는 있지만 인간, 사랑, 무차별, 행동이라는 공통적인 개념들이 포함되어 있으며 인간애는 인간이 다른 인간에 대해 인식하는 단계로부터 행동하는 단계에 이르기까지 '인간으로서 어떻게 해야 하는가?' 하는 질문에 대한 내재적이고 당위적인 대답이다. 하지만 이러한 인간애가 모두에게 늘 발휘되지는 않으며 특히, 자신을 희생해야 하는 상황에서 인간애의 발현은 쉽지 않다.

인류 역사에 전쟁, 기근, 학살, 전염병 등 인류가 비극적 사건을 겪을 때마다 크고 작은 인류애가 발현됐으며 이로 인해 많은 생명이 보호받거나 구제됐다. 그중에서도 한 사람 또는 소수의 신념이나 의지에 의해 역사적인 인간애가 발휘되기도 했다. 인류애를 실천한 사람들의 공통점을 살펴보면, 첫째 생명에 대한 감수성을 가지고 있었다. "나는 살려고 하는 생명들 가운데서 살려고 애쓰고 있는 생명이다Ich bin Leven, das Leben will, inmitten von Leven, das Leven will" 슈바이처는 존재를 '생의 의욕'으로 정의하며 그것을 깨닫게 되면 생명에 대해 더 깊은 '외경심'을 느낄 수 있게 된다고 주장했다. 둘째, 거기서 나아가 자신뿐만 아니라 다른 존재들의 '생의 의욕'에도 눈뜨게 하여 인류의 고통에 대한 책임감과 사명감을 느꼈다. 생존을 위협받고 최소한의 인간다운 삶을 보장받지 못하는 사람들을 보며 '내가 도와야 한다'라는 의무감, 그것이 사람들이 고통 받는 상황을 함께 인식해도 행동 여부의 차이를 만들게 된다. 이는 신념, 가치관에서 기인하는데 종교, 성장배경, 결정적 경험, 직업적 자부심 등이 영향을 미친다. 셋째, 최악의 상황에서도 긍정적 세계관을 견지했다. 넷째, 존재에 대한 차별의식이 없었다. 그들은 고통 받는 이들의 삶 속에서 온전히 동화되어 같은 존재로서 동행하고 공존했다. 도움을 줄 수 있는 사람의 입장에서 은혜를 베풀고자 간 구원자가 아니라 그 현장에서 실제로 고통 받는 당사자가 됐다. 그 때문에 그들의 인간애는 진정성과 지속성을 가질 수 있었다.

3. 인간애가 발현된 활동의 사례

3-1. 아프리카 의료활동

가. 아프리카의 질병과 의료 상황

아프리카는 극심한 빈곤과 질병으로 고통 받는 지역이다. 2015년 WHO가 발표한 아프리카의 기대수명은 58세로 전 세계 평균인 71세 대비 10년 이상의 차이가 있었고 사망률은 1,000명당 361명으로 세계 평균인 152명에 비해 매우 높았다. 그중에도 특히, 5세 미만 어린이의 사망률은 고소득 국가와 비교하여 10배 이상의 차이를 보이고 있었는데, 이는 UN이 새천년 개발목표 4MDG: Millennium Development Goals를 제시하면서 1990년부터 2015년까지 5세 미만 어린이 사망률을 2/3 이상 감소하도록 목표를 설정하고 47%까지 감소시키는 등 상당히 개선했음에도 여전히 아프리카와 같이 저소득 지역의 아동 사망률은 높은 상태로 더디게 개선되고 있다.[1] 이러한 높은 사망률의 주요 원인은 질병, 빈곤, 전쟁 등으로 그중 가장 큰 사망 원인은 질병이다. 물론 세계 대부분의 지역에서의 주 사망 원인도 질병이다. 하지만 아프리카는 심장질환이나 암이 아닌 전염병, 호흡기 감염, 설사 등이었다. 그렇다면 왜 아프리카는 질병으로 신음하는가? 아프리카에서 발생하는 주요 질병은 영양실조, 말라리아, 폐렴, 설사병, 에이즈, 기타 전염병 등이며 이러한 병들은 좋지 않은 위생 상태, 빈곤, 질병에 대한 낮은 인식 등에서 기인한다.

아프리카의 질병은 세계 공동의 문제로 외부의 조력이 필수적인데 그 이유는 첫째로 이러한 아프리카의 질병 문제가 전형적인 구조적 문제라는 것이다. 열악한 기후, 지속된 저개발, 낮은 교육 수준, 잦은 무력 충돌, 불안정한 정치구조 등으로 인해 경제상황이 열악하고, 이는 빈곤과 낮은 삶의 질, 위생 수준을 만들어낸다. 이러한 구조는 악순환이 반복되게 하며 문제의 해결을 복잡하게 하여 스스로 해결하는 것이 매우 어렵게 된다. 또한, 질병의 규모나 아프리카의 능력을 고려할 때 공동의 해결이 절실하며 단기적인 조력뿐 아니라 장기적 관점에서 해결하기 위한 방안을 모색하고 조력해야 근본적인 문제를 해결하고 구조적인 악순환으로부터 벗어날 수 있다. 둘째로 아프리카의 문제의 원인은 상당 부분 외부에서 제공했다. 식민지 경쟁에 이어 영토 분할, 국경의 책정, 이데올로기, 종교

1 The United Nations Inter-agency Group for Child Mortality Estimation(UN IGME)은 매년 추정 어린이 사망률을 갱신하면서 MDG 4 목표 달성 수준을 평가하고 있다.

문제 등에 강대국이 개입했을 뿐만 아니라 저렴한 노동력을 제공받기 위해 공정하지 못한 거래를 하고 있다. 이러한 생산 시장을 기반으로 안정된 물가를 제공받는 많은 사람들은 아프리카의 저개발을 암묵적으로 지지하며 풍족한 삶을 영위하고 있다. 셋째로 인류가 장기적으로 번영하기 위해서는 공동체적 의식을 가져야 한다. 산업화와 과학기술의 발달이 가져온 개발이 여러 부작용을 낳게 되고 인류의 미래가 위협받자 '지속가능한 개발'이라는 개념이 대두됐다. 인류의 미래를 위해서는 욕심을 자제하고 공존할 수 있는 방법을 모색해야 한다는 것이다. 아프리카 문제도 마찬가지이다. 지구의 한 편이 전쟁, 기아, 질병으로 시름하는데 그 문제를 제쳐 두고 얻은 풍요와 평화는 오래갈 수 없다. 발에 작은 상처가 나도 생활의 많은 부분이 불편하고 그것을 방치하면 곪아 자칫하면 큰 병이 될 수 있듯이 아프리카의 문제도 이렇게 공동체적 의식을 가지고 접근해야 한다.

하지만 아프리카의 문제 해결은 여전히 난제로 남아 있다. 아프리카를 바라보는 국제사회 주체들의 각각의 셈법이 다르고, 아프리카의 불안한 정세는 장기간의 구호활동을 한순간에 물거품으로 만들기도 하며 활동가들을 희생시키기도 한다. 터무니없이 부족한 지원 자금은 장기적이고 근본적인 해결책보다는 시급한 문제를 해결하기에도 벅차다. 이러한 가운데 아프리카를 위해 자신의 삶을 바쳐 온 사람들이 있다. 바로 슈바이처 박사와 이태석 신부이다. 슈바이처 박사와 이태석 신부의 공통점은 신앙인으로서 종교적인 신념, 특히 박애정신이 투철했고 이를 자신의 삶을 통해 실천하고자 했고, 의사로서 풍족함이 보장된 자리를 떠나 고통의 땅 아프리카로 향했고 거기서 온전히 하나가 되어 생활했다는 것이다. 이성의 가르침에 따라 옳다는 이유만으로 옳은 행위를 하는 것이 선의지이며 그 결과에 대해 생각하지 않고 오직 선의지에 따른 행위만이 유일하게 선한 행위라고 주장하는 칸트에 의하면 슈바이처 박사와 이태석 신부는 신이 명령한 선을 온전히 실천한 선한 이웃이다.

나. 슈바이처 박사와 이태석 신부의 평화사상

1) 슈바이처 박사의 생애와 활동

알베르트 슈바이처Albert Schweitzer는 독일에서 태어난 프랑스 국적의 의사이자 음악가이며 신학자이다. 군대 복무 중 성령강림주일 휴가를 집에서 보낼 때에 "나는 이렇게 가족들과 행복하게 휴가를 보내는데, 이러한 행복을 나만 누려도 되는가?"라는 생각을 했다. 어려서부터 갖고 있던 가난하고 비참한 사람들에 대한 관심이 "나만 행복하게 살 수 없다"라는 인식으로 성숙한 것이었다. 그는 21세 때 "30세까지는 학문과 예술 속에서 살고, 그 후부터는 인류에의 직접 봉사 활동으로 들어가자"라는 결심을 실현하기 위하여 의학을 공부하여, 30세 되던 해인 1905년 의학과정에 진학했다. 이듬해인 1913년 아내 헬레네 브레슬라우와 함께 흑인을 위한 의료 사업에 평생을 바치기 위해 모든 직책에서 물러나 프랑스령 적도 아프리카현재 가봉 공화국의 랑바레네에서 의료 봉사를 시작했다. 선교사가 사용했던 닭장을 수리하여 병원 건물로 사용했고 병원 운용 비용은 저술과 강연, 연주, 레코드 판매 등에 의한 수입으로 충당했다.

독일이 제1차 세계대전에서 패하자 슈바이처의 고향인 알자스가 프랑스로 편입되어 국적을 프랑스로 선택할 수 있게 됐다. 슈바이처는 프랑스 식민지였던 가봉의 랑바레네에서 자유롭게 활동하기 위해 국적을 독일에서 프랑스로 바꾸고 6년간 유럽 각지로 돌아다니며 모금을 한 다음 다시 1924년 아프리카로 돌아갔으나, 병원은 부서져 뼈대만 남아 있었다. 다행히 여러 곳에서 원조금을 받아 다시 병원을 짓고 의료 활동을 위해 자원한 의사와 간호사들과 함께 다시 병원을 운영할 수 있었다. 그뿐만 아니라 소외된 아프리카에서조차 소외된 사람들을 위한 활동도 했다. 슈바이처는 한센병 환자들을 위해 거주지를 마련했고 정신 장애인들을 위한 의료시설도 만들어 운영했다. 병원 운영에 필요한 돈은 3년에 한 번 꼴로 유럽으로 돌아와 연주회를 열어 번 돈과 저서의 인세, 강연으로 받은 돈과 기부금으로 충당했다.

슈바이처의 평화사상은 그의 저서인 『나의 삶과 사상』에 잘 나타나 있다. 그는 기독교의 사상인 '생명에 대한 외경'을 주장했는데, 예수의 생명존중 윤리를 현실에서 실천하고자 한 것이다. 슈바이처는 모든 생명은 의식을 하든 하지 못하든 살고자 하는 의지가 있다고 했고 윤리적 사고는 다른 존재들의 관계 속에서 자신의 존재를 의식하는 것에서 기인한다고 했다. "나는 살고자 하는 의지를 가진 생명들 가운데 살고자 하는 의지를 가진 생명이다"라고 하며 다른 생명에게도 자기 자신에게 하는 것과 동일한 외경심을 가져야 한다고 주장했다. 나아가 생명을 향상시키는 것은 선이고 생명을 파괴하거나 차단하는 것은 악이라고까지 했다.[2] 이러한 사상을 토대로 그는 사람은 자신이 도울 수 있는 능력이 있을 때 모든 생명을 돕고자 하는 욕구에 순응할 때 진정으로 윤리적이라고 했고, 그의 삶을 통해 입증했다. 슈바이처는 늘 인류애를 위해 헌신하는 데 큰 열망을 가지고 있었다고 한다. 1904년에 그는 파리선교연합에서 발행한 기사를 접하게 됐는데 프랑스의 식민지 가봉에 의사가 급하게 필요하다는 내용이었다. 그 기사를 읽은 슈바이처는 그 잡지를 품고 바로 구체적인 행동에 옮기기 시작했다. 슈바이처의 일대기를 작성한 조지 마샬George Marshall과 데이비드 폴링David Poling은 "수백 명의 젊은이들이 그 기사를 읽었지만 누구도 슈바이처처럼 영향을 받지는 않았을 것이다"라고 진술했다.[3] 이러한 생명에 대한 그의 고유한 철학과 실천이 인류의 형제애를 발전시키는 데 기여한 공로로 1952년 노벨평화상을 수상했다. 그의 철학은 랑바레네에서 알베르트 슈바이처 병원을 세울 때에 설립 이념이 됐던 것으로 가장 잘 알려져 있다. 슈바이처는 일생 동안 현실에 근거한 보편적 도덕 윤리를 찾고자 했으며, 자신의 글과 활동을 통해 가급적 많은 사람에게 전파되어 인간애가 모든 존재에게 확장될 때에야 궁극적인 평화가 이루어진다고 생각했다.[4] 생명과 음악을 사랑했던 슈바이처는 병들고 가난한 자들을 위해 헌신했던 랑바레네에서 그가 사랑하는 바흐의 음악을 들으면서 1965년

---

2 Schweitzer A, *Out of My Life and Thought*, Henry Holt, 1933. p.188.

3 http://www.schweitzer.org/2012/en/work-and-life/biography-long(2025. 1. 20. 검색)

4 "Until he extends the circle of his compassion to all living things, man will not himself find peace" https://en.wikiquote.org/wiki/Albert_Schweitzer(2025. 1. 20. 검색)

90세의 나이로 숨을 거두었고 평생을 바친 병원 옆에 묻혔다. 그가 세상을 떠난 이후에도 랑바레네 병원은 지속적으로 지역 의료를 담당하고 있는데 160명의 직원들이 매년 35,000건의 외래진료와 6,000건의 입원치료, 2,200건의 수술을 하고 있으며 에이즈, 결핵에 대한 치료와 연구도 진행하고 있다. 더불어 딸인 레나 슈바이처 밀러1918~2008도 아버지 뜻을 이어받아 아프리카에서 의료 봉사를 하며 살다가 사망했다. 이와 같이 슈바이처의 평화사상은 생전에 그가 바랐던 것처럼 점차 확장되어 가고 있다.

2) 한국의 이태석 신부의 생애와 활동

이태석 신부는 여러 가지 면에서 슈바이처 박사와 비슷한 점이 많다. 그래서 '한국의 슈바이처'라는 별명이 붙기도 했다. 이태석 신부는 부산에서 10남매 중 9번째로 태어났다. 아버지는 9살 되던 해에 돌아가셨으며, 어머니가 자갈치시장에서 삯바느질을 해서 아이들을 키웠다. 초등학교 시절 동네 성당에서 하와이의 몰로카이 섬에서 버림받은 한센병 환자들과 산 벨기에 선교사 다미앵 신부의 일대기를 다룬 영화 몰로카이MOLOKAI를 보고 다미앵 신부와 같은 삶을 살겠다고 다짐했다고 한다.

1987년 인제대학교 의과대학을 졸업했으며, 군의관으로 복무하면서 가톨릭 신부가 되려는 뜻을 품었다. 1999년 아프리카 선교 체험 때 방문한 남수단 톤즈에서 가난한 아이들을 위해 자신의 일생을 바칠 것을 결심한 그는 2001년 사제 서품을 받고, 같은 해 10월 아프리카에 선교사로 가서 12월 7일 아프리카 남부 수단 와랍 주 톤즈에 부임한다. "한국에도 어려운 벽지가 많은데 왜 꼭 아프리카로 가야만 하느냐?"라는 가족들의 만류에 그는 "그곳에는 아무도 가려는 사람이 없기 때문에"라고 답했다.

그곳에서 가난과 기아, 질병 등으로 도탄에 빠진 마을의 참상을 보게 되고, 선교 활동을 겸한 의료 봉사 활동과 구호운동에 헌신한다. 병실 12개짜리 병원을 짓고 진료소를 만들어, 하루 200~300명의 환자를 돌보며 인근 80여 개 마을을 순회 진료하면서 예방접종도 했다. 학교를 만들고 초·중·고교 12년 과정을 꾸려 수학과 음악도 가르쳤다. 기숙사도 짓고 톤즈 브라스 밴드를 만들어 악기도 가르쳤다.

그는 자신의 안락한 삶을 보장할 수 있는 길을 가지 않고 고통 받는 사람들과 함께하는 길을 택했다. 넉넉하지 않은 환경 속에서 의대까지 졸업한 그에게 사제의 길과 아프리카 의료 선교를 선택하기란 쉽지 않은 결정이었다. 어머니의 반대에도 불구하고 헌신의 삶을 선택할 수 있었던 것은 종교적 신념의 영향이 컸다. "네 이웃을 네 몸과 같이 사랑하라", "가장 보잘 것 없는 이에게 하는 것이 나에게 하는 것이다"[5]라는 성경구절을 사제로서, 신앙인으로서 그대로 실천했다. 하지만 그의 헌신적 삶은 종교의식 속에만 머무르지는 않았다. 그는 병을 치료하는 것뿐 아니라 악대를 만들어 음악을 가르치고 학교를 만들어 공부를 가르쳤다. 백신 보관을 위해 전기 시설을 만들고, 나병 환자에겐 각자 다른 발에 맞는 신발을 만들어 주었다. "예수님이라면 이곳에 성당을 먼저 지으셨을까? 학교를 먼저 지으셨을까? 당연히 학교를 먼저 지으셨을 것이란 확신이 들었다"[6]라는 이태석 신부의 고백은 예수가 공생애 기간 중 병든 자를 고치고 가난한 자와 과부들과 어린이들을 위해 일한 것과 유사하다. 그는 신앙으로 알고 있는 것을 현실 속에 실천했다. 또한, 이태석 신부는 자신이 톤즈 사람이라 믿고 있었으며 현장에서 필요로 하는 것을 함께 고민하고 해결해 나갔다. 그의 책에서 "내 삶이 독립된 나 혼자의 삶이 아니라 이곳 사람들의 삶의 일부이기도 하며 이곳 사람들의 삶도 내 삶의 일부라는 것을, 그리고 시공을 초월한 각기 다른 삶들의 조화로운 섞임이 십자가 위에서 바라보고 계시는 예수님의 마지막 유언이었다는 것을"이라고 했다. 이 때문에 톤즈 사람은 그의 이웃이고 톤즈의 문제는 그의 문제이며, 톤즈의 미래는 그의 미래였다. 이러한 그의 열정과 헌신은 전쟁의

5 『마태복음』 19:19, 25:40. 이외에도 구약과 신약의 여러 편, 즉 『레위기』 19:18, 『마르코』 12:31, 『루카』 10:27, 『로마서』 13:9, 『갈라디아서』 5:14, 『야고보서』 2:8 등에서도 확인할 수 있다.

6 이태석, 『친구가 되어 주실래요?』, 생활성서사, 2010, p.137.

폐허 속에서 1,200명의 아이들이 함께 공부할 수 있는 장을 마련했고 폭력과 가난 속의 아이들이 "Give me money"가 아닌 "Give me a pen"이라고 외치고 "총과 무기를 녹여 악기로 만들어 그 악기로 아름다운 음악을 톤즈 하늘에 가득 채우고 싶다"라는 생각을 하게 했다. 이태석 신부는 톤즈 사람들에게 치료와 교육뿐만이 아니라 톤즈의 미래를 결정하는 가치를 심어 주었다.

3-2. 자발적 비정부조직NGO에 의한 인간애

가. 전쟁, 질병 창궐 등의 위기 상황에서의 구호

위기 상황에서의 구호가 필요한 이유는 첫째, 대규모의 피해가 발생하여 많은 사람이 생존의 위협을 받거나 인간답게 살 수 있는 최소한의 의식주가 공급되지 않는 상황에서는 긴급하게 보호받아야 하기 때문이다. 또, 이러한 상황은 단순히 주가 되는 상황뿐 아니라 복합적인 문제들을 파생하여 시간이 지날수록 문제해결을 더욱 어렵게 한다. 전쟁은 피난민을 만들고, 치안의 불안으로 범죄에 의한 또 다른 위기가 닥치고 열악한 의료 상황으로 전염병이 창궐하는 상황으로 전개되기도 한다.

둘째, 지구촌의 책임 있는 일원으로서의 역할이다. 이러한 위기 상황은 어느 국가나 발생할 수 있는 문제이며 국력이 강하더라도 전쟁, 질병 창궐, 자연재해와 같은 위기 상황에서는 다른 국가의 구호지원이 사태를 수습하는 데 큰 도움이 된다. 대표적으로 2005년 미국 뉴올리언스에 태풍 카트리나가 내습했을 때 뉴올리언스가 범람한 데 따른 피해가 포함되면서 추정 피해 규모가 1천억 달러에 이르자 미국은 "모든 국가의 지원을 받을 용의가 있다"라며 국제사회의 도움을 수용할 뜻을 밝혔다. 세계 최대 규모의 빈국 지원국인 미국의 이례적인 발언에 국제사회는 지원 약속으로 화답했다. 유엔과 유럽연합EU 등에 이어 프랑스와 독일, 심지어 미국과 극도의 대립구도에 있는 남미 베네수엘라까지 긴급구호기금과 연료를 제공할 의사를 밝혔다. 러시아·일본·영국·헝가리·호주 등과 함께 우리 정부도 미 정부에 구조·구호와 복구를 지원했다. 이는 이웃끼리 대사를 함께 치르고 고통을 분담하는 상부상조의 정신과 유사하다.

1) 국경 없는 의사회의 구호활동

성별, 인종, 종교, 정치적 성향을 떠나 누구나 의료 서비스를 받을 권리가 있다는 신념, 그리고 사람들에게 필요한 의료지원이 국경보다 더 중요하다는 신념을 바탕으로 1971년 설립된 국경 없는 의사회는 13명의 의사와 간호사, 그 외 스태프 등 300명의 지원자로 구성된 단체였다. 국경 없는 의사회의 설립 이념은 매우 간단하며 명확하다. "환자가 있는 곳으로 간다" 이러한 원칙 속에 정치적, 이념적 이해와 관계없이 국경 없는 의사회는 구호가 필요한 곳이면 다른 인도주의 단체들이 거의 가지 않는 분쟁 지역까지 위험을 무릅쓰고 간다. "처음으로 들어가서, 마지막으로 나온다first in, last out" 이것은 군인들의 구호가 아닌 국경 없는 의사회의 구호이다.

국경 없는 의사회가 활동하는 곳은 크게 무력 분쟁 지역, 전염병 창궐 지역, 자연재해 지역, 의료 사각지대로 나누어진다. 1972년에 발생한 지진으로 도시 대부분이 파괴됐고, 1만~3만 명이 사망한 지역인 니카라과의 수도 마나과Managua에서의 구호활동을 시작으로 1975년 캄보디아 좌익 무장단체인 크메르 루주Khmer Rouge 정권 희생자들을 위해 최초의 대규모 의료 프로그램을 실시했고 이후 아프간 전쟁, 스리랑카, 라이베리아, 소말리아 내전, 르완다, 스레브레니카 대학살, 시리아, 남수단 분쟁 등 무력 충돌이 있는 곳과 에디오피아, 소말리아의 기아, 태풍과 쓰나미 등의 자연재해, 에이즈, 에볼라 등의 질병 치료까지 광범위한 구호활동을 실시하고 있다.

국제기구나 다른 구호단체와 달리 극심한 피해가 있는 곳에서 국경 없는 의사회가 활동할 수 있었던 이유는 국경없는 의사회의 활동 원칙에서 찾아볼 수 있다. 이들의 활동 원칙은 공정성과 중립성, 독립성, 책무성, 의료윤리, 증언활동이다. 공정성과 중립성에 따라 분쟁 상황에서 어느 한 편에 서지 않고, 의료지원이 가장 필요한 사람들이 있는 곳으로 가며 인종, 종교, 성별, 정치적 성향에 관계없이 오직 의료적 필요에만 근거하여 도움이 필요한 사람들을 지원하기 때문에 실제 현장에 있는 국경 없는 의사회 병원 안에서는 대립하는 양측 군인들과 민간인 부상자들이 나란히 치료를 받는 경우도 있다. 또한, 정치적인 영향이나 제약으로부터 독립적으로 활동한다. 각국 정부나 분쟁 당사자들의 요구에 따라 지원 활동을 하지 않으며 독자적으로 현지의 필요를 파악해 지원 여부를 결정하고 지원이 결정되면 제한 없이 주민들에게 접근하여 지원 활동을 직접적으로 관리한다. "국경 없는" 의사회가 된 것도 바로 활동의 제한으로부터 자유롭기 위함이다. 이러한 독립성을 유지하기 위해 국경 없는 의사회는 운영의 매우 중요한 요소를 제한해야 하는데 바로 재원의 모금이다. 국경 없는 의사회의 대부분의 재원은 민간 기부금을 통해 마련되며 극히 일부만을 정부 및 정부 간 기구로부터 지원받는다.

국경 없는 의사회가 의료 구호활동만 하는 것은 아니다. 국경 없는 의사회의 스태프 중에는 언론인도 포함되어 있다. 극단적인 폭력 행위를 목격 시, 현지 주민들이 용인할 수 없는 고통을 겪는 상황에서 구명 의료 활동이 차단될 때, 의료시설이 위협당할 때, 위기 상황이 외면당할 때, 구호활동이 부적절하거나 잘못 활용될 때 이를 공개적으로 알림으로써 사람들의 관심을 모으고자 노력한다. 가장 참혹한 현장에서 활동하고 있기에 누구보다도 실상을 정확하게 파악하고 있으며 직접 체험한 폭력을 생생하게 고발하는 것은 공정성과 중립성을 유지하는 것 못지않게 중요한 가치이다. 실제로 1995년, 유엔이 '안전 지역'으로 선포한 피난민 주거지인 스레브레니차Srebrenica를 세르비아군이 침공하여 약 8,000명의 보스니아 인을 학살한 사건에 대해 국경 없는 의사회는 공식적으로 반대 의사를 밝혔다. 그리고 2015년 10월 미군이 아프가니스탄 북부 쿤두즈 지역의 국경 없는 의사회MSF 외상센터를 공습하여 국경 없는 의사회 직원 14명, 환자 24명, 간병인 4명 등 42명이 사망하고 37명이 부상당한 사건에 대해 강력히 비난하며 국제인도주의 사실조사위원회의 조사를 요구했다. 이에 유엔 안보리에서는 만장일치로 민간인들을 보호하고 그들의 생존에 필요한 의료 서비스를 보호하겠다는 내용을 담은 결의안 2286호를 통과시켰고 오바마 대통령은 사과와 재발 방지를 약속했다.[7] 이와 같이 국경 없는 의사회는 전쟁의 참상을 외부 세계에 알려 보다 적극적인 평화의 구축을 위해 노력한다.

2) 하얀헬멧의 구호활동

도움이 필요한 사람이 있는 곳이면 위험을 무릅쓰고 가는 또 다른 사람들이 있다. 바로 하얀헬멧이다. 2016년 여름 시리아 내전 격전지인 알레포의 무너진 건물 사이에서 구조된 다섯 살 난 남자아이 옴란 다크니시 모습을 담은 사진과 영상이 소셜미디어 등을 통해 퍼지면서 지구촌이 충격과 슬픔 속에 빠졌다. 2012년부터 반군에 장악된 알레포에서는 시리아 정부군과 이를 지원하는 러시아군이 공습을 실시했고 반군이 정부군의 포위망을 뚫기 위해 반격에 나서면서 치열한 교전이 벌어져 민간인 사상자가 속출했다. 진입로마저 끊겨 외부로부터의 구호조차 힘든 상황에서 시민들은 자발적으로 시리아시민방위대SCD:Syrian Civil Defense를 조직했다. 그들에게는 다른 구호단체와 같은 전문적인 구호 장비나 수단이 거의 없다. 대신 유일한 개인 보호 장구인 흰색 헬멧 덕에 '하얀헬멧'이란 별명으로 불리고 있다. 스무 명 남짓한 자원 활동가로 시작한 하얀헬멧은 인접국 터키에서 구조훈련을 받고 하얀헬멧과 유니폼을 비롯한 장비들을 얻어 돌아와 활동하기 시작했고 점점 나빠지는 상황에 사람들이 죽어가는 모습을 보며 수많은 시민들이 힘을 보태기 시작했다. 3,000여 명의 규모가 된 하얀헬멧은 알레포, 이들리브, 하마, 홈스, 다마스쿠스 등 서부 8개 지역에서 전쟁의 위험에 처한 사람들을 구호하고 있다. 2016년 12월까지 그들은 78,529명의 인명을 구조했고 사망한 시신들을 수습했다. 그 와중에 154명의 대원이 목숨을 잃고, 수백 명이 다쳤다.[8]

이들이 활동하는 곳은 전투와 공습이 이루어지는 세상에서 가장 위험한 시가

7 국경없는 의사회 홈페이지, http://msf.or.kr/article/3114(2025. 1. 20. 검색)

8 https://www.whitehelmets.org/en(2016. 12. 26. 검색)

전이 이루어지는 곳이며 의료지원이 절실한 곳이기도 하다. 누구도 가지 않으려 하는 곳에 공격으로 죽어 가는 사람들을 구호하기 위해 들어가는 이들은 부상자에게 "당신은 누구 편이냐?"라고 묻지 않으며 구호가 필요한 사람이면 누구나 구조한다. 하지만 증오적 대립에서 오는 공격은 생명을 구호하는 하얀헬멧에게도 지속적으로 행해지고 있다. 병원 시설은 공습의 주요 대상이 됐으며 하얀헬멧을 목표로 한 공격도 자행됐다. 특히, 러시아는 부상자들의 이송을 지연시키기 위한 목적으로 첫 번째 공습 후 부상자를 구조하기 위해 움직이는 사람을 목표로 재공격하는 'two-tap'이라고 불리는 공습을 실시하는데 상당수의 하얀헬멧 구호자들도 이로 인해 사망했다.[9] 하지만 하얀헬멧의 인도적 구호활동은 이러한 위험 속에서도 지속적으로 이루어지고 있다.

3-3. 학살의 위기 속에서의 평화활동

전쟁은 목적 달성을 위해 많은 폭력을 양산한다. 하지만 전쟁에서는 승리 그 자체의 목적 달성 이상의 폭력이 행사되기도 하는데 이는 이데올로기, 종교, 인종, 민족 등의 차별적 사상, 역사적 대립관계 등에 의한 편견과 증오에 의해 자행된다. 종교전쟁, 제2차 세계대전에서 경험한 대규모의 학살이 대표적인 예이다. 독일의 히틀러는 우생학을 근거로 유태인을 학살하여 민족을 말살하려 했으며 일본 역시 열등한 민족을 근대화한다는 이유로 한국을 비롯하여 여러 동아시아 국가를 정복하고 학살을 자행했다. 이러한 행위들은 전쟁이라는 특수한 상황과 절대적인 힘의 차이에 의해 약자에게 피할 수 없는 일방적인 피해를 준다. 하지만 스스로를 지킬 수 없는 상태로 학살과 공격에 무방비로 노출된 사람들에게는 구호와 도움의 손길이 생명을 유지할 수 있는 필수적인 요소가 된다. 하지만 위기의 상황에서 위험에 빠진 사람을 돕는 일은 많은 위험을 동반하게 되며, 심지

9 Jared Malsin, "The white helmets in Syria", Time, October 17, 2016.

어 그 과정에서 목숨이 희생되기도 한다. 이러한 위험 가운데서도 인간애를 발휘하여 생명을 구하는 활동을 하는 사람들이 있다. 이들의 윤리적 탁월성은 어디서 기인했는지 살펴보자.

1) 오스카 쉰들러의 유태인 보호

휴머니즘을 잘 담아낸 영화로 유명한 쉰들러리스트의 주인공인 오스카 쉰들러는 제2차 세계대전 당시 자신의 사업을 이용하여 1,200명에 달하는 유태인을 나치의 홀로코스터로부터 구출했다. 하지만 쉰들러가 처음부터 유태인을 구해야겠다는 동기를 가진 것은 아니라고 알려져 있다. 쉰들러는 나치 정권하에서 자신의 사업을 확장하고 돈을 벌기를 원했다. 그는 1936년 독일 군 해외 정보처와 교류를 시작해서 1939년에는 나치당에 가입했고, 독일이 폴란드를 점령하고 유태인들로부터 사업장을 빼앗고 유태인 거주 지역을 정하여 강제 이주시키는 정책을 추진할 때 쉰들러는 에말리아Emalia라는 공장을 설립하고 이 공장 근처의 크라쿠프 게토〔유태인 강제 거주 지구〕에서 강제 동원된 폴란드계 유태인 인력을 고용했다. 당시 유태인은 매우 저렴한 노동력으로 매매됐고 이때 주어지는 '근로자 자격증'이라는 고용 증서가 있으면 나치의 학살로부터 피할 수 있었다. 1943년 나치의 탄압이 심해지고 유태인들이 학살당하는 광경을 보던 쉰들러는 값싼 노동력인 유태인이 소중한 생명으로 인식되기 시작했고 유태인을 보호해야 한다는 생각이 들었다. 쉰들러는 자신의 재산을 이용하여 유태인 노동자들을 고용하기 시작했고 그렇게 고용된 유태인의 수는 점점 늘어나기 시작했다. 쉰들러는 나치가 게토에서 유태인들을 몰아내면서 유태인들의 신변이 위험해지자, 자신이 고용한 유태인 근로자들이 공장 부지에서 안전하게 머물 수 있게 했고 유태인 노동자들에게 식료품을 제공해 주었다. 자신의 공장에 있는 유태인들을 안전하게 보호하기 위해 어린이들은 나이를 높이고 노인들은 나이를 낮추어 신고하여 노동자로 보이도록 했으며, 나치의 주요 학살 대상인 예술가, 변호사, 의사 등의 지식인들은 금속기술자로 속이기도 했다. 유태인 노동자가 플라소우 수용소로 수송되자 쉰들러는 뇌물과 인맥을 이용하여 수용소의 유태인들을 보호하기 위해 노력하는 한편, 독일의 SSSchutzstaffel, 나치 친위대로부터 유태인을 보호한다는 의심을 받지 않으려고 공장에 군수물자를 제조하는 부서를 추가하여 운영하기도 했다. 유태인 근로자들을 보호한 일로 독일 당국은 그가 부정을 저지르며 유태인들을 허락 없이 지원하고 있다는 의심을 하게 됐고 SS와 경찰관들이 세 차례나 그를 체포하기도 했으나 그는 유태인을 보호하는 일을 그만두지 않았다.[10]

쉰들러의 행위가 칭송받는 것은 쉰들러가 유태인을 보호하지 않아도 비난받지 않을 뿐 아니라 오히려 당시 사회의 통념에 있어 매우 비정상적이고 위험한 행위였다는 것이다. 심리학자인 애쉬Solomon Eliot Asch, 1907~1996는 집단 동조 실험을 통해 집단의 압력이 작용하면 너무나 쉽고 명백한 다수의 오답에 반하여 정답을 대답하는 사람이 적게 나타남24%을 확인했다.[11] 당시의 유태인에 대한 독일인들의 인식과 대우를 고려할 때 쉰들러의 행위는 결코 쉽지 않은 결정이었을 것이다.

종전 후 나치 당원으로서 도피해야 했던 쉰들러에게 유태인들이 감사의 선물로 준 반지에는 '한 사람을 살리는 것은 세상을 구하는 것과 같다'라는 탈무드의 글귀가 새겨져 있었는데 쉰들러의 삶에서 보여 준 자세와 결과와 잘 맞는다. 쉰들러는 유태인을 한 사람이라도 더 보호하기 위해 마지막 남은 자신의 재산까지 포기했을 뿐 아니라 자신이 위험에 처하면서도 그 행위를 멈추지 않았다. 쉰들러가 직접 구한 유태인들의 수는 1,100여 명이었지만 현재 그들의 후손은 6,000명에 달한다. 쉰들러는 1974년 독일의 힐데스하임에서 사망했고 그의 유언에 따라 예루살렘의 가톨릭 공동묘지에 안장됐다.

10 https://www.ushmm.org/wlc/en/article.php?ModuleId=10007962 (2017. 1. 18. 검색)

11 S. E. Asch, "Studies of independence and conformity: A minority of one against a unanimous majority", Psychological Monographs: General and Applied, Vol 70(9), 1956, pp.1~70.

2) 스기하라 지우네의 유태인 보호

'일본의 쉰들러'라는 별명을 가진 스기하라 지우네는 제2차 세계대전 당시 일본의 외교관으로 리투아니아 영사로 근무했다. 그의 임무는 소련군과 독일군의 동향을 파악하면서 소련이 독일을 공격할 가능성이 있는지를 살펴보고 정보를 일본 정부에 보고하는 것이었다. 소련과 독일은 1939년 독소불가침조약에 의해 중앙 유럽을 각각 분할하고 서로 공격하지 않기로 했다. 이 가운데 독일이 폴란드를 침공하고 나치가 유태인에 대한 탄압을 본격화하자 유태인들은 인접한 리투아니아로 피신했고 나치 독일의 확장을 피해 안전한 곳을 찾아 지속적으로 이동했다. 하지만 리투아니아를 통치하던 소련 정부는 1940년 7월까지 리투아니아 내 모든 해외 주재 공관은 자국으로 철수하라는 명령을 내렸다. 문제는 독일의 확장을 피해 리투아니아에서 탈출하여 이동해야 하는 유태인들이 다른 나라로 이동할 수 있는 비자를 발급받을 수 없게 된 것이었다. 당시 일본 영사관과 덴마크 영사관만이 20일의 연장 허가를 받고 카우나스Kaunas에 남아 있게 됐다. 덴마크 영사는 유태인들이 그곳으로 안전하게 피신할 수 있도록, 원할 경우 비자를 발급해 주겠다고 발표했으나 문제는 유태인들이 시베리아를 건너 그곳에 도달할 경우, 당시 일본령이었던 만주와 일본열도를 지나가야 했다. 소련이 일본의 통과 비자가 있는 경우에만 소련 영토 통과를 허용하겠다고 밝히자 나치를 피해 외국으로 빠져 나가려던 유태인들은 일본 영사관으로 몰렸다.

이에 스기하라는 본국에 비자 발급을 3차례나 문의했으나 일본 정부는 비자 발급을 거절했다. 결국 스기하라는 고심 끝에 일본 정부의 승인 없이 유태인들에게 비자 발급을 해 주기로 결심했고 심지어 발급 자격에 충족하지 못하는 사람들을 위해 임의로 자격 요건까지 완화해 가면서 일본 영사관이 폐쇄될 때까지 매일 비자를 발급했다. 영사관이 폐쇄되자 그는 리투아니아를 떠나기 전 묵었던 호텔과 떠나는 기차 안에서도 비자를 만들었으며, 기차가 떠나기 시작하자 자기 서명이 담긴 서류 뭉치와 도장을 창밖으로 던져 피난민들이 스스로 비자를 완성하도록 조치했다.

결국 스기하라가 발급한 비자로 유태인 난민 6,000여 명이 시베리아와 일본을 거쳐 상하이나 미국으로 대피하여 목숨을 구할 수 있었다. 하지만 이 일로인해 스기하라는 이후 본국에서 철저히 배제됐다. 그는 본국의 명령을 어겼다고 외무성으로부터 파면됐고 생계를 위해 동경의 PX 점원, 미국 무역회사 직원, 학원 선생, 방송국 등에서 일하며 넉넉하지 않은 삶을 살았다. 또한, 일본정부는 이스라엘의 유태인 협회가 처음 스기하라라는 성을 가진 외교관의 소식에 관해 문의했을 때 없다고 답변했다. 스기하라는 1969년에 이스라엘 정부로부터 훈장을 수여받았고 1985년에는 일본인으로서는 처음으로 야드바셈 상[12]을 수상했다. 예루살렘에 기념 현판이 설치되고 '열방의 의인'으로 기려지는 등 그의 인간애가 밝혀진 가운데에도 별다른 대응이 없었던 일본 정부는 스기하라가 사망한 이후인 1991년에야 그의 부인에게 일본 정부의 대우에 대해 사과하고 2000년에 그의 의로운 행위를 기리는 기념비를 외무성 외무자료관에 세웠다.

스기하라는 외교관으로서 본국의 명령을 따르지 않고 비자를 무단으로 발급하는 것이 자신에게 어떤 불이익을 가져올지 분명히 인식하고 있었다. 하지만 그는 동시에 자신이 비자를 발급하지 않을 경우 유태인들의 신변에 어떤 일이 발생할지도 잘 인식하고 있었다. 그는 유태인들에게 비자를 발급하는 행위를 선택함으로써 자신에게 닥칠 불이익을 감수했다.

3) 마리아 콜베 신부의 헌신

폴란드의 사제인 성 막시밀리아노 마리아 콜베Sanctus Maximilianus Maria Kolbe, 1894~1941는 제2차 세계대전 기간 중 유태인 2천 명을 포함한 폴란드에서 온 난민들에게 니에포칼라누프 수도원을 은신처로 제공해 나치로부터 보호해 주었고 이 때문에 독일 게슈타포에게 체포되어 아우슈비츠 수용소에 감금됐다. 이곳에서 그는 저명한 가톨릭 신부라는 이유로 더욱 혹독한 매질과 고문과 처벌을 받

12 이스라엘 정부가 유대국가 건국에 기여한 외국인에게 주는 최고의 훈장이다.

으면서도 동료 수감자들에게 원수를 사랑하라고 끊임없이 격려했다. 그러던 중 1941년 7월 말경, 한 수감자가 수용소를 탈출하는 사건이 발생했다. 당시 나치는 한 명이 탈출하면 그 벌로 열 명을 처형했는데 나치에 의해 지목된 열 명의 처형자 중 한 폴란드 사람이 자기에게는 가족과 아이들이 있다고 울부짖자 이를 본 성 마리아 콜베 신부는 자원해서 대신 죽겠다고 앞으로 걸어 나갔다. 결국 그는 다른 아홉 명과 함께 지하 감옥에 갇혀 아사형에 처해졌다. 다른 동료들이 모두 굶어 죽을 때까지 2주 이상을 물과 음식 없이 생존한 그에게 나치는 결국 독극물을 주사했고, 이로써 그는 1941년 8월 14일 아우슈비츠의 감옥에서 세상을 떠났다. 콜베 신부는 1982년 10월 10일 교황 요한 바오로 2세에 의해 순교자로 인정됐으며, 성인으로 시성됐다.[13]

마리아 콜베 신부는 성직자로서 예수의 희생과 박애정신을 실천했다. 죄인을 구원하기 위해 십자가에 못 박혀 죽은 예수의 사랑은 기독교 신앙의 핵심이 되는 구원의 원리이다. 콜베 신부는 자신이 믿는 그 신앙의 원리에 따라 자신의 삶을 살았다. 유태인의 탈옥과 처형 대상으로 선정된 것이 대속되어야 할 죄는 아니지만 그는 삶과 죽음이 결정되는 순간에 다른 사람을 위해 자신을 희생하는 사랑을 실천한 것이다.

4) 흥남 철수작전과 인도적 철수

1950년 후반 인천상륙작전으로 유엔군은 서울을 수복하고 압록강 전선까지 북상했다. 하지만 중공군의 개입으로 다시 남쪽으로 밀리기 시작하고 그 해 12월, 중공군이 원산을 점령함에 따라 고립된 미군은 해상으로 병력과 장비를 철수하는 작전을 세운다. 미군이 흥남에서 철수한다는 소식을 들은 피난민들은 흥남부두로 몰려들기 시작했다. 이때 미군은 10만여 명에 달하는 군 병력과 50만 톤의 장비 및 물자를 철수해야 하기에 피난민을 함께 태워 철수하는 것은 불가능

13 한국가톨릭대사전편찬위원회, 『한국가톨릭대사전 제11권』, 한국교회사연구소, 2005, pp.8512 ~8514.

하다고 판단했다. 이때 미1군단 민사부 통역장교로 참전했던 현봉학 박사는 철수작전을 담당했던 알몬드 소장에게 피난민 구출을 간절히 요청했다. "자유를 찾아 남쪽으로 가려는 피난민들을 배에 태워 주세요. 여기서 떠나 버리면 저기 있는 모든 사람은 중공군의 공격에 몰살당하고 말 겁니다" 알몬드 소장은 현봉학 박사의 간곡한 설득에 마음을 돌려 배에 싣고 있던 군수품 대신 피난민 수송을 지시했다. 이로써 1950년 12월 12일 193척의 선박을 통해 구출된 피난민은 10만 명에 달했다. 흥남 철수작전은 현봉학 박사와 알몬드 소장뿐 아니라 참모장으로 알몬드 소장을 함께 설득했던 포니 대령, 정원을 훨씬 초과하는 인원이 탑승할 수 있도록 허가한 각 선박의 선장들의 박애정신이 만들어 낸 기적과 같은 결과였다.

맹자는 인간의 본성을 태어날 때부터 선한 존재로 보고 덕성을 높일 수 있는 4가지 기본적인 품성인 측은惻隱, 수오羞惡, 사양辭讓, 시비是非의 4단四端을 가지고 있다고 했다. 이들은 사지에 남겨질 피난민들을 생각하며 측은히 여기는 마음을 느꼈을 것이고 그 상황에서 군인으로서의 주어진 임무를 완수하는 것, 전쟁 중의 장비와 물자를 보존하는 것, 그리고 많은 생명을 구하는 것 중 어떠한 가치에 우선순위를 둘지, 어떤 행동을 선택하는 것이 옳은지에 대한 고민을 했을 것이다. 결국 그들은 생명을 구하는 것을 선택했다. 이는 측은히 여기는 마음으로 시작되어 옳고 그름을 따지고 우선순위 바르게 매겨 실천한 맹자의 4단이 잘 확충되어 인의예지仁義禮智의 4덕을 실천한 예라고 할 수 있다. 맹자는 이를 확충시키면 천하라도 보전하지만 이를 확충하지 못하면 부모조차 섬길 수 없게 된다고 했는데 이날 이들의 선택은 천하와 같은 생명을 10만 명이나 구하게 된 것이다.

4. 인간애가 발휘된 활동의 의의

앞에서 살펴본 인간애가 발휘된 활동의 공통점은 극한 상황에서 발휘된 인간애이다. 하지만 극한 상황에서 모두가 이들과 같이 행동할 수 있는 것은 아니다. 극한 상황에서 인간애가 발휘되려면 먼저 고통에 대한 공감능력이 뛰어나야 한다. 애덤 스미스Adam Smith는 자신의 저서 『도덕 감정론』Theory of Moral Sentiments, 1759에서 우리는 타인과 같은 처지가 되어 공감할 수 없기 때문에 상상을 통해 상대방의 상황을 추론할 수밖에 없고 따라서 온전한 공감은 어렵다고 했다. 나아가 그 제한적 공감 자체도 순간적일 뿐이며 자신에게 확보된 안전은 공감 자체를 약화시킨다고 했다.[14] 실제 우리가 매일 많은 사람들이 죽는 기사를 접하지만 순간적인 동정을 느낄 뿐 적극적인 행동을 하지 않는 것도 이 때문이다. 하지만 인간애가 발휘되려면 고통 받는 이들과 가장 가까운 공감을 할 수 있어야 하며 그래야만 타자의 시선에서 관망하지 않고 행동할 수 있는 것이다. 둘째, 생명을 소중하게 여기고 위험에 처한 생명을 보호하는 것을 가치의 우선순위에 둘 수 있어야 하고 이 우선순위에 의해 도덕적 판단을 할 수 있어야 한다. 전쟁의 상황 속에서 약자를 보호하기 위한 행동을 하는 것은 개인의 신변에 매우 위험한 상황일 수 있다. 그래서 많은 사람들은 잔인한 폭력 앞에서 침묵하는 것을 선택한다. 한나 아렌트Hannah Arendt는 나치 전범재판을 지켜보며 권위에 의한 유태인 학살 명령에 자신의 행위에 대한 도덕적 판단 없이 적극적으로 순종했던 오토 아돌프 아이히만Otto Adolf Eichmann의 모습 속에서 '악의 평범성 또는 진부성Banality of Evil'을 발견했다. 극한 상황에서 피해자가 아닌 주체들은 도덕적으로 무감각해지거나 오히려 자신의 이익을 위해 적극적으로 동조할 수도 있다. 자신에게 미칠 수 있는 불이익에 우선하여 생명의 가치를 두는 것이 어떠한 상황에서도 인류애를 발휘할 수 있도록 한다. 셋째, 도덕적인 가치 판단을 행동으로 실천할 수 있어야

14 Adam Smith, *The Theory of Moral Sentiments*, ed. D. D. Raphael and A. L. Macfie, *The Glasgow Edition of the Works and Correspondence of Adam Smith*, vol. 1, Oxford University Press UK, 1976, pp.9~21.

한다. 자신이 마땅히 해야 할 윤리적 행위가 무엇인지를 깨달은 것을 그대로 실천하는 것이다. 아무리 고매한 사상이라도 실천되지 않으면 상황은 변화되지 않는다. 지구문트 바우만Zygmunt Bauman은 "오늘날 악은 누군가의 고통에 제대로 반응하지 못할 때, 타인에 대한 이해를 거부할 때, 말없는 윤리적 시선을 외면하는 눈길과 무감각 속에서 더 자주 모습을 드러낸다"[15]라고 하며 타인의 고통을 외면하는 것이 악을 양성하는 것이라고 했다. 위기 상황에서 윤리적 탁월성을 발휘하기 위해서는 타인의 고통에 밀접하게 공감하고 자신의 위험을 무릅쓰고 약자를 보호하는 행위를 실천하여야 한다.

5. 인간애 발휘와 평화운동의 조직화

인간애 발휘와 평화운동을 조직화하기 위해서는 먼저 제도적인 노력으로 국내, 국제적 사안에 대한 도덕적 민감성을 높이고 구호에 대한 의무를 부여하는 법안의 입법과 시행이 이루어져야 한다. 2016년 한국에서는 승객을 태운 채 운행하던 택시기사가 심장마비로 쓰러져 사고가 나자 승객들이 신고를 하지 않은 채 다른 택시를 타고 자리를 떠나 택시기사가 사망한 사건이 있었다. 이 사건으로 인해 '착한 사마리아인 법'의 도입에 대한 사회적 관심이 뜨거웠다. 개인의 권리와 자유가 위험에 빠진 타인의 인권에 의해 어느 정도 제한되고 강제성을 부여할 수 있는지에 대한 논의는 이루어져야 하겠지만, 타인의 불행에 대해 의무를 부여하는 법률적 근거는 반드시 필요하다. 국제적으로는 한국은 2007년 10월 "해외긴급구호에 관한 법률"이 공포, 시행됨에 따라 대규모 해외재난 발생 시 신속하고 체계적인 대응을 위한 법적 기반을 마련했다. 이러한 국제사회의 책임 있는 일원

15 지구문트 바우만 외, 최호영 역, 『도덕적 불감증』, 책 읽는 수요일, 2015, p.23.

으로 활동할 수 있는 기회를 확대시켜야 한다.

문화적으로는 어려움을 공감하고 체험할 수 있는 장이 확대되어야 한다. 사람들은 자신의 일상적 생활 범위를 초월한 영역에 대한 자연적 인지가 어렵다. 이 때문에 언론이나 다양한 경로를 통해 정보를 접하고 있지만 자신이 도움을 주어야 할 사람인지, 고통 속에 도움을 필요로 하는 사람들이 있는지에 대한 인식을 제대로 하지 못한 채 살아간다. 아동기 때부터 함께 살아가고 도움을 주는 평화교육을 실시하고 청소년기에는 체험 활동을 통해 실천하는 기회를 가지게 하여 인류애적 가치가 형성되도록 해야 한다. 이러한 교육과 체험이 연계되고 지속성을 가지면 그 효과가 더욱 커질 수 있다. 예를 들어 한국의 교육제도에서는 청소년들의 사회봉사 활동을 포함시켜 운영하고 있지만 제도의 목적을 달성하는 데 많은 한계가 있다. 숙련되지 않은 자원 봉사자에게 봉사 단체에서 맡길 수 있는 활동도 한계가 있다. 조기에 평화교육을 실시하고 관심이 있는 분야에 대해 정보를 접하고 활동을 하기 시작하면 자발적인 동기가 부여되어 실질적인 도움과 교육의 효과를 가지게 될 것이다. 문화, 예술계의 노력과 지원도 중요하다. 한 편의 시와 영화가 위대한 헌신을 결단하게 한 사례는 너무나 많다. 사람의 감정을 움직이는 문화와 예술의 힘은 도덕적인 감수성을 기르고 실천하는 힘을 가지게 한다. 이태석 신부의 생애를 그린 '울지마 톤즈', 쉰들러가 유태인을 구하는 이야기를 담은 '쉰들러 리스트', 음악을 통해 베네수엘라의 불우한 청소년들을 변화시키는 이야기 '엘 시스테마'와 같은 영화와 윤동주, 박노해와 같은 시인들의 시는 평화의 메시지를 시에 담아 대중의 마음을 움직인다. 때로는 평화를 표현하는 작품이 불편하게 느껴질 때도 있다. 인류가 살아가는 세상이 이상적이지 않기에 이상을 추구하는 문화·예술은 사회 비판적인 경향이 있다. 하지만 이를 통제할 것이 아니라 표현의 자유를 제도적으로 충분히 보장하고 정치적 논쟁이 아닌 문화적 논쟁으로 해결해야만 한다.

6. 맺음말

이 장에서는 각박한 지구촌에서 인간애를 발현한 사례를 탐구했다. 인간은 더불어 사는 존재이다. 그리고 누구나 위기 상황에 처할 수 있다. 따라서 인간애 발휘는 누구에게나 닥쳐올 수 있는 비극으로부터 최소한의 안전을 보장받고 인간적인 삶을 영위하기 위해서는 반드시 필요한 요소이다. 인류가 비극적 사건에 고통받을 때 인류애를 실천한 사람들이 있었고 이로 인해 많은 생명이 보호받거나 구제됐다. 그들은 극한 상황에서도 생명에 대한 감수성을 가지고 있었고 인류의 고통에 대한 책임감과 사명감을 느꼈으며 최악의 상황에서도 긍정적 세계관을 견지하며 차별이나 우월의식 없이 고통 받는 사람들과 함께 했다. 제도적, 문화적 노력을 통해 많은 사람들이 인간애를 발휘하고 평화로운 세계가 될 수 있도록 해야 할 것이다.

생각해 볼 문제

1. 인간애의 실천은 도덕적 탁월성인가 아니면 인간 본성인가?

2. 사회 문제 해결을 위해 개인의 인간애 발휘를 장려하는 것은 바람직한가?

제7장

인간차별 극복과 평화

1. 머리말

인간은 누구나 자유롭게 태어났고 자유로운 삶을 영위해야 하지만 역사를 돌아볼 때 지배와 복종, 착취와 피착취는 늘 존재했고 이러한 인간차별은 분쟁과 학살, 노예제도, 인신매매, 정치적, 사회적 탄압 등 인류에게 많은 고통과 비극을 안겨 주었다. 인간차별은 모든 인간은 동등한 권리를 가진다는 기본적인 원칙에 어긋나는 것으로 편견과 혐오주의와 같은 비합리적 사고에서 기인한다. 세계인권선언은 "모든 사람은 날 때부터 자유롭고 동등한 존엄성과 권리를 가지고 있다"[1]라고 명시했고, 다양한 방면에서 노력함에도 불구하고 차별은 세계 곳곳에서 여전히 존재하고 있다. 이 장에서는 인간차별이 발생하는 근본적인 원인과 이를 극복한 사례를 통해 인간차별의 문제를 해결해 나갈 수 있는 방안을 모색하고자 한다.

1 모든 사람은 날 때부터 자유롭고 동등한 존엄성과 권리를 가지고 있다. 사람은 천부적으로 이성과 양심을 가지고 있으며 서로 형제애의 정신으로써 행동하여야 한다", 세계 인권선언 제1조(1948. 12. 10.).

2. 인간차별 사고의 근원과 인간차별 극복의 의미

차별의 사전적 정의는 '둘 이상의 대상을 각각 등급이나 수준 따위의 차이를 두어서 구별함'이다. 이는 영어의 차별discrimination의 어원이 각각을 따로 분리하는 것이라는 의미로 disapart + priminseparate + ation명사형 접미사에서 유래한 것과도 유사하다. 이를 사회적 의미로 정의하면 개인의 특성을 무시하고 소속되어 있는 집단이나 사회적 카테고리에 근거하여 합리적으로 설명될 수 없는 상이한 취급을 하는 것이라고 할 수 있다.

인간차별의 원인에는 (종교, 인종, 민족) 우월주의, 혐오주의, 편견 등이 있으며 인간차별差別은 종교, 장애, 나이, 신분, 학력, 이미 형刑의 효력이 없어진 전과, 성별, 성적 지향, 인종, 신체 조건, 국적, 나이, 출신 지역, 이념 및 정견 등의 이유로 가해질 수 있다.[2] 일본 부락해방인권연구소의 노구치 미치히코野口道彦는 차별의 존속은 편견, 이해와 착취, 분단지배, 질서유지, 문화와 이데올로기 등 다양한 원인에 의해서라고 한다.

동양에서의 생명존중 사상은 궁극적으로 나와 남이 다르지 않다는 것에서 시작된다. 인간의 본래의 마음 즉 성性은 하늘이 부여한 살고자 하는 마음이다. 이러한 고유의 마음이 사람에게 직접 통한 것이 본성이지만 '나'라는 존재를 인식하는 순간부터 나와 남이 다르다는 것을 인식하고 남을 구별하게 된다.

서양에서는 타인보다 우월함을 인정받고자 하는 인간의 욕구에 의해 차별이 생겨난다고 한다. 루소는 그의 저서『인간 불평등 기원론』에서 원초적 자연 상태는 자유롭고 행복한 상태였으나 인간이 필요에 의해 함께 모여 살아가게 되면서 타인들에게 인식되는 자아가 생기게 되고 이에 따라 타인과 자신의 차이를 비교하면서 우월성을 무리에게 인정받고 싶어 하는 욕구가 소유욕과 결합하면서 차별의 상황이 더 악화된다고 주장한다.[3]

---

2 국가인권위원회법 제30조 제1항.

3 장 자크 루소 지음, 주경복, 고봉만 역,『인간 불평등 기원론』, 책세상, 2008, pp.96~125.

3. 인간차별 극복의 사례

3-1. 넬슨 만델라의 인종차별 극복

가. 남아프리카의 인종차별 정책

인종차별은 상이한 특징을 지닌 인종이라 불리는 특정 집단의 성원에 대한 부정적 태도를 표현하거나 그런 태도에 의해 유발된 일단의 신념, 심리 성향, 행동 경향이다.[4] 인종차별은 인간이 가지고 있는 비합리적인 사고로 실제로 검증되지 않은 개인의 신념 또는 무리의 사고이며 특정 기준에 의해 다르다고 구분된 무리에 대해 무시하거나 경멸적인 태도를 보이고 폭력을 사용하는 것을 정당화하는 근거이기도 하다. 문제는 개인의 신념, 사회문화 및 관습에 의해 설정된 차별의 기준이 모호하며 맹목적이라는 것이다. 인종의 경우 크게 흑인종, 백인종, 황인종 등으로 나누기도 하고 히스패닉, 멕시칸, 아시안, 앵글로·색슨과 같이 더욱 세부적으로 분류하기도 하지만 각각의 인종 간의 명확한 생물학적 경계를 나누기는 불가능하다. 어느 정도까지의 피부 톤이 검은 피부이고 어느 정도까지가 흰 피부인가? 같은 부모를 가진 형제끼리도 마치 다른 인종처럼 차이가 나는 경우도 있다. 설사 정확히 나눌 수 있다고 하더라도 쉽게 답을 도출하기는 힘들다. '인종 간에 태어난 자녀와 또 그런 자녀가 자기와 상황이 비슷한 사람과 자녀를 갖게 되면 최종적으로 어떤 인종이 되는가?', '순수 혈통이라 불리는 유전적 특성은 언제부터 순수 혈통으로서의 정통성을 갖게 됐는가?', '인종 간의 생물학적 차이가 사회적·문화적 편견과 차별이 없는 상태에서 능력, 도덕성, 인성에 유의미한 차이를 만들어 내는가?', '차이가 있다면 인간의 존재적 가치가 그로 인해 차별 받는 것이 합당한가?' 인종차별은 이러한 질문에 명확한 답을 하지 못한 채 맹목적인 신념으로 형성된다. 인종차별은 다양한 수준에서 발생한다. 의도적으로 누

4 존 크리스먼 지음, 실천철학연구회 역,『사회정치철학』, 한울아카데미, 2004, p.253.

군가를 채용하지 않으려는 것과 같이, 기본권을 명백하게 침해하는 인종차별도 있지만 대부분 법적 테두리 밖에서 일어난다. 예컨대, 소수 시민들은 은연중이든 노골적이든 멸시당하고, 따돌림당하고, 모욕당한다.[5] 따라서 인종차별은 여전히 진행 중인 화두이다. 차별을 금지하는 강력한 법적·제도적 장치를 갖춘, 미국에서는 흑인이 대통령이었을 때조차 잇따른 백인 경관들의 흑인에 대한 과도한 대응에 인종차별 논란이 계속되고 있으며, 이후 대통령은 노골적인 인종차별 발언과 정책으로 이슈를 만들기도 했다. 그렇다면 인종차별의 문제를 어떻게 해결할 수 있을까? 현대에 이르기까지 강력하고 합법적인 인종차별 정책을 유지했던 국가인 남아프리카 공화국의 전 대통령인 넬슨 만델라Nelson Rolihlahla Mandela의 생애를 통해 살펴보자.

남아프리카의 인종차별의 상징은 아파르트헤이트Apartheid이다. 남아프리카 공화국의 백인 정권에 의하여 1948년에 법률로 공식화된 인종차별 정책인 아파르트헤이트는 아프리칸스 어로 분리·격리를 뜻한다. 백인 우월주의에 근거한 이 인종차별은 17세기 중엽 백인의 이주로 시작되어 1948년 네덜란드계 백인인 아프리카나를 기반으로 하는 국민당의 단독 정부 수립, 1961년 영연방 탈퇴를 거치며 더욱 강화됐다. 약 16%의 백인이 84%의 비백인非白人을 정치적·경제적·사회적으로 차별할 수 있는 근거가 된 아파르트헤이트의 핵심은 인종격리 정책인 반투 홈랜드Bantu Homeland 정책이다. 1959년에 성립한 반투 자치촉진법에 의거 1,800만의 아프리카인을 종족별로 10개 지정지에 격리·수용하고 명목상 자치권을 부여한 것인데 실제로는 전 국토의 13%에 해당하는 홈랜드는 모두 좋지 않은 땅으로 자급이 불가했다. 백인 정권은 인종 분리와 참정권 제한, 경제·사회적 차별을 시도했다. 인종별로 분리를 추진하는 한편, 반투 정청법政廳法, 유권자 분리 대표법을 실시하여 유색 인종의 참정권을 부정하고, 산업조정법, 패스포드법, 원주민법 수정법, 이인종 혼인금지법, 집단지역법 등에 의하

5 존 크리스먼 지음, 실천철학연구회 역, 『사회정치철학』, 한울아카데미, 2004, p.257.

여 경제적·사회적으로 백인의 특권 유지 및 강화를 기도했다. 국제적 비난 여론에도 인종차별 정책을 유지하던 백인 정권은 1984년에서야 처음으로 흑인 이외의 유색인종에게 투표권을 준 선거를 실시했지만 흑인에 대한 차별은 여전했다. 1989년 총선에서 승리한 집권 국민당의 드클레르크Michael de Klerk 대통령이 인종차별 정책 완화의 일환으로 27년간 수감 중이던 만델라를 석방하고, 흑백 분리법을 폐지하는 한편 과거 백인으로만 구성됐던 국민당에 흑인의 입당을 허용했고, 1991년 6월, 인종차별 정책의 근간법이 됐던 인구 등록법을 폐지해 남아프리카공화국 인종차별 정책의 종지부를 찍었다.

나. 넬슨 만델라의 활동과 그 의미

외부 세계의 어떤 변화에도 개선되지 않을 것 같던 남아프리카공화국의 인종차별 정책이 바뀌게 된 것에는 평생을 인종차별 철폐를 위해 투쟁했던 넬슨 만델라의 역할이 지대했다. 노벨평화상 수상자, 최초의 남아공 흑인대통령, 평화의 수호자이며 흑인 해방 운동가로 불리는 넬슨 만델라는 1918년 7월 18일 남아프리카공화국 트란스케이 움타타에서 템부족 족장의 아들로 태어났다. 그는 변호사로 활동하며 사회의 약자인 흑인들을 대변했고 남아프리카공화국 흑인사회에서 그의 영향력은 막강했다. 만델라는 아프리카 민족주의ANC: African National Congress[6] 의장으로 백인 정권의 인종차별 정책에 대항하여 비폭력, 폭력 저항운동을 실시했고 이로 인해 27년간 감옥에 투옥됐다. 1989년 총선에서 승리한 집권 국민당의 드클레르크 대통령과의 협상을 통해 흑백 분리법을 폐지했고, 1991년 6월에는 인종차별 정책의 근간법이 됐던 인구 등록법을 폐지해 남아공화국 인종차별 정책의 종지부를 찍었다. 1994년 4월 아프리카민족회의가 총선에서 압승

6 백인들의 차별정책에 대항하여 아프리카인 권리 옹호, 민족운동 전개를 위해 1912년 남아프리카공화국에 설립된 정치 조직으로 저항운동, 범아프리카회의 및 게릴라조직 '민족의 창' 결성, 석탄액화공사 폭파, 인종차별 철폐를 주장했고 남아프리카공화국의 인종차별 정책을 폐지시키는 결정적인 역할을 했다. 주요 활동 인물로는 흑인운동가인 남아프리카공화국의 넬슨 R. 만델라와 만델라의 후계자인 타보 음베키(Thabo Mbeki)가 있다.

함에 따라 의장인 만델라가 대통령으로 선출됐고, 인종차별의 수단이었던 흑인 자치주 10개도 소멸됐다. 1993년 드클레르크와 만델라는 인종차별 정책을 소멸시킨 공로로 노벨평화상을 수상했다.

만델라가 추구한 평화의 정신은 첫째, 평등의 정신이다. 그는 인종차별에 저항했다. 그의 저항은 단순히 백인에 의해 소외와 차별을 받는 흑인들을 구원하기 위한 것이 아니었다. 흑백을 막론하고 차별 자체가 없는 것이 그의 평등 정신이다. 이는 그가 1964년 내란 혐의로 종신형을 선고받은 리보니아 재판의 최후 진술에서 찾아볼 수 있다.

> 나는 백인이 지배하는 사회에 맞서 싸웠고 또한 흑인이 지배하는 사회에도 반대해 싸웠다. 나는 모든 사람이 함께 조화를 이루고 동등한 기회를 누리는 민주적이고 자유로운 사회에 대한 이상을 간직하고 있다. 그런 사회야말로 내가 살아가는 목적이고 이루고 싶은 것이다. 하지만 필요하다면 그런 이상을 위해 나는 죽을 준비가 돼 있다.[7]

둘째, 비폭력에 의한 평화의 추구이다. 비폭력 시위에 대한 백인 정권의 무자비한 총격으로 그의 저항운동은 무장투쟁이 되기도 했지만 기본적인 그의 사상은 폭력이 없는 평화의 실현이었고 그가 남아프리카공화국의 지도자가 됐을 때 동일한 방법의 차별과 복수를 하지 않았다. 셋째, 화해와 용서를 통해 진정한 차별의 철폐를 이루었다.[8] 만델라가 백인 정권과 협상을 하고 또, 대통령이 됐을 때 흑인들의 여론은 백인들에게 피의 복수를 해야 한다는 증오로 들끓고 있었으며 백인들은 신변의 안전을 우려하며 흑인들에게 동등한 권력을 부여하는 것

7 Nelson Mandela Centre of Memory, http://db.nelsonmandela.org/speeches/(2017. 5. 28. 검색)

8 만델라의 무장투쟁을 놓고 만델라는 비폭력주의자가 아니라는 의견도 있지만 만델라는 철저히 비폭력주의자였고 평화주의자였다. 첫째, 그는 일관되게 비폭력을 주장했다. 둘째, 무장투쟁은 공권력에 의한 불의한 탄압에 대한 시민불복종과 비무장의 시민들에게 가해진 무기의 사용에 대한 자위권의 행사에 근거한다고 볼 수 있다. 셋째, 폭력을 행사할 수 있는 권력을 가졌을 때 실질적인 용서와 화해를 하여 다시 차별과 폭력이 일어나지 않도록 했다는 것이다.

에 대해 반대하고 있었다. 하지만 만델라는 300년 역사의 차별의 땅에 평화를 이루어 내었다. 만델라는 '진실과 화해 위원회'를 구성했다. "용서하되 잊진 않는다"란 슬로건을 걸고 과거의 인권 침해 범죄에 대한 진실을 낱낱이 밝혔지만 잘못을 시인하고 용서를 구하는 이들은 과거사로 처벌하지 않았고 사면했다. 이는 만델라 자신이 철저히 차별에 의해 짓밟힌 희생자였음에도 불구하고 용서와 화해를 실천했기 때문이다. 마지막으로 만델라는 평화적으로 권력을 이양했다. 1999년 임기가 끝난 그는 미리 대통령직에 재도전할 의사가 없음을 공식 천명했고, 후계자로 부통령 타보 음베키Thabo Mbeki를 지명했고 이후 의회가 음베키를 만장일치로 임기 5년의 새 대통령에 선출함으로써 만델라는 대통령직을 마치고 정계에서 은퇴했다.

실천적 평화 사상은 세대를 거쳐 전수되고 대중을 움직이는 발화점이 된다. 만델라는 인도의 평화주의 지도자 간디의 영향을 깊게 받았다. 이 때문에 만델라의 저항운동은 평화와 비폭력의 원칙을 가지고 있으며 젊은 시절 무장투쟁 이후에 만델라의 정치적 노선은 비폭력 평화주의를 유지했다. 특히, 자신이 대통령이 되고 난 후에도 백인들에게 역차별하거나 복수하지 않고 남아공의 통합을 위한 화해의 정책을 실현했다. 이것이 가능했던 이유는 만델라 자신이 인종차별의 가장 큰 피해자 중 한 사람이었기 때문이다.

만델라의 정신은 이어져 내려가고 있다. 오프라 윈프리는 만델라의 용기와 화해의 정신에 감명을 받아 그를 인생의 스승으로 삼고 남아프리카 공화국에 여학생들을 위한 학교인 오프라윈프리 리더십스쿨을 설립하고 인종차별에 반대하며 영향력을 끼치고 있다. 미국의 최초 흑인 대통령인 오바마 대통령 역시 만델라에게 큰 영향을 받았다. 오바마의 첫 대중 연설은 1979년 옥시덴탈 대학 재학 시 아파르트헤이트 반대 집회였고, 오바마는 "내가 공직에 헌신할 꿈을 심어 준 것이 바로 만델라가 주도한 아파르트헤이트 철폐 운동이었다"라고 회고했다. 오바마는 대통령이 된 뒤에도 가끔 만델라에게 편지를 보내거나 전화했다. 2013년 12월 요하네스버그의 FNB 경기장에서 열린 넬슨 만델라의 추모식에서 오바마 대통령은 만델라를 추모하며 다음과 같이 연설한다.

> 30여 년 전, 학생이었던 나는 넬슨 만델라를 알게 됐고, 그가 이 아름다운 땅남아프리카에서 이끌었던 투쟁들에 대해서 알게 됐고 내 안의 무엇인가 움직이게 됐습니다. 그것들은 나에게 다른 이들뿐만 아니라 나 자신에 대한 책임감을 불러일으켰습니다. 그리고 오늘 이 자리에 서 있는 일어나지 않을 것만 같았던 이 여정을 만들어 주었습니다.[9]

이날 오바마 대통령은 추모식에 참석한 쿠바의 카스트로 대통령과 악수를 하기도 했는데 미국 대통령이 오랜 앙숙관계인 쿠바 대통령과 악수하는 것은 전례가 없는 일로 일평생 평화와 화해를 위해 살았던 만델라의 정신이 실현된 것이라는 면에서 이슈가 되기도 했다.

3-2. 나디아 무라드와 라미야 아지 바샤르의 차별 반대 운동

가. 이라크 반군의 야지디족 학살

이슬람 과격 무장단체인 ISIslamic State는 현재 가장 잔인하게 종교차별로 탄압하는 세력이다. 이라크에서 활발하게 활동 중인 IS는 2014년 8월 이라크 모술에서 남쪽으로 약 30㎞ 떨어진 가장 큰 기독교 도시인 카라코시를 점령했다. 모술에 있던 수많은 천주교도와 기독교도는 개종하고 세금을 내지 않으면 죽이겠다는 IS의 위협을 피해 모술 북부 니네베와 쿠르드족 도시들도 흩어졌다. IS는 카라코시를 장악한 뒤 교회에 있는 십자가들을 내리고 종교적 교리서들을 불태웠다. 2014년 8월 이라크 북부 신자르에서 쿠르드 민족 소수파인 야지디족 집단부락 역시 IS에 의해 습격당했다.

9 미 백악관 홈페이지, President Obama Speaks at a Memorial Service for Nelson Mandela, 2013. 12. 10.

야지디족은 이라크 북부 신자르 지역에 사는 쿠르드족의 한 갈래인 민족이다. 하지만 이슬람교를 믿는 쿠르드족과는 달리 조로아스터교·유대교·이슬람교의 요소와 신비주의가 혼재된 야지디교를 믿으며 독자적인 정체성을 추구한다. 야지디교는 알라가 아닌 다른 유일신을 믿고, 일곱 천사를 동상으로 만들어 숭배하기 때문에 무슬림들은 악마 숭배자로 여긴다. 이 때문에 이라크에서 '이슬람 성전[지하드]'을 내세운 IS의 집단학살 대상이 됐다.

야지디족Yazīdi의 종교적 핍박은 IS의 습격 이전부터 있어 왔다. 이들은 주변 아랍족이나 쿠르드족한테서 핍박을 받아 왔다고 말한다. 야지디족을 습격한 IS는 '이교도'라는 이유로 수천 명의 주민을 총으로 사살했고 3,000여 명의 젊은 여성을 성노예 또는 IS 전투원의 처로 제공하기 위해 납치했다. 납치된 여성들은 IS에 의해 성폭행당하고 10달러 수준에서 매매되거나 결혼을 강요당했다. 이를 거부하거나 탈출하려 하면 무자비하게 폭행하고 심지어는 사살하기까지 했다. 정확한 피해 규모조차 파악되지 않는 야지디족의 비극은 쿠르드 세력이 부락을 탈환한 2015년 11월 이후에도 계속되고 있다. 납치된 여성들은 돌아오지 못했고 2016년까지도 납치된 어린 여성들이 인터넷에서 경매되기도 했다.

나. 나디아 무라드와 라미야 아지 바샤르의 활동과 그 의미

야지디족인 나디아 무라드와 라미아 아지 바샤르는 2014년 IS가 이라크 북부를 장악했을 때 IS에 붙잡혀 성노예로 지냈다. 이후 이들은 가까스로 탈출해 이라크에서 자행되는 종교적 소수로서 탄압받는 야지디족의 실상과 여성들에 대한 납치와 성적 학대에 대해 세상에 알리는 인권운동을 펼쳤다. 무라드를 데려간 남성은 이슬람교로의 개종改宗을 요구했다. 그러나 나디아가 이를 거부하자 그를 성노리개로 경비원들에게 던져 줬다. 나디아는 무려 석 달간이나 IS의 손아귀에서 야만적인 범죄에 시달렸다. 목숨을 건 탈출 끝에 지금은 독일로 피신했지만 3명의 형제가 IS 조직원들에게 살해당하는 등 가족의 삶은 파탄이 났다. 무라드는 유엔 마약범죄사무소UNODC: United Nations Office on Drugs and Crime의 인신매매 생존자 존엄성을 위한 친선대사로 활동하면서 IS의 인질로 잡힌 야지디족 사람들의 끔찍한 실상을 알리고 있다. 바샤르는 2016년 3월 친척의 도움을 받아 가까스로 탈출했으나 탈출 과정에서 지뢰를 밟으면서 부상을 입고 한쪽 눈을 실명했다. 이후 바샤르는 언론에 IS의 잔인성을 폭로했다. 이슬람 극단주의 무장단체인 IS의 성노예로 지내다가 탈출한 나디아 무라드와 라미야 아지 바샤르는 유럽 최고 권위의 사하로프인권상 수상자로 선정됐다.[10]

이 두 야지디족 여성들의 탈출과 인권운동은 세계에 IS의 잔학한 폭력성을 널리 알렸고, 국제사회가 이 문제에 대해 책임성 있는 공동의 대처를 하도록 하는 기폭제 역할을 했다. 이들의 평화사상은 용기라고 할 수 있다. 첫째, 탄압의 상황에 머무르지 않고 위험을 감수한 탈출을 했다. IS에게 납치된 여성들이 탈출을 시도하다 적발되면 심각한 구타를 당하고 죽음에 이르기도 한다. 하지만 무라드와 바샤르는 죽음의 위협을 무릅쓰고 탈출을 시도했다. 둘째, IS의 위협에도 불구하고 자신들의 민족이 종교적 소수이기 때문에 겪는 종교적 탄압과 학살을 세상에 알리고 도움을 요청했다. 무라드는 "나는 내 자신과 내 가족과 같은 수천 명의 난민들을 보았다. 우리는 전 세계에 흩어졌고, IS는 여전히 우리를 멸절시키려고 하는 것을 알고 있다. 나는 이것을 생각하고 이것은 내게 끊임없는 힘을 준다"라고 자신의 의지를 밝혔다. 차별과 폭력에 당당히 맞서서 내는 목소리는 더 많은 희생을 방지할 수 있고 갇힌 채 잊힐 뻔한 수천 명의 야지디족 여성들을 구출하기 위한 지속적인 노력을 이끌어 내고 있다. 셋째로 폭력의 참상을 알리기 위해 자신들의 아픈 상처를 공개했다. 납치되어 성적 학대를 당한 경험은 누구나 떠올리기 힘든 기억일 것이다. 하지만, 그들은 지금도 IS의 성노예로 갇혀 있는 동족의 현실을 알리기 위해 용기를 내었다.[11] 성경에는 '한 알

10 사하로프상(Sakharov Prize)은 유럽 의회가 인권과 자유 수호에 커다란 공헌을 한 개인이나 단체에 수여하는 상으로, 1988년 12월 소련의 핵물리학자이자 반체제 인사인 안드레이 사하로프를 기념하기 위해 제정했다.

11 http://www.europarl.europa.eu/news/en/top-stories/(2017. 1. 10. 검색)

의 밀알'이 땅에 떨어져 썩을 때 많은 열매를 맺는다고 한다.[12] 씨앗이 많은 열매를 맺게 하는 것은 선한 일이지만 자신을 보전하지 않고 썩히는 용기를 내어야만 선한 것을 이룰 수 있는 것이다. "악이라는 문제에 관해 무언가 쓴다는 것은 어떤 한 사람의 믿음에 심각한 도전이 되는 일들에 대해 수동적인 침묵을 택하지 않는다는 것을 뜻한다"[13]라고 한 철학자 힉J. Hick과 같이 무라드와 바샤르는 탈레반의 행위를 폭로함으로써 악에 맞섰고 평화를 외치지만 당사자가 아닌 많은 사람들을 각성시키는 계기를 마련했다.

3-3. 말랄라 유사프자이의 성차별 반대 운동

가. 파키스탄의 성차별 문화

성차별은 성별로 인한 차별이다. 이는 성이 다르다는 이유만으로 차별하는 것으로 본질적으로 인종차별과 크게 다르지 않다. 성차별은 개인적인 신념으로부터 사회적 차원에까지 광범위하게 형성되며 표면적으로 드러나지 않는 경우로부터 제도화되어 직접적인 제재를 가하는 적극적인 형태로 반영되기도 한다. 성차별은 대체로 문화적, 교육적, 경제적, 정치적, 법적 차별로 나타나게 된다. 먼저, 문화적 차별은 출생 전부터 시작한다. 특정한 성에 대한 선호, 고착된 관념, 성 역할에 대한 강요 등이 문화적 차별이라 할 수 있는데 이러한 문화적 차별은 매우 광범위하게 영향을 미치고, 보이지 않는 사회적 압력으로 작용하며, 이성에 의한 차별뿐 아니라 동성에 의해서도 차별이 이루어지거나 차별을 당연하게 수용하는 것이 되물림되기도 한다. 예를 들면 남아를 선호하는 사회에 어머니가 아들을 딸보다 더 사랑하고 아들에게는 강한 이미지를, 딸에게는 순종하는 이미지를 강요하는 것이다.

---

12 "내가 진실로 진실로 너희에게 이르노니 한 알의 밀이 땅에 떨어져 죽지 아니하면 한 알 그대로 있고 죽으면 많은 열매를 맺느니라 자기의 생명을 사랑하는 자는 잃어버릴 것이요 이 세상에서 자기의 생명을 미워하는 자는 영생하도록 보전하리라" (요한복음 12: 24~25)

13 존 힉 지음, 김장생 역, 『신과 인간, 그리고 악의 종교철학적 이해』, 열린책들, 2007.

이런 배경에서 자라난 딸은 어머니가 됐을 때 자신의 어머니와 비슷한 태도로 자녀를 양육하여 차별이 되물림되기도 한다. 교육적 차별은 특정 성[주로 여성]에 대해 평등한 교육의 기회가 제공되지 않거나 교육의 상한이 형성되는 경우, 상황적 논리에 의해 교육의 기회가 제한될 때 성별에 의해 양보하게 되는 경우, 교육의 내용이 달라지는 경우 등이 있다. 다수 국가에서는 여성이 남성보다 교육의 기회가 적었고, 기초교육 이후 고등교육은 받지 못하는 경우가 많았다. 과거 한국에서도 누나가 공장에서 일하며 번 돈으로 남동생이 대학까지 공부하는 사례를 어렵지 않게 찾아볼 수 있었으며, 남성은 공업과 기술을 배우며 기계를 다루는 과목을, 여성은 실과를 하며 바느질과 요리를 배우는 등의 교육 내용에 대한 차별이 개선된 것도 10년이 채 되지 않았다. 경제적 차별은 다양한 차별의 결과로 나타나거나 그 자체로 차별이 생기기도 한다. 교육의 차별은 소득을 창출할 경쟁력의 차이를 가져올 수 있다. 또한, 여성의 취업/재취업을 기피하거나 임금의 차별도 경제적 차별을 가져올 수 있다. 실제 2016년 1월 OECD 노동고용각료회의에서 발표한 자료에 따르면 핵심 생산인구25~54세[14]의 고용률은 전 국가에서 남성이 높았으며 OECD 평균도 18%가 높았다. 남성 대비 여성의 임금격차 역시 전 국가가 남성이 높았으며 OECD 평균도 남성이 15%가 높았다. 이러한 결과를 보며 '당연히 남성이 높게 나올 수밖에 없다'라고 인식하는 것조차도 우리 속에 이미 고착된 성차별 의식에서 기인했다고 볼 수 있다.[15] 정치적 차별은 정치적 활동과 정치권력의 획득이 평등하지 않은 것으로 이는 문화적 요인과도 관련이 있으며 자유와 평등을 표방하는 대부분의 선진국에서조차 여성에게 동등한 선거권과 피선거권이 보장된 것은 100년이 채 되지 않았으며, 실제로 전 세계에서 배출된 국무총리 이상의 여성 지도자는 70명이 채 되지 않는

14 생산가능인구(15~64세) 중 경제활동이 가장 활발한 시기인 25~49세에 해당하는 인구로 OECD에서는 25~54세로 설정하여 조사했다.

15 비교적 선진국에 해당하는 OECD 국가의 통계임에도 많은 경제적 격차가 형성되어 있음을 확인할 수 있다. 한국은 남녀 임금격차가 36.6%로 OECD 국가 중 남녀 임금격차가 가장 큰 나라에 해당한다. http://www.oecd.org/employment/ministerial/ (2016. 1. 2, 검색)

다. 법적 차별은 법의 제정 및 적용에서 성에 의한 차별이 이루어지는 것이다. 법은 사회를 반영하며 특히, 입법절차에서는 기득권의 입장을 반영하고, 사법절차에서는 문화적 영향을 받는 경향이 있다.

따라서 문화적, 정치적 차별의 결과는 법적 차별로 이어질 수 있다. 이러한 성차별은 실제적 근거에 기인하지 않은 비합리적 사고에 의한 행위이나 이로 인해 능력의 발휘와 처우에 공정하지 않은 잣대가 적용되기도 하며 심지어는 동일한 일상의 행위도 여성이 했다는 이유만으로 잔인하게 살해되는 결과를 가져오기도 한다.

무슬림 국가인 파키스탄은 여성 인권 수준이 낮은 것으로 잘 알려져 있다. 파키스탄 헌법은 제31조의 '파키스탄 국민은 이슬람 율법에 근거한 삶을 영위한다'와 제35조 '파키스탄 정부는 국민의 결혼생활과 가정뿐 아니라 어머니와 자녀들을 보호할 의무가 있다'라는 조항에 따라 여성의 인권을 보장한다고 하고 있으나 실제로는 폭력과 차별, 심지어 살인까지 빈번히 발생하고 있다. 파키스탄인권위원회에 따르면 전체 여성 중 약 70%가 가정폭력을 겪고 있다고 발표했다. 또한, 유엔인구기금UNFPA이 발표한 보고서는 파키스탄 10대 여성 응답자 중 53%가 "가정폭력이 정당하다"라고 생각하는 것으로 답변했으며, 15~19세 소녀 가운데 30% 이상이 성폭력이나 가정폭력을 경험한 적이 있다고 지적했다.[16] 2015년 11월 아시아 인권위원회는 '파키스탄은 세계에서 여성이 살기 가장 위험한 3번째 국가이며 성차별에 근거한 여성에 대한 다양한 폭력이 이루어지고 있고 2015년 명예살인[17]에 의해 사망한 여성만 1,000여 명에 이르고 있으나 사법부는 이를 심각하게 여기지 않는다'라는 내용의 성명을 발표하기도 했다.[18] 이뿐만 아니라 교육의 기회가 제한되거나 10대 중반에 결혼하는 등 파키

16 UNFPA, *Sexual and Reproductive Health of Young People in Asia and the Pacific: United Nations Population Fund*, 2015, p.59.

17 '명예살인'이란 나쁜 품행으로 집안의 위신과 명예를 훼손했다는 구실로 가족 내 남성이 딸이나 여동생 등 여성 가족 구성원을 살해하는 악습으로 이슬람권 국가에서 자주 발생해 논란의 대상이 돼 왔다.

18 A Statement by the Asian Human Rights Commission, *PAKISTAN: World's third most dangerous country for women*, 2015. 11. 24.

스탄 여성의 인권 수준은 이슬람국가의 문화적, 종교적 특수성을 고려하더라도 낮은 수준이다.

나. 말랄라 유사프자이Malala Yousafzai의 활동과 그 의미

말랄라 유사프자이는 파키스탄의 여성 교육 운동가이며 최연소 노벨상 수상자이다. 말랄라는 아프가니스탄 국경 근방인 파키스탄 북서부 스와트에서 출생하고 성장했다. 말랄라의 아버지는 스와트 골짜기에서 남녀공학인 학교를 운영했는데, 아프가니스탄의 탈레반 축출 작전으로 파키스탄으로 유입된 탈레반 조직이 여학생들의 교육을 문제 삼아 협박하고 공격해 결국 탈레반이 지역을 점령한 후에 학교 문을 닫게 된다. 말랄라는 탈레반 점령지에서의 삶과 스와트 골짜기의 여학생들의 교육을 지지하는 글을 자신의 블로그에 올리며 여성이 교육받지 못하는 상황을 세상에 알렸다. 파키스탄 정부군이 2차 스와트 전투로 스와트 지역을 수복하자 뉴욕타임즈의 "학교가 폐쇄됐다Class Dismissed"라는 다큐멘터리에 출연했고 이로 인해 말랄라는 국내외의 유명한 인사가 됐다. 이후 말랄라는 여러 매체에 출연하여 인터뷰를 하며 여성아동의 교육권에 대해 주장하는 활동을 활발히 했다. 스와트가 정부군에 의해 수복된 후에도 여전히 탈레반은 영향력을 미치고 있었다. 학교를 파괴하고 여성의 인권을 탄압하는 탈레반은 말랄라의 가족을 지속적으로 협박했다. 하지만 말랄라와 그녀의 가족들이 교육을 멈추지 않자 2012년 10월 9일 한 청년이 말랄라가 학교에 가기 위해 타고 있던 버스를 정지시키고 말랄라에게 권총을 세 발 쏘았다. 총알이 이마와 얼굴, 어깨를 관통하는 중상을 입었으나 다행히도 말랄라는 사망하지 않았고 잉글랜드 버밍햄의 퀸엘리자베스 병원으로 이송되어 회복 및 재활치료를 받았다.

이로 인해 파키스탄뿐 아니라 세계 곳곳에서 말랄라를 지지했다. 파키스탄의 이슬람 성직자 50명이 말랄라를 죽이려고 한 자들을 규탄하는 파트와[19]를 발표했고 국제연합 세계교육 특사 고든 브라운Gordon Brown이 말랄라의 명의로 2015년 말까지 전 세계 모든 아동들이 학교에 다닐 수 있게 하자는 UN 탄원서를 제출했으며 이를 토대로 파키스탄 최초의 교육권 법안이 비준됐다. 2013년 7월 말랄라는 국제연합 본부에서 교육의 보편성에 대한 연설을 했다. 말랄라는 그 연설에서 자신이 그토록 원했던 메시지를 세계에 전한다. "우리가 책과 펜을 들 수 있도록 해 주십시오. 그 책과 펜이 세상에서 가장 강력한 무기입니다. 한 명의 어린이가, 한 사람의 교사가, 한 권의 책이, 한 자루의 펜이 세상을 바꿀 수 있습니다"

말랄라의 활동은 세 가지 면에서 의미를 살펴볼 수 있다. 첫째, 차별에 대한 저항이다. 말랄라는 탈레반이 마을을 점령했을 때에도 익명으로 여학생들의 교육을 지지하는 블로그를 운영했다. 제2의 스와트 전투로 파키스탄군이 스와트를 수복한 후에도 탈레반의 위협은 계속됐는데 이에 굴복하지 않고 위험 속에서도 여성의 교육권과 인권을 위해 방송, 토론 등의 활동을 활발히 했다. 그녀는 사회적으로 구조화되고 실질적인 생명의 위협 앞에 다수가 당연하다고 생각한 차별을 당연하지 않게 받아들였고 저항했다. 그리고 지금도 그 저항은 계속되고 있다. 둘째, 비이성적 폭력에 대해 이성적, 비폭력적 방법을 통해 대항했고 이로 인해 닥친 큰 불행을 극복하고 용기 있게 파키스탄의 상황을 알려 많은 사람들이 평화를 위한 행동에 동참하게 했다. 2013년 유엔본부에서 연설한 말랄라의 메시지에서 교육의 중요성에 대한 그녀의 명확한 인식을 확인할 수 있다. 즉, 교육이 사회적 불평등을 해소할 수 있는 가장 강력한 무기이며 교육 기회의 불평등은 사회의 불평등을 만들어 내는 시초가 된다는 것이다. 결국, 폭력을 극복하는 근본적인 방법으로 교육의 중요성을 인지하고 이를 지속적으로 강조하고

19 파트와(아랍어: فتوى)는 이슬람 학자가 이슬람법에 대하여 내놓는 의견이다. 파트와는 법적인 판결이 아닌 종교적인 의견이지만, 몇몇 나라에서는 법 이상의 권위를 갖고 있다. 파트와는 코란과 샤리아에 입각하여 결정된다.

있다. 셋째, 자신의 평등한 권리뿐 아니라 다른 모든 사람들의 권리를 위해 활동한다. 말랄라는 세계에서 가장 큰 영향력을 가진 청소년이 됐다. 타임지가 선정한 2013년 미국 타임지가 선정한 '가장 영향력 있는 인물'과 CNN이 뽑은 '올해의 주목할 여성 7인' 명단에 이름을 올렸으며 자서전 『나는 말랄라이다I Am Malala』는 베스트셀러가 됐다. 예전의 위험한 환경과 달리 영국에서 공부하며 치료도 지속적으로 하고 있다. 하지만 자신이 품었던 여성과 아동에 대한 인권, 교육에 대한 뜻은 계속 펼치고 있다. 여성의 인권이 탄압받을 때 위험 속에서도 말랄라는 성명을 내고 바로 잡을 것을 촉구했다. 파키스탄사회에서 가장 약한 존재인 여성이며 어린이였던 말랄라는 가장 견고한 성역을 무너뜨리는 평화적 혁명의 선두에 서 있다.

4. 인간차별 극복과 평화 구현의 비전

폭력은 평화와 배치되는 개념으로 평화의 큰 위협 요인이다. 따라서 궁극적으로 평화가 구현되기 위해서는 폭력의 부재 상태가 유지되어야 한다. 차별은 인간의 가치를 동등하게 보지 않는 것으로 그 자체가 폭력이며 또 다른 폭력을 만들어 내는 근본적인 원인이 된다. 앞에서 살펴본 사례뿐 아니라 많은 전쟁, 학살, 노예제도, 인신매매, 구조적 불평등, 성폭력 등의 인간에 대해 행해지는 폭력들의 기저에는 차별이 있다. 이러한 점에서 볼 때 차별이라는 폭력이 존재하는 한 평화가 구현되는 것은 어렵다.

차별을 극복하기 위해서는 인식, 문화, 제도 차원의 변화가 이루어져야 한다. 먼저, 평등의 인식이 확립되어야 한다. 최근 우리 사회에서 본래의 입법 취지와는 달리 동성애 합법화 논란이 일었던 차별금지법은 사실 관계도 따져 보지 못한 채 일부 종교계와 시민사회의 압력에 의해 저지됐다.[20] 대한민국 최초의 '다문화 출신 국회의원' 이자스민 전 의원 역시 차별을 방지하는 이민·다문화 정책의 토대를 만드는 입법 활동을 하는 가운데 사실에 근거하지 않은 루머로 혹독한 대가를 치러야 했다.[21] 이와 같이 차별의 근본적인 원인이 되는 편견, 선입견은 사실 관계와 옳고 그름의 합리적·이성적 판단을 회피하게 한다. '생각이 어려운 것이 아니라 생각하기 싫고 모두 맞는 말이지만 동의할 수 없는 상태'에 이르게 하는 것이다. 공존의 인식 또한 필요하다. 다름을 인정하고 다양성을 존중하는 차원을 넘어서 함께 살아가기 위해 반드시 필요한 것이 '다름'이라는 사고이다. 이러한 인식 변화는 차별을 극복하기 위한 근본적인 것으로 교육, 사회문화, 제도 등 복합적인 요소들이 함께 작용할 때 확립될 수 있으며 가장 오랜 시간이 소요되는 어려운 과제이다.

문화적 요소 역시 거시적이고 장기적인 문제이다. 문화는 공유성, 학습성, 축적성, 변동성, 전체성 등의 여러 가지 특성을 갖고 있다. 이러한 문화의 특성들은 차별적 문화를 변화시키는 데 역기능과 순기능 모두를 갖고 있다. 먼저 공유성은 문화가 한 사회 구성원들에게 공통적으로 나타나는 행동 및 사고방식으로 사회 성원들에게 공동의 장을 제공하는 한편 사회 구성원들의 행동을 예측할 수 있게 하는 특성이다. 학습성은 문화가 후천적 학습에 의해 얻어진다는 것이다. 축적성은 문화가 여러 세대를 거쳐 만들어지고 쌓여 온 결과라는 것이다. 변동성은 문화가 고정되어 있는 것이 아니라, 생활 조건이 변화함에 따라 계속 변화하는 특성이다. 전체성은 문화가 전체로서의 한 사회의 생활양식이며 수없이 많은 부분으로 구성되어 있다는 것이다. 이러한 문화의 특성을 볼 때, 오랜 시간, 사회 구성원 다수에 의해 공유되고 학습된 차별적 문화는 쉽게 변화시키기 어려운 한계가 있다. 하지만 지속적인 학습이 가능하며 조건의 변화에 따라 문화는 변할 수 있으며 이러한 변화의 축적은 어느 순간 사회 성원들에게 차별

20 《차별금지법》 발의안 https://namu.wiki/w/(2025. 1. 20. 검색)

21 "국회 떠나는 '다문화 1호 의원' 이자스민", 『연합뉴스』, 2016. 4. 21.

적 문화가 공유될 수 없는 상황을 만들게 된다. 자유, 평등, 박애의 나라 프랑스는 1944년에 이르러서야 여성에게 참정권을 부여했고 미국, 영국 역시 제1차 세계대전 이후에야 여성에게 투표권이 주어졌다. 불과 100년도 채 지나지 않은 시기의 사회문화로서는 여성에게 남성과 동일한 1표를 부여하는 것이 사회가 전복되는 정도의 충격이었겠지만 이후 70년이 채 지나기 전에 여성 지도자 대처 Margaret Hilda Thatcher 수상을 맞이하게 되었고 그 지도자는 포클랜드 전쟁에서 영국을 승리로 이끌었다. 전통주의와 보수적인 성향이 강한 유럽 국가들이 연합한 EU를 이끄는 지도자 역시 여성이다. 변할 수 없는 문화는 없는 것이다.

차별 방지를 위한 제도적 차원의 노력도 중요하다. 롤즈는 법과 같은 형식적 정의를 이야기하며 형식적 정의는 규칙성으로서의 정의로 내용과는 무관하게 그것이 적용되는 모든 사람에게 편파적이지 않고, 평등하게 적용될 것을 요구하며 비록 실질적 정의를 보장하지는 못하지만 적어도 큰 부정의를 막을 수 있다고 했다.[22] 차별을 방지하는 사회 보장적 법과 제도의 마련은 자력으로는 실질적인 평등에 이를 수 없는 소수와 소외된 계층에게 차별로부터 스스로를 보호할 수 있는 최소한의 방어수단이 된다. 원칙적으로 민주주의 국가에서의 제도는 민의를 반영하도록 되어 있다. 따라서 차별 방지를 위한 제도적 장치를 마련하는 것은 사회 구성원들이 차별을 용납하지 않겠다는 의지를 표명하는 것이므로 보장적 차원 이상의 의미를 가지며 실제로 이러한 제도적 장치에 의해 사회문화는 변화되어 간다. 공공장소뿐 아니라 식당에서도 당당히 흡연을 하던 시대는 백 년 넘게 지속되어 왔으나 국민건강증진법에 의해 5년도 되지 않아 막을 내렸다. 제도적 차원의 노력은 이상적인 해결방법은 아니지만 가장 신속하고 가시적인 효과를 가져다 줄 수 있다.

앞에서 살펴본 바와 같이 차별을 철폐하는 것은 인류가 지속적으로 노력해야 하는 과제이다. 그렇지만 존재하는 차별은 그것을 넘어선 더 나은 방향의 평화 구현을 위한 창조적 기회로 사용할 수 있어야 한다. 차별의 폭력성을 인식하고

22 J. Rawls, 황경식 역, 『정의론』, 이학사, 2004, pp.103~104.

해소하는 과정 속에서 인간의 본성을 회복할 수 있다. 주역周易에서는 만물이 하늘의 운행을 바탕으로 생성되지만 각기 다른 고유의 성품과 모습을 가지고 생성되며 이렇게 다른 가운데서도 모두가 하늘의 도를 바탕으로 살아가며 그 바탕에 공통적으로 하늘의 뜻인 살고자 하는 생명의 의지가 있다. 따라서 각기 다른 모습의 삶을 살지만 그 본질적 삶을 바르고 충실하게 살아감에 따라 모두가 한마음으로 살아갈 수 있게 되고 크게 화합할 수 있다는 것이다.[23] 차별이 발생하는 것은 하늘 아래 모든 생명이 가치 있다는 사실을 망각하고 나와 타인과의 힘의 차이가 당연한 것으로 인식되기 때문이다. 또, 나와 남을 구별하면서 다름을 인정하지 않고 획일적 기준에 따라 옳고 그름이나 우열을 결정하는 방식의 사고에서 기인한다. 우리가 차별이 발생하는 것을 인식하고 해결해 나가는 과정에서 생명과 다양성이 존중되는 도덕성의 회복이 일어난다.

그리고 다양성의 존중을 바탕으로 한 조화 자체가 공동체의 자부심으로 나타날 수 있다. 이는 집단 정체성을 조율하여 다양성을 존중하는 문화 정체성을 형성할 때 그 정체성으로 인해 공동체의 자부심이 형성되는 것으로 캐나다의 다문화주의가 그러하다. 캐나다의 다문화주의는 '모자이크'라고 표현된다. 캐나다는 다양한 인종과 문화적 배경을 가진 사람들이 모여서 하나의 사회를 이루는 것을 국가의 강점이자 정체성으로 받아들이며 헌법에 명시하고 있는 국가이다.[24] 이렇기 때문에 불과 60~70년 전만 해도 차별로 인해 큰 홍역을 앓았던 나라라고 생각하기 어려울 정도로 놀라운 변화를 이루어 성공한 다문화 사회의 모델로 전 세계의 주목을 받고 있다. 결국 캐나다가 미국 정부의 반反이민에 밀린 이민 희망자들에게 "캐나다로 오라!"라고 할 수 있었던 것은 인권이나 관용을 넘어 다양성에 대한 자신감과 자부심에서 비롯된 것이라고 할 수 있다.[25] 이는 인권이나 관용을

23 『주역』「건괘」'乾道變化 各正性命 保合大和 乃利貞'

24 캐나다는 1982년 다문화주의 이념을 헌법에 명시했고, 1988년 다문화주의 정책선언을 국제법으로 제정했다. 다문화주의 이념을 명시한 캐나다 헌법 27조는 다음과 같다. "Multicultural Heritage: This Charter shall be interpreted in a manner consistent with the preservation and enhancement of the multicultural heritage of Canadians"

25 『연합뉴스』, 2024. 12. 25.일자.

넘어선 다양성에 대한 자신감과 자부심에서 기인한다.

차별을 다른 차원으로 승화하는 경우도 있다. 특히, 이러한 것은 예술이나 스포츠를 통해 나타나는 경우가 많은데 소울, 블루스, 힙합과 같은 흑인음악은 인종차별이 예술로 승화된 좋은 예라고 할 수 있다. 미국의 가수 레이 찰스는 시각장애와 흑인으로서의 인종차별을 음악으로 승화시켰으며, 마이클잭슨은 자신의 음악을 통해 전 세계에 차별 반대, 반전, 평화의 메시지를 전파했다.

5. 맺음말

이 장에서는 세계 곳곳에서 자행되고 있는 인간차별에 대한 내용을 알아보고 그 극복방안을 탐구했다. 세상의 많은 사람들이 평화를 위한 실천을 하지 않는다. 그 이유로는 자신이 원하는 평화가 무엇인지 잘 모르기 때문일 수도 있고 평화에 대해 알지만 실천하는 방법을 잘 몰라서 그런 것일 수도 있다. 또한 평화를 의미 없는 수식어로만 사용하기 때문일 수도 있고 나보다는 남에 의해 만들어지기를 바라는 수동성 때문일지도 모른다. 이렇게 평화라는 말은 알지만 정작 평화에 대해 알고 느끼고 구현할 수 있는 과정에 대해서는 무지한 상태를 평화에 대해 어두운 상태, 즉 '평화 문맹'이라고 한다.[26] 마찬가지로 차별에 대해서도 많은 사람들은 '문맹'의 상태에 있다. 차별 자체를 인식하지 못하는 경우도 있고 차별을 폭력으로 생각하지 않거나 어쩔 수 없는 것으로 치부하기도 한다. 내가 차별받는 당사자가 아닌 이상 나서서 바꾸려 하지 않는 수동성 이것이 차별이 서식할 수 있는 가장 좋은 환경이다. 한나 아렌트Hannah Arendt는 "악이란 비판적 사유의 부재다"라고 정의했다. 폭력의 한 형태인 차별은 악이다. 이것을 인지하지 못한 무지는 무죄의 사유가 될 수 없다.

26 이찬수, "평화와 평화들: 평화다원주의와 평화인문학", 『평화아카데미 강의자료』, 2016.

생각해 볼 문제

1. 차별적 사고를 가지게 되는 원인에는 어떤 것들이 있으며 이를 극복하기 위해서는 어떤 노력을 해야 하는가?

2. 사회 속에서 우리가 당연하게 받아들였던 차별을 찾아보고 그로 인해 발생한 문제점은 무엇이 있는가?

제8장

인간안보를 위한 국제비정부기구INGO 활동

1. 머리말

지난 20세기를 대표할 수 있는 용어로 국가 간의 패권주의, 이념 대립, 인권무시, 환경을 고려하지 않은 경제성장 등이었다면, 새로운 21세기의 패러다임은 인간중심의 분권주의, 인권과 환경의 중요성 및 기술개발에 따른 디지털 시대를 맞이한 글로벌 경제화 등이라 할 수 있다.[1] 이러한 환경의 변화에 있어서 국가의 권력이 국제 거버넌스의 확산에 따라 국제비정부기구INGO: International Non-Governmental Organization들에게 이전되는 양상을 보이고 있다. 이러한 상황하에서, 인간안보에 대한 새로운 접근과 관심이 증대되고 있다. 이에 따라, 다양한 INGO 활동들이 인간안보 즉 환경안보, 식량안보, 인권안보 등을 위해 진행되고 있다.

이 장에서는 인간안보의 등장 배경, 개념에서부터 인간안보를 주제로 하는 대표적인 활동들을 살펴보고, 국제적인 수준에서 이루어지고 있는 인간안보를 표방하는 INGO활동의 전망과 평가에 대해 살펴본다. 이 인간안보는 인간 자체의 기본적인 존재를 보존할 수 있는지에 초점을 맞춘다. 인간 자체의 기본적인 보존은 '결핍으로부터의 자유'free from want, '공포로부터의 자유'free from fear의 두 가지 슬로건으로 잘 대변된다. 이후 많은 학자들에 의해 '모욕으로부터의 자유'free from indignity 개념이 추가되었다.[2]

1 최철영, "국제법규범형성에 있어 INGOs의 역할연구", 『성균관법학』, 제19권 1호, 2007, pp.488~508.

2 https://www.hgsfreechurch.org.uk/sermons/freedom-from-indignity/

2. 인간안보의 등장 배경과 특징

2-1. 인간안보의 등장배경

인간안보의 개념은 국제적 대전환이 일어나는 가운데 발전했다. 소비에트 연방의 붕괴로 냉전이 끝나고 국제관계를 어둡게 만들던 양극 정치체제의 먹구름이 걷히게 되자, 새로운 위협과 갈등이 미결된 것들과 더불어 나타나게 됐다. 동시에, 세계화로 국경이 사라지고 국제관습은 자본과 기술의 더 빠른 이동이 용이하도록 수정됐으며, 새로운 비국가 주체들이 위협, 지역 간·국가 간 소통과 같은 국제정치 체계의 중요한 역할을 하게 됐다. 이러한 상황 속에서 국가의 역할도 변화를 겪게 됐고 전통적 힘의 개념에 관한 논쟁이 제기됐다. 이러한 변화는 개발과 안보라는 해묵은 질문에 답을 제시할 새로운 안을 필요로 했고 인간안보의 이론화는 그 흐름의 대응방법이었다. 1990년대 막이 열렸을 때, 세계는 더 이상 이전과 같지 않았다.[3] 1980년대 후반에 불기 시작한 유럽에서의 민주화 바람과 소련의 개혁과 개방에 따른 붕괴는 독일통일에 큰 영향을 주었고 드디어 냉전의 이념을 대표하는 국가인 동·서독은 통일을 이루었다. 이러한 냉전의 산물이 사라지고, 갑작스러운 평화의 바람이 현실이 됐다. 인간안보의 개념은 이러한 배경 속에서 발생했다. 1994년 유엔개발계획UNDP: United Nations Development Program은 지향해야 할 길로 인간안보human security를 처음으로 발표했다.

유엔개발계획은 「인간개발보고서」에서 군사관계와 군사력에 초점을 맞춘 전통적 안보의 개념을 '일상생활에서의 갑작스럽고 유해한 혼란으로부터의 보호'와 함께 '기근과 질병, 억압과 같은 만성적 위협으로부터의 안전'을 포함하는 개념으로 확장하려 했다. 그러므로 인간안보는 경제안보, 식량안보, 보건안보, 환경안보, 개인안보, 공동체안보, 그리고 정치안보를 포함하게 된다.[4]

---

3 타지박시·체노이, 박균열 외역, 『인간안보』, 철학과현실사, 2010, pp.11~12.

4 위의 책, p.12.

2-2. 인간안보의 개념

현재 인간안보에 대한 유일무이한 개념은 없다. 유럽연합, 캐나다, 일본, 유엔개발계획과 학자들은 모두 인간안보라는 용어에 대해 다른 정의를 내려 왔고 그것은 폭력방지라는 좁은 의미의 용어에서부터 개발, 인권, 그리고 전통적 안보를 모두 포함하는 넓고 포괄적인 관점에까지 그 범위가 이른다. 그러므로 인간안보는 그 개념, 구조 또는 정책의제를 포괄한 합의된 정의가 없다. 즉 인간안보에 대한 정의는 다양한 차원에서 논의되고 있다. 먼저, 전통적인 군사력 중심의 국가안보와 비교하는 방법이 있다. 국가안보는 국가의 주권과 영토, 국민의 생명과 재산을 보호한다는 경성안보 논리를 강조한다. 하지만, 인간안보는 탈냉전 이후 등장한 글로벌 시대의 안보개념이다. 적정 수준의 인간다운 삶을 구현하기 위해서 필요한 정치, 경제, 문화, 보건, 환경적 요건들을 총체적 관점에서 조망하는 연성안보 개념을 지향한다. 인간안보는 국가안보를 포괄하면서 개인의 안전한 일상생활을 보장하는 개념으로 규정하는 관점이 성립되는 것이다. 이와 같은 인간안보에 대한 뜨거운 관심에도 불구하고 인간안보가 제시된 지 20여 년에 가까운 오늘까지도 인간안보란 무엇인가에 대한 명확한 정의는 이루어지지 못하고, 여전히 논란 중인 개념 또는 모호한 개념elusive or inscrutable concept으로 남아 있다.[5]

한편, '안보security'라는 용어는 라틴어의 'securitas'에서 유래하는 것으로 'se'는 '어떤 상태로부터 벗어나거나 자유롭게 되다' 또는 '어떤 것에서 풀려나다'라는 의미를 가지고 있고, 'seuritas'의 어원인 'cura'는 공포, 불안, 근심을 의미한다. 이러한 어원에 근거하여 '안보'를 정의하면, '안보'는 '위험 또는 위협으로부터 자기의 안전을 지키고, 공포, 불안, 근심이 없도록 하는 것' 즉, '걱정과 근심으로부터 해방된 상태'를 의미한다.[6] 또한, 1994년에 이르러 유엔개발계획의 「인간개발보고서」의 정의는 안보란 지속적인 기아, 질병, 범죄, 억압으로부터의

5 채형복, "인간안보의 국제법적 실현에 관한 연구", 경북대학교 대학원 박사학위 논문, 2011, p.3.

6 위의 논문, p.12.

안전이며, 가정이나 직장 등 사람들의 일상이 갑작스럽고 고통스럽게 파괴되는 위협으로부터의 보호라고 정의한 후 이를 인간안보로 규정했다. 요컨대, 유엔개발계획은 인간안보의 주요 영역을 경제안보, 식량안보, 위생안보, 환경안보, 개인안보, 공동체안보, 정치안보의 7개 분야로 분류하여 인류의 삶의 질적 수준의 향상을 도모한 것이다.[7]

인간안보를 국가안보 중심에서 벗어나 개인을 안보의 주된 대상으로 삼으며, 개인이란 단순한 의미의 한 인간으로서 개인이라기보다 국가와 시민사회, 다른 개인들과 접속된 연결제로 보아야 한다.

앞의 정의를 바탕으로 이 글에서는 인간안보란 사회를 구성하고 있는 한 구성원이 기아, 질병, 범죄 등 불안전 요인과 인권파괴, 경제 활동 미보장, 무력 등 일상생활의 위협 요인으로부터의 보호라고 정의하고자 한다.

2-3. 인간안보의 특징

인간안보에 대한 완전히 합의된 정의는 쉽지 않지만 대체로 다음 몇 가지 특징을 갖고 있다.

첫째, 인간안보는 국제기구의 목적이나 국가의 외교정책 방향에 따라 다양한 형태의 정의가 내려지고 있다.[8] 예를 들어, 일본의 인간안보사무국CHS: Commission for Human Security은 '인간의 자유와 실현을 강화하는 방식으로 모든 인간생활의 핵심vital core을 보호하는 것'이라고 정의한다. 한편 인간안보에 대하여 가장 큰 관심을 보이고 있는 캐나다와 일본은 자신들의 외교정책 목표에 따라 공포로부터의 자유를 중시하거나 결핍으로부터의 자유를 중시한다. 인간안보는 고정된 정의보다는 인간안보 개념을 사용하는 주체에 따라 다양한 정의가

---

7 김용신, "인간안보 개념의 시민교육적 위계구조 분석", 『국제지역연구』, 제19권 제4호, 2016, pp.51~70.

8 豊島名穂子, "人間の安全保障」と「平和的生存権」をめぐる考察: 人権との相関性の観点から", 『創価大学大学院紀要』 第30巻, 創価大学大学院, 2008, p.117; 饗場和彦, supra note 146, p.43.

이루어지고 있으며, 이는 인간안보에 대한 개념의 불명확성과 모호함으로 나타난다. 그러나 인간안보 개념이 모호하고 명확하지 않은 것은 인간안보가 국제사회가 당면한 문제를 모두 포함하고 있기 때문이다.[9]

둘째, 인간안보가 대상으로 하는 과제는 광범위하다. 앞에서 살펴본 바와 같이 UNDP는 7가지의 안보분야를 인간안보의 과제로 설정하고 있으며, 이는 인간안보가 인간의 생활 전반을 대상으로 하고 있다는 점을 잘 보여 주는 것이다. 한편, CHS는 인간안보의 대상이 될 주요 항목으로, 분쟁, 난민, 빈곤, 보건위생, 교육 등의 문제를 포함하고 있다. 인간안보라는 단어가 보여 주는 바와 같이 인간안보는 인간의 생활 전반 즉 인간에 관한 문제를 그 대상으로 하고 있다.

셋째, 인간안보는 지금 현재에도 국제적으로 광범위하게 확산되고 있다. 인간안보에 대해 적극적인 입장을 채택하고 있는 것은 UN · UNDP 등 국제조직과 일본, 캐나다 등이다. UN은 CHS를 중심으로 일본과 긴밀한 협력관계를 유지하고 있고, 인간안보 개념의 확산을 위하여 인간안보기금UNTFHS: United Nations Trust Fund for Human Security을 설치하고 있다. 캐나다의 경우 외교정책의 하나로 인간안보를 내세우면서, 국가주권과 개입에 관한 국제위원회ICISS: The International Commission on Intervention and State Sovereignty 설립에 주도적 역할을 담당했다.[10] 인간안보를 주창하는 주체는 다양하게 등장하고 있지만, 그 방향성은 다르게 나타난다. 그러나 방향성은 다르다 하더라도, 인간안보가 국제사회에 서서히 정착하여 광범위하게 확산되고 있다는 점은 분명하다.

넷째, 인간안보는 보편적 개념이다. 인간안보는 국가안보만으로는 확보할 수 없는 개인의 안전을 확보하려는 취지를 가진 개념이며, 이는 기본적으로 인간중심적 사고, 즉 휴머니즘을 바탕으로 하는 보편성에 기초한다. 그러나 인간안보의 보편성은 획일적 보편성을 의미하는 것은 아니다. 따라서 위협에 대한 대응은 보호대상의 정치 · 경제 · 사회적 환경에 따라 상이할 수밖에 없다. 예를 들어,

9 豊島名穂子, supra note 188, p.106

10 饗場和彦, supra note 146, p.43.

선진국의 경우 인간안보를 위협하는 요인으로는 이민, 빈부의 격차, 환경, 불법 마약, 전염병 등을 들 수 있고, 저개발국가의 경우 정치적 혼란 및 빈곤으로 인한 구조적 갈등과 내전이나 인종 간, 민족 간, 종교 간 갈등으로 인한 대량학살이 주된 위협으로 나타난다.

다섯째, 인간안보는 안보를 바라보는 시각과 대상을 국가 중심에서 '구체적인' 인간 중심으로 패러다임을 전환하고 있다.[11] 인간안보는 무엇보다도 핵의 안전보장이나 국가·영토의 군사적인 안전보장이라는 냉전 시대의 안전보장 관념으로부터의 탈피를 주된 논의의 대상으로 하면서, 동시에 강대국에 대한 투쟁과 정치적 독립에만 관심을 기울이고 있는 개발도상국에 대한 비판도 논의의 대상으로 한다. 따라서 인간안보는 기존의 국가안보라는 국가의 특권적 개념을 넘어 개인 차원의 안보 즉, 인간 중심적 개념이다. 그 결과 안보의 실현주체로서 비국가행위자의 역할이 강조된다. 그러나 비국가행위자의 역할을 강조한다는 것이 국가의 역할이 무의미하다는 것을 의미하지는 않는다. 여섯째, 인간안보의 침해 및 보장에 있어서 주체의 다양성이 부각되게 된다. 세계화는 침해 주체로서 주권국가부터 다국적기업, IMF·IBRD 등의 국제금융기구, 그리고 국제범죄조직까지 등장시키고 있다. 현대세계는 국가와 비국가행위자사회집단·국제조직·개인 등가 구조적·계층적으로 균형을 이루는 복합적인 역학관계power structure를 형성하고 있으며, 이러한 다원적인 주체가 인간안보에의 위협이라는 면과 방지·배제라는 면의 양면성을 가지고 있다. 즉, 인간안보의 침해자임과 동시에 인간안보의 옹호자라는 양면성을 가진다. 이러한 상황에서 인간안보를 실현하고자 한다면, 그 구체적인 전제로서 세계화와 그 가운데 있는 인간의 안전에 대한 원리적·이론적 시각과 함께 정책적 시각 모두가 요구되는 것이다.[12]

11 大久保史郎, "グローバリゼーションと人間の安全保障の登場", 『グローバリゼーションと人 間の安全保障』(大久保史郎 編), 日本評論社, 2007, pp.13~17.

12 饗場和彦, supra note 146, p.43

3. 인간안보를 위한 INGO의 다양한 활동

3-1. 대인지뢰 사용 금지 활동

가. 추진 경과

1974년부터 1977년까지 외교적 협의가 진행되어, 1979년 유엔총회는 무기의 규제를 목적으로 하는 국제협약에 대한 협상을 시작했다. 1983년 12월 2일부로 본 협약이 발효됐다.

대인지뢰 사용 금지 활동의 주요 내용으로, 국가 간 전쟁에서 내전armed conflict of non-international character으로까지 협약의 적용 범위를 확대했다. 탐지불능 대인지뢰는 어떠한 경우를 막론하고 사용이 금지됐으며, 기존의 탐지가능 재래식 지뢰는 민간인의 접근이 차단된 특정 지뢰지대에서만 사용할 수 있고, 기타 지역에서는 최대 120일까지만 작동되는 신뢰도 99.9%의 자가 폭파장치와 자가 무능화장치가 장착된 지뢰만을 사용할 수 있도록 규정했다. 이와 병행하여 지뢰제거를 위한 탐지 활동 시에 발생할 수 있는 위험을 제거하기 위하여 모든 종류의 지뢰에 대한 항抗탐지장치의 장착이 금지됐다.[13]

지뢰 사용 시 준수하여야 할 지뢰에 관한 정보, 기록 및 표지의 설치와 유지, 유엔 평화유지군 대표단·국제적십자사 대표단 및 기타 인도주의 단체 인원에 대한 보호조치 시행과 지뢰제거의 의무 및 협조사항, 신규 규정에 대한 국내 교육 및 훈련 실시 등이 매우 상세히 규정되어 있다. 이로 인해 지뢰의 무분별하고 무차별적인 사용이 대폭 제한되어 지뢰로 인한 피해를 줄이는 데 기여한 것으로 평가할 수 있다. 특히 지뢰를 무차별하게 사용할 시 전범규정을 적용할 수 있도록 설정한 것은 인도주의적 취지를 최대한 반영한 것이라 할 수 있다.

---

13 최강, "대인지뢰 전면금지협약의 평가와 전망", 『국제관계연구』, 2(4), 1997, pp.111~146.

나. 활동 내용

1980년 특정 재래식 무기 제한 및 금지협약CCW 및 CCW 제2의정서를 개정한 제2의정서 채택은 대인지뢰의 무차별성, 비인도성 그리고 무력충돌직후의 지뢰지대 복구에 대한 엄청난 경제적 비용에 대해 국제적십자위원회ICRC: International Committee of the Red Cross, 국제지뢰금지운동ICBL: International Campaign to Ban Landmines을 비롯한 NGO의 지속적 지뢰 철폐 노력과 이를 지지하는 일단의 국가군에 의하여 대인지뢰 전면금지를 위한 조약 체결 움직임이 대두됐다.

대인지뢰 전면금지협약의 주요 내용은 다음과 같다. 먼저 협약이 발효된 이후 4년 이내에 각 회원국이 보유한 지뢰를 모두 폐기하는 것과 이미 매설된 지뢰는 10년 이내에 제거하는 의무 부과가 가장 중요한 핵심을 이루고 있다.[14]

3-2. 국제엠네스티Amnesty International

가. 창립 배경

엠네스티는 1961년 민간에 의해 창립된 세계최대의 인권운동단체이며, 감금 및 투옥된 개인들을 구제한다는 측면에서 국제사면위원회로 통칭되기도 한다. 엠네스티 창립 배경은 영국 변호사 피터 베네슨이 1961년 5월 28일 <옵서버>지에 포르투갈에서 자유를 외치다 투옥된 학생들의 소식을 기고한 '잊혀진 수인'을 통해 모집한 자원자들을 바탕으로, 영국, 프랑스, 독일, 미국 등의 7개국에서 본격적인 인권운동을 시작한 시점을 배경으로 한다. 엠네스티는 150여 개국 이상의 국가들을 대상으로 80여 개의 지부와 110여 개 이상의 지역 사무실을 두고 있다.

나. 활동 내용

엠네스티는 인권분야에서의 대표적인 INGO로서 국적, 인종, 신앙, 정치적 이데

14 위의 논문, pp.111~ 146.

올로기, 경제적 이익 등에 구애받지 않고 독립적으로 활동하는 것을 목적으로 한다. 엠네스티는 인권보호를 위해 군축, 분쟁, 사형제도, 감옥, 실종, 홍수, 표현의 자유, 소수민족, 범죄 억제, 난민, 고문, 젠더 문제 등의 이슈들을 다룬다.[15]

엠네스티는 인권분야에서 국제적인 권위와 신뢰를 얻고 있으며, 국내에서의 미디어 홍보, 탄원서, 서명 모집, 로비 활동 등의 다양한 캠페인 활동과 더불어, 국가에게 해당 문제에 대해 개선이나 해결을 촉구하거나 권고해 오고 있다. 따라서 엠네스티 활동은 활동 대상이 되는 국가를 국제적 범주에서 반인권적인 정부로 평가받을 수 있게 하는 거버넌스 차원의 영향력을 가진다고 평가받기도 한다.

또한, 엠네스티는 인권에 대한 개별적인 네트워크를 구성함으로서 그 조직화와 전문화를 거듭하고, 이를 바탕으로 다양한 국가들을 대상으로 인권운동의 범주를 넓혀 가고 있다.

엠네스티는 다른 INGO 활동들과 마찬가지로, 스스로의 공공성, 책무성, 공익성에 대해 공인을 받기 위해 국제비정부기구 책임헌장에 가입하고 있으며, 이에 따른 5가지 행동원칙을 준수한다. 즉, 조사, 기록, 폭로, 행동, 로비이다. 그리고 이러한 5가지 원칙을 바탕으로, 첫째, 비폭력적이고 직접적인 행동을 통해 긍정적인 변화를 추구한다. 그러나 이러한 활동이 여의치 않다면, 둘째, 국내의 정치구조에 원활하게 참여 및 개입하기 위해 정보공개에 따른 폭로, 권고 및 로비 활동까지 수행한다.

지금까지, 인권의 사각지대라 할 수 있는 시리아, 이라크, 가자지구 등의 국가 혹은 무장단체에 의한 인권침해를 심각한 문제로 규정하고 인권보호를 위해 활동을 하고 있다. 또한 인권분야의 한 내용이라 할 수 있는 국가의 사형제도 폐지 활동도 진행하고 있으며 지난 1995년 59개국에서 2015년 99개국으로 확대되며 전체 60% 이상의 국가들이 동의하고 있지만, 그 내용의 측면에서 크게 발

15 https://www.amnesty.org/en/what-we-do(2025. 1. 20. 검색)

전했다고 보기는 어렵다.[16]

3-3. 국제소비자기구CI: Consumers International

가. 창립 배경

국제소비자기구는 현대사회의 시민의 삶의 형태를 결정하는 경제이슈와 관련된 대표적인 INGO 활동과 관련된 기구이다. 이 기구는 INGO로서 소비자들의 자립, 지원, 소비자 보호를 위한 국제적 제휴, 저소득국가군 지원 등의 목적을 지닌다. 따라서, 국제소비자기구는 활동대상이 되는 소비자가 사회 구성원인 시민이라는 점에서 인도주의적 목적을 실현하기 위한 기구이다.

국제소비자기구 창립 배경은 고소득국가군인 영국, 미국, 벨기에 등에서의 소비자 단체가 보다 원활한 소비자 보호를 위해 1960년에 국제적으로 교류하기 시작한 시점을 배경으로 한다. 특히 국제소비자기구는 1964년 4월에 개편되면서 INGO로서의 지위를 획득하고, 국제화 및 자유시장의 흐름과 함께 가장 중요한 국제비정부기구로서 성장해 오고 있다. 국제소비자기구는 현재 120여 개의 국가들을 대상으로 260개 이상의 NGO들과 연결되어 있으며, 국내의 NGO들과 긴밀한 협력관계를 가지고 있다는 점에서 간접 활동의 한계를 고려한 네크워크를 형성했다고 평가할 수 있다.

나. 활동 내용

시민들이 참여하는 소비자 운동은 상품 비교 테스트에서 소비자 교육에 이르기까지 갈수록 다양해지고 전문화되고 있다. 이러한 가운데, 국제소비자기구는 '간접' 활동의 측면에서 시민들의 이해와 선택을 보조하는 활동을 중심으로 삼고 있다. 소비자의 권익을 우해 다양한 소비자 단체들의 자립을 지원하고, 소비자와

16 Amnesty International, *Death Sentences and Executions 2014*, 2015. 3, pp.34~61.

관련된 사업들에 맞추어 국제적인 제휴사업 등을 추진하며, 경제 분야와 관련된 국제조직과의 연결을 통해 저소득국가군에서의 소비자 교육 및 원조사업 등을 실시하고 있다. 소비자 정보센터, 상품 테스트, 시장조사, 소비자 의식 수준 조사, 미디어 모니터링 등의 활동들도 여기에 포함된다. 그리고 국제소비자기구는 소비자 이익에 반하는 제도, 사회변화에 의한 소비자 문제에 대해 관계자, 전문가들이 참여하는 간담회나 토론 등을 바탕으로 대안 정책을 모색하기도 한다.

한편 소비자들의 불평등은 국가의 규제를 필요로 할 수밖에 없다. 시민의 생활체계에서 발생하는 소비자의 정보는 현대사회에서 정보의 과부하, 무임승차성, 정보의 격차, 정보의 윤리성 등에 대한 제도 및 정책의 문제들과 맞닿아 있기 때문이다. 따라서, 국제소비자기구의 경제 거버넌스는 소비자들 간의 평등한 관계를 형성하기 위해, 집단행위, 사회적 책임, 지속가능한 관계형성 등과 같은 과제들을 해소할 수 있어야 한다.

3-4. 그린피스 활동

가. 창립 배경

그린피스Greenpeace는 1970년 결성된 반핵反核단체로 '파문을 만들지 마시오Don't Make a Wave Committee'를 모태로 하여 1971년 캐나다 밴쿠버 항구에 캐나다와 미국의 반전 운동가, 사회사업가, 대학생, 언론인 등 12명의 환경보호운동가들이 모여 결성한 국제적인 환경보호 단체이다.

원래의 명칭은 핵실험을 하지 말라는 의미의 '파문을 만들지 마시오'였으나 이들이 미국의 알래스카 주 암치카 섬으로 핵실험 반대 시위를 벌이기 위해 출발하여 배 중앙에 그린피스Greenpeace라고 쓴 녹색깃발을 건 것이 계기가 되어 단체 이름이 됐다. 이 '그린피스'라는 이름은 창립 멤버 중의 한 명인 빌 다넬Bill Darnell이 지구에 대한 관심과 핵실험 반대의 뜻을 담아 녹색의 지구와 평화를 결합해 만든 아이디어였다.

나. 활동 내용

그린피스의 활동은 여러 차원과 영역에서 이루어진다. 각 활동은 네덜란드 암스테르담에 있는 국제 본부 혹은 적합한 국가 지부에서 활동하는 국제 그린피스 요원이 조정한다. 초기에는 핵실험 반대 운동 위주였으나 현재에는 유전자 조작 genetic modification 콩과 옥수수, 고래잡이 및 고래 사업 반대 등등의 다양한 운동을 하고 있으며 세계적 환경단체 중의 하나이다.

그린피스가 세계적으로 이름이 널리 퍼지게 된 계기는 1972년부터 남태평양에서 벌인 프랑스의 핵실험 반대 운동을 통해서였다. 그 당시 프랑스의 핵실험을 반대하기 위해 직접 그린피스 대원들이 핵실험 현장인 모루로아 섬에 잠입했다가, 핵폭탄이 터진 곳으로부터 불과 16마일밖에 안 되는 감옥에 갇히기도 했다.[17]

이러한 그린피스 활동, 프랑스 핵실험 저지와 고래잡이 반대 운동 기간 동안 세계인의 마음에 '정신적 폭탄'을 던져 준 그린피스 활동에 힘입어 70년대 후반 그린피스란 이름의 단체들이 북아메리카, 유럽, 뉴질랜드, 오스트레일리아 등 20개국 이상에서 조직됐다. 소련 그린피스는 냉전기 처음으로 소련에 결성된 국제 NGO였다.

그린피스의 주요 활동 분야는 기후변화 방지, 원시림 보호, 해양 보호, 고래잡이 방지, 유전자조작 반대, 핵위협 저지, 독성물질의 제거 등이고, 핵무기 보호를 위한 미국의 미사일방위계획에도 반대 운동을 벌이고 있고 이라크전을 계기로 반전 운동에도 가담하고 있다. 최근 주력하고 있는 운동 가운데는 콩의 원산지인 중국의 유전자조작 콩으로부터 보호하기 위해 세계적인 콩 거래업체인 번지 Bunge사에 중국의 콩 수출을 막기 위한 편지를 발송하는 '사이버 만리장성' 사업도 들어 있다.

현재 그린피스는 세계적인 환경운동단체라는 위상에 걸맞게 다양한 국제기

17 최석우, "그린피스 대원의 핵실험 현장 잠입투쟁기", 『월간 사회평론 길』 95(11), 1995, pp.120~123.

구 활동과 국제협약에 관여하고 있다.

3-5. 국경 없는 의사회Doctors Without Borders, Medecins Sans Frontieres

가. 창립 배경

국경 없는 의사회는1968년 나이지리아 비아프라 내전에 파견된 프랑스 적십자사 소속 베르나르 쿠시네Bernard Kouchner를 비롯한 의사와 언론인 12명이 1971년 파리에서 설립했다. '중립 공평 자원'의 3대 원칙과 '정치 종교 경제적 권력으로부터의 자유'라는 기치 아래 만들었다. 이 단체는 정치, 종교, 인종, 이념을 초원한 국제 민간의료구호단체이다. 프랑스의 대표적인 비정부기구라고 말할 수 있지만, 1991년 국제적인 비정부기구로 성장했다. 현재 벨기에 브뤼셀에 본부를 두고 있으며, 의사, 간호사 및 행정요원 등을 전 세계 80여 개국에 파견하여 의료봉사 활동을 하고 있다.[17]

한편 국경없는 의사회는 창립 때부터 개인 기부금으로 재정의 77%를 충당했다. 2008년 현재 370만 명의 지원을 받아 독립성과 자율성을 확보해 왔다. 정치적 중립성을 위해 개별정부의 직접 지원은 거부하고 군수산업체 지원도 받지 않는다. 전체 예산의 80% 이상을 구호 활동에 사용한다.

나. 활동 내용

긴급의료지원과 더불어 현장의 혹독한 비윤리적·비인간적 상황에 대해서는 침묵이 아니라 언론 및 대중에게 알림으로써 대응하는 방식을 이 단체의 기본적 행동 원칙으로 삼았다. 국경 없는 의사회는 국제적십자와 달리 국제법의 위임을 받지 않고 행동한다. 즉 정부의 승인 없이도, 응급의료가 필요한 해당 지역에 자율적으로 구급팀을 파견해 의료서비스를 지원하고 있다.

---

18 김태수, "프랑스 인도주의 NGO: 국경없는 의사회를 중심으로", 『한국국제지역학회보』, 제5집, 2005, pp.23~38.

주요 활동 내용을 보면, 1972년 지진이 일어난 니카라과에서 구호 활동을 벌인 것이 시작이다. 1975년 베트남 전쟁, 1990년 걸프 전쟁에서는 60대의 전세기를 타고 현장으로 날아가 7개소의 난민 캠프를 설치하고 7만여 명의 난민을 구호했다. 이라크의 화학무기 살포 사실, 1995년 르완다 양민 대학살 사건을 폭로했다. 또한, 에티오피아 난민구호 모금을 위한 대규모 팝 콘서트 때문에 더욱 우리의 기억에 남는 에티오피아의 대규모 기아 사태1985에 따른 구호 활동을 펼쳤다. 현재는 의료기구를 초콜릿키트, 수술키트, 캠프키트 등 키트화해서 시간적으로 응급상황이 요구되거나, 위기 사항에 처해 있는 지역에 보냄으로써 인도주의적 응급의료지원 및 구호 활동에도 많은 도움을 주고 있다.[19] 최근의 사례로, 아프카니스탄에 대한 미국의 공격으로 국경없는 의사회의 시설물이 파괴되고 그곳에 있던 22명이 사망하는 사건이 발생, 이 사건에 대해 국경 없는 의사회 측은 "병원에 대한 시설물 파괴가 아니라 제네바 협약을 공격한 것이다"라고 언급함으로써, 미국 오바마 대통령에게 사과를 받아 냈다.[20] 현재, 해마다 약 1만 명의 의사와 간호사 등이 아프리카, 중남미, 동남아 등 전 세계 80여 개국에서 각종 재난으로 헐벗은 사람들을 치료하고 있다. 이러한 공로 1999년 노벨평화상을 받았다.

이와 같이, 국경 없는 의사회는 저개발국가에 대한 인도적 의료 봉사 활동뿐만이 아니라 전 세계에서 발생하는 집단 테러, 전쟁 등으로 인해 의료의 손길이 필요시 직접적으로 의사, 간호사 등의 의료진 파견 및 필요 의약품을 지원하고 있다.

19 Darryl Stellmach, Peter Redfield, *Life in Crisis: The Ethical Journey of Doctors Without Borders*, 2014, pp. 324~328.

20 W. Justin, "Obama Apologizes for Airstrike That Hit Doctors Without Borders Hospital", *Time*, 2015. 10. 9.

4. 인간안보를 위한 INGO 활동의 전망과 평가

4-1. INGO 활동의 전망

인간안보를 국제적인 공공선으로 간주하는 것은 국제공동체와 조직의 의무와 책임을 다하는 것이다. 이렇게 인간을 위한 공공선을 국제적인 활동으로 펼치는 국제비정부기구를 INGO라 할 수 있다. INGO는 전 세계적으로 다양한 목적을 갖고 움직이고 있다.

이러한 INGO는 자발적인 차원에서 장기적인 안목으로 활동을 하고 있으므로 행정적인 견제나 가시적인 외형보다는 인본주의적 차원에서 개발 사업을 하며 민간차원에서 일대일로 접근하기 때문에 정부의 힘이 미치지 못하는 어려운 환경에 처한 계층에의 구호, 의료, 교육 등을 보다 효과적으로 추진할 수 있다. 그러나 국제 NGO의 위상과 역할의 중요성에 대한 인식이 높아졌음에도 불구하고, NGO가 공식적인 기구를 대체할 만큼 조직적, 신뢰적, 전문적인 단체이지는 못하다는 것이 중론이다. 국제 NGO가 공식기구와 차별성을 가지고 그들이 가진 장점을 십분 활용함으로써 국제사회의 중심세력으로서의 위상을 공고히 하여야 할 것이다.[21]

이데올로기 갈등을 대신하여 국제 정세의 불안 요인으로 부상한 정치적 인종 분쟁, 개발 일변도 정책으로 인한 환경 파괴, 난민 문제 등은 이제 우리에게 '인간이 만들어 낸 국경선'을 뛰어넘는 초국가적인 새로운 방향으로의 사고전환을 요구하고 있다. 이와 관련하여 INGO는 인간다운 삶을 실현하기 위한 글로벌 질서 형성의 새로운 동력이요, 전 지구적인 질서를 강화하는 '정부 없는 지배관할'을 실현시킬 행위자로서 그 역할을 증대해 나갈 것으로 기대된다.

---

21 이신화, "탈 냉전 시대의 국제비정부단체(NGO)", 『동서연구』, 9(2), 1997, pp.69~99.

4-2. INGO 활동에 대한 평가

평가의 틀에서 인간안보는 인간 복지와 품위에 대한 많은 다른 분야의 유동성에 대한 개발이나 구호 개입에 대한 궁극적인 영향력을 이해하기 위해 필요한 질문을 제시한다. 그러므로 인간안보 틀을 사용하는 것은 부정적인 것을 줄이면서 긍정적인 요소를 강조하기 위해 광범위하게 모든 개입을 제지하기 위한 일관된 정책과 협력을 요구한다.[22]

이러한 인간안보의 활동으로 행해지는 다양한 INGO기구의 활동은 인간안보에 매우 긍정적 효과를 준다고 할 수 있다. 앞에 소개한 핵이 없는 지구를 위한 그린피스의 환경보호운동, 대인지뢰 사용 금지 활동, 엠네스티 활동, 국제소비자기구 등은 각각의 활동목적에 맞게 인간생활의 안전과 복지에 큰 영향력을 발휘하고 있다.

한편 INGO 활동의 가장 중요한 개념은 신뢰성과 자율성이다. INGO 활동은 조직의 정체성을 갖고 자율적으로 행해지고 있다. 또한 각 분야의 전문적 지식과 기술을 갖추고 있어서 그에 따른 직무의 신뢰성과 전문성이 확보됐다고 본다. 하지만 이러한 INGO 활동의 가장 어려운 문제 중의 하나가 재정지원적 측면이다. 공적 재정지원이 한계가 있으므로 재정지원을 기업이나 국제연합, 각 정부기관으로부터 받아야 하는데, 이에 따른 자율성의 침해 등이 이루어질 수 있으므로 재정지원의 다양화가 하나의 해결해야 할 과제라 할 수 있다고 사료된다. 또한 디지털시대에 따른 이점을 이용하여 SNS 등을 이용한 네트워크 기반 구축을 통해 글로벌 INGO를 형성하는 것이다.

22 박균열 외역, 앞의 책, p.366.

5. 맺음말

이 장에서는 인간안보를 위한 INGO의 활동을 탐구했다. 시대의 패러다임의 변화 즉 정부나 국가로 대변되는 공적 권한이 현대에서는 개개인의 인격과 인간으로서의 존엄성에 대한 중요성과 관심의 급격한 증가로 인간안보가 이슈화되고 있다.

이렇게 인간안보에 대한 관심이 증대되는 시점에서, 인간안보에 대한 개념을 정리하고, 인간안보 활동의 한 축을 이루고 있는 INGO기구들의 활동사례를 알아보았다. 특히 북한을 비롯한 저개발국가들의 인권침해에 대한 국제적 관심과 비판이 증대되고 있는 가운데 국제인권 규범의 전도사라 할 수 있는 앰네스티Amnesty International를 비롯, 지구환경지킴이 역할을 하고 있는 그린피스, 대인지뢰 사용 금지 활동 등의 사례를 통해 인간안보의 중요성을 인식할 수 있었다. 그뿐만 아니라, 이러한 INGO기구들의 활동들에 대한 전망과 평가를 통해, 향후 INGO 활동의 방향성을 제시함으로써 인간안보 활동의 증대방안을 모색하고자 했다.

생각해 볼 문제

1. 인간안보의 활동으로 행해지는 다양한 INGO 기구의 활동은 인간안보에 매우 긍정적 효과를 가져다주고 있다. 이러한 INGO 활동이 안고 있는 문제점과 해결 방안은 무엇인지 생각해 보자.

2. 한국에서 활동하고 있는 INGO 기구는 무엇이며 현재까지 주요 활동 내용을 알아보고 한국에 필요로 하는 추가적인 INGO 기구는 무엇인지 생각해 보자.

제9장

비폭력 인권운동의 평화사상

1. 머리말

전쟁이 물리적 폭력을 수단으로 한다면 평화의 핵심은 비폭력이다. 즉 상대방에게 자신의 의지를 관철시키는 데 있어서 폭력을 사용하면 전쟁이 되고 비폭력으로 해결하려 하면 평화가 된다. 개인의 인권을 보장하고 보호하는 방법 역시 마찬가지다. 인권의 핵심은 인간의 존엄성을 보장하고 보호하는 것이다. 그리고 인권의 세부적인 요소는 개인의 생명, 자유, 재산 등이다. 이러한 인권의 보장과 보호를 위해 물리적 폭력이 아니라 비폭력 수단을 사용하여 해결하려 할 때 평화가 올 수 있다는 논리가 비폭력 인권운동의 평화사상이다.

이러한 비폭력 인권운동은 인도 독립운동의 아버지 마하트마 간디에 의해서 정치이념으로 거론됐다. 즉 개인이 감당할 수 없는 거대한 권력에 맞서 비협력 불복종의 성격을 띠면서 싸우되 폭력을 배제하고 비폭력으로 대항하는 강한 운동의 근간을 이루었던 것이다. 간디의 최초의 계기적 비폭력 인권운동은 그가 남아프리카에서 인도인의 인권보호를 위해 정치운동의 이념으로서 제시한 사티아그라하Satyāgraha[1]에서 기원한다.

그리고 비폭력 평화운동에서 빼놓을 수 없는 사람이 바로 미국의 유명한 인권운동가 마틴 루터 킹 목사이다. 마틴 루터 킹은 평화적인 방법으로 인류애와 인종 평등의 가치를 위해 일생을 헌신한 사람이다. 인종차별 철폐에 큰 공로를 세운 위대한 인권운동가이기도 하다. 20세기 후반부에 일어난 미국의 흑인 인종차별 철폐 운동의 아이콘이며 평화의 상징으로 평가받을 정도로 인지도와 평가가 높은 인물이다. 킹 목사의 흑인 인권운동은 수백 년 동안 흑백 차별의 관행에 익숙해 있던 미국 사회에서 이제 거역할 수 없는 현실이 됐다. 미국 내에서는 흑인에 대한 모든 정치적 사회적 차별 철폐를 규정한 1964년의 시민권법이 의회를 통과해 흑인 인권신장의 획기적 전기가 마련됐다.

한편 댈리 신부는 IRA[2]와 영국 정부의 분쟁 한복판에서 비폭력을 통한 평화와 정의의 자리를 넓혀 온 사제였다. 그는 신교 통합파들로부터 기만적인 정치 신부라는 비난을 받았고, 동시에 IRA로부터도 순응적 평화주의자라고 성토를 당하기도 했지만, 폭력이 정치적 목적에 쓰여서는 안 된다는 소신을 굽히지 않았다. 비폭력만이 사회 문제를 해결할 수 있는 유일한 해결책이라는 것이다.

이 장에서는 비폭력 인권운동의 의의와 역사를 살펴보고, 이러한 비폭력 인권운동에 앞장선 사람들 중 간디의 삶과 비폭력 인권운동, 마틴 루터 킹의 평화사상, 댈리Edward Daly 신부의 평화사상 등을 알아보기로 한다.

---

1 사티아그라하: <진리(사티아)의 포착(그라하)>이라는 뜻으로, 인도 독립의 아버지 M. K. 간디의 정치투쟁의 이념. 간디는 1893년 남아프리카에 인도인 상사의 고문변호사로서 부임했는데(1914년까지), 그곳의 심한 인종차별 정책에 대항해서 인도인 이민의 기본적 인권을 확립하는 투쟁을 지도했다. 그는 이 투쟁이 정의의 투쟁이며, 궁극의 진실을 파악하여 이 세상에서 악을 없앨 것을 목적으로 한다고 했다. 그래서 이 목적을 위해서는 폭력이라는 <비진실>에 폭력으로 대항하는 것이 아니라, 자신을 엄격하게 규제 할 수 없으면 안 된다고 했다. 사티아그라하는 지문 등록을 강제하는 새로운 아시아인 법에 대한 반대 운동에서 본격적으로 전개되어 큰 성과를 올렸다. 이는 어떤 탄압에도 비폭력으로 저항한다는 간디의 지도 원리의 기초가 됐다. [네이버 지식백과] 사티아그라하 [Satyāgraha] (종교학대사전, 1998. 8. 20, 한국사전연구사) 참조.

2 IRA: 영국령 북아일랜드와 아일랜드공화국의 통일을 요구하는 반(半)군사조직. 창설자는 독립운동가이자 민족주의자인 마이클 콜린스이다. 아일랜드공화국군(Irish Republican Army:IRA)이라는 명칭은 이미 19세기의 급진파 페니언에 의하여 쓰였으나, 1913년에 조직된 군사조직 아일랜드자원군의 후신으로 본격적으로 쓰기 시작한 것은 더블린의 부활절봉기(1916) 때부터이다. 아일랜드 국민의회의 수립(1919) 이후 민족주의자에 의하여 공식 명칭이 됐다. [네이버 지식백과] 아이아르에이 [IRA] (두산백과) 참조.

2. 비폭력 인권운동의 의의와 역사

2-1. 비폭력 인권운동의 의의

인권운동은 어떤 개인이나 국가의 한 구성원으로서 마땅히 누리고 행사할 수 있는 기본적인 자유와 권리를 보장받고 보호받도록 하기 위해 노력하는 사회적 활동이다. 여기서 중요한 것은 이러한 개인의 인권 보호를 위해 사용하는 수단 면에서 그 대의명분을 이용하여 물리적 폭력을 동원하는 것은 어떤 이유나 형태로든 정당화되지 못하며 반드시 비폭력적이고 평화적으로 맞서야 한다는 것이다.

그럼에도 불구하고 역사적으로 볼 때 어떤 경우에는 폭력을 정당화하려는 듯한 분위기도 있다. 첫째, 인간의 본성 자체가 악하다는 논리를 내세우는 경우이다. '만인에 대한 만인의 투쟁 상태'를 선언한 홉스와 덕德보다는 법으로 다스려야 한다고 주장한 한비자의 사상이 바로 여기에 속할 것이다. 인간은 어쩔 수 없이 타인의 희생을 전제로 해서만 삶을 영위한다는 것이다. 이렇게 보면 비폭력이 성공한 사례는 한 번도 없게 된다. 겉으로 보기에는 비폭력이 승리한 것처럼 보이지만 본질적으로 악한 인간의 삶은 폭력과 강요에 의해서만 영위될 수 있기 때문이다.[3]

둘째, 개인의 성향과 공동체의 집단 성향과의 차이점 문제이다. 비록 개인은 선하다 할지라도 그 개인이 모인 집단 공동체는 악할 수밖에 없다는 것이다. 이는 로크John Locke가 말한 인간의 자연 상태 및 인간의 본성에 대한 진단과도 맥락이 닿아 있다. 로크는 인간은 자연 상태에서 자기 자신의 생명, 자유, 재산을 보호받는 것이 당연하지만 타인의 생명, 자유, 재산 역시 존중해야 한다고 주장했으며, 이것이 로크의 평화사상의 본질이다. 다만 인간의 자연 상태에서 각자가 가지고 있는 자연권으로 말미암아 개인의 이익에 관련되는 모든 문제에 대

---

3 황필호, "무폭력, 비폭력, 폭력", 『철학과 현실』, 철학문화연구소, 1988. 11, p.115.

하여 각자가 주장할 권리가 있기 때문에 상호 간에 갈등이 생기게 되면 해결할 방법이 어렵다는 난점이 있다. 그러므로 이를 해결할 대리자가 필요하다는 것이며, 결국은 자연권을 위임받은 대리자가 강제력을 가질 수밖에 없다는 논리가 나온다. 대리자의 강제력에는 물리적 폭력도 포함되어 있다. 이러한 맥락에서 선천적인 성악설을 주장하지 않는 사람들 중에도 개인과 사회의 질적인 차이를 내세움으로써 폭력의 정당성을 인정하려고 한다는 것이다. 미국의 정치철학자 롤즈John Rawls가 말한 바와 같이 비록 선한 사람들로만 구성된 사회일지라도 강제적인 법률은 필요하다. 왜냐하면 구성원들의 욕망이 모두 특정 분야의 가치 쪽으로만 쏠릴 수도 있고, 또는 어떤 한 사람의 욕망의 외연이 너무 넓어서 타인의 욕망을 위협할 수도 있기 때문이다. 여기서 폭력은 첫 번째의 경우와 같이 본질적인 것은 아니로되 이 사회를 유지하기 위한 필요악이 된다. 그리하여 그들은 개인은 선하되 사회는 악하다고 말한다. 미국의 윤리학자인 니버Reinhold Niebuhr, 1892~1964가 그의 책 이름을 『도덕적 인간과 비도덕적 사회』라고 쓴 이유도 여기에 있을 것이다. 여기서 비폭력은 개인과 개인과의 관계에서는 적용될 수 있으나 개인과 사회, 사회와 사회, 국가와 국가 사이의 관계에서는 아무런 힘도 쓰지 못하고 무기력하게 된다.

셋째, 인간의 성악설과 사회의 본질적 비도덕성을 믿지 않는 사회결정론자 중에는 비교적 개방된 태도를 갖는 사람들이 있다. 그들은 폭력과 비폭력이 다 같이 개인과 개인의 관계뿐만 아니라 집단과 집단과의 관계나 개인과 집단의 관계에 적용될 수 있으며, 어떤 정략을 채택하느냐의 문제는 당시의 정치사회적 요건들에 의해 결정될 일이라고 말한다.[4]

이러한 사상적 흐름 속에서 비폭력 인권운동을 전개한다는 것이 쉽지는 않지만 그런 와중에도 비폭력 인권운동을 전개한 인물들의 업적과 사상은 나름대로 의미가 있다고 하겠다. 그동안 전 세계적 차원의 인권운동의 결과로 각 국가와

4 위의 논문, p.115.

국제기구는 헌법이나 헌장, 그리고 조약 등에서 인권의 법률적 보장을 규정하고 있다. 특히 18세기 시민혁명의 인권선언은 주로 정부 권력의 압제와 차별 등에서 개인의 인권을 보장하려고 하는 이념과 목표에 따른 규정을 두어서 주로 국내 법질서에서 인권의 보장을 꾀했다. 그런데 당시에도 이미 인권의 보장은 개인과 단체에 의한 인권의 수호와 실현을 위한 권리 주체의 노력과 투쟁을 통해서 가능했다. 근대법은 권리 주체의 자기주장의 관계를 내용으로 한 체계이기 때문이었다.

한편 인권은 국내법적인 문제로 그치는 것이 아니라 국제적인 보장운동으로의 필요성이 당연히 제기됐다. 왜냐하면 인권은 국제법적인 국가 사이나 국제단체와의 관계에서 인권보장을 위해 주체적이고 능동적으로 권리주장을 함으로써 보장이 되는 것이기 때문이다. 그러한 국제적 인권보장 장치가 제도화된 것은 국제연맹의 국제노동기구 운동에서 비롯됐다. 이후 국제연합의 인권선언과 국제인권규약의 제정, 그리고 각 지역의 인권기구의 설립 등으로 제도화가 완성됐다. 대표적인 국제기구로 국제사면위원회Amnesty International가 있다. 영국에 본부를 둔 국제사면위원회는 민간 인권운동 기구로서 양심수 또는 정치범의 석방과 고문 및 사형의 폐지를 목적으로 하는 범세계적인 인권운동단체이다. 1970년대에 노벨상을 받은 실적이 있듯이 여기서 내는 인권보고서인 ≪고문보고서≫1973같은 간행물은 권위 있는 내용으로 공신력을 인정받아서 상당한 영향력을 끼치고 있다.

인권운동이라고 할 경우에 인권 일반을 위한 운동을 민간단체에서 전개하는 것으로 볼 수도 있지만, 특정의 중요 사항을 초점으로 하거나 특정 사항이 주로 문제가 되어 인권운동이 대두됐기 때문에 문제와 내용별로 인권운동이 전개된다. 여기에는 인종차별 반대, 성차별 반대, 신분·계급차별 반대, 양심수 및 정치범 탄압 반대, 빈민의 기아구제운동 등 다양하다.

2-2. 각국의 인권 문제와 인권운동

각국의 인권 문제와 관련하여 선진국은 인권 문제가 없다고 쉽게 생각할 수도 있으나 그렇지 않다. 미국은 오랜 역사의 흑인노예제도에서 파생한 사회, 정치, 경제 문제로 흑백 인종차별의 문제가 있다. 미국의 인권 문제 중 가장 뜨거운 쟁점은 흑백차별의 문제이다. 이에 1950년대부터 본격적 흑인차별 반대운동이 전개되어 왔다. 일본도 구시대의 특수한 천민 신분인 부락민 문제와 일본제국주의 침략의 산물인 재일한국인에 대한 차별 문제가 가장 두드러지게 대두되어 오고 있다. 러시아나 공산권 나라에서 사회주의체제가 해체되기 전까지는 인간으로서 기본적 자유나 사상의 표현, 양심의 자유가 문제되어 왔다. 폴란드의 자유인권운동은 노조의 연대운동과 가톨릭교회의 사회참여로 공산당 일당 지배체제의 인권부재 분위기를 일신시켰다. 독일에서는 외국인 노동자 현장에서 정착한 터키계 인종문제와 녹색운동의 과제가 특이하게 부각되고 있다. 프랑스의 1968년 혁명은 학생의 참여와 노동자의 소외문제로 혁명적 상황에까지 이르렀었다.[5]

한편 아프리카의 경우에는 오랜 기간의 식민지화로 암흑대륙이라 해서 문명권 외에 있는 특수 지대로 간주되어 왔다. 이 지역의 인권 문제는 민족해방, 민족자결 운동과 더불어 인종차별 금지와 아파르트헤이트[6]의 타파로 나타났다. 그것은 동시에 민족독립을 위한 투쟁이고 흑인 정부수립을 위한 민주주의 투쟁이었다. 그래서 무장투쟁과 게릴라투쟁으로까지 나아가는 특수한 양태를 연출했다. 남아프리카 공화국에서도 흑백이 평등한 민주정부의 수립이 가능했던 것은 민족독립투쟁 때문이었다. 그리고 흑인에게도 투표권과 참정권을 부여하도록 하는 투쟁으로 때로는 무장 게릴라투쟁을 불사했다. 인권의 보장은 시민운

5 한국학중앙연구원, “인권보호운동(人權保護運動)”, 『한국민족문화대백과』 참조.

6 아파르트헤이트(apartheid): 백인우월주의에 의한 인종 격리 제도. 남아프리카공화국의 인종차별 정책과 제도를 뜻함. 백인과의 결혼 금지, 백인과 흑인이 같은 버스를 타지 못하도록 하는 승차 분리, 공공시설 사용 제한, 그리고 흑인의 값싼 노동력 확보를 목적으로 하는 남아공의 악명 높은 정책임. 이러한 아파르트헤이트 정책이 세계 여론과 흑인들의 끊임없는 저항에 부딪혀 결국은 철회하게 됨.

동의 차원을 통해서만 가능했고 기존 법제의 테두리 안에서 구제될 수 있는 행운의 조건은 애당초 없었다.

한편 특이한 인권운동으로 중남미 지역의 인권운동을 들 수 있다. 이 지역은 16세기 이래 외부 정복자가 주도한 상황에서 가톨릭교회를 중심으로 기득권 체제의 억압과 수탈에 대항하여 인권운동이 진행됐다. 즉 지배층의 행위를 반성·참회하면서 가난하고 약한 자 편에서 그리스도의 복음을 전하는 방법으로 인간해방·인권운동을 전개한 것이다. 이는 해방신학에 입각한 인권운동이자 종교운동이고 동시에 정치·경제적 운동인 독특한 운동 양식을 발전시켰다. 기존의 기독교 선교에서는 생각지도 못했던 성직자의 무장 게릴라 활동까지 전개했고 엘살바도르의 로메로Archbishop Oscar Romero 대주교와 같은 순교자를 낳기도 했다. 다만 이러한 인권운동이 약자 편에서 진행된 것은 사실이나 폭력까지도 허용하게 되어 비폭력 평화운동으로 발전하지 못한 것이 아쉬운 점이다.

이처럼 인권운동이 법제의 테두리에서 순리적으로 기능할 경우에는 시민운동차원에서 해법을 찾을 수 있었다. 그러나 그것이 불가능한 정치적·경제적 조건에서는 새로운 투쟁의 방법과 수단을 통해서 돌파해 온 것이다.

2-3. 시대적·사회적 과제로서의 인권운동

21세기의 인권 문제는 무엇인가? 이 문제와 관련하여 시민적 기본권은 여전히 중요한 사안이다. 한편 시대의 변천은 새로운 인권 문제를 제기하고 있다. 세계화에 따른 지구의 단일시장화는 가난한 지역의 근로자 대중이 부유한 지대로 이동하면서 외국인 노동자 문제를 인권 문제의 가장 민감한 사안으로 제기하고 있다. 미국의 멕시코 불법 입국 노동자 문제, 일본의 동아시아나 한국 및 중국에서 유입된 노동자 문제, 유럽 지역에서 천직에 종사하는 아프리카 등지의 노동자 문제 등이 그러하다.

정보·기술혁명 시대에는 컴퓨터에 의한 정보관리로 말미암아 프라이버시 침해가 은밀하게 진행되고, 부유한 금권집단의 횡포가 베일에 가려진 채 자행될 수 있는 계기도 마련해 주고 있다. 특히 제3세계라고 불리는 그 지역의 나라와 국민은 자본이나 기술 정보 등을 독점한 미국과 유럽 공동체 및 일본 등에 비해 낙후된 채 예속과 수탈의 메커니즘에서 벗어나지 못하고 있다. 그리하여 결국 가난한 국가와 국민들은 체제 간의 갈등이 적절하게 조정되지 못하거나 지배계급의 비민주적·이기적 통치에 대한 대책이 강구되지 못하면 인권 보호에서 3류 국가의 운명을 면할 수 없게 된다.

인권운동은 각 나라나 지역 또는 계층에 따라 특수한 사정을 안고 있다. 인권은 정치권력의 민주화와 재물의 공정한 배분의 문제이다. 그런데 억압적인 제도의 장벽으로 말미암아 인권보호가 안될 경우에 어떻게 하는가? 그리고 인권의 관념과 제도 자체가 주로 서구에서 발전된 것인데 문화적 이질성 때문에 조화가 안 되는 것을 어떻게 조정해 나가는가? 그것이 제3세계에서도 서구시민사회에서 발전된 시민운동만큼 발전 가능한가? 21세기의 인권운동은 이러한 여러 가지 과제를 안고 있다.

1960년대 미국 시민권 운동의 또 한 주류는 흑인의 지위와 관련된 것이다. 이때는 여권신장운동의 성공으로 말미암아 흑인들의 기대 수준이 한껏 높아져 있었다. 그러나 미국 사회의 흑인에 대한 편견과 불신은 여성에 대한 그것과는 비교할 수 없을 정도로 뿌리가 깊었다. 이에 흑인들은 좀 더 과격한 방식으로 그들의 요구와 불만을 표출하기 시작했다. 결국은 1992년 로스앤젤레스에서 흑인 폭동[7]이 일어나 30여 명이 사망하고 약탈과 방화가 엿새 동안이나 계속됐다. 그리고 이와 유사한 폭동이 뉴욕과 시카고를 비롯한 전국 여러 도시로 확산됐다.

---

7 로스앤젤레스 흑인 폭동(Los Angeles Riot): 1992년 4월 29일부터 5월 4일까지 로스앤젤레스에서 일어난 흑인 폭동 사건이다. 4월 29일, 이날 흑인 청년 로드니 킹을 집단 구타한 4명의 백인 경찰관에 대한 무죄판결이 있었다. 분노를 터트린 흑인들은 거리로 쏟아져 나와 폭력·방화·약탈·살인을 자행했다. 이것은 미국 사회구조가 항상 안고 있는 인종차별에 대한 폭발이었다. 그간 인종차별의 시정(是正)이 진행되는 가운데, 흑인사회의 계층분화가 진행되어 중산 계급화하는 흑인이 늘어나는 반면, 대도시 슬럼가(街)에 사는 극빈층 흑인도 늘어나고 있던 것이 그 배경이다. [네이버 지식백과] 로스앤젤레스폭동 [Los Angeles Riot, ―暴動] (두산백과) 참조.

흑인 인권운동의 방향을 두고 급진파와 온건파 간에 심각한 노선의 갈등이 빚어졌다. 학생비폭력조정위원회SNCC 의장 스토클리 카마이클Stokely Carmichael, 1941~1998과, 또 다른 흑인 과격 집단인 흑표범Black Panthers의 지도자 휴이 뉴턴Huey Percy Newton 1942-1989이 급진파의 선두에 섰다. SNCC의 스토켈리 카마이클Stokely Carmichael은 흑인 인권신장운동에 백인들을 일체 배제시킬 것과 운동의 방향을 평화적인 시위에서 좀 더 직접적이고 폭력적인 수단으로 전환할 것을 주장했다. 심지어 휴이 뉴턴은 한 걸음 더 나아가서 '권력은 총구로부터 나온다'는 마오쩌둥毛澤東의 말을 인용하며 흑인의 무력 투쟁을 촉구했다.

그러나 1960년대 흑인 인권운동의 지도적 인물은 역시 마틴 루터 킹 목사였다. 로자 파크스 사건 때 흑인들의 버스 안 타기 운동을 주도해 일약 흑인 인권운동의 기수로 등장한 그는 이후 남부 기독교지도자 회의SCLC를 이끌면서 간디의 비폭력주의에 바탕을 둔 평화적 흑인 인권운동을 전국에 확산시켰다. 링컨의 노예해방 선언 100주년을 기념해 1963년 8월 수도 워싱턴에서는 전국에서 수십만 명의 흑인이 모여 건국 이래 최대 규모의 흑인 시위를 벌였다. 여기서 킹 목사는 "나에게는 꿈이 있습니다I have a dream"라는 명연설을 남겼고 사람들은 흑인 영가 <우리 승리하리라>를 합창하며 워싱턴의 중심가를 행진했다.

한편 미국의 베트남전 개입으로 킹 목사의 흑인 인권운동은 새로운 도전에 직면했다. 그가 미국의 참전을 반대한다는 공식 입장을 발표하면서 미국 정부, 흑인지위향상협회NAACP와 같은 보수 인권단체들조차 그에게 등을 돌렸다. 다른 한편으로는 흑표범, 말콤 엑스 등의 폭력투쟁론이 점점 흑인 젊은이들의 마음을 사로잡아 가고 있었다. 이런 상황에서 킹 목사는 워싱턴에서 또 한 번의 대규모 평화 시위를 계획했다. 그러나 행사 준비를 위해 동분서주하던 중, 1968년 4월 테네시 주 멤피스에서 한 극렬 백인 우월론자의 손에 목숨을 잃고 말았다.

킹 목사의 암살에 격분한 흑인들은 전국의 대도시에서 무력 폭동을 일으켰다. 하지만 지도자가 사라진 상황에서 이들의 목소리는 갈수록 힘을 잃었고 연일 계속되는 폭동의 와중에 인종 갈등의 골은 깊어만 갔다. 그러나 킹 목사의 영웅적 투쟁은 많은 흑인들에게 그들의 가치를 새롭게 깨닫는 계기가 됐고 흑인들의 인종적 일체감과 단결을 가져왔다. 이런 자긍심과 단결을 바탕으로 흑인들은 더욱 활발히, 그리고 조직적으로 인권신장운동을 계속해 나갔으며, 이런 노력에 의해 오늘날 흑인들은 적어도 법적으로는 백인들과의 완전한 평등을 보장받을 수 있게 됐다.

2-4. 한국의 인권운동

한국에서 근대적 의미의 인권운동이 싹이 트고 발전된 것은 조선 후기부터라고 할 수 있다. 이때는 실학이 대두하고 서양의 기독교가 전래되는 시점이어서 인권에 대한 자각과 인간존중 의식이 싹트게 된 것이다. 조선 실학의 백성 존중사상에서 신분을 초월하여 인간 자체에 대한 존중과 배려의 사상을 만나게 되고, 기독교 신앙을 통해 만인이 신의 피조물로서 모두가 귀중한 존재인 동시에 신 앞에서 모든 사람은 평등함을 알게 됐다. 즉 인간의 존엄성을 인식하게 됨으로써 신분과 계급을 초월한 인간 존중의 사상을 알게 된 것이다. 심지어는 천민·백정白丁이나 여성들에 대해서도 인간으로서의 인격을 인정하고 배려한 부분에 대해서는 한국의 개화기 이전 실학사상과 기독교사상의 소중한 선물로 꼽을 수 있다. 그리고 이러한 계몽적 단계의 자각은 개화와 근대화운동의 일부로 이어져서 명맥을 유지했다.

그러나 그것이 대중적 시민운동으로 모습을 드러낸 것은 훨씬 뒤에 이르러서이다. 1884년 갑신정변의 평등사상과 1894년 갑오개혁의 노비해방이나 동학농민운동을 통해서 비로소 인간해방 사상이 우리의 삶 속에 연약하나마 뿌리를 내리게 됐다. 봉건적 신분질서와 주자학적 세계관의 철벽이 아직도 강력했고, 그를 통해 기생하는 지배 계급이 잔존해 있었기 때문이다.

일제하에서는 민족해방이 정치·사회운동의 최우선 과제였다. 그래서 1919년 3·1운동 후에 일대 전기를 맞아 민족운동이 새로운 정비를 서둘러서 그 모습을 보였다. 이때의 인권운동은 사회운동의 일환이고 결국 독립운동 속에서 그 흐름을 함께 했다. 비교적 뚜렷한 사회운동으로 나타난 1920년대의 백정의 형평운동衡平運動[8]의 의의는 매우 크다. 백정 해방운동은 봉건적 유습과 편견에 대한 도전이었던 점에서 그 의미가 자못 크다고 할 수 있다. 그리고 1894년에 노비해방이 형식적으로 있었지만 백정해방운동은 그것의 형식성과 맹목성의 한계를 돌파하고자 한 시도였다는 점에서 그 의미를 찾을 수 있다. 결국 식민지하의 인권운동은 우선 노동자와 농민의 생존권운동으로 나타나고 봉건적 및 식민지적 속박에서 가장 큰 피해자인 여성운동으로도 나타났다.

일제하의 한국의 인권 문제는 제국주의로부터의 해방이었다. 따라서 인권운동은 독립투쟁과 직간접으로 연계되어 나타나게 된다. 그리고 한국의 인권운동에선 지금까지도 기독교의 선구적 기여와 활약을 들 수 있다. 일제하에서도 일부 기독교인의 친일 투항 이전까지는 높이 평가될 수 있는 역할을 했다. 이는 봉건적 유교적 폐습으로 말미암아 개인의 권리 주장과 자기 주체의 확립이란 인간적 자각이 아직 동면 상태에 있었기 때문이다. 이처럼 인권의 보호에 있어서 걸림돌이 되는 것을 어떻게 타파하는가 하는 점이 한국 인권운동의 제일차적 과제로 가로놓여 있다.

8 백정의 형평운동: 백정들이 사회적 차별 대우에 반발하여 벌인 형평 운동. 평등한 대우를 요구하는 운동으로서 1920년대 초 전통적인 신분 질서가 붕괴되는 과정에서 백정들이 급격하게 평민화되어 가는 가운데 영남 지방을 중심으로 일어난 것이다. 영남 지방은 타 지역에 비해 백정의 수가 많았을 뿐만 아니라 보수적인 성격이 강하여 백정들에 대한 멸시가 매우 심했다. 그러자 1923년 진주에서 백정 이학찬이 조선 형평사를 창립하고 형평 운동을 일으키게 됐고, 이를 계기로 전국적인 조직으로 확대됐다. … 특히 진주에서의 이학찬 등이 주동이 된 형평 운동은 오늘날에 형평문학제로 계승되고 있다. [네이버 지식백과] 백정도 사람이다: 형평운동 (고교생이 알아야 할 한국사 스페셜), 2009. 2. 5., (주)신원문화사) 참조.

3. 비폭력 인권운동가의 삶과 사상

3-1. 간디의 삶과 비폭력 인권운동

가. 아힘사의 평화사상

간디의 평화사상의 근본은 아힘사[9]였다. 그는 인류애에 의한 폭력 부정만이 최후의 승리임을 확신하고 이를 그대로 정치 활동에 실천했다. 육체적 욕망을 극도로 제한하고, 때로는 금식에 의해 속죄했다. 또한 인도 인습인 사회적 계급 제도의 타파에 노력했다. 진실을 사랑하고 기만을 증오했으며, 사회악에의 철저한 반항이 정치 활동의 강한 원동력이 됐다. 그의 평화사상의 핵심은 비폭력 평화주의이다. 일생 동안 정치적인 목적을 위한 폭력을 거부했는데, 그의 비폭력주의는 나라 안뿐만 아니라 국제적으로도 큰 영향을 주었다. 1918년 인도 국민회의의 지도자 역할을 맡은 것을 전후로 자유를 얻기 위한 투쟁의 선봉에 서면서, 간디는 인도의 상징 또는 평화의 상징 중 하나가 됐다고 평가된다. 또 그때부터 위대한 영혼이라는 뜻의 마하트마Mahatma로 불리게 됐다. 간디 자신은 이런 명예를 좋아하지는 않았지만 지금도 마하트마 간디로 불린다. 1999년 4월 18일 미국의 뉴욕타임스는 지난 1천 년간의 최고의 혁명으로 영국의 식민통치에 저항한 간디의 비폭력 무저항운동을 선정했다.

이제 간디의 생애를 중심으로 그의 반전 평화사상을 다시 반추해 보면 다음과 같다. 그는 영국에서 변호사 자격을 얻고 남아프리카로 건너간 후 인도인에 대한 인종차별에 충격을 받아 반대 운동을 일으켰다. 인도에 귀국한 후 사티아

---

9 아힘사(ahimsā: 무상해): 살아 있는 모든 생물에 대한 불살생·비폭력·동정·자비를 뜻한다. 고대 《베다》의 제식에서 동물이 희생되는 관행에 대한 반대에서 유래했다. 불타(佛陀)는 이처럼 무고한 생명체가 도살되는 것을 막기 위해 아힘사를 주장했다. 인과법칙을 믿는 인도인들은 아힘사를 행하지 않으면 다른 생명체의 영적 진보를 방해하고, 자신들은 그에 따른 과보와 고통을 입는다고 믿는다. [네이버 지식백과] 아힘사 [ahimsā] (두산백과) 참조.

그라하Satyagraha를 조직하여 반영反英 독립운동을 개시한다.[10] 철학적 견해로는 객관적 관념론자로서 신과 진리를 동일시하고, 도덕적 자기개선을 통해 그러한 진리를 포착할 수 있다고 보았다. 불상해不傷害, 극기, 금욕 등이 그의 도덕원리를 이루고 있다. 그의 사회적 정치적 관념 역시 사티아그라하의 생각을 구체화하여, 제국주의자에 대한 비폭력 불복종운동을 전개했다. 그는 국민회의파의 지도자로서 객관적으로는 인도 민족자본의 입장에 섰지만, 다른 한편으로 농민쟁의·노동쟁의를 지도하고 인도 민족을 대중투쟁으로 결집시켰다. 이러한 그의 업적은 제2차 세계대전 후 인도가 독립할 수 있는 기반을 만들어 내는 데 결정적 역할을 했다.

그는 1887년 18세 때 아메다바드Ahmedabad에서 치러진 대학 자격시험에 합격했다. 학비가 싼 사말다스Samaldas 대학에 입학했지만 수업 내용이 어려워 첫 학기만 다니고 그만두었다. 하지만 영국에서 법률을 공부하고 돌아오면 좋은 일자리와 수익이 보장된다는 권유에 영국 유학을 결심하게 된다. 집안에서는 종교에 반대되는 생활을 하게 될 것이라고 반대를 하지만 간디는 종교에 위배되는 행동을 하지 않을 것이라는 맹세를 하고 9월 4일 뭄바이를 떠나 런던으로 향했다. 영국에 도착하여 식습관과 관습의 차이로 어려움을 겪으면서 런던 법학원에서 법률을 공부했다. 1891년 6월 10일 간디는 변호사 면허를 취득했다. 11일에 고등법원에 등록했고 12일 인도 귀국길에 올랐다. 간디는 당시 런던 시험에 통과하여 변호사의 자격을 취득하는 과정이 쉬웠고 그 시험조차 가치가 없다는 것을 누구나 알고 있었다고 자서전에 기록했다. 면허는 취득했지만 그것으로 어떻게 법정에 서고 직업으로서 밥을 먹고 살 수 있을지 의심과 걱정으로 가슴이 찢어지는 고통을 겪었다고 술회했다.

---

10 남아프리카에서의 사티아그라하 운동은 간디의 특이한 체험에서 비롯됐다. 마리츠버그 기차역에서 프리노리아행 1등석 기차표를 가지고 기차에 올라탔으나 역무원이 나타나 1등석 기차표에 관계없이 유색인이기에 짐칸으로 가야한다고 말했다. 간디는 거절했고 역무원은 경찰을 불렀다. 경찰은 간디를 열차에서 끌어내렸고 열차는 떠나 버렸다. 남아프리카의 겨울밤, 마리츠버그 대합실에서 뜬눈으로 밤을 새우며 간디는 어떤 고통을 겪게 되더라도 인종차별이라는 깊은 병의 뿌리를 뽑아야겠다고 결심했다. 안홍철, "다시찾는 이름 마하트마 간디, 간디, 비폭력과 사귀다", 『새가정』, 57(620), 새가정사, 2010. 3., p.29.

귀국하여 뭄바이와 라지코트에서 변호사로 개업했지만 변호사로서 자질이 부족하여 실패했다. 1893년 소송사건을 의뢰받아 1년간의 계약으로 남南아프리카 연방의 더반으로 건너갔다. 이 남아프리카 여행은 간디의 생애에 커다란 전기를 가져왔다. 당시 남아프리카에는 약 7만 명의 인도 사람이 이주해 있었는데 백인에게 차별대우를 받고 있었다. 이에 그는 거기에 사는 인도 사람의 지위와 인간적인 권리를 보호하고자 결심하고 남아프리카 연방 당국에 대한 인종차별 반대 투쟁단체를 조직, 1914년까지 그 지도자로 활동했다.

그동안 진리를 구현하기 위한 실천을 했으며, 이러한 기반 위에 아힘사를 중심으로 하는 간디주의[11]를 형성했다. 간디 자신이 전개한 인종차별, 압박에 대한 투쟁 및 자기실현을 위한 인격의 도야와 수양修養의 노력은 어느 것이나 훗날 간디가 인도에서 전개한 독립운동의 모형이 됐고, 또한 아슈라마āś rama: 修道場를 중심으로 이루어진 인도인의 정신개조 계획의 토대가 됐다.

나. 사티아그라하 비폭력 투쟁

남아프리카에서의 최초의 사티아그라하 투쟁은 1906년 아시아인 등록법을 제정한 트란스발 주州에서 일어났다. 이 투쟁은 그로부터 약 8년 동안 인두세人頭稅를 비롯한 여러 차별법에 반대하기 위하여 계속됐으며, 남아프리카의 여러 주로 퍼져 나갔다. 특히 1913년에 44세가 된 간디가 선두에 서서 행진한 나탈 주州에서 트란스발 주까지의 '사티아그라하 행진'은 전 세계의 이목을 집중시켰다. 간디를 비롯한 행진 참가자 4,000명은 남아프리카 당국에 체포됐으나, 악법을 반대하는 주장은 세계적으로 여론의 동정을 모아 당국을 굴복시켰다. 결국 아시아인

11 간디주의(Gandhiism): 인도의 민족운동 지도자 마하트마 간디(Mahatma Gandhi)의 사상과 실천철학. 마하트마 간디가 영국에 맞서 식민지 해방투쟁을 벌였을 때 주장했던 시민불복종·비협력·비폭력 저항운동을 가리킨다. 주요한 실천적 지침으로 사티아그라하(Satyagraha, 진리파지(眞理把持), 브라마차리아(Brahmacharya, 자기정화·금욕), 아힘사(ahimsa, 불살생·비폭력)의 세 가지가 있었다. 간디는 이 세 가지 원칙에 스와라지(swaraji, 자치)를 결부시켜 무저항 불복종의 독립운동을 전개했다. 베옷을 입고 염소젖을 마시며, 직접 물레를 돌려 실을 잣고 천을 짜면서 민중을 지도한 간디의 모습은 이러한 독특한 사상의 실천이었다. 이후 간디주의는 인도 민족 해방운동의 실천이념이 됐다. [네이버 지식백과] 간디주의 [Gandhiism, 一主義] (두산백과) 참조.

구제법이 제정되어 인도인에 대한 차별법은 모두 폐지되기에 이르렀으며, 이 투쟁으로 간디는 남아프리카의 간디에서 일약 세계의 간디가 됐다.

제1차 세계대전이 일어나자 처음에는 인도의 독립을 촉진하기 위하여 영국의 입장을 지지했으나, 전쟁 후 영국의 배신과 1919년의 롤라트 법안Rowlatt Act과 같은 반란진압 조령條令의 시행 때문에, 사티아그라하 운동을 전개하기도 했다. 이를 위하여 인도 여러 곳을 두루 순회했고 수방手紡:charkha운동을 장려했다. 1919년 인도 국민회의파의 연차대회에서는 간디의 지도하에 영국에 대한 비협력운동 방침을 채택해 납세 거부·취업 거부·상품 불매 등을 통한 비폭력 저항을 실시했다. 이듬해에 반영·비협력운동이 선언되고 외국제 직물의 불매운동은 성공했으나, 인도 각지에서 유혈 사태가 일어나자, 1922년 간디의 호소로 운동은 잠시 중지됐다.

다. 수방운동과 지속적 비폭력 저항

간디는 1924년부터 1년간 인도 국민회의파의 의장으로 활동했고, 수방운동[12]을 역설하면서 전국을 돌아다녔다. 1929년의 연차대회에서 국민회의파는 창립 이래 처음으로 완전 독립을 선언했고, 61세가 된 간디는 1930년 3월에 사티아그라하 운동의 지지자들을 이끌고 소금세 신설 반대 운동을 벌였다. 이로 인하여 그는 구금됐으며, 1931년 석방 후, 어윈 총독과 절충한 결과, 간디-어윈협정을 체결하여 반영反英 불복종운동을 중지했다. 그러나 간디-어윈협정에도 불구하고 다시 탄압정책을 쓰는 영국 당국에 항의하기 위한 불복종운동을 재개하여 투옥됐다가 1932년 석방됐다.

제2차 세계대전이 일어나자, 영국은 인도의 찬성을 얻지도 않고 인도를 전쟁

12 수방(charkha): 힌두어로 '물레'라는 말이며, 인도 독립운동 때에 민족의식을 고취하기 위해 쓰인 소도구였다. 간디는 1924년부터 1년간 인도국민회의파의 의장으로 있을 때 수방운동으로써 인도인이 자력에 의한 농촌구제에 나설 것을 역설하면서 전국을 돌아다녔다. 간디가 이것을 직접 다루며 외국제의 옷감, 외국풍의 의복을 배척하는 한편, 직접 실을 잣고 베를 짜는 일에 힘쓰도록 국민을 계몽했다. 이것은 일종의 국산품 애용운동이며 외세의 힘을 빌지 않고 자립할 수 있다는 의미의 행동이다.

에 투입했다. 이 기회를 이용한 인도는 완전 독립의 약속을 얻어 내려고 노력했으나, 상반된 이해관계로 타결을 보지 못했다. 1942년의 봄베이대회에서 국민회의파는 영국 세력의 즉시 철퇴를 요구하여 공전의 대규모 반영 불복종운동에 돌입했다. 이로 인해 간디는 73세의 노령으로 다시 체포되어 1년 9개월의 옥고를 치렀다. 전쟁 후에는 인도를 하나의 감옥으로 보고 전화戰禍와 굶주림으로 거칠어진 인심에 용기와 희망을 불어넣기 위하여 인도의 여러 곳을 순회하면서, 힌두·이슬람의 화해에 따른 인도 통일의 필요성을 역설했다.[13] 그러나 영국이 주권을 넘겨줄 당시 인도의 대정당인 국민회의파와 전인도全印度 이슬람 연맹이 인도를 둘로 분할 독립하는 협정을 맺음으로써 오히려 힌두·이슬람의 대립 소동이 격렬해졌다.

1947년 7월 인도가 이러한 분란 속에서 분할 독립했을 때, 간디의 나이는 78세로 고령에도 불구하고 소동이 가장 격화되어 있던 벵갈에서 힌두·이슬람의 융화를 위한 활동을 계속했다. 이듬해인 1948년 1월, 이 활동의 행선지를 뉴델리로 연장해 뉴델리의 소요를 진압하는 데는 성공했으나, 1월 30일 반反이슬람 극우파인 한 청년의 흉탄에 쓰러졌다. 1922년 12월, 인도의 문호 타고르의 방문을 받아 마하트마Mahatma: 위대한 영혼라고 칭송한 시를 받고, 그 후로 마하트마 간디라고 불리게 됐는데, 그의 위대한 영혼은 인도민족에게 커다란 영향을 주었다.

일반적으로 민족의 독립을 위해서는 폭력이 커다란 역할을 했으나, 인도의 경우 간디의 사티아그라하 사상에 입각하여 평화적으로 추진됐다는 점이 특징이다. 간디의 주저 《인도의 자치自治》에서 집약적으로 표현되어 있는 반서구사상反西歐思想은 그의 단편적인 편모에 지나지 않는다. 그의 평화사상과 평화에 바친 업적은 실천면에서 볼 때 민주적 민족주의자라고 보는 편이 타당하며, 특히 비폭력·무저항주의는 인류의 역사에 길이 남을 업적으로 평가받는다.

13 안홍철, 앞의 책, p.30.

라. 통합적 실천, 비폭력, 불복종

독립운동의 중심을 이루었던 간디의 사상은 실천·비폭력·불복종으로 집약된다. 이는 간디주의Gandhiism라는 용어로 지칭되기도 하며, 간디가 반영항쟁 때 주장한 불복종·비협력·비폭력주의적 무저항주의를 뜻한다. 간디는 사티아그라하진리파악, 브라마차리아자기정화, 아힘사무상해의 3가지를 내세우고, 나아가 이것에 스와라지swaraj: 자치[14]를 결부시켜 비폭력·비협력의 독립운동을 전개해 나간다. 베옷을 입고 염소젖을 마시며, 직접 물레를 돌려 실을 잣고 천을 짜면서 민중을 지도한 간디의 모습은 이와 같은 독특한 사상의 실천으로 드러나게 됐다.

불복종운동은 물리적인 방법으로 상대를 살상하지 않고, 법률을 위반함으로써 행위자 자신이 불이익을 당하는 행위를 감행하여 정부의 정책을 변경시키려는 운동이다. 비폭력 불복종운동의 기수 중 헨리 소로Henry David Thoreau1817-1862는 미국의 노예제도와 멕시코 전쟁에 반대하여 6년간 인두세를 지불하지 않음으로써 1846년에 투옥됐다. 그런 투옥 체험을 통하여 소로가 주장하는 것은, 부정하게 인간을 투옥하는 정부 아래에서는 감옥이야말로 의로운 사람이 있어야 할 진정한 장소라는 것이다. 간디의 비폭력 무저항주의운동은 소로와 연계되며, 미국의 마틴 루터 킹이 벌이던 비폭력주의는 간디로부터 배운 것이다. 영국의 핵군비에 반대하여 국방성 앞에서 농성 시위를 하다가 체포된 버트란드 러셀Bertrand Russell1872-1970도 불복종운동자였다.

비폭력주의는 부정·압제·폭력에 대응하기 위해 폭력을 사용하지 않고 저항하는 사상이며, 이는 평화주의의 한 형태이다. 원래는 불살생·무해, 즉 모든 생물을 살해하지 말며, 또 남이 살해하고 있는 것을 용인하지도 않는다는 사상에서 나온 것이었다. 간디는 이 사상에 깊이 공명하여 아힘사를 바탕으로 하는 사

---

14 스와라지운동(Swaraji movement): 1906년 인도에서 간디가 일으킨 반영(反英)·자치(自治) 운동. 스와라지(Swaraji)는 힌두어로 '자치'를 뜻하는 말이다. 정치적으로는 인도인의 민족주의운동을 불러 일으켰으며, 경제적으로는 영국 제품의 배척으로 전개됐다. 국민회의 콜카타 대회에서도 4대 목표 중의 하나로 결의하여 이 운동의 지도에 앞장섰다. 이 운동의 목표는 2차 대전 후 비로소 실현됐다. [네이버 지식백과] 스와라지운동 [Swaraji movement] (시사상식사전, 박문각) 참조.

티아그라하 운동 즉 비폭력 저항투쟁을 전개했다. 사티아그라하 운동은 구체적으로는 광범위한 시민 불복종운동의 형태로 전개됐지만 간디 자신은 목숨을 걸고 11회에 걸친 장기간의 단식을 감행하기도 했다.

3-2. 마틴 루터 킹Martin Luther King Jr., 1929~1968 목사의 비폭력 인권운동

가. 흑백 공존과 인종 초월의 인권운동

마틴 루터 킹은 평화적인 방법으로 인류애와 인종 평등의 가치를 구현하기 위해 일생을 헌신한 사람이다. 인종차별 철폐에 큰 공로를 세운 위대한 인권운동가이기도 하다. 20세기 후반부에 일어난 미국의 흑인 인종차별 철폐 운동의 아이콘이며 평화의 상징으로 평가받을 정도로 인지도와 평가가 높은 인물이다. 미국 내 흑인들의 인권 향상의 역사는 이 사람을 빼놓고는 생각할 수도 없다. 백인들의 차별과 멸시를 받는 세대에 태어났음에도 불구하고 그는 백인들과 흑인들의 공존과 통합, 모든 인종의 평등을 주장했다. 인종을 초월한 인류애적 가치의 실현을 부르짖은 점과 그 수단으로 폭력을 동원하지 않고 평화를 강조한 비폭력 인권운동을 전개해 자신의 주장을 관철한 점이 마틴 루터 킹의 가장 큰 특징이다.[15] 물론 이상론만 설파하고 다니지는 않았고, 여러 가지 사회운동에 참여하고 인권운동을 이끌었다. 특히 미 연방 대법원에서 흑인~백인 버스 좌석 차별은 위헌이라는 판결을 받아 낸 사건은 평화와 평등의 역사에 길이 남을 가치가 있는 업적이다. 또한 이 사건은 그가 흑인들의 정신적 지주가 된 계기이기도 하다.

킹 목사의 흑인 인권운동은 수백 년 동안 흑백 차별의 관행에 익숙해 있던 미국 사회에 큰 충격을 주었고, 인종차별 철폐는 이제 거역할 수 없는 현실로 다가왔다. 1964년 1월에 <타임> 지는 킹 목사를 올해의 인물로 선정했고, 그해 말

15 마틴 루터 킹은 미국의 침례교회 목사이자 흑인해방운동가. 1968년 암살당하기까지 비폭력주의에 입각한 '공민권 운동'의 지도자로 활약했다. '몽고메리 버스 보이콧 투쟁'을 이끌었으며 남부 그리스도교도 지도회의(SCLC)를 결성했다. 1964년 노벨평화상을 받았다. [네이버 지식백과] 마틴 루터 킹 [Martin Luther King Jr.] (두산백과) 참조

에는 흑인 인권신장에 대한 공로로 노벨평화상을 수상했다. 국내에서는 흑인에 대한 모든 정치적 사회적 차별 철폐를 규정한 1964년의 시민권법이 의회를 통과해 흑인 인권신장의 획기적 전기가 마련됐다.

나. 평등과 반전 평화지향의 사회적 분위기 조성

이 외에도 마틴 루터 킹의 비폭력 인권운동은 현실적으로 미국 사회에 평등과 평화에 대해 많은 변화를 이끌어 내는 데 일조했다. 또한 인종차별 폐지 관련 운동 외에도 미국의 젊은이들을 희생시키지 말라면서 베트남 반전 운동에도 적극적으로 참여했다. 이처럼 인종차별 외 다른 인권 문제에도 지속적으로 관심을 가져서 그의 행적이 더욱 높은 평가를 받기도 했다.

마틴 루터 킹은 개신교 침례회 목사였으므로 자연히 그의 행적은 개신교 사상에 뿌리를 둔다. 특히 그가 비폭력 운동과 흑백 통합 공존의 가치를 설파하고 다닌 것에는 성경에 등장하는 예수 그리스도의 영향이 컸다고 볼 수 있다. 그의 인권운동에서 가장 큰 특징으로 나타나는 것은 비폭력이지만 사실 처음부터 비폭력을 밀고 나간 것은 아니다. 물론 폭력을 용인한 것도 아니다. 그렇지만 워낙에 킹을 노리는 세력이 많고 협박도 잦아서, 그는 가족들을 지키기 위해 총을 구비해 두기도 했다. 이런 면에서 그는 폭력을 매우 부정적으로 보긴 했지만 자기방어를 위해 폭력적 수단을 동원하는 것을 어느 정도 인정했던 것으로 보인다. 그러나 같은 개신교 커뮤니티 내에서 백인 반전 운동가들과 교류하면서 비폭력 운동에 대한 확신이 더욱 생겨나게 됐다. 이에 자기방어와 개인 무기 소지를 등진 채 비폭력 인권운동의 틀을 다지게 됐고, 그의 삶이 끝나는 그날까지 비폭력 운동에 대한 신념을 고수하게 됐다.

다. 이성적 합리적 인권운동으로 평가

마틴 루터 킹의 비폭력 평화사상은 말콤 엑스와 가장 큰 대비를 이루는 부분이기도 하다. 이 비폭력 운동이라는 수단이 이성적이고 합리적인 인권운동가라는 이름으로 킹을 가장 빛나게 만들어 준다. 또한 킹의 핵심 주장이자 그의 사상에서 가장 높은 평가를 받고 있는 부분은 인종차별 철폐의 평등사상이다. 즉 흑인과 백인, 둘은 어느 하나 우월한 인종이 아니라 평등하며 따라서 평등하게 대우받고 함께 공존하는 사회로 나아가는 것이 옳다는 것이었다. 무엇보다도 그가 위대했던 점은 사랑의 포용력을 사회 문제에 적용시킬 수 있는 방법을 제시함으로써 사회의 변혁을 실현한 그 꿋꿋한 의지에 있었다.[16]

하지만 급진적 성향의 말콤 엑스는 킹이 백인들에게 휘둘리고 있다며 그의 인권운동을 지나치게 타협적이라고 생각했다. 말콤 엑스 외에 과격파 흑인들 역시 킹의 온건적 인권운동을 못마땅하게 보기도 했다. 물론 이런 여론과 별개로 당시 흑인들 사이에서 킹의 사상이 더 큰 지지를 받았고 많은 흑인들이 킹을 자신들의 지도자로 여기며 그에게 동조했던 것은 명백한 사실이다.

루터 킹은 비폭력 운동과 인종 평등의 가치 주장 및 흑인들의 인권 신장을 위해 힘쓴 공로로 1964년 10월 14일, 노벨평화상을 받게 된다. 킹 목사는 흑인들의 인권과 인종차별 철폐라는 인류애적 가치를 위해 헌신한 인물이었으며 모든 흑인들의 영웅이었다. 인도인에게 간디가 지금의 인도를 있게 한 인물인 것처럼 킹 목사 역시 흑인들에게 차별 없는 사회를 위해 헌신하다 간 흑인 인권운동의 아이콘이다.

3-3. 댈리Edward Daly 신부의 비폭력 인권운동

가. 생애의 사회적 환경과 주요 사건

댈리 신부는 북아일랜드에서 전개됐던 30년 피의 분쟁에서 평화의 상징이 된 신부로 통한다. 피의 분쟁은 북아일랜드와 영국과의 대립 분쟁을 말한다. 즉 1960년대 말부터 1990년대까지 북아일랜드 독립을 요구해 온 소수파 가톨릭 북아일

16 새가정편집부, "비폭력 저항과 인간성의 회복: 마아틴 루터 킹", 『새가정』, 통권 372호, 1987. 8, pp.125~126.

랜드 공화국군IRA과 영국과의 유혈 대립을 통칭한 것이다. 여기에다 영국 잔류를 희망하는 신교파 주민들의 준군사조직으로 전투와 테러를 자행해 온 얼스터 방위동맹UDA까지 합치면 삼파전으로 볼 수도 있다. 이 분쟁으로 인하여 무고한 인명 피해는 말할 수 없이 컸다. 북아일랜드와 잉글랜드, 스코틀랜드에서 테러와 보복 테러 그리고 납치와 암살로 한 해 평균 100여 명씩, 30년간 약 3,500여 명이 숨졌다. 이 과정에서 테러 용의자에 대한 상시 검속과 초법적 구금·고문도 자행됐다. 북아일랜드는 유럽 같지 않은 유럽, 영국 같지 않은 영국으로 평가받기도 했다.

나. 초지일관의 반폭력 평화 지향

북아일랜드의 에드워드 댈리 신부는 IRA와 영국 정부의 분쟁 한복판에서 평화와 정의의 자리를 넓혀 온 사제였다. 이 과정에서 그는 신교 통합파들로부터 기만적인 정치 신부라는 비난을 받았고, 동시에 IRA로부터도 순응적 평화주의자라고 성토를 당하기도 했다. 하지만 폭력이 정치적 목적에 쓰여서는 안 된다는 비폭력 평화의 소신을 굽히지 않았다. 물론 그의 소신은 예나 지금이나 하나의 이상일지 모른다. 그는 1972년 피의 일요일의 희생자 '재키 더디'[17]의 사진을 늘 곁에 두고 살았다. 그는 모든 일에 있어서 평화적 방법이 아닌 폭력 사용을 비판하고 거부했다. 1169년 헨리2세의 아일랜드 정복 이래 이어져 온 민족적 탄압, 1566년 엘리자베스 여왕의 얼스터북아일랜드 지역 정벌 이후의 토지 몰수와 차별, 그리고 1641년의 크롬웰에 의한 얼스터 폭동 진압 등은 댈리 신부의 입장에서 보면 모두가 반평화적인 처사이다. 이러한 과정에서 아일랜드 인구의 대부분이 학

---

17 피의 일요일 그날 영국 공수부대원들은 시가지를 행진하는 시민들에게 무차별 총격을 가했다. 14명이 숨졌고 17명이 중경상을 당했다. 행렬이 성 유진 대성당(St. Eugene Cathedral)을 지날 즈음 대열에 합류했던 보좌신부 댈리는 총상을 입은 17세 소년 재키 더디(Jackie Duddy)와 시민들 앞에 나서 피 묻은 흰 손수건을 흔들며 맨 몸으로 군인들의 총구 앞에 섰다. 그 극적인 장면은 '피의 일요일'의 참상과 북아일랜드의 현실을 세계에 알리는 상징적 이미지가 됐다. 그날 그는 거리에서, 더디 등 숨이 멎어 가던 희생자들의 종부 성사를 행했다. 최윤필, "북아일랜드 30년 피의 분쟁… 평화 상징 된 흰 손수건의 신부님", 『한국일보』, 2016. 9. 16일자 참조.

살당하거나 노예로 팔려 추방당했고, '아일랜드 토지자산처분법1654'으로 경작지의 2/3를 강탈당해 이 모두가 스코틀랜드와 잉글랜드 신교도 이주민에게 불하되기도 했다. 아일랜드에서도 반영 정서가 가장 맹렬했던 얼스터가 그렇게 식민화됐고, 수적으로 절대 우위를 차지한 장로교 신교도들은 1920년 아일랜드가 독립할 때에도 영국 잔류를 희망했다. 그러므로 가톨릭계의 투쟁은 그들 편에서 보자면 저항과 독립운동이었고, IRA도 그 과정에서 탄생했다. 물론 훗날 여러 분파로 나뉘면서 올드IRA라 불리기도 했다.

북아일랜드의 신부 에드워드 댈리는 30년 억압의 한복판에서 끈질기게 평화를 호소해 온 주역이었다. 그는 북아일랜드인이자 가톨릭 사제로서 영국의 억압과 차별 정치에 정면으로 맞섰다. 이로써 다수 개신교 주민들에겐 반反통합의 정치 신부로 비난당했지만, 동시에 IRA 활동의 가장 성가신 걸림돌이기도 했다. 그가 어느 한 편의 테러에 희생되지 않은 것은 성직자라는 신분의 덕도 있었겠지만, 반反폭력의 평화적 정의를 지키려는 소신 때문이기도 하다. 또한 신구교의 진영적 이해를 너머 선량한 국민 다수가 지녔던 그에 대한 신뢰와 존중이 무엇보다도 큰 영향을 미쳤기 때문이다. 댈리 신부는 총이 아닌 방패로써 비록 완벽하지는 않지만 오늘의 북아일랜드 평화를 이루는 데 크게 기여한 인물이라고 할 수 있다.

4. 맺음말

이 장에서는 비폭력 인권운동의 평화사상에 대해 살펴보았다. 지금까지 논의된 내용을 요약하면 다음과 같다. 첫째, 인권의 핵심은 인간의 존엄성을 보장하고 보호하는 것으로써 인권과 관련된 세부적인 요소는 개인의 생명, 자유, 재산 등이다. 이러한 인권의 보장과 보호를 위해 물리적 폭력이 아니라 비폭력 수단을 사용하여 해결하려 할 때 평화가 올 수 있다는 논리가 비폭력 인권운동의 평화사상이다.

둘째, 인권운동은 어떤 개인이나 또는 국가의 한 구성원으로서 마땅히 누리고 행사할 수 있는 기본적인 자유와 권리를 보장받고 보호받도록 하기 위해 노력하는 사회적 활동이다. 여기서 중요한 것은 이러한 개인의 인권 보호를 위해 사용하는 수단 면에서 그 대의명분을 이용하여 물리적 폭력을 동원하는 것은 어떤 이유나 형태로든 정당화되지 못하며 반드시 비폭력적이고 평화적으로 맞서야 한다는 것이다.

셋째, 마하트마 간디의 인권운동에서 중요한 것은 평화주의였고 그 평화사상의 핵심은 비폭력 평화주의이다. 간디는 일생 동안 정치적인 목적을 위한 폭력을 거부했는데, 그의 비폭력주의는 나라 안뿐만 아니라 국제적으로도 큰 영향을 주었다. 간디가 영국에 맞서 식민지 해방투쟁을 벌였을 때 주장했던 시민불복종·비협력·비폭력 저항운동은 간디주의로 통한다. 실천적 지침으로는 사티아그라하Satyagraha, 진리파지, 브라마차리아Brahmacharya, 자기정화·금욕, 아힘사ahimsa, 불살생·비폭력 등의 세 가지가 있다. 간디는 이 세 가지 원칙에 스와라지swaraj, 자치를 결부시켜 무저항 불복종의 독립운동을 전개했다. 그는 베옷을 입고 염소젖을 마시며, 직접 물레를 돌려 실을 잣고 천을 짜면서 민중을 지도했다. 이러한 간디의 모습은 그에 걸맞은 독특한 사상의 실천을 가능하게 했다. 이후 간디주의는 인도 민족 해방운동의 실천이념이 됐다

넷째, 마틴 루터 킹은 평화적인 방법으로 인류애와 인종 평등의 가치를 구현하기 위해 일생을 헌신했으며, 인종차별 철폐에 큰 공로를 세운 위대한 인권운동가이기도 하다. 그의 이러한 사상과 행동은 20세기 후반부에 일어난 미국의 흑인 인종차별 철폐 운동의 상징이며 동시에 평화의 상징으로 평가받을 정도로 인지도가 높은 인물이다. 인종을 초월한 인류애적 가치의 실현을 부르짖은 점과 그 수단으로 폭력을 동원하지 않고 평화를 강조한 비폭력 인권운동으로서 자신의 주장을 관철한 점이 마틴 루터 킹의 가장 큰 특징이다.

다섯째, 댈리 신부는 IRA와 영국 정부의 분쟁 한복판에서 평화와 정의의 자리를 넓혀 온 사제였다. 이 과정에서 그는 신교 통합파들로부터 기만적인 정치 신부라는 비난을 받았고, 동시에 IRA로부터도 순응적 평화주의자라고 성토를 당하기도 했다. 하지만 폭력이 정치적 목적에 쓰여서는 안 된다는 소신을 굽히지 않았다. 댈리 신부는 총이 아닌 방패로써 비록 완벽하지는 않지만 오늘의 북아일랜드 평화를 이루는 데 크게 기여한 인물이라고 할 수 있다.

이렇듯 비폭력 인권운동은 일견 연약하고 실천력이 없는 것처럼 여겨지지만 인간의 내면에 서서히 스며들어 마침내는 모든 것을 이기고 그 뜻을 관철하게 된다. 이는 기본적으로 평화와 비폭력을 지향하는 인간 내면의 깊은 소리에 화답하는 철학이요 사상이기 때문이다. 물리적 폭력이 세계를 지배하는 것처럼 보이지만 결국 세계를 다스리는 것은 그리스도교와 불교 등의 사랑과 평화의 사상, 그리고 자비사상 등이라는 사실을 알 수 있다.

생각해 볼 문제

1. 마하트마 간디의 비폭력 평화사상과 관련하여 아힘사, 사티아그라하, 브라마차리아는 어떤 의미를 갖는 것일까?

2. 마틴 루터 킹 목사의 비폭력 평화사상은 인종 평등 또는 인종차별 철폐 운동과 어떤 관련이 있을까?

제10장

지역갈등 극복과 평화

1. 머리말

인류의 역사는 연속된 갈등의 역사였다. 이러한 갈등의 결과로 전쟁, 학살, 차별이 일어나기도 하고 때로는 갈등을 잘 관리하여 평화로운 공존, 관계의 회복, 개선을 이루기도 한다. 개인 간의 관계 못지않게 집단 간에도 서로의 입장과 이해관계의 차이가 존재하며 이러한 차이에 의해 갈등이 생겨나는 것은 자연스러운 일이다. 브라질의 신학자 보프Leonardo Boff, 1938가 그의 저서에서 "3,400년간의 기록된 인류의 역사 중에 3,166년간은 전쟁을 했고, 나머지 234년은 전쟁을 준비하는 세월을 보냈다"[1]라고 밝힌 것 같이 갈등은 쉽게 폭력으로 귀결됐다. 이러한 경우에 갈등은 평화를 해칠 뿐만 아니라 필요치 않는 막대한 사회적 비용을 소모한다. 이 장에서는 갈등의 원인과 평화적 해결을 위한 방안을 살펴보고자 한다.

2. 갈등의 이론적 배경

갈등conflict의 어원인 라틴어의 Confligere는 Con서로과 Fligere때리다가 합쳐진 말

1 Leonardo Boff, *Jesus Christ liberator: a critical Christology for our time*, Orbis Books, 1980.

로 당사자 상호 간의 충돌, 투쟁이 일어나는 상황을 말한다. 한편 한자로 갈등을 풀어 보면 칡葛과 등나무藤를 뜻하는 단어이다. 칡과 등나무는 함께 자라면서 복잡하게 서로 얽혀 시간이 지나면 풀기 어려운 상황이 되는 것을 표현한 것이다. 결국 단어를 통해 나타나는 갈등의 공통점은 견해나 이해관계 등의 차이로 생기는 불화와 충돌이 서로 인접하거나 밀접한 관계에 있는 당사자에게 발생할 때 갈등이 생겨난다는 것이다. 칡과 등나무가 인접하지 않고 서로 다른 영역에서 자라날 때에는 발생하지 않을 문제들이 연관되어 발생하며, 국제사회에서 발생하는 여러 가지 갈등 역시 인접한 지역 간의 종교, 인종, 이데올로기, 영토, 역사 등의 여러 가지 문제들로 인해 발생하고 있다.

갈등이 발생하는 원인에 대해서는 학자마다 다양한 시선이 있다. 볼딩Kenneth E. Boulding은 상호 불일치나 서로 대립되는 소원 또는 욕구에 대한 당사자들의 인식으로 보았고[2], 프로스트H. J. Frost와 윌못W. W. Wilmot은 갈등을 같은 목표를 추구하는 상호의존적 두 당사자 사이의 표현된 투쟁이라고 정의했다.[3] 무어Christopher W. Moore는 갈등의 원인을 5가지 유형으로 범주화하여 제시했는데 이해관계 갈등, 사실관계 갈등, 가치관 갈등, 인간관계 갈등, 구조적 갈등이다.[4] 한편, 국제관계의 차원에서 보는 갈등의 원인도 크게 다르지 않다. 럼멜R. J. Rummel은 국제적 갈등과 전쟁을 일으키는 원인으로 서로 다른 이해관계와 능력, 접촉과 확연한 차이의 인식, 힘의 균형의 현격한 변화, 각자의 인식과 기대, 기대의 파행구조, 갈등의 의지에서 기인한다고 했으며 이러한 원인들은 사회문화적 유사성이 적거나 인지 부조화, 지위 차이, 집권화된 권력에 의해 증폭된다고 했다.[5] 이렇게 갈등의 정의와 발생 원인에 대해 학자마다 다양한 주장을 하고 있지만 공통적으로는 서로 다른 입장의 인식, 입장 차이를 좁히지 못하는 상태, 이로 인해 발생한 불편한 상황의 3가지로 요약해 볼 수 있다.

---

2 Kenneth E. Boulding, *Conflict and defense: A general theory*, Literacy Licensing, 2012, p.5.

3 H. J. Frost & W. W. Wilmot, *Interpersonal Conflict*, New Jersey: Prentice Hall, 1978.

4 Christopher W. Moore, *The Mediation Process: Practical Strategies for Resolving Conflict*, Jossey-Bass, 2003.

5 R. J. Rummel, "War, Power, Peace", *Understanding Conflict and War*, Vol. 4, Sage, 1979.

갈등은 다양성에 대한 인정과 소통을 통해 수용되기도 한다. 이 경우에는 갈등 주체 간의 대통합이 이루어져 관계가 더욱 밀접해지는 계기로 작용할 수도 있다. 한편으로는 현실적인 한계 또는 이익을 위해 불편함을 감수하면서도 함께 공존하기도 한다. 하지만 이와 달리 현실적으로는 "사회적 장벽social partition"이 형성되어 서로 다른 요소들이 더욱 부각되며 갈등이 증폭되기도 한다. "갈등은 목표나 가치관이 양립할 수 없는 상태이며 타인의 목표나 성취를 의도적으로 방해하는 행위이고 감정적으로는 적개심으로 나타난다"라고 한 루탄스Fred Ruthans의 견해와 같이 공동의 문제에 대해 서로 절충할 수 없는 경우에는 사회의 분리가 이루어지고 기존의 문제와 다른 문제들이 여기에 추가되어 갈등을 더욱 증폭시켜 결국 상대를 공존하지 못하는 대상으로 규정하게 되면 갈등이 표면화되고 분쟁이 발생하는 원인이 된다.

그렇다면 사람들은 갈등이 발생했을 때 어떻게 대응하는가? 토마스 킬만Thomas-Kilmann은 갈등상태에서 사람들이 일반적으로 가지는 2가지 관심영역을 자신의 목표와 다른 사람과의 관계로 규정하고 각각의 관심사를 두 축으로 해서 목표의 높고 낮음, 관계가 협조적인지 여부에 따라 갈등 대응 스타일을 5가지로 나누었다. 첫째, 경쟁대립하기competing는 자기주장이 강하고 자신의 목표를 우선으로 삼기 때문에 경쟁적인 태도를 가진다. 이 유형은 승패를 확실히 가리기 위해 다른 사람과 어떤 관계에 있어도 개의치 않고 목적을 달성하고자 다른 사람을 희생시키기도 한다. 둘째, 회피하기avoiding는 갈등상태에서 얻게 되는 장점을 전혀 보지 못하고 갈등상태에 대처하려 하지도 않는다. 갈등 문제로부터 물러나거나 이를 피함으로써 자신뿐만 아니라 상대방의 관심마저 무시하는 유형이다. 셋째, 순응양보-동조하기accomodating는 자신의 목표보다는 상대와의 관계를 생각해서 상대의 목표에 맞춰 문제를 푼다. 넷째, 타협절충하기compromising는 쌍방의 실익을 생각해 상호 교환과 희생을 통해 부분적 만족을 취함으로써 갈등을 해결하는 유형이다. 즉 적당한 선에서 타협점을 찾는다. 다섯째, 협동하기collaborating는 유형은 차이는 당연한 것으로 여기고 갈등의 해결

은 정직한 상호 토론과 협동을 통해서 할 수 있다는 생각을 갖는다.[6]

갈등은 상호 간의 대응이 경쟁대립형일 때 가장 커지게 된다. 경쟁대립형의 예는 과거 일본 제국주의에서 살펴볼 수 있다. 일본은 영토를 확장시키기 위해 동아시아 국가를 침략하고 열강들과 무한히 경쟁했다. 이 가운데 다른 국가의 주권은 전혀 고려되지 않았으며 심지어 자신보다 더 군사력이 강한 국가를 상대로 선제공격을 하기도 했다. 중동의 화약고로 불리는 이스라엘과 팔레스타인 역시 이 유형의 대응 방식의 예라고 할 수 있다. 회피형이나 순응양보-동조형은 현대의 많은 국가들이 사용하는 방법이며 갈등의 원인을 해결하기보다는 갈등 자체를 방지하는 대응 방법을 취하는 것이다. 갈등의 해결이 복잡하거나 현격한 힘의 차이가 존재할 때 선택할 수 있는 방법이기도 하다. 타협절충형이나 협동형은 가장 효과적이며 이상적인 갈등 해결방법이 될 수 있다. 하지만 '사회적 장벽'을 허물고 '서로 양립될 수 없다'라고 생각되는 목표나 가치관을 양립하게 해야 하는 과제를 평화적인 방법으로 해결해야만 하는 가장 쉽지 않은 방법이기도 하다. 과거사에 대한 진정성 있는 사죄와 용서, 관계 개선을 위한 실질적인 행동들을 통해 갈등을 극복하고 상생하는 이웃이 된 독일과 폴란드는 지역갈등을 해결하는 좋은 예가 될 수 있으며 오랜 기간 내전으로 피의 보복을 반복했던 콜롬비아 정부와 반군은 경쟁대립형의 대응에서 타협절충을 통해 협동형의 대응을 시도하고 있다.

개인 간의 갈등 차원에서 논의된 킬만이 주장한 갈등 대응 스타일은 국가 간, 또는 지역 간의 갈등에도 확대하여 적용이 가능하다. 실제로 지역갈등의 발생 원인은 다양하나 갈등이 표면화되고 분쟁으로 발달하는 결정적인 요인은 지도자의 리더십에서 기인하는 경향이 있다. 지도자가 선택한 문제 해결 방법은 지역갈등을 감소시키기도 하고 폭력으로 이끌기도 했다. 지도자는 갈등 상황에서 국민들의 감정을 결집시키고 주도하며, 갈등 당사자 간의 제한적인 공식적 소

6 Kenneth Thomas, "Conflict and Conflict Management: Reflections and update", *Journal of organizational behavior*, Vol.13, 1992, pp.265~271.

통 채널의 주체가 되기 때문이다. 지역갈등의 해소는 당사자 간의 해결과 중재자에 의한 해결이 있으나 실제 중재자의 성실한 조정에도 불구하고 당사자 간의 문제 해결 의지 없이는 효과를 기대하기 어렵다. 따라서 당사자 간의 해결과 마찬가지로 중재자에 의한 해결도 지도자 요인이 성패에 큰 영향을 미치는 경향이 있으며 이에 추가로 중재자의 인내력과 공정성을 바탕으로 한 리더십도 성공 여부를 결정하는 중요한 요소가 된다고 할 수 있다. 이는 동일한 지역갈등에서도 집권한 지도자의 리더십에 의해 상호 관계가 달라지는 사례들로 확인할 수 있다. 대표적으로 콜롬비아 내전, 독일과 폴란드의 사례가 그러하며, 이스라엘과 팔레스타인 사이의 화해에 대한 유럽과 미국의 중재, 스리랑카 내전에서 노르웨이의 중재, 인도네시아 정부군과 독립파 게릴라 자유아체운동Free Aceh Movement/GAM 간의 무력충돌에서의 핀란드의 중재 등의 사례는 이를 잘 보여준다.

3. 독일과 폴란드의 화해

3-1. 독일과 폴란드의 갈등 배경

유럽의 독일과 폴란드의 역사는 일본과 한국과도 매우 흡사하다. 하지만 우리와 다른 점은 과거사에 의한 갈등의 해결 방법이 달랐고 때문에 현재의 양국 간의 관계도 다르다. 폴란드는 유럽 국가 중 독일에 의해 장기간에 걸쳐 가장 철저하게 짓밟힌 역사를 가지고 있다. 독일의 폴란드 지배는 독일의 모체인 프러시아 시대로부터 시작된다. 1795년 폴란드는 프러시아, 러시아, 오스트리아에게 영토를 뺏기고 123년 동안 식민 지배를 받는다. 제1차 세계대전에서 독일이 패배하자 가까스로 독립을 이루지만 불과 21년 만에 다시 독일과 소련에게 점령당했고 제

2차 세계대전 중에는 독일에 의해 수백만 명의 시민들이 학살당하거나 중앙아시아와 시베리아, 연해주로 강제 이주를 당하는 아픔을 겪었다.

독일은 폴란드를 자국 본토로 편입시킨 후 혹독한 동화정책과 강제 이주를 실시했다. 대략 250만 명에 이르는 폴란드인들이 강제 이주됐는데 이는 전쟁 중이던 독일의 산업에 필요한 강제 노동에 동원하기 위함이었다. 혹독한 강제 노동으로 많은 폴란드인이 사망했는데 그중 다시 폴란드로 돌아온 이들은 15~20%에 불과했다. 히틀러의 "모든 폴란드 놈들은 세상에서 사라져야 한다. 폴란드 놈들을 말살시키는 것이 위대한 독일인의 주 과업임을 잊지 말아야 한다"라는 포고에 폴란드인들은 유태인들과 함께 점령 기간 중 지속적으로 학살당했다. 바르샤바 봉기 당시 폴란드 시민 약 25만 명이 나치 독일에 의해 학살당했고 살아남은 폴란드인들은 아우슈비츠로 보내졌다. 결국 독일의 가혹한 통치로 인해 600만 명의 폴란드인과 유태인들이 사망했는데, 특히 유대계 폴란드인들은 300만 명이 사망하여 335만 명에 이르던 전쟁 전 인구의 90%에 이르는 인원이 학살당했으며, 이 때문에 폴란드는 2차 대전 기간 동안 유태인 사망률이 가장 높은 국가로 기록됐다.[7]

독일은 폴란드의 정치, 문화, 교육, 예술뿐 아니라 일상생활에서도 철저히 폴란드인을 탄압했다. 폴란드인들이 이용하던 거의 모든 교육 기관들이 폐쇄됐고 대학 교수들은 체포되어 처형됐다. 그 외 국가의 근간을 이루는 모든 조직들이 해체됐다. 폴란드인들에게는 기초 노동에 필요한 초등 교육 정도만이 허가됐는데 독일에게 폴란드인은 값싼 노동력을 제공하는 2등 국민이기 때문이었다.[8] 20만 명에 이르는 폴란드 어린이들을 납치하여 일부를 독일 본토에 이송시켜 강제로 독일 시민으로 편입했으며 정류장과 버스, 기차에서도 폴란드인들은 맨 뒤쪽 칸을 이용해야만 했고 성인은 제복을 입은 독일인에게 경례를 해야 했다. 심지어 가죽 가방마저 사용을 제한받았으며, 쇼팽의 음악을 연주하면 처형당했

7 www.holocaustforgotten.com/Lucaire.htm

8 2차 세계대전 중 폴란드는 의사의 45%, 변호사의 57%, 교수의 40%, 언론인 및 전문기술자의 30%를 잃었다.

다. 식량이 배급될 때도 폴란드인들은 독일인들보다 적은 양을 배급받았다. 그중에서도 유대계 폴란드인은 독일인들의 1/10에도 못 미치는 184칼로리를 배급받았다.[9] 이러한 역사적인 악연으로 인해 독일과 폴란드는 이웃에 접해 있는 나라이면서도 정치·경제적인 관계뿐 아니라 국민감정에서도 뿌리 깊은 증오가 자리 잡고 있었다.

3-2. 독일과 폴란드의 갈등의 전개와 화해를 위한 노력

독일 총리였던 빌리 브란트Willy Brandt가 폴란드 바르샤바 유태인 희생자 기념비에서 보여 준 사과는 분쟁과 갈등의 과거사를 가지고 있는 국가들이 화해하기 위한 시작점을 어떻게 설정해야 하는지를 잘 보여 주는 진정성 있는 사과의 원형이라고 한다. 1970년 12월 7일 브란트가 폴란드의 바르샤바를 방문하여 유태인 게토의 희생자 기념비에 헌화한 후, 기념비 앞에서 두 무릎을 꿇었다. 한참이 지나도록 빗물에 축축하게 젖은 바닥에 무릎을 꿇고 고개를 숙인 채 참회의 묵념을 올렸다. 당시 뒤에서 취재를 하던 기자들은 갑자기 꿇어앉은 총리의 모습을 보며 쓰러진 것으로 오해를 할 정도로 전혀 예측하지 못한 상황이었다. 비에 젖은 땅에 무릎을 꿇고 600만 명의 유태인 학살이라는 '제3제국 만행'을 사과하는 서독 총리의 역사적 장면은 전 세계로 알려지게 됐고 독일이 유태인 학살에 대한 진정성 있는 사죄를 하고 있다는 인상을 주기에 충분했다. 그의 사과는 폴란드 국민의 마음을 변화시켰고 독일과 폴란드의 증오의 관계가 개선되는 실마리를 마련하게 됐다. 진정한 관계 개선의 노력은 독일이 과거사에 좌초되지 않고 통합된 유럽을 이끄는 리더십을 발휘할 수 있게 했다.

그의 사과는 어떠한 점에서 모범이 되는가? 첫째, 피해자의 입장에서 한 사죄였다. 브란트 총리의 사죄는 정치적이고 외교적인 수사를 이용한 입장의 표명이

9 https://en.m.wikipedia.org/wiki/Polish_culture_during_World_War_II

아니었다. 상처와 분노를 충분히 공감한 마음에서 우러나오는 표현은 증오의 감정을 변화시켰다. 둘째, 이해관계가 포함되지 않은 사과였다. 브란트 총리의 사죄는 독일의 국익을 위해 계산됐거나 사전에 계획된 이벤트가 아니었다. 브란트는 이후 자신의 행위에 대해 "나는 어떤 것도 계획하지는 않았지만, 숙소였던 빌라프 궁전을 떠날 때 이미 게토 희생자 추모비 앞에서 특별한 방식으로 추모해야만 한다는 감정에 휩싸여 있었다. 독일 역사의 심연에 서서 수백만 명의 희생자들이라는 무게에 짓눌려 형언할 수조차 없을 때 인간이 하는 행동을 나는 행했던 것이다"[10]라고 밝혔고 이 사건에 대해 독일 국민들이 보였던 냉담한 시선은 이를 증명하고 있다. 셋째, 부족하지 않은 기대 이상의 행동이었다. 브란트 총리는 나치에 가담했거나 전쟁 범죄의 책임이 있는 행위를 저지른 사람이 아니었다. 하지만 그는 독일의 지도자로서 잘못된 역사에 대한 책임 있는 사죄뿐 아니라 무릎을 꿇는 행위Kniefall를 했다. 기대했던 것보다 훨씬 강력했던 브란트의 크니팔은 냉소적이었던 폴란드인에게 충격으로 다가왔다. 넷째, 피해에 대한 실질적인 보상이 이루어졌다. 독일은 나치 독일의 범죄에 의해 피해를 받고 강제 노동을 했던 사람들에게 국가적 차원의 배상을 했는데 1975년에는 나치 독일에 청구권을 가진 폴란드인에 대한 연금과 사고 보험기탁금 13억 마르크[11]를 지급했고, 10억 마르크의 차관을 받았다.[12] 2000년 독일 정부와 당시 강제 노동에 참여한 기업들의 협력하에 100억 마르크의 재원을 확보하여 '기억, 책임, 미래 연방재단'을 설립하여 나치 시기 강제 노역에 동원됐던 100여 국이 넘는 국가의 166만 6천 명에게 41억 88만 유로5조 3660억 원를 지급했다. 또한 희생자들에게 가해진 불법적인 처우에 대한 기억을 미래의 세대들이 망각하지 않도록 재원의 일부를 '미래기금'으로 조성했다. 전쟁 뒤 폴란드에 빼앗긴 한반도의 절반에 해당하는 면적의 오데르-나이세선에 의한 국경도 그대로 폴란드 땅으로 인정했

---

10 Willy Brandt, *Erinnerungen*, Frankfurt am Main, 1989, p.214.

11 마르크는 독일 화폐로서, 2001년 1월 1일까지 사용됐으며 유럽연합의 단일 통화인 유로화의 사용에 따라 폐지됐다. 폐지 당시 1마르크는 한국 원화로 약 700원이었으며, 이를 기준으로 환산하면 약 9000억이다.

12 이용일, "독일-폴란드 관계 정상화를 위한 '감성의 정치'", 2015, p.27.

다.[13]

이후의 독일의 행보 역시 이러한 브란트의 자세를 이어가고 있다고 볼 수 있다. 2015년 5월 나치 집단수용소인 독일 바이에른 주 다하우 수용소를 방문한 앙겔라 메르켈Angela Dorothea Merkel 독일 총리는 추도사에서 "우리는 희생자들과 우리 자신과, 미래의 세대를 위해 이것을 기억할 것이다"라고 했다. 그는 전날 제2차 세계대전 종전 70년 영상 메시지에서 "역사에 종지부는 없다"라고 선언했고 폴란드 아우슈비츠 수용소 해방 70년 기념일을 하루 앞둔 1월 26일 베를린 연설에선 "나치의 만행을 기억해야 하는 것은 독일인의 영원한 책임"이라고 밝히기도 했다.

3-3. 현재의 독일과 폴란드의 관계

브란트 총리의 사과와 바르샤바조약에 의한 오더-나이세 국경의 인정 이후 독일과 폴란드의 관계는 점차 회복됐고 경제적, 정치적 협력을 통해 그 관계를 개선해 나갔다. 폴란드는 과거의 전범국가인 독일의 성장을 경계하는 유럽 국가들의 분위기 속에 독일의 통일을 지지했고 유럽연합에서의 독일의 리더십을 지지했다. 라도슬라브 시코르스키 폴란드 외무장관은 2011년 독일 베를린에서 행한 연설에서 "유로존이 생존하고 번영할 수 있도록 독일이 도와줘야 하며 독일 말고는 아무도 그것을 할 수 없다는 것을 잘 알고 있다"라고 발언하여 화제가 되기도 했다.[14] 경제적으로도 독일과 폴란드는 밀접한 협력적 관계를 유지하며 상생하고 있다. 폴란드-독일 상공회의소AHK Polska와의 협업에 의한 네덜란드에 위치한 투자자문회사인 KPMGKlynveld Peat Marwic Goerdeler의 최근 보고에 의하면, 독

13 오데르 - 나이세 국경은 소련이 오데르 강과 나이세 강 두 강을 경계로 독일의 영토 10만㎢를 폴란드에 넘겨 준 것이다. 최초 '평화경계선'이라고 주장하는 폴란드와 달리 서독은 강하게 반발했으나 브란트 정권 이후 과거 침략에 대한 반성 차원에서 이 국경을 인정했고, 89년 통독 과정에서 이 국경선을 영구 인정하기로 다시 합의했다.

14 "폴란드 외무 유럽 구해 달라 독일에 호소", 『YTN』, 2011. 11. 30.. http://m.news.naver. com/read.nhn?mode=LSD&sid1=001&oid=052&aid=0000383279(2025. 1. 20. 검색)

일의 자본을 지닌 6,000개의 회사가 약 300,000명의 직원을 고용하여 현재 폴란드 시장에서 운영되고 있으며 지속적인 투자도 이루어지고 있다. 또, 이로 인해 폴란드는 안정적인 사업이 가능한 국가로 인정받았고, 외국인 투자자의 94%가 폴란드 시장에 진입한 것에 대해 만족하고 있으며 앞으로 추가적인 투자가 예상된다. 독일 측에서는 폴란드가 좋은 교육을 받고 언어에 강점이 있는 인력을 보유하고 있으며 폴란드 정부는 독일 투자자에게 안정된 법제 및 경제 조건을 제공하는 매력적인 시장인 것이다.[15] 투스크 총리는 앙겔라 메르켈 독일 총리와 함께 독일-폴란드 우호조약 20주년 합동 각료회의를 주재한 뒤 양국이 '비극적 역사'를 극복했고 이제는 비극적 경험에도 불구하고 사람, 기관, 더 나아가 국가 간 관계를 어떻게 구축할지 보여 줄 수 있을 것이라고 밝혔다.[16] 이처럼 양국은 깊은 갈등을 극복하고 화해의 길로 나아감으로써 화합과 상생의 기회를 마련했다.

4. 이스라엘과 팔레스타인의 갈등 해소 시몬 페레즈 이스라엘 대통령의 평화공존 노력

4-1. 이스라엘과 팔레스타인 간 영토분쟁 배경

이스라엘-팔레스타인 간의 분쟁은 현재까지 진행 중인 세계에서 가장 오래 된 분쟁이다. 국가나 영토가 없이 전 세계에 뿔뿔이 흩어져 있던 이스라엘 민족이 1948년 이스라엘을 건국하면서 이 분쟁은 시작되어 이스라엘과 팔레스타인뿐만 아니라 종교, 문화, 정치적으로 복잡한 이해관계 속에 '중동의 화약고'라는 별명을 가질 정도로 첨예한 대립을 하고 있는 지역이다. 이 분쟁의 본질은 유럽에서

15 Robert Ocetkiewicz, "Poland: Industry is the Key Issue for Germans", http://www.maschinenmarkt.international/(2017. 6. 29. 검색)

16 "독일이 폴란드 국민 5분의 1 죽였지만 우방국이 된 까닭은?", 『조선 pub』, 2015. 9. 22. http://pub.chosun.com/client/news/(2025. 1. 20. 검색)

이주해 온 유태인들과 팔레스타인인들 간 영토분쟁에서 시작됐다. 이스라엘의 뿌리인 유대는 서기 70년경 로마제국에 대항하여 세 차례의 전쟁을 일으켰는데 이 전쟁에서 패배하게 되면서 유태인은 자신의 국가를 잃어버리고 로마제국인 유럽 전역으로 흩어져 살게 됐다. 하지만 19세기 유럽에서는 잃어버린 조국을 되찾고자 하는 시오니즘이 일어나며 유태인들은 팔레스타인으로 이주하기 시작했다. 팔레스타인에서 유태인 이주민의 증가는 유태인-팔레스타인 간 갈등을 유발했고 이로 인한 무력충돌이 발생하기 시작했다. 1948년 UN의 분리 독립안이 선포되어 팔레스타인 지역에 이스라엘이 건국되자 지역 아랍 국가들은 이스라엘에 선전포고를 하면서 제1차 중동 전쟁이 발발해 이스라엘과 팔레스타인의 갈등이 급격히 고조되기 시작했다. 이후 1956년 2차 전쟁, 1967년과 1973년의 3, 4차 중동 전쟁에서 이스라엘이 크게 승리하면서 영토를 확장하게 됐고 이 과정에서 추방된 수백만의 팔레스타인인들은 난민으로 전락했다. 1993년 이스라엘과 팔레스타인 지도자들에 의해 오슬로 평화협정이 체결되자 화해의 분위기가 조성됐으나 두 국가 간의 협정이 제대로 이행되지 않으면서 여전히 긴장이 고조되어 있는 상태이다. 특히 하마스와 같은 과격 세력은 이스라엘에 대한 지속적인 공격을 하며 이스라엘도 이에 대해 받은 피해 이상의 강경한 대응공격을 하는 등 갈등과 분쟁은 지금까지도 지속되고 있다.

4-2. 이스라엘과 팔레스타인 간 영토분쟁과 화해 노력

20세기 초부터 현재까지 지속된 양국 간 갈등으로 생겨난 피해는 매우 크다. 우선 대규모의 인명 피해가 발생해 왔다. 유태인가상도서관Jewish Virtual Library에 따르면, 1920년 아랍 봉기부터 현재까지 이스라엘과 팔레스타인의 충돌로 인해 약 2만 5천 명의 유태인이 사망했고, 3만 6천 명이 부상당했다. 팔레스타인인들의 인명 피해는 통계에 따라 크게 다르지만. 이스라엘이 주장하는 유태인가상도서관 자료에서조차 팔레스타인 측 사망자가 이스라엘보다 3배 많은 약 9만 1천 명으로 집계하고 있으며 부상자의 경우도 두 배가 넘는 약 7만 8천 명이다. 더욱 심각한 인적 피해는 대규모 난민의 문제이다. 유엔 난민기구는 현재 고향에서 쫓겨난 팔레스타인 난민 수를 대략 500만 명 이상으로 집계하고 있다.[17]

이와 더불어 분쟁으로 인한 경제적 피해도 상당하다. 영토의 상실, 불법 점령, 이동의 자유 제한, 이스라엘 경제에의 예속 등으로 수십 년간 팔레스타인이 입은 경제적 손실은 집계가 어려울 정도이며, 이스라엘도 천문학적 비용을 팔레스타인과의 분쟁에 사용하고 있다. 2015년 랜드RAND 연구소가 출간한 보고서 『이-팔 분쟁의 비용The Cost of the Israeli-Palestinian Conflict』에 따르면 상호 간의 평화가 실현되면 이스라엘과 팔레스타인은 향후 각각 1,230억 달러한화 약 145조 6,935억 원와 500억 달러한화 약 59조 2,250억 원의 경제적 효과를 거둘 수 있을 것으로 추정했다.

인명 피해와 경제적 피해 외의 다른 피해들도 있다. 이스라엘은 점령지에서 팔레스타인인들의 생활을 심각하게 저해하고 있다. 이에 대한 대표적인 사례가 가자지구Gaza Strip 봉쇄다. 테러세력을 소탕하고, 이들의 로켓 발사 시설 및 땅굴을 파괴한다는 명분으로 이스라엘은 팔레스타인의 가자지구를 봉쇄했다. 이에 140만 명이 넘는 가자지구의 팔레스타인인들은 갇혀 지내는 생활을 하고 있다. 이스라엘은 육로, 항공로, 그리고 해상 출입을 완전히 통제하고 있으며, 생필품, 의료품, 교과서 등의 반입도 이스라엘 정부의 허가가 있어야 반입될 수 있다. 이스라엘은 팔레스타인인들의 이동 및 여행의 권리도 제한하고 있다.

이러한 갈등에 따른 피해에도 불구하고 이 문제를 바라보는 이스라엘과 팔레스타인의 입장 차는 좀처럼 좁혀지기 힘든 상황이다. 이스라엘의 정책적 기조는 유대의 잃어버린 거룩한 땅인 팔레스타인 영토를 회복하는 것이다. 이를 반영하여 이스라엘은 전쟁으로 획득한 점령지들을 영구적으로 영토화하는 정책을 지속적으로 추진해 왔다. 이스라엘은 1967년 제3차 중동 전쟁으로 장악한 요르

17 서정민, "이스라엘-팔레스타인 분쟁 현황과 전망", 『대외경제정책연구원 이슈 분석 인터뷰』, 2016. 5. 23. http://www.emerics.org/mobile/interview.do?systemcode=(2025. 1. 20. 검색)

단 강 서안 지역과 동예루살렘에 정착촌을 건설해 왔고 이미 100여 개의 마을을 건설했으며, 50만 명 이상의 유태인이 현재 거주 중이다. 더불어 이스라엘과 팔레스타인 지역을 완전히 분리하려는 목적으로 800km에 달하는 보안장벽도 건설하고 있다. 팔레스타인이 지속적으로 정착촌 건설 중단 및 철수를 요구하고 있지만, 이스라엘은 이를 거부하고 추가적인 정착촌 건설에 나서는 한편 막강한 자본력을 동원해 팔레스타인 주민의 거주 지역을 계속 매입해 나가고 있다. 반면 팔레스타인 측의 가장 근본적인 입장과 전략은 '실지 회복'이다. 이스라엘을 건국한 유태인을 완전히 몰아내자는 주장도 있지만, 유엔 안전보장이사회의 결의에 의거, 1967년 국경을 존중하고 3차 전쟁에서 불법 획득한 점령지의 반환 요구가 중론이다. 이를 위해 팔레스타인 최대 정파인 파타PATAH는 국제사회의 협조하에 이스라엘을 압박해 외교적으로, 그리고 평화적으로 실지를 회복하고 이스라엘과 공존한다는 입장을 취하는 반면 하마스HAMAS로 대표되는 과격세력은 무장투쟁을 동원해서라도 점령지를 회복하고 독립국가를 건설하자는 주장을 하고 있다.

영토 문제로 시작된 이스라엘과 팔레스타인의 갈등은 시간이 지나면서 복잡한 양상으로 얽혀 갔다. 유대교와 이슬람교 간에 상호 인정하지 않는 종교적 문제가 더해지고 주변 아랍 국가들과 이스라엘의 우방국인 미국이 가세하면서 아랍의 민족주의를 자극했다. 4차의 중동전쟁에서 주변 아랍 국가는 팔레스타인을 '구하기' 위해 이스라엘과 전쟁을 벌였고 미국 역시 이스라엘을 정치적으로 지지하고 무기를 제공하는 방법으로 개입했다. 여기에 예루살렘 관할권, 난민 복귀, 수자원 분배 등 복잡한 사안도 얽혀 있다. 유엔 안보리의 결의안은 또 다른 딜레마이다. 1967년과 1973년 유엔 안보리가 채택한 결의안 242호와 338호는 전쟁으로 획득한 영토는 국제법상 인정되지 않기 때문에 이스라엘은 점령지에서 철수해야 한다고 명시하고 있다. 하지만 이스라엘은 이를 무시하고 점령지에서 계속 정착촌을 건설하면서 지배를 기정사실화하려 하고 미국을 비롯한 서방 국가들은 안보리 결의안의 이행을 촉구하기보다는 유혈충돌 사태가 발생할 때 상호 자제를 촉구하기만 하며 실제로는 이스라엘을 지지하고 있다.

이스라엘과 팔레스타인이 항상 극단적인 갈등 관계였던 것만은 아니다. 이 가운데서도 이스라엘과 팔레스타인의 평화적 공존을 위한 의미 있는 노력도 있었다. 시몬 페레스Shimon Peres 전 이스라엘 대통령과 야세르 아라파트 팔레스타인해방기구PLO 의장은 팔레스타인 자치정부를 출범시킨 오슬로협정Oslo Accords, 정식 명칭은 '잠정 자치정부 구성에 관한 원칙 선언' 체결의 공로를 인정받아 1994년 10월 14일 노벨평화상을 수상했다. 오슬로 협정은 이스라엘과 팔레스타인의 평화공존을 담고 있으며 주요 내용으로는 팔레스타인의 자치와 선거, 과도기 협정, 이스라엘군의 재배치와 철수, 예루살렘과 점령지의 최종 지위 협상, 유태인 정착촌, 경제조항, 난민 문제 등이 포함되어 있다.

이스라엘과 팔레스타인 간의 화해와 평화공존의 해답을 논의할 때 항상 상징적으로 언급되는 이 오슬로 협정의 체결을 성공적으로 이끈 인물인 시몬 페레즈 전 이스라엘 대통령은 1924년 폴란드의 유태인 집안에서 태어나 10살이 되던 해 팔레스타인으로 이주했고, 키부츠에서 일하며 청년 조직에서 활동하며 주목을 받았다. 오슬로 협정에서 보여 준 온건함과는 달리 초기의 정치 성향은 시오니즘에 기초한 유대 재건 정책을 강하게 추진한 강경주의자였다. 그는 20대에 이스라엘 의회 의원으로 정계에 입문해 외무장관, 국방장관 등 정부 요직을 두루 거치며 이스라엘의 군비 증강을 주도했다. 하지만 70년대에 접어들며 그는 팔레스타인과의 평화를 추구하는 온건파로 돌아섰고 두 차례의 총리를 지내며 이스라엘 정책에 평화가 자리 잡도록 했다. 그는 무력 충돌과 테러리즘을 경험하며 군사적 방법으로는 중동 평화를 이루기 어렵다는 사실을 깨달았고 이스라엘이 위험에 처해 있을 때는 전쟁을 해야 하겠지만, 평화를 추구할 때는 평화 그 자체가 목적이어야 한다고 주장했다. 이스라엘의 언론 Ma'ariv와의 인터뷰에서 페레즈는 "이 땅에서 팔레스타인의 존재를 무시하고자 시도했던 시오니즘의 심각한 오류를 극복하는 데 25년이 걸렸다. 그리고 오슬로는 참되고 바른 해결 방법의 단초가 됐다. 무엇보다 오슬로는 우리가 이 땅에서 다른 방법으로 함께 살아갈 수 있다는 것을 입증했다"라고 하며 오슬로 협정과 평화에 대한 그의 신념을 피력했다.

중동의 평화를 위한 그의 노력은 팔레스타인과 비타협 원칙에 따라 적대시 했던 기존 이스라엘의 방향과는 상반됐기 때문에 강경주의자로부터 매국노, 배신자라는 비판과 거센 저항을 받기도 했다. 하지만 그는 포기하지 않고 끝까지 평화의 노선을 유지했다. 그는 노동당 집권기 외무장관으로서 91년 마드

리드 중동평화 국제회의 이후 PLO와의 비밀 협상을 주도했고 네덜란드 오슬로에서 8개월간의 비밀 협상 끝에 오슬로 협정을 체결하게 됐다. 2014년에는 베냐민 네타냐후 이스라엘 총리가 추진한 '유대민족 국가법'[18]에 대해서도 "유대민족 국가법은 국가의 이미지를 훼손할 뿐만 아니라 이스라엘의 민주적인 원칙에도 부합하지 않는다"라며 반대의 입장을 분명히 밝히기도 했고 유일하게 알 자지라와 인터뷰한 이스라엘 최고위 정치인이기도 할 만큼 중동 문제에 대해 개방적인 자세를 가졌다. 대통령 퇴임 후에는 유태인과 아랍인의 상호 이해와 공존을 위해 설립한 페레즈 평화센터를 운영하며 여생을 보냈다.

4-3. 현재의 이스라엘과 팔레스타인의 관계

이스라엘과 팔레스타인 관계에서의 페레즈 대통령의 활약은 평화 구축에 있어서 지도자의 철학과 리더십이 미치는 영향이 지대함을 확인할 수 있다. 오슬로 협정으로 개선의 길을 걷던 양국의 관계는 2000년 7월의 캠프데이비드 협상 결렬과 샤론 총리의 성전산 방문이 빌미가 되어 발생한 이스라엘-팔레스타인 사태 이후

18 베냐민 네타냐후 이스라엘 총리가 발의 의도를 밝힌 법안으로 이스라엘은 사법적으로 민주주의 국가인 동시에 유대민족의 국가로도 인식돼야 한다는 내용을 담고 있으며 이러한 논리는 민족주의를 지향하는 이스라엘의 국수적 정치인들이 종종 주장해 왔으나 이스라엘 내부에서도 인종차별적인데다 팔레스타인과 긴장을 심화할 수 있다는 우려를 받았다. 이 법안은 2014년 11월 23일 이스라엘 국무회의에서 찬성 14표, 반대 6표로 통과됐으며 이에 따라 유대교 율법에 입각한 입법이 제도화되며, 아랍어는 공식 언어에서 제외됐고 이스라엘 인구의 20%를 차지하는 아랍계 국민들은 사실상 '2등 국민'으로 차별받게 됐다. http://www.justice.gov.il/StateIdentity/InformationInEnglish/(2025. 1. 20. 검색)

이스라엘은 다시 강경한 노선을 걸어왔고 팔레스타인 역시 2006년 강경 노선인 하마스가 집권하면서 더욱 경색국면으로 접어들게 됐다. 특히, 이스라엘과 팔레스타인 간의 평화의 상징이라고 할 수 있는 오슬로 협정을 깨는 데 핵심적인 구실을 했던 아리엘 샤론과 네타냐후 등의 팔레스타인에 대해 강경한 총리들을 거치면서 점점 갈등이 심화되고 팔레스타인의 공격과 이스라엘의 복수가 반복되며 유혈충돌이 확대되는 양상으로 진행됐다.

결국 시몬 페레즈 대통령이 퇴임할 때 이스라엘 정부는 가자지구의 팔레스타인 무장조직 하마스에 대한 대대적인 공격 감행하고 있었다. 하지만 페레즈 대통령의 오슬로 협정으로 인하여 이스라엘과 팔레스타인 간의 평화를 협의하는 기준이 세워졌으며 노력에 따라 상대를 인정하고 평화롭게 공존할 수 있음을 경험했기에 정치적 변화에 따라서 새로운 관계 전환을 할 수 있는 기틀이 마련됐다고 할 수 있다.

5. 콜롬비아 내전의 종식 후안 마누엘 산토스 콜롬비아 대통령

5-1. 콜롬비아 내전의 발발과 전개

콜롬비아의 보수주의와 자유주의 간의 갈등은 그 역사가 매우 깊다. 1886년 콜롬비아 공화국이 건국되기도 전에 자유주의와 보수주의 정당이 각각 1848년, 1849년 창당됐다. 이후 잦은 충돌과 긴장은 천일전쟁1899~1902이나 라 비올렌시아1948~1958와 같은 폭력 사태로 이어져 수십만 명이 사망하기도 했다.[19] 이러한 콜롬비아의 정치적 불안은 콜롬비아의 통치력을 약하게 했으며 복잡한 갈등 문제 해결의 취약점으로 작용했다. 1964년부터 50년 넘게 지속되며 지금까지 22

19 http://www.bbc.com/news/world-latin-america-36605769(2025. 1. 20. 검색)

만 명의 사망자와 500만 명의 난민을 양산한 콜롬비아 정부군과 공산주의 무장 혁명군FARC: Fuerzas Armadas Revolucionarias de Colombia 간 내전은 좌우익의 이데올로기적 갈등에서 시작됐고 콜롬비아에서도 대부분의 남미 국가에서와 마찬가지로 사회전반에 뿌리 깊은 빈부격차와 불평등, 미국 독점자본의 경제적 지배 등에 반발하는 좌익세력의 무력 투쟁이 일어났다. 하지만 정부군이 제대로 대응하지 못하자 우익민병대가 조직되어 활동하며 게릴라들을 공격하기도 했다. 90년대부터 좌익반군들은 마약 조직과 결탁하여 자금을 지원받으면서 마약 카르텔의 활동을 보호했다. 이로 인해 FARC는 보다 강력한 무기를 구입하고 반군의 모집 및 운영을 안정적으로 유지하게 됐다.

콜롬비아 정부는 반군에 대해 지속적으로 강경한 대응을 시도했다. 1998년 취임한 파스트라나 대통령은 '두 개의 전선, 하나의 적Two Fronts, One Enemy'이라는 전략을 채택하여 반군과 마약 조직을 소탕하기 위해 강력하게 대응했고 이에 미국은 콜롬비아 내전과 마약 밀매 문제를 해결하기 위한 "Plan Columbia"[20]를 통해 긴밀하게 공조하면서 더 많이 원조했다. 이후 2002년 취임한 우리베 대통령이 '테러와의 전쟁'을 선포하면서 미국의 적극적인 지원을 받아 무장 반군에 대해 적극적으로 소탕작전을 펼친 결과 반군 세력은 급격히 감소됐다. 2010년 8월 7일 취임한 후안 무누엘 산토스Juan Manuel Santos Calderon 대통령 역시 강경한 대응을 했다. 취임 이후 2년 동안 7,810명의 게릴라가 사살됐고 2016년에는 6,000~7,000명의 반군 전력이 활동 중인 것으로 추정하고 있으며 이는 우리베 대통령 전인 2002년의 2만 명 규모에 비해 절반 이하로 감소한 것이다.[21] 이러한 전력의 감소세에 반군도 평화적 문제 해결의 행동을 취하기도 했다. 브라질, 베네수엘라 대통령 등이 FARC에게 정부와 평화협정을 체결할 것을 권고하자, FARC는 2010년 상반기에 자진하여 인질을 석방하기도 하고 2010년,

20 2000년에 이후 미국의 클린턴 행정부 시기에 콜롬비아의 마약과 내전을 지원하기 위한 정책으로 미국은 이 정책에 5억 달러를 들여 무기와 장비를 지원하기도 했으며 인공위성 수집 자료를 콜롬비아 정부 측에 제공하기도 했다.

21 http://www.bbc.com/news/world-latin-america-36605769(2025. 1. 20. 검색)

2011년에는 정부에 지난 47년간 분쟁의 평화적, 정치적 해결을 요구했다. 국민해방군ELN Ejército de Liberación Nacional 최고지도자인 니꼴라스 로드리게스 바우띠스타Nocolas Rodriquez Bautista 또한 정부에 평화협정을 촉구하는 편지를 보내고, 다시 ELN의 평화협상 의지를 재천명했다. 하지만 그 와중에도 반군의 게릴라식 공격은 계속됐다. 게릴라들은 정부 기간 산업망인 전기와 석유 생산 및 공급 라인, 파이프라인에 대한 공격과 대인 지뢰를 활용한 전술을 사용했다. 지뢰로 인해 2011년 12월까지 사상자가 민간인 152명, 정부군 286명이었고 2011년 한 해 동안 40개의 파이프라인이 게릴라의 공격으로 피해를 입었으며, 정부군과 게릴라의 교전으로 인해 민간인의 피해도 속출했다. 교전으로 인한 사상자뿐 아니라 유소년과 부녀자를 납치하여 게릴라 요원으로 양성하기도 했다. 이에 콜롬비아 정부는 '선先 무장활동 중단 없이는 대화할 수 없다'라는 입장을 고수했다.

장기간의 내전으로 인해 콜롬비아가 입은 피해는 막대하다. 콜롬비아 정부는 1960년대부터 활동을 시작한 좌익반군 단체와의 내전으로 현재 전 국토의 절반에 해당하는 지역의 통제력을 상실한 상태이다. 특히, 지방에서는 좌익 게릴라 세력과 이에 대항하여 결성한 우익민병대의 충돌, 막강한 자금력을 가진 마약 조직 등이 서로 얽혀 무정부와 같은 상태가 되어 있다.

5-2. 콜롬비아 내전의 전개와 정부와 반군의 평화협정

세계에서 가장 긴 내전인 콜롬비아 내전은 후안 마누엘 산토스Juan Manuel Santos 대통령과 FARC 지도자 로드리고 론도뇨Rodrigo Rondoño의 평화협정으로 마지막을 향해 가고 있다. 산토스 대통령은 2010년 취임 후 강경한 노선은 유지했으나 그 와중에도 반군과도 대화는 시도했다. 한편, 2011년 11월 정부군에 사살된 알폰소 카노Alfonso Cano, Guillermo León Sáenz Vargas 1948-2011의 뒤를 이어 FARC를 이끌게 된 론도뇨는 1982년 FARC에 가입한 뒤 1986년 조직의 핵심 요원이 됐고 1990년대에는 도시 지역까지 활발한 공격을 주도하는 등 강경한 노선을 보였으나, 정부와의 협상에서는 산토스 대통령과 마찬가지로 합리적이고 실용적인 대응을 택했다. 콜롬비아 정부가 비공식적인 대화의 시도를 계속한 6개월 만인 2012년 말, 쿠바 아바나에서 정부와 반군 간의 평화협상이 진행되기 시작했다. 2016년 6월 23일 쿠바 지도자 라울 카스트로Raul Castro 피델 카스트로의 동생의 중재하에 평화협정에 서명했고 유엔 감시단이 들어가 반군의 무장해제를 감독하고 있다.

콜롬비아의 평화협정이 이루어지기까지는 국제사회의 관심과 중재의 역할도 있었다. UN, 세계은행, 스페인과 코스타리카 정부 등은 콜롬비아 내전을 중재하는 해결책을 찾고자 했으며, 콜롬비아와 국경을 마주하는 베네수엘라와 남미의 영향력 있는 국가인 브라질도 FARC의 납치자 석방, 제도권 진입 등 콜롬비아의 문제에 관심을 표명해 왔다. 미국은 콜롬비아의 내전 문제에 가장 큰 영향력을 미쳐 왔던 국제적인 역할을 한 주체이다. 클린턴에서 오바마 행정부에 이르기까지 콜롬비아에 대한 지속적인 관심과 지원을 보내 왔고 특히, 마약, 테러와의 전쟁 차원에서 계속적인 촉구와 지원을 하고 있다.[22]

그런데 콜롬비아에 온전한 화해와 평화가 오기까지는 아직 해결해야 할 문제가 많다. 그동안 내전과 유혈충돌을 겪으며 저질러졌던 범죄들에 대한 처벌의 문제이다. 산토스 대통령은 남아프리카 공화국을 모델 삼아 콜롬비아의 화해단계를 진행하고자 했다. 반군은 무장을 해제하고 일반 시민으로 돌아가며 범죄에 대한 사면을 하고 중범죄에 대해서는 반군과 정부군 · 우익 민병대 모두에 똑같은 기준을 적용해 처벌할 것이라고 밝혔는데 이에 대해 반대하는 여론이 거세다. 이를 반영한 듯 평화협정에 대한 국민투표가 부결되면서 산토스 대통령의 2016년 노벨평화상 수상과 함께 고조됐던 내전 종식에 대한 기대와 평화에 대한 분위기는 주춤하게 됐다.

하지만 예전과 다른 모습도 있다. 근소한 차이에 의해 국민투표가 부결됐지

22 미국의 지원이 정부와 반군 간의 균형을 유지하지 못해 신뢰 형성에 장애가 됐으며 반군의 범죄 행위에 대한 콜롬비아 정부의 태도를 강경하도록 압력을 행사하여 콜롬비아 내전을 심화시켰다는 평가도 있다.

만, 우려와는 달리 평화협정 이전의 폭력으로 돌아가지 않았다. 정부군도 반군도 재정비 후 일의 성사를 위해 다시 시도하겠다고 하고 있다. 산토스 대통령은 FARC 반군과의 휴전을 계속 유지한 채 지난번 협정에서는 제외됐던 또 다른 반군인 콜롬비아 민족해방군까지 포함한 새로운 평화방안을 마련하겠다고 약속했으며 FARC 반군 측 또한 "우리에게 유일한 무기는 말"뿐이라 거듭 다짐하며 "정글에서 나와 현실 정치 참여를 통한 변화를 추구해 나가겠다"라고 밝혀 지속적인 협상의 가능성을 열어 두고 있다. 평화협정의 서명에 사용됐던 총알을 개조하여 만든 펜에 스페인 어로 적혀 있던 "총알은 우리의 과거를 기록했다. 교육은 우리의 미래다"라는 문구와 같이 콜롬비아는 오랜 폭력의 상처를 극복하고 평화를 향하는 살아 있는 교육의 장이 되고 있다.

6. 지역갈등 사례의 한국적 시사점

요한 갈퉁Johan Galtung, 1996에 따르면 진정한 평화적 해결을 위해서는 드러난 갈등에 대한 대처만이 아니라 이면의 원인과 내용 분석을 기초로 잠재된 갈등의 뿌리를 변화 또는 제거해야 한다. 즉 폭력적 행동의 중지 또는 행동의 변화뿐 아니라 그 행동을 뒷받침하는 신념, 가치관, 태도 등을 평화와 공존의 가치관, 신념, 태도로 변화시키고, 갈등의 원인이 되는 구조를 변화시키는 것 모두를 포함한다. 이 해결은 갈등 당사자 모두에게 수용될 수 있는 결과가 있어야 하고, 그 결과를 계속 지탱, 지속할 수 있는 것이어야 한다. 따라서 갈등의 원인을 통해 갈등 해결 방법을 모색하고자 한다.

로이 에이델슨Roy J. Eidelson 등의 연구에 따르면, 집단 간의 갈등이 발발하는 작용 요소는 5가지로 볼 수 있다. 첫째, 우월감이다. 이러한 세계관은 자신의 집단이 도덕적 우월성, 선민사상 또는 결정론적 세계관에 빠져 있을 때 발생하며 이에 따라 자민족 중심의 단일문화주의가 생겨나기도 한다. 다양성이 결여된 비합리적인 생각이지만 나치즘, 시오니즘, 중화사상 등 실제로 우월감에 의해 발생한 많은 분쟁과 갈등을 찾아볼 수 있다. 둘째, 불공평감이다. 이는 상대에게 불공평한 대우를 받아 불행하다는 인식을 하게 되어 부적절한 집단 보복을 하도록 하게 한다. 사회에서 약자로 차별받거나 소외당하던 집단이 폭동을 일으키거나 권력이 교체됐을 때 발생하는 폭력들이 이에 해당한다. 셋째, 취약감이다. 집단, 특히 민족 집단이 안전하지 않고 지속적으로 좋지 않은 방향으로 진행되어 간다는 미래에 대한 두려움은 집단에게 최악의 시나리오를 가정함에 따라 폭력의 순환을 초래한다. 넷째, 불신감이다. 이는 상대방에게 적대 의도에 대한 의심에 초점이 맞추어져 있다. 상대측이 적대 의도나 우리 집단을 해하려고 하는 계획을 숨기고 있다는 의심에서 시작된 갈등은 경계, 방어적 조치, 필요시 선제적 공격을 해서라도 집단의 보호가 이루어져야 한다고 인식하게 한다. 갈등이 오래됐거나 부정적인 역사적 관계가 형성되어 있는 경우에는 상대에 대한 불신으로 평화적인 갈등 해결을 위한 상대방의 노력을 표면 그대로 인정하지 않으려고 하게 된다. 마지막으로 무력감이다. 원하는 결과가 도출되지 않았을 때 집단은 무력감을 느끼고 동기를 잃게 되며 집단의 능력뿐 아니라 환경 여건에 의해서도 발전해 나갈 수 없다는 무력감을 느끼게 된다.[23]

이러한 요소들을 바탕으로 지역갈등을 해결하는 방안을 살펴보자. 우선 상호존중과 수용하는 자세에서 시작되어야 한다. 갈등이 생기는 것은 나와 상대가 명백하게 다르고 이 차이가 수용되거나 공존할 수 없다는 인식에서 시작된다. 그뿐만 아니라 나의 입장이 상대의 입장보다 더 합리적이거나 도덕적이라는 배타적 우월의식에서 비롯된다. 이를 극복하기 위해서는 상호 간의 소통이 우선되어야 한다. 우리는 "그 사람 알기 전엔 그런 사람인 줄 몰랐는데 만나서 얘기해보니 괜찮더라"라는 이야기를 할 때가 종종 있다. 소통과 교감이 이루어지면 편

23 Roy J. Eidelson, Judy I. Eidelson, "Dangerous ideas: Five beliefs that propel groups toward conflict", *Journal of Psychology and Theology*, vol.58(3), 2003, pp.182~192.

견과 오해에서 벗어날 수 있다. 소통을 위해서는 꾸준한 대화와 접촉이 필요한데 이때의 원칙은 다음과 같다. 첫째, '약자에 대한 배려'이다. 약자에 대한 배려가 없이는 진정성 있는 소통이 이루어지지 않는다. 둘째, '폭력의 종식과 타자의 인정'이 있어야 한다.[24] 셋째, 현시적인 성과가 없더라도 인내심을 가지고 지속적으로인 소통하려고 노력해야 한다.

소통이 됐다면 갈등이 일어난 문제에 대한 실제적이고 솔직한 논의가 있어야 한다. 편견과 고정관념은 소통이 이루어지며 해결될 수 있지만 이해관계, 역사적 문제와 같이 상충되는 문제가 있을 때에는 그 문제에 대해 논의되고 실질적인 해결, 타협, 설득이 이루어져야 한다. 그 과정에서 서로 불편한 대화가 진행되더라도 문제 해결의 실마리를 찾기 위해 노력해야 한다. 이는 갈등을 해결하려 하는 상호 간의 의지를 신뢰하도록 하는 역할도 한다. 예를 들어 과거 피해 사실이 있다면 실질적인 보상과 구제가 되어야 한다. 배상 문제를 두려워하여 사실을 인정하지 못하는 경우가 많으나 이것은 결국 더 큰 사회통합 비용으로 지출된다. 또한 용서와 치유를 위한 제도적 장치도 마련해야 한다. 남아프리카의 화해는 1995년 제정된 국가통합과 화해 증진법에 의해 과거사에 대한 철저한 폭로와 가해자들의 사죄, 피해자들의 용서가 만들어 낸 결과이다. 공화국이 근본적인 갈등의 원인을 외면한 채 잠시 누리는 평화는 지속될 수 없다.

구성원들과 미래 세대에 대한 교육도 병행되어야 한다. 교육을 통한 갈등 해결은 과거 사실의 인식을 통해 현재의 화합을 이루고 평화적 미래를 준비하는 가장 효과적인 방법이다. 교육을 통한 상호 이해 및 관용의 문화 발전을 통해 과거에 발생했던 갈등을 사실대로 이해하고 그 과정에서 도출된 교훈들을 되새기고, 자신과 다른 배경이나 조건들을 가지고 있는 사람들을 존중하고 공존하는 법을 배우게 된다. 사회적 갈등이 심했던 북아일랜드와 남아프리카 공화국은 사회적 갈등이 매우 심했던 국가들이었지만 갈등을 해결하고 화해하는 과정

24 이우영, "남아프리카공화국과 북아일랜드의 사례가 남북한 통합에 주는 시사점", 『통일인문학』, 제67집, 2013, pp.27~28.

에서 다양성과 상호 존중, 차별 금지, 관용의 문화, 갈등의 비폭력적 해결에 대한 교육에 중점을 두고 사회 구성원들의 역량을 기른 결과 오랜 갈등의 역사 대비 단기간에 사회통합을 이룰 수 있었다.

마지막으로 정치적 결단의 리더십이 발휘되어야 한다. 앞에서 살펴본 바와 같이 갈등의 해결의 순간에는 역사적 무게를 짊어지고 정치적 결단을 한 리더들이 있었다. 이 리더들은 내부적으로는 통합과 설득을 했고 외부적으로는 끈기 있는 대화와 협상을 시도했다. 화해와 공존을 위한 구체적인 정책을 구상하고 강력히 추진하는 한편, 정치적 변화에도 변함없는 노력을 경주했다.

한반도는 역사적으로 오랜 지역갈등의 중심에 있었다. 한중일 간 관계와 남북관계가 복잡하게 얽혀 있다. 한국을 둘러싼 지역갈등 문제를 해결하기 위해서는 위에서 살펴본 바와 같이 서로를 인정하는 자세로 소통해야 한다. 정치적인 기류와 관계없이 지속적인 대화를 이어나가는 것이 중요하다. 이를 위해서는 특히 종교, 교육, 시민단체와 같은 민간단체의 교류가 유효하다. 평화와 미래를 주제로 대화와 고민을 해야 한다. 이러한 주제의 연장선상에서 민감한 주제가 다루어져야 한다. 민감한 주제의 해결을 전제로 소통을 시작하겠다는 것은 소통하지 않겠다는 것과 같다. 교육을 통한 갈등 해결의 노력도 이루어져야 한다. 한·중·일의 갈등 문제는 서로 간의 역사의식의 차이또는 의도적 왜곡, 지속되는 영토분쟁 및 영유권 주장 등으로 서로를 이해하고 평화적 공존을 이루는 방향이 아닌 일방적인 주장과 침략의 정당화를 위해 사용되고 있으며 남북 간은 이념의 문제로 대립하고 있어 오히려 더욱 갈등을 증가시키는 요소로 작용하고 있는 것이 사실이다. 그렇지만 공동 연구와 학술 교류가 활발해지면 사실을 왜곡하고 일방적인 주장만 하는 학설은 점차 자리를 잃게 되며 평화, 다양성, 갈등관리, 관용과 화해에 관한 교육을 실시하면 당장은 서로의 견해가 다르더라도 상대를 수용하고 소통할 수 있게 된다. 또한, 갈등을 두려워하거나 피하기만 해서는 안 된다. 회피된 갈등은 언젠가는 다시 되살아나며 관계의 진전을 막는 장애물이 되기 때문이다. 따라서 갈등은 적극적으로 관리되어야 하며 갈등을 보다 발전적인 결과를 도출하는 계기로 삼아야 한다.

7. 맺음말

이 장에서는 전 세계적인 지역갈등과 그 평화적 극복을 위한 노력을 다루었다. 지금도 세계 곳곳에서는 다양한 원인으로 지역갈등이 일어나고 있다. 이러한 지역 간의 갈등은 평화적으로 해결하면 폭력으로 인한 비극을 예방하고 막대한 사회적 손실을 피할 수 있지만 현실에서는 서로 다른 입장을 확인하고 그 차이를 좁히지 못하게 되어 갈등 상황이 지속되다 분쟁으로 이어지는 경우가 많았다. 그리고 일단 갈등이 표출되고 나면 분쟁이 장기화되어 관계를 개선하는 것이 매우 어렵게 된다. 하지만 독일과 폴란드, 콜롬비아 정부와 반군, 이스라엘과 파키스탄의 경우와 같이 화해를 통해 관계가 개선된 사례도 있었다.

갈등을 극복하기 위해서는 일단 폭력을 멈춘 채 상대방을 배려하고 인정하는 소통이 이루어져야 하며 갈등이 일어난 원인에 대한 솔직한 논의와 실질적인 해결 방안이 모색되어야 한다. 상호 존중, 차별 금지, 관용의 문화, 갈등의 비폭력적 해결과 같은 평화교육도 병행되어야 한다. 그리고 무엇보다 지도자의 리더십이 발휘되어야 한다. 지역갈등은 해결하기 어려운 문제이지만 인내심을 가지고 지속적인 소통을 할 때 해결될 수 있을 것이다.

생각해 볼 문제

1. 지속적인 대립과 갈등 상황에서 상대와 소통하고 신뢰를 쌓아 가기 위해서는 어떤 요소가 전제되어야 하는가?

2. 한반도를 둘러싼 지역갈등의 평화적 해소를 위한 교육을 어떻게 적용할 수 있을까?

제11장

국제 평화유지활동과 평화

1. 머리말

지구를 하나의 집단으로 생각한다면, 유사 이래 전쟁, 재난, 기아 등의 여러 형태의 사건들로 인해 인류가 평화로운 삶을 영위한 기간을 찾기는 쉽지 않다. 철학적으로는 인간 본성의 선악에 대한 논쟁과 자유주의, 현실주의, 구조주의 등의 국제정치학적 논의는 여전히 진행되는 과제이지만 확실한 것은 인류의 평화와 공영을 위한 유효한 해법을 입증하지 못한 것이 사실이다. 특히, 제1, 2차 세계대전을 경험한 인류는 대규모 전쟁의 파괴력을 확인했으며 또 다른 세계대전은 인류의 공멸을 의미할 수 있음을 인식하게 됐다. 미·소 냉전 시대는 군비 경쟁의 긴장 속에서 평화를 유지했으나 소련의 해체와 함께 재편된 냉전 이후 시대에는 국가 간 전쟁은 감소했으나, 지역, 국가 내 분쟁은 급속도로 증가했다. 이는 냉전과 식민지 시대의 산물로 긴장 속에서 강력했던 힘의 균형이 깨지고 공산주의의 몰락과 함께 자유민주주의 사상이 빠른 속도로 전파되어 민주주의와 인권이라는 보편적 가치를 추구하고자 하는 욕구가 분출됐기 때문이다.

이와 같은 갈등의 요소들을 냉전 이전에는 국가 간 또는 지역 동맹을 통해 힘의 균형으로 갈등을 관리했고 그 실패가 세계대전과 같은 결과를 만들어 내었다면, 냉전 이후에는 갈등에 대한 주체가 다양하고 이데올로기에 의한 대결구도가 약해졌으며 대규모 전쟁에 대한 염증 등으로 분쟁에 대한 평화적 관리의 필요성이 대두됐는데 유엔을 중심으로 한 평화유지활동이 가장 확실한 방안으로 자리 잡게 됐다. 여러 가지 역할의 한계와 논란에도 불구하고 유엔은 인류가 만든 가장 실질적인 평화유지활동을 하는 기제임이 틀림없다. 유엔은 1948년부터 최근까지 총 71건의 평화유지활동을 실시했다. 진행 중인 활동도 약 20건에 이른다. 국제 평화를 위한 유엔의 역할은 점차 강조되고 있으며, 그 영역도 우주 공간에까지 확대되고 있다.

2. 국제 평화유지활동[1]의 개념과 근거

국제 평화유지활동을 논의에 앞서 평화유지활동에 대한 개념적 일치는 아직 이루어지지 않고 있다. 이는 평화의 개념, 목적의 달성, 수단의 선택, 활동 시점에 대한 상이한 해석과 관점에 따라 다양한 용어와 개념으로, 동일한 용어에 대한 다른 범위나 의미로 설명되기 때문이다. 발생한 분쟁을 해결하고자 하는 노력은 대체로 평화활동, 평화유지, 평화구축, 평화조성 등으로 사용되고 있다. 본 장에서는 유엔에서 공식적으로 사용하고 있는 평화유지활동을 기준으로 논의하고자 한다. 유엔 사무총장이었던 부트로스-갈리Boutros Boutros-Ghali는 '평화유지'를 '관계된 모든 당사자의 동의를 기초로 하여, 보통은 유엔군사요원과 경찰요원을 포함하고, 종종 민간인도 포함하여 현장에서 이루어지는 유엔의 전개이며, 분쟁예방과 평화창조 양자의 가능성을 높이기 위한 기술이다'라고 정의하고 있다. 그리고 유엔이 분쟁을 해결하기 위해 사용하는 방법을 분쟁예방외교Conflict preventive diplomacy, 평화조성Peace making, 평화유지Peace keeping, 평화구축Peace building, 평화강

---

1 "국제 평화유지활동"이란 UN, 지역안보기구, 특정국 등의 요청에 따라 국군부대 및 군 요원을 해외에 파견하여 UN PKO 및 다국적군 평화활동 임무를 수행하는 것을 말한다. 국군의 해외파병업무훈령 2조 5항.

제Peace enforcement로 분류했다.[2] 또한, 유엔은 평화유지활동Peace keeping operations을 '유엔 평화유지활동국DPKO, Department of Peace keeping Operations이 주도하여 분쟁에 의해 고통 받는 국가의 평화가 지속되는 상태를 만드는 일을 하는 것'[3]이라고 정의한다. 이를 통해 유엔 평화유지활동이 정전 또는 평화협정 이행 준수를 지원하기 위한 목적으로 실시되는 '평화의 유지'보다는 광범위하게 적용된다는 것을 알 수 있으며 개념 간의 중첩도 발생하고 있다. 또한, 최근에는 국제 환경의 변화와 PKO 활동의 교훈을 통해 분쟁의 복합적 원인을 해결하여 재발 방지를 위한 "다차원적 평화유지활동"[4]이 실시되는 추세이다.[5]

PKO의 유형은 예방적 전개Preventive Deployment 및 평화조성Peace Making, 인도적 지원Humanitarian Assistance, 평화유지Peace Keeping, 평화강제Peace Enforcement, 평화구축Peace Building의 5개로 구분된다. 예방적 전개Preventive Deployment 및 평화조성Peace Making은 현재 또는 잠재적인 갈등이 무력분쟁으로 확산되지 않도록 사전에 평화유지군 또는 감시단을 해당 지역에 전개하거나 분쟁 당사자 간 평화적 해결을 위한 협상을 유도하는 활동이며, 1995년 마케도니아 국경 지역 안정을 위해 배치된 유엔사전전개군UNPREDEP이 그 대표적인 예이다. 인도적 지원Humanitarian Assistance은 분쟁 상황하에서 UN 및 민간기구의 인도적 구호활동과 난민 귀환을 지원하고 인권 침해 여부를 감시하는 활동으로, 사태가 심각하여

---

2 임무적 구분에 따라 분류하면 벨라미, 윌리암스, 그리고 그리핀(Bellamy, Williams and Griffin)은 전통적 평화유지(Traditional Peacekeeping), 과도정부 관리(Managing Transition), 확대된 평화유지(Wider Peacekeeping), 평화 강제(Peace-enforcement), 평화지원활동(Peace Support Operation)의 다섯 가지로 분류했고 탈렌티노(Talentino)는 활동의 강제력, 개혁활동의 범위, 부대 전개의 시점 등을 토대로 제한적(limitied), 확장적(extensive), 국가재건(nation building)의 세 가지로 분류하기도 했다.

3 UN 홈페이지, www.un.org/en/peacekeeping/operations/ (2017. 1. 3. 검색)

4 다차원적 평화유지활동은 일반적인 평화 협정이 체결되지 않은 가운데 해당 국가 정부의 요청에 따라 합법적인 정부로의 전환을 지원하기 위해 배치된다. 한 통치 기구로부터 다른 통치 기구로 권력을 이양하는 것을 지원하거나, 통치의 정당성에 대한 의구심이 완전히 해소되거나, 이전에 없던 행정구조를 설치하는 것을 지원하기 위해 안보리는 다차원적 임무단에게 임시적으로 법적·행정적 권한을 인정해 주며 전통적 평화유지활동과 달리 정치적 과정에 직접적인 역할을 하고 국가의 정치적 대화 프로세스와 화합을 촉진시키는 역할을 하도록 임무를 부여하고 있다. 최근 실시되어 진행 중인 유엔중앙아프리카임무단(MINUSCA)과 유엔말리임무단(MINUSMA)이 이에 해당한다.

5 국방대학교 PKO센터, 『UN 평화유지활동 원칙과 지침』, 국군인쇄창, 2013, pp.16~25.

대규모 재난이 예상될 경우에는 당사국의 동의가 없이도 활동을 전개하기도 한다. 1992년에 유고 지역에 전개된 보스니아 유엔보호군UNPROFOR은 인도적 구원을 목적으로 최초로 전개된 PKO 활동이다. 평화유지Peace Keeping는 분쟁을 조기에 수습하고자 당사자가 정전협정이나 평화협정을 준수토록 휴전 및 정전감시, 완충지대 통제, 군대해산, 무장해제 등의 임무를 수행하며 PKO 활동의 대부분이 여기에 해당한다. 평화강제Peace Enforcement는 휴전 합의 후 분쟁 당사자가 협정을 일방적으로 파기하거나 군사행동을 감행할 경우 유엔이 헌장 제7장에 근거하여 평화유지군을 투입하여 강제적으로 분쟁을 해결하는 활동이다. 1960년 이후 콩고 지역 내전 종식을 위해 활동한 유엔콩고활동단ONUC이 최초로 평화강제 임무를 수행한 바 있다. 평화구축Peace Building은 분쟁이 종식된 이후 평화와 안정이 항구적으로 정착될 수 있도록 인도적 구호활동, 군대 해산/창설, 경제재건, 선거지원 등의 활동을 전개한다. 서부 사하라의 선거감시단MINURSO 등이 좋은 예이다.

국제 평화유지활동은 유엔 헌장 6장 또는 7장에 의거하여 안전보장이사회의 위임을 받아야 하며 15개 이사국 중 9개국의 지지와 5개 상임이사국의 반대가 없어야 가능하다. 이러한 절차에 의해 승인이 되면 임무와 수행과업들에 관해 위임된 내용은 위임명령mandate으로 결의안에 포함되게 된다. 파견될 국가의 동의에 의해 평화유지활동을 하는 전통적 관점은 6장의 내용과 관련이 있으나, 안전이나 공공질서를 유지할 수 없는 분쟁 상태인 지역에는 관행적으로 7장을 인용하고 있다. 7장은 평화강제 임무의 논리적 배경으로 파견될 국가의 동의 여부와 무관하게 유엔 평화유지군을 파견할 수 있으며 유엔 평화유지군에게 부여될 수 있는 무력 사용의 범위와 정도가 훨씬 폭넓고 강력하게 규정된다.[6]

평화유지활동 중에는 유엔 평화유지군이 아닌 특정 지역기구나 국가들에 의해 이루어지기도 한다. 다국적군 평화활동은 지역안보기구 또는 특정국가 주도

6 정재관, 정성윤, "유엔 평화유지활동에 대한 이론적 논쟁", 『국방연구』, 제55권 제2호, 2012, p.29.

로 다국적군을 구성하여 수행하는 평화활동으로서 유엔 안전보장이사회 결의 등을 근거로 유엔에서 특정 지역기구나 특정국에 지휘를 역임하여 실시하는 유엔 주도의 다국적군과 유엔 안전보장이사회의 결의 없이 임의로 집단적 자위권을 행사하는 지역기구 또는 특정국 주도의 다국적군으로 나누어진다. 유엔 평화유지활동은 유엔이 주체가 되어 평화유지군을 지휘하며 활동에 대한 경비도 유엔에서 부담하지만, 다국적군 평화활동은 지역안보기구 또는 특정국가 주도로 지정된 다국적군 사령관에 의해 지휘를 받으며 활동에 대한 경비는 참여국의 자비로 부담하게 된다. 다국적군은 유엔이나 국제기구에 의한 임무 수행이 제한되거나 분쟁 당사국이 유엔에 의한 평화활동을 원하지 않을 때에도 가능한 장점이 있다. 대표적인 사례로 걸프전에서는 미국과 영국을 중심으로 34개국이 다국적군을 형성했고, 코소보 사태 때는 NATO 신속대응군에 의해 평화활동을 수행했다. 다국적군 평화유지활동은 유엔 평화유지활동과 함께 분쟁 지역의 안정화와 재건에 중요한 역할을 담당하고 있다.

3. 유엔 평화유지활동 역사와 한국의 참여

유엔 평화유지활동은 분쟁으로 고통 받는 나라들이 평화를 지속할 수 있는 상태를 만들기 위해 1948년 팔레스타인 정전감시단UNTSO: United Nations Truce Supervision Organization을 설치하면서 시작됐다. 유엔임무단은 2016년 6월까지 세계 곳곳의 분쟁 지역에 파견되어 총 71회의 정전 감시와 재건 지원 등의 임무를 수행하여 평화를 구축하는 데 큰 성과를 내었고 현재도 11만 8천여 명이 16개의 임무에 투입되어 평화유지작전을 실시하고 있다표 1. 참조.

표 1. 유엔 평화유지활동(2024. 2. 29. 기준)

임무명	임무개시	상황
UNTSO(유엔 예루살렘 정전감시단)	1948. 5	진행
UNMOGIP(유엔 인도/파키스탄 군사감독단)	1949. 1	진행
UNFICYP(유엔 사이프러스 평화유지군)	1964. 3	진행
UNDOF(유엔 시리아 병력철수 감시군)	1974. 6	진행
UNIFIL(유엔 레바논 임시군)	1978. 3	진행
MINURSO(유엔 서부사하라 선거지원단)	1991. 4	진행
UNMIK(유엔 임시코소보 행정기구)	1999. 6	진행
UNMIL(유엔 라이베리아 임무단)	2003. 9	종료
UNOCI(유엔 코트디부아르 임무단)	2004. 4	종료
MINUSTAH(유엔 아이티 안정화 지원단)	2004. 6	종료
UNAMID(유엔 수단-다르푸르 임무단)	2007. 7	종료
MONUSCO(유엔 콩고 임무단)	2010. 7	진행
UNISFA(유엔 수단 아비에이 임시보안군)	2011. 6	진행
UNMISS(유엔 남수단 임무단)	2011. 7	진행
MINUSMA(유엔 말리 임무단)	2013. 3	종료
MINUSCA(유엔 중앙아프리카 임무단)	2014. 4	진행

출처: UN DPKO, *UN Peacekeeping Fact Sheet*, DGC/1634/Rev. 273, 2024.2.29.

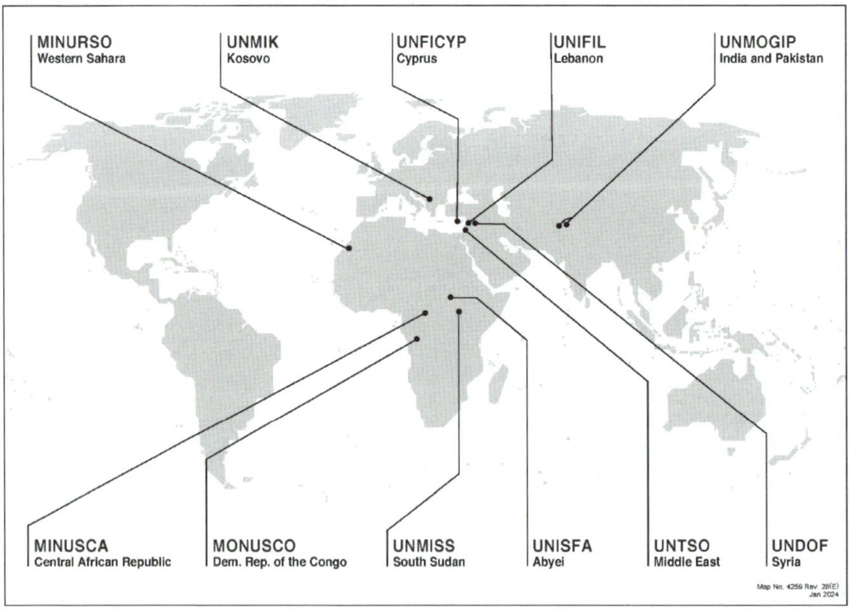

출처: UN DPKO, *UN Peacekeeping Fact Sheet*, DGC/1634/Rev. 273, 2024.2.29.

그림 1. 현행 유엔 평화유지활동 지역과 임무단 명칭

대한민국 국군은 헌법 제5조 제1항 및 제60조 제2항을 근거로 하여 유엔 안보리 결의안과 국회동의안에 따라 분쟁 지역에서의 평화유지활동을 수행할 수 있다.[7] 한국은 몇 가지 이유에서 유엔 평화유지활동과 매우 의미 있는 관계가 있다. 첫째로 한국은 유엔 평화유지활동을 통해 6·25전쟁을 극복할 수 있었다. 둘째, 아직도 종전하지 못한 채 남북 간 휴전 상태에 있으며 유엔에 의해 휴전 관리를 받고 있다. 셋째, 경제성장과 민주화를 통해 '원조를 받는 나라'에서 '원조를 주는 나라'로 탈바꿈했으며, 1991년 9월 유엔에 가입하고 유엔 안전보장이사회 결의안 제733호1992. 1. 23.에 의거해 1993년 소말리아에 파병한 것을 시초로 1994년 서부 사하라에 국군의료지원단을, 인도·파키스탄과 그루지아에 군감시단 요원을 파견했다. 1995년 앙골라에 공병대대를 파견하여 평화유지를 위한 국제사회의 노력에 동참했고, 1999년에는 공병, 의료지원 부대를 파견한 이전과는 달리 최초로 특전사를 주축으로 한 보병부대를 동티모르에 파견하는 등 국제 평화유지활동에 적극적이고 지속적인 기여를 하는 나라로 발전했다.[8] 특히 2010년 12월 '국제연합 평화유지활동 참여에 관한 법률'[9]이 제정됨으로써 적기에 병력을 파견할 수 있는 법적 기반도 구축했다. 2017년 1월 현재, 유엔 평화유지군으로 6개국 8개 임무에 646명을 파견하고 있으며, 다국적군은 3개국 5개 임무에 총 311명을 파견하고 있다표 2. 참조.

---

7 대한민국 헌법 제5조 1항: 대한민국은 국제평화의 유지에 노력하고 침략적 전쟁을 부인한다.
제60조 2항: 국회는 선전포고, 국군의 외국에의 파견 또는 외국군대의 대한민국 영역 안에서의 주류(駐留)에 대한 동의권을 가진다.

8 대한민국은 2014년 9월 기준 약 1,400명이 유엔 평화유지활동, 다국적군 평화활동, 국방협력활동 등 다양한 국제 평화유지활동을 통해 국제사회의 책임 있는 일원으로서 세계 평화에 기여하고 있다.

9 국제연합 평화유지활동 참여에 관한 법률(2013. 3. 23.)은 평화유지활동에 참여할 파견부대와 참여 요원의 파견 및 철수 등에 관한 사항을 규정하고 있으며 이에 근거하여 상비부대의 운용과 파병이 신속하게 이루어지도록 하고 있음.

표 2. 국군의 유엔 평화유지활동 파병 현황(2024년 12월 기준)

구분				현재 인원	지역	최초 파병	교대 주기
UN 임무단	부대단위	레바논 동명부대		267	티르	'07. 7월	8개월
		남수단 한빛부대		269	보르	13. 3월	
	개인 단위	인·파 정전감시단(UNMOGIP)		6	이슬라마바드 등	'94. 11월	1년
		남수단 임무단(UNMISS)		10	주바 등	'11. 7월	
		레바논 평화유지군(UNIFIL)		4	나쿠라	'07. 1월	
		서부사하라 선거감시단 (MINURSO)		3	라윤 등	'09. 7월	
		골란고원 임무단(UNDOF)		1	이스라엘	'23. 12월	
		정전감시기구(UNTSO)		2	이스라엘, 레바논	'24. 1월	
	소 계				562		
다국적군 평화활동	부대단위	소말리아해역 청해부대		261	소말리아해역	'09. 3월	6개월
	개인단위	바레인 연합해군사령부	참모장교	7	바레인	'08. 1월	1년
		지부티 아프리카사령부 연합합동기동부대 (CJTF-HOA)	협조장교	1	지부티	'09. 3월	
		미국 중부사령부	협조단	3	플로리다	'01. 11월	1년
		미국 아프리카사령부	협조장교	1	슈트트가르트	'15. 7월	1년
		쿠웨이트 다국적군 지원사령부 (CJTF-OIR)	협조장교	2	아리프잔	'19. 12월	1년
		이라크 다국적군 지원사령부 (CJTF-OIR)	협조장교	2	바그다드	'22. 8월	1년
	소계			277			
국방협력	부대단위	UAE 아크부대		149	아부다비	'11. 1월	8개월
	소계			149			
총계				988			

출처: 국방부 홈페이지(http://www.mnd.go.kr), 한국군 해외파견 현황 (2025. 1. 24. 검색)

4. 유엔 평화유지활동 양상

4-1. 인도적 간섭과 평화유지활동

유엔의 평화유지활동을 논의할 때 크게 두 가지 요소가 고려되어야 한다. UN 헌장과 국제인권법이다. 1945년 6월 26일, 샌프란시스코에서 서명된 UN 헌장은 UN 활동의 근간이 되는 것으로 UN은 '현 세대가 겪은 두 차례의 인류에게 형언할 수 없는 고통을 안겨준 전쟁의 재앙으로부터 다음 세대를 구하기 위하여'[10] 창설됐다. 따라서 UN의 평화유지활동은 이러한 창설 목적을 달성하는 데 핵심적인 역할을 하고 있다. 하지만 UN 헌장은 '불간섭주의 원칙'과 '무력 사용 금지 원칙'을 포함하고 있기도 하다. 이에 따라 '다른 국가의 문제에 대해 국제기구나 타 국가가 간섭할 수 있는가?'라는 문제가 제기되기도 한다.[11]

인도적 간섭은 '인도적'이라는 긍정적 의미와 '간섭'이라는 부정적 의미가 합성되어 있는 개념이다. 이러한 개념의 조합은 우리가 '인도적'에 중심을 두는가, '간섭'에 중심을 두는가에 따라 인도적 간섭에 대한 찬-반 의견이 나누어지고 있다. 통상적으로 '간섭'은 강요, 강제의 의미가 포함되어 긍정보다는 부정적인 의미로 쓰이는 단어이다. 사이먼 캐니Simon Caney는 간섭을 "주권국가 또는 더 광범위하게 독립적인 정치적 공동체의 관할권의 범위 내에서 외부 당사자 또는 당사자에 의한 강제적 행동"이라고 정의한다. 여기에 인도적이라는 관형사가 붙게 되면 강제적인 행동이 발생하는 원인이 인도적인 이유 때문에 발생하는 것으로 한정된다. 불Bull은 인도적 간섭을 "정치 공동체 구성원의 복지를 부분적으로 또는 총체적으로 보호하기 위해 진행되는 주권국가 또는 광의로는 독립된 정치 공동체에 대한 관할권의 범위 내부 또는 외부 당사자에 의해 이루어지는

10 국제연합 헌장, to save succeeding generations from the scourge of war, which twice in our lifetime has brought untold sorrow to mankind, 1945. 6.26

11 앤드류 볼즈 편, 김한식·박균열 공역, 『국제정치에 윤리가 적용될 수 있는가』, 철학과현실사, 2004, p.221.

강압적인 행동"이라고 정의하고 있다.[12] 이기범은 인도적 간섭에 대해 "어떤 국가에서 '심각한' 또는 '대규모의' 인권침해가 발생했을 때 그 국가가 이에 대해 적절한 조치를 위하지 않거나 취할 수 없다면 제3국이 위험에 처한 '그 국가의 사람들'을 보호하기 위해서 간섭을 하는 것"[13]이라고 하여 더욱더 현실적인 정의를 했다. 이러한 인도적 간섭에 대한 정의는 인권 침해가 심각한 상황과 외부로부터의 강압적인 행동, 그리고 도움의 개념을 내포하고 있다.

인도적 간섭 또는 군사개입이 허용되어야 하는지에 대한 논란은 주권규범과 인권규범의 대립이라고 할 수 있다. 주권은 베스트팔렌조약 이후 국제연맹과 유엔헌장에 의해 더욱 강조됐으며 국가나 국제기구를 포함한 어떤 주체에 의해서도 침범되지 않고 보장되어야 하며, 절대적 지배를 의미하는 국제법상의 기본이 되는 개념이다. 이 때문에 군사력의 투사뿐 아니라 경제적 원조, 심지어 특정 국가를 대상으로 한 연설과 같은 낮은 강제력을 지닌 개입조차도 주권에 대한 침해가 되어 국제적인 비난과 제재를 초래하기도 한다.[14] 다른 한편의 논리는 주권보다 인권이 우선되어야 한다는 것이다. 사회계약론을 주장한 홉스, 로크, 루소 등은 개인의 절대적 자유를 양도하고 국가와 정체를 이루는 전제 조건은 생명과 재산을 보호받기 위함이라고 주장한다. 따라서 국가 주권의 행사도 국민들의 생명을 보호하고 향상시키기 위할 때에만 의미가 있으며 이에 반할 때에는 제재가 이루어져야 한다고 한다.

이러한 개입에 대해 현실주의자, 세계주의자, 국가도덕주의자들은 다른 견해를 가진다. 현실주의자들에게 개입은 목적에 따라 정당화될 수 있다. 현실주의자에게 국제정치에서 중요한 가치는 질서와 평화이고 중요한 제도는 세력균형이기 때문에 세력균형을 유지하고 질서를 유지할 필요가 있을 경우엔 개입은

12 위의 책, p.228.

13 이기범, "무력을 사용하는 인도적 간섭의 현행 국제법상 허용여부", 『연세법학연구』 제11권 제4호 통권 제13호(2001)p.231.

14 하지만 개입을 유도하여 주권을 더욱 확고히 하는 경우도 있다. 정부의 국가 통치력이 충분하지 않은 경우 외부로부터의 원조나 치안, 군사적 지원을 통해 주권을 강화하는 경우도 있다.

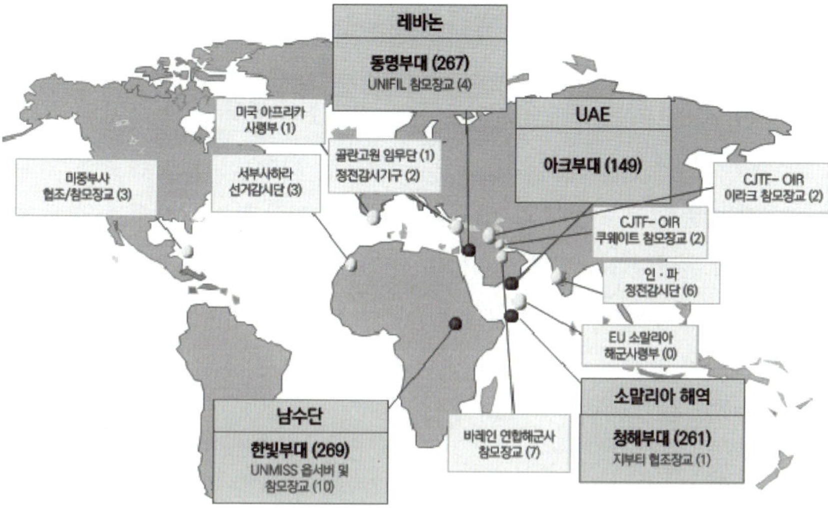

출처: 국방부 홈페이지(http://www.mnd.go.kr), 한국군 해외파견 현황 (2025. 1. 24. 검색)

그림 2. 한국의 현행 유엔 평화유지활동 지역

정당화될 수도 있다. 세계주의자는 역시 개입은 목적에 따라 정당화될 수 있다고 주장한다. 세계주의자에게 중요한 가치는 정의이며 중요한 국제제도는 개인들의 사회이기 때문에 개입이 정의를 진전시킨다면 정당화될 수도 있다. 즉, 정의가 선이라면 선한 목적으로 개입하는 것은 허용될 수 있다는 것이다. 한편, 국가 도덕주의자들은 국제정치의 주요 가치는 국가와 국민의 자치권이다. 주요 제도는 일정한 규칙과 국제법을 가진 국가들의 사회이다. 이와 같은 법칙 중 가장 중요한 법칙은 다른 국가의 영토 주권에 개입하지 않는 것이다. 따라서 이들에게는 개입이 정당화될 수 없다.[15]

15 조지프 나이 지음, 양준희 역, 『국제분쟁의 이해』, 한울, 2000, pp. 223~224.

4-2. 평화 유지를 위한 군사활동의 과제

지난 70여 년간 UN은 군사적 개입을 통해 지구촌의 평화유지에 실질적인 기여를 해 왔고 인권을 보호하기 위한 주요 수단으로 인정되어 왔지만 동시에 개입의 원칙과 기준의 모호성, 효과성, 윤리성과 같은 여러 가지 문제점에 의해 개입의 정당성에 논란이 있었던 것도 사실이다. 이러한 논란은 UN의 평화유지활동과 군사적 개입에 있어 엄격한 원칙을 요구한다. 정당성이 결여된 평화유지작전은 이해 당사자 양측의 반발을 초래하여 작전 실패의 결정적인 원인으로 작용하기도 하기 때문에 간과되어서는 안 된다.

인도주의적 군사개입에 반대하는 주장은 가장 먼저 군사적 개입이 국가의 가장 기본이 되는 불가침의 권리인 주권의 침해와 내정 간섭이라는 것이다. UN헌장 제2조 7항에 따라 제3국은 국내 문제에 대한 불간섭 원칙을 준수해야 함을 명시하고 있다. 따라서 인권을 보호하기 위한 행동이 정당할지라도 국가의 주권을 침해하는 것이라면 행해지지 말아야 한다는 것이다. 또 다른 비판은 군사개입의 한계점이다. 이는 UN의 평화유지활동의 결과를 거시적 관점에서 비판하는 것으로, 지금까지 실시된 UN의 평화유지활동은 단기적이고 일시적인 평화를 가져왔으며 이는 전쟁의 중지와 휴전의 유지에 집중됐을 뿐 궁극적인 화해와 평화 구축에 실패했으며 결국, 평화유지군이 철수한 후에는 다시 평화가 붕괴되는 결과가 초래됐다는 것이다. 개입의 공정성과 국제법의 불공평한 준수에 대한 비판도 있다. 인권을 보호하고 평화를 유지하기 위한 개입이 강대국의 이익이나 관심에 의해 이루어지고 상임이사국조차 UN의 결의와 상반되는 지지를 보내는가 하면 평화유지활동 중 발생한 국제법 위반이나 전쟁범죄에 대해 자국민 보호 차원에서 그에 합당한 처벌이 이루어지지 않는다는 지적이다. 한편, 인도적 활동이 외부의 정부기관 또는 군 병력에 의해 이루어지는 것에 대해 비판하는 의견도 있다. 민주주의를 무력의 사용을 통해 달성하는 것이 모순이라는 것이다. 마지막으로 민간단체의 활동의 중립성이 훼손되어 위협을 받게 된다는 주장이다. 이라크나 아프리카 등지에서 평화유지군이 작전하는 지역에서 인도적 원조활동을 하던 NGO 운동가들이 납치당하거나 공격을 받는 사례가 발생하게 됐는데 이는 군사작전이 인도적 프로젝트로 소개되면서 민간단체의 인도적 지원과 군사작전을 연관 지어 받아들이게 됐고 군사작전과 인도적 활동의 경계성이 점점 불분명해짐에 따라 민간단체의 활동의 중립성이 훼손되는 상황이 벌어졌다는 것이다.[16]

UN 평화유지활동은 동의성, 공정성, 최소한의 무력 사용의 3가지 기본 원칙을 가지고 있다. 동의성은 평화유지활동을 진행하기 위해서 분쟁 당사자의 동의가 필요하다는 것이며 이를 바탕으로 평화유지활동 요원들은 위임명령 과업을 수행하는 데 필요한 정치적·물리적 행동의 자유를 갖게 된다. 또한, 동의성은 평화유지활동의 성패를 결정하는 주요한 요인이기도 하다. 하지만 앞에서 살펴본 바와 같은 군사적 개입에 대한 비판은 UN 평화유지활동의 더욱 엄격하고 분명한 원칙을 요구한다.

이탈리아의 법학자 안토니오 카세세Antonio Cassese, 1937-2011가 제시한 '일방적인' 인도적 간섭이 허용되는 6가지 기준은 개입의 목적과 방법, 인권침해의 정도와 상황을 구체화하여 군사적 개입의 정당성을 확보하는 기준을 제시했다고 볼 수 있다. UN의 평화유지활동의 정당성을 확보하는 기준은 첫째, 무고한 사람들의 생명을 해하는 것이 포함된 심각한 인권침해일 때, 둘째, 심각한 인권침해가 일어난 상황에서 정부가 이를 종결시킬 능력이 없거나 정부가 국제기구의 권고에 지속적인 무시의 증거가 있을 때, 셋째, UN 안보리가 교착상태에 있을 때, 넷째, 모든 평화적인 분쟁해결수단이 이미 사용되어 더 이상 방법이 없을 때, 다섯째, 하나의 강대국이 아닌 많은 국가가 인권침해로 판단했을 때, 여섯째, 무력은 목적성과 비례성이 있어야 하며 목적 달성 시 즉시 중단되어야 한다.[17] 이

16 바바치나츠 지음, 이상술 역, 『평화를 심다』, 알마, 2008, p.112.

17 Antonio Cassese, "Ex iniura ius oritur: Are We Moving Towards International Legitimation of Forcible Humanitarian Countermeasures in the World Community?", *The European Journal of International Law*, vol. 10, 1999, pp.23~30.

러한 기준에 따라 UN은 평화 유지를 위한 군사활동의 공정성과 정당성 확보를 위한 노력을 지속해야 한다. 강대국의 국익과 안보 전략에 따른 개입의 공정성이 의심받는 상황에서 UN 안전보장이사회의 역할이 특히 중요하다. 유엔 안전보장이사회는 인도주의적 군사개입의 국제법적 정당성을 확보해 줄 수 있는 가장 현실적인 주체가 된다. 따라서 유엔 안보리의 공정성을 확보하는 것은 매우 중요한 과제가 될 것이다.

4-3. 유엔의 평화적 우주이용

가. 우주 공간의 군비경쟁과 군사적 이용

1957년 소련이 인류 최초의 인공위성 스푸트니크Sputnik 1호를 발사했고 이는 미국의 안보에 큰 위협과 충격을 주었다. 그때까지 미국도 인공위성을 개발하고 있었지만 이 사건으로 인해 미국과 소련은 경쟁적으로 우주 개발에 나서게 된다. 이후 미국은 1958년 첫 인공위성인 '익스플로러Explorer 1호'를 발사하고 미 항공우주국NASA: National Aeronautics and Space Administration을 창설한다. 이렇게 미국과 소련이 본격적으로 우주 개발에 경쟁을 하게 되면서 미지의 공간이었던 우주 공간에서의 평화적 활동에 대한 논의가 이루어지기 시작했다. 달, 화성 탐사와 같은 과학적 경쟁은 점차 우주 공간의 군사적 활용으로 확장되어 군비 경쟁으로 발전했고 우주 무기 개발도 지속적으로 이루어졌다. 이 가운데 우주공간평화이용위원회Committee on the Peaceful Use of Outer Space가 유엔 내에 설립되고 우주조약, 핵확산금지조약 등의 결의 등을 통해 우주 공간의 평화적 이용을 위한 노력은 계속되고 있다. 특히, 우주공간평화이용위원회는 1959년 제14회 유엔총회에서 우주 공간의 평화적 이용에 관한 국제협력이 결의됨에 따라 1961년 유엔의 상설 위원회로 설치되어 우주 공간의 평화적 이용을 위한 논의와 협력의 장으로서의 역할을 하고 있다. 1959년 12월 설립 당시 24개국으로 구성됐던 이 위원회는 2016년 83개국의 회원국으로 발전했고 한국은 1992년 첫 인공위성인 우리별

1호를 발사했고 1994년 처음으로 우주공간평화이용위원회에 참가 후 2001년에야 정식 회원국이 됐다.

유엔우주업무사무국UNOOSA, United Nations Office for Outer Space Affairs에 따르면 2016년 지구 궤도를 돌고 있는 인공위성은 4,256기이다. 이 중 군사용은 345기이며 89%는 통신, 관측정찰, GPS 시스템을 위해 운용되는 것이다.[18] 우주 공간의 군비경쟁은 우주의 군사화와 우주의 무기화로 진행되고 있다. 우주의 군사화는 포괄적인 의미로 사용되며 군사작전에서 통신·비행·감청·정찰을 위해 인공위성을 활용한다. 화력무기를 이용한 직접적인 타격을 제외한 개념으로 지구상의 작전을 지원하기 위한 정찰 및 정보수집, 위치측정 및 정밀유도 범위에서 우주 공간을 활용하는 것이다. 우주의 무기화는 말 그대로 우주 무기를 군사적인 이용을 하는 것으로 '우주 궤도에 파괴력을 갖춘 우주 무기를 배치하는 것' 또는 '우주에 위치한 목표물을 지상에서 공격하기 위해 공격성 무기를 배치하는 것'으로 정의될 수 있다.[19] 우주 무기의 종류로는 전자기 방사능 무기, 운동에너지와 초고속 무기, 레이저 무기, 하전입자빔무기 등이 있다. 예를 들면 하전입자빔무기는 목표물 파괴에 가공할 만한 위력을 지니는데, 이를테면 적의 핵미사일이 입자빔무기에 명중되면 일순간에 증발해 버린다는 것이다. 미국 국방성에서는 이 무기를 인공위성에 적재하거나 지상에서 적의 미사일을 요격할 목적으로 사용하기 위해 연구에 박차를 가하고 있다. 상대의 무기를 직접적으로 타격하는 것이 아니라 전자교란 등으로 무력화하는 소프트킬Soft Kill 무기도 우주 공간에 설치되어 운용될 수 있다.

이러한 우주 공간의 군사화와 무기화의 문제점은 첫째, 방어가 어려워 실질적인 방어와 자위권의 행사가 불가능하다는 것이다. 경제력, 기술력에 따른 국가 간의 불평등이 우주 공간에서는 급격히 증가한다. 따라서 우주 공간을 제외한 현재까지의 군사적 충돌은 국력의 차이가 현저한 국가 간에도 분명 최소한

18 http://www.pixalytics.com, *How many satelites are orbition the Earth in 2016* (2016. 12. 5. 검색)

19 김한택, "우주의 평화적 이용에 관한 국제법 연구", 『항공우주법학회지』, 30(1), 2015, p.291.

의 자기 방어 수단으로 대응할 수 있었지만 우주 공간은 그마저도 불가능한 경우가 많다. 둘째, 미래 자원인 우주 공간에 대한 평화적 유지가 이루어져 다음 세대에게 전달되어야 한다. 땅이나 바다와 달리 우주 공간은 모든 국가들이 공평하게 접근할 수 없는 기술적 격차가 있다. 인류가 공유할 수 있을 때까지 우주 공간의 개발은 제한된 범위에서 이루어져야 하며 특히, 군사적 개발은 지양되어야 한다. 셋째, 우주 무기는 인류 전체의 위협이 될 수 있는 파괴력을 지닌다. 실제로 우주 무기는 역학에너지 무기나 핵무기의 사용 가능성과 은밀성으로 지구에 심각한 손상을 끼치거나 심지어 인류의 멸망을 초래한다고 우려하는 주장도 있다. 넷째, 우주에서의 전비경쟁은 4차원적 전장을 구축하여 천문학적 비용을 소모하게 함으로써 인류의 삶의 질을 저하시키고 지구상에서의 평화를 저해하는 결과를 가져오게 된다. 이와 같이 우주에서의 군비경쟁은 인류의 평화를 위협할 수 있으므로 평화적인 이용을 위한 약속이 필요하고 유엔이 그 역할을 수행하고 있다.

나. 우주의 평화적 탐사와 이용을 위한 협력 활동

국제사회는 법적 구속력이 있는 조약과 같은 규범과 법적 구속력이 없는 유엔총회의 결의로 채택되는 원칙 및 선언과 같은 규범을 통해 우주의 평화적 탐사와 이용을 위한 노력을 하고 있다. 우주의 평화적 이용에 대해 논의할 때 자주 언급되는 기본이 되는 규범은 1967년에 발표된 우주조약[20]이다. 우주조약 4조는 달과 다른 천체는 '평화적 목적'에 의해서만 사용되어야 하며 군사기지나 시설의 설치, 무기실험, 군사훈련을 일절 할 수 없다고 명시했다. 이후 1979년 제정된 달조약(달과 다른 천체에 관한 국가 활동을 규율하는 협정)에 의해 우주조약에 포함되어 있지 않았던 의미들까지 포함하는 포괄적이고 구체적인 보완이 이루어졌다. 엄격한 구속력을 가지지 않은 유엔의 결의에 의한 '선언적' 활동도 지속되고

20 원 제목은 "달과 다른 천체를 포함한 외기권 우주의 탐사 및 이용에 관한 국가활동을 규제하는 원칙조약"(Treaty on Principles Governing the Activities of States in the Exploration and Use of Outer Space, including the Moon and Other Celestial Bodies)으로 통상 "우주조약"(Outer Space Treaty)으로 줄여 표현한다.

있다. 1963년 발표된 우주법 선언은 "우주활동은 유엔헌장과 국제법에 따라 국제의 평화와 안전을 위해서 및 국제협력과 이해를 위해 행해져야 한다"라고 선언했고,[21] 1992년에 채택된 우주에서의 핵연료 사용에 관한 원칙Principles Relevant to the Use of Nuclear Power Sources in Outer Space은 핵연료를 사용하는 우주 물체 발사국에 대한 책임 범위를 규정했다. "우주에서의 무기배치와 우주물체에 대한 무력의 위협이나 사용 금지조약안2008"은 지구 주위 궤도에 어느 형태의 무기도 배치하지 않고, 천체에도 그러한 무기를 배치하지 않으며 우주물체에 대해 어떤 위협이나 무력의 사용을 하지 않아야 한다고 명시했다. 이러한 국제사회의 움직임은 제한적이나마 우주에서의 군비경쟁을 지양하여 우주의 평화적 이용을 추구하는 노력이었다.

하지만 여기에는 한계도 있다. 이러한 조약들을 해석하는 방법에 있어 강대국, 특히 미국과 러시아는 서로 다른 입장을 취하고 있다. 특히, 중국과 러시아가 제안한 "우주에서의 무기배치와 우주물체에 대한 무력의 위협이나 사용 금지조약안"에 대해서는 미국이 반대했는데 그 반대의 주 사유는 상호 신뢰와 실효성 부족이었다. 마찬가지로 미국이 중심이 되어 제시한 의견에는 상대편의 동의를 확보하기 어려웠다. 우주의 평화적 이용을 위한 노력들이 성과를 이루기 위해서는 신뢰의 회복이 이루어져야 한다. 우주기술은 군사기술과 밀접한 연관성을 가지며 안보 문제에 직결되는 것으로 인식되어 왔기 때문에 개발 의도나 사실 자체를 숨기거나 군비경쟁에서 우위에서 억제력을 가지기 위해 과시적인 공개를 하기도 했다. 이 때문에 불신은 더욱 커지게 됐다.

이러한 한계를 극복하기 위해서 국제사회는 논의되는 개념을 명확히 하고 신뢰를 구축하는 제도를 마련하며 자발적으로 실천하여야 한다. 먼저, 평화적 우주활동에 대한 명확한 개념을 정립하고 범위를 설정함으로써 각 국가들의 자의적 해석을 최소화해야 한다. 평화적 활동이 군사적 활용의 잠재력을 얼마나 가

---

21 UN Resolution 1962(XVIII), 1963.

지고 있어야 하는지, 방어적인 활동은 평화적 활동인지와 같은 사안에 대한 국제적 합의를 이루기 위한 노력을 지속하여야 하며, 이는 정치적 접근보다는 학술적 접근이 더욱 활발히 필요하다. 또한, 신뢰를 구축하는 제도 역시 마련되어야 한다. 우주활동은 기술력의 격차와 접근성의 한계로 인해 다른 주체의 활동에 대한 확인이 어려운 한편, 큰 안보위협으로 받아들이는 측면이 있어 상호 신뢰를 확보하는 것이 어렵다. 하지만 우주의 군비경쟁을 막고 평화적 이용을 위해서 반드시 해결되어야 하는 것이 신뢰구축이다.[22] 이를 위해서 우주활동에 대한 국제사회 공동의 사찰 시스템이 구축되어야 하며 우주활동을 하는 주체들은 사찰 시스템을 통해 군사적 의도가 없음을 증명함으로써 우주활동에 대한 정당성과 자유를 확보할 수 있어야 한다. 한편, 우주 환경문제나 조난과 같은 문제에 대한 공동의 대응 시스템을 강화함으로써 우주 문제에 대한 주제를 군사적 활용에서 평화적 활용을 위한 협조로 전환하도록 노력해야 한다.

다. 한국의 평화적 우주 이용 활동

남북 간의 대립과 동아시아 군비경쟁의 중심에 위치하고 있는 한국에서 우주의 평화적 이용은 매우 중요한 사안이다. 재래식 무기에 의한 전비경쟁의 한계가 가시화됨에 따라 이를 타개하기 위한 수단으로 우주 공간의 군비경쟁이 가속화되고 있다. 북한은 국제사회의 비난과 제재에도 불구하고 지속적으로 우주발사체 시험을 하고 있으며 이미 상당 부분 기술적 진보를 이루었다. 또한, 러시아는 전통적인 우주 강국으로 이미 다수의 군사위성을 운용하고 우주 무기 개발을 상당 수준 진행했다. 특히 일본은 평화헌법에 기초하여 1969년 '우주의 평화적 이용 원칙'을 수립, 우주개발을 평화적 목적에 한정한다는 원칙을 분명히 했었지만 2008년 "우주개발이 일본의 안전보장에 기여하도록 한다"라는 조항을 추가해 우주개발의 군사적 이용을 가능케 했고 이어 2012년에는 '평화적 목적'에 한정

22 조홍제, "우주전과 전쟁법", 『법학연구』, vol. 27, 2007, pp.448~451.

한다는 규정을 삭제하고 군용 위성을 발사하는 등 본격적인 우주에서의 군사활동을 시작했다. 중국은 유인 우주선 선저우 11호와 톈궁 2호의 자동 도킹 미션을 성공하여 미국과 러시아에 이어 우주 공간에서 도킹에 성공한 세 번째 국가가 됐고 2022년 가동을 목표로 하는 우주정거장을 군사적으로 이용하려고 한다는 우려도 제기되고 있다.

한국은 2001년에서야 우주공간평화이용위원회의 정식 회원국이 됐다. 국제사회에서 여러 다른 분야에서의 지위를 고려할 때 빠른 대응을 하지는 못했고 우주 선진국들에 비해 30년 정도의 차이가 있다. 이를 극복하기 위해 우리가 노력해야 할 과제가 있다. 첫째, 우리의 기술적, 정치적 제한사항들에 의해 우주개발 및 이용을 활발히 하지 못하더라도 우주 공간의 평화적 이용을 위한 국제적 논의에 동참하여 우주 선진국들의 활동 추세, 국가별 이익관계, 국제조약 이면에 포함되어 있는 함의들을 잘 파악해야 한다. 둘째, 국내법, 교육, 산업 등의 제도를 유엔의 결의, 위원회의 가이드라인에 따라 정비하고 새로운 의제에 대한 참여와 발언을 적극적으로 해야 한다. 셋째, 우주 선진국과의 국가 간 공조도 적극적으로 실시해야 한다. 2016년 4월 한국과 미국은 우주협력협정[23]을 맺고 우주개발에 대한 양국 간의 협력이 법적·제도적 토대를 마련했다. 이러한 협력을 통해 우주의 개발과 이용 전반에 대한 능력을 제고해야 하며 안보분야의 공조도 매우 중요하다. 넷째, 평화적 우주개발과 상업적 활용을 위해 노력해야 한다. 군사적 활용에 초점을 맞추면 많은 제한사항에 직면할 수밖에 없다. 우주활동을 기술의 축적과 연구, 그리고 경제적 실익을 얻을 수 있는 방향으로 추진하는 것이 필요하다. 다섯째, 책임 있는 우주국가로서의 역할을 해야 한다. 우주활동과 관련된 다양한 쟁점에 대해 활발한 연구가 이루어져야 하고 인류의 발전에 기여할 수 있도록 해야 한다. 최근 논의되고 있는 우주파편 감소와 환경보존

23 한미 양국이 우주과학, 지구관측, 지구과학, 우주 운영 및 탐사, 우주교육, 우주기술, 안전 및 임무 보장, 항공 등의 분야에서 서로 협력하기로 한 협정으로. 한국은 아시아 국가 중에서는 처음으로 미국과 우주협력협정을 맺은 국가가 됐다. 2016년 2월 28일 합의했고 같은 해 4월 27일 공동서명을 완료했다.

문제, 우주상 분쟁해결 문제, 우주상 군비통제 방안과 핵연료 사용 제한과 같은 주제에 대해 적극적인 연구와 해결 방안을 제시하여 힘과 경쟁에 의한 국제사회에서 품격 있는 우주 선진국으로서의 지위를 갖추어야 한다.[24]

주역에서는 "이러다간 망하겠다, 이러다간 망하겠다 하고 잘 경계하면 빽빽이 가지가 돋아난 뽕나무에 묶어둘 수 있다"라고 했다.[25] 1982년 유엔해양법협약은 해양에서의 신질서를 구축했다. 이에 적극적으로 대응했던 국가들은 자신의 권리를 충분히 보장받은 반면 그러지 못했던 국가들은 표현과 해석의 모호함 가운데 적극적인 해양주권의 발휘에도 유리함을 가지지 못했던 것을 교훈으로 삼아야 한다. 우주의 이용에 관한 협약들도 우주 개발 및 활동에 참가하는 유엔해양법협약과 같이 우리의 안보와 국익, 세계의 평화공존을 위해 우리가 견지해야 할 자세이다.

5. 유엔 평화유지활동에 대한 평가

유엔 평화유지활동은 냉전 이후 세계 곳곳에서 발생한 분쟁들에 대해 효과적 제재 수단으로서 반인권적 폭력행위에 대응해 실질적인 분쟁 억제 및 평화 유지를 해 왔다. 그뿐만 아니라 전염병, 대규모 재난과 같이 그 영역을 점차 확대해서 대응해 나가고 있다. 하지만 여전히 유엔의 평화유지활동에는 극복해야 할 문제들이 있다.

우선적으로 국제기구로서 정당성을 확보하기 위해 노력해야 한다. 유엔 평화유지활동의 한계로 지적받아 온 주요 사항은 참가 국가의 이해관계가 반영되어 왔다는 것이다. 특히, 전통적 강대국으로 이루어진 유엔 안보리의 승인은 유

24 조홍제·신용도, "우주개발동향과 주요 이슈", 『항공우주정책·법학회지』, 제29권, 2014, p.121.
25 『周易』「否卦」: "九五 休否 大人 吉 其亡其亡 繫于苞桑 象曰大人之吉 位正當也"

엔이 강대국들의 정치적·경제적 이해관계를 대변하는 수단으로 이루어졌다는 비판을 받아 왔다.[26] 따라서 유엔은 평화유지활동을 위한 원칙을 제시하고 이에 따라 개입의 필요성을 합리적으로 판단해야 한다.[27] 또한, 공여국 참여를 확대하는 노력을 해야 한다. 주권 침해에 대한 논란에도 불구하고 UN이 가지는 가장 큰 장점은 전 세계적으로 공여국이 참여하고 있다는 사실이다. 이는 UN 활동의 합법성과 협력체계의 근거를 제공한다.[28]

다음으로 지속적 평화유지의 한계성을 극복해야 한다. 전통적 평화유지활동은 군사활동에 의한 전쟁 행위의 중단, 휴전 상태의 유지에 집중됐다. 이 때문에 유엔의 군사적 개입이 장기화되거나 평화유지군의 철수 이후 분쟁이 재발되는 상황이 발생하기도 했다. 이는 분쟁의 근본적인 문제 해결이나 평화체제를 구축할 경제적·정치적 능력이 구축이 이루어지지 않았기 때문이다. 따라서 평화유지활동의 근본 목적을 달성할 수 있도록 평화구축을 위한 다양한 분야로서의 평화유지활동 영역을 확대하고 대상과 상황에 따른 유연한 대응을 할 수 있어야 한다. 또한, 적극적인 분쟁 예방활동을 위해 개입 시기의 유연성도 확보해야 한다.

평화유지활동 참가자의 윤리성도 한층 강화되어야 한다. 2016년 2월 워싱턴 포스트는 중앙아메리카의 'Peacekeeper babies'[29]에 대해 집중 보도했다. 평화유지활동 참가자의 성문제가 제기된 것은 하루 이틀의 문제는 아니다. 콩고, 아이

26 유엔의 평화유지활동에 대한 공식 입장은 "UN peacekeeping operations are deployed on the basis of mandates from the United Nations Security Council. Their tasks differ from situation to situation, depending on the nature of the conflict and the specific challenges it presents"라고 표명하고 있으나, 실제로 개입 여부를 결정하는 상황 판단의 원칙은 모호하게 제시되어 있다.

27 UN 평화유지활동국과 현장지원국에서 보고한 A new partnership agenda: Charting a New Horizon for UN Peacekeeping(2009)에서는 긴급한 평화구축 활동 우선순위를 제시하고 있으나 내용이 포괄적이며 고려요소들에 대한 구체적이고 정량적 판단이 제한되는 한계를 지니고 있다.

28 UN DPKO and DFS, "A new partnership agenda: Charting a New Horizon for UN Peacekeeping", 2009, p.33.

29 유엔 평화유지활동 참가자에 의해 구호 현장에 태어난 아이들로 대부분 성폭력, 적은 금액에 이루어지는 성매매, 미성년자와의 성관계 등의 비윤리적 행위의 결과이며 반기문 전 유엔 사무총장은 평화유지군의 성폭력을 "유엔 제도의 암적인 문제"라고 지적하기도 했다.

티, 라이베리아, 코소보, 중앙아프리카, 보스니아 등 수많은 임무에서 지속적으로 제기됐으며 실제 보고된 것보다 훨씬 많은 성범죄가 평화를 유지하기 위해 파견된 인원에 의해 자행되고 있다. UN은 "18세 미만의 미성년자와 성관계는 금지되어 있다", "돈이나 물건을 주고 성을 사는 것을 금지한다", "성폭력에 관용은 없다" 같은 표어와 포스터를 통해 평화유지군의 성폭력 문제를 막고자 하지만 실질적인 효과는 미미하며 이로 인해 평화유지활동에 대한 거부와 역효과가 일어나고 있다. 실제로 유엔 평화유지활동 참가자의 질이 점차 떨어지고 있으며 유엔의 정신보다는 외화벌이를 위해 참가하는 인원이 늘어나 생기는 부작용이 발생하고 있어 인원의 선발뿐 아니라 파견 전 교육과 처벌의 강화가 이루어져야 한다.

지금까지 도출된 평화유지활동의 한계를 극복하기 위해 새로운 형태의 입체적인 평화유지활동이 적용되고 있다. "다차원적 평화유지활동"이라고 불리는 이 활동은 해당 국가가 분쟁을 극복하고 항구적인 평화를 정착시키도록 하는 보다 광범위한 국제적 노력의 일환으로 전개된다. 이를 위해 다양한 단계의 노력과 다양한 행위자들을 포함하고 있는 "다차원적 평화유지활동"은 통상 폭력적인 내전 직후 실시된다. 군·경찰·민간요소가 복합적으로 통합화된 평화유지활동이 구상되며 한 통치 기구로부터 다른 통치 기구로 권력을 이양하는 것을 지원하거나, 통치의 정당성에 대한 의구심이 완전히 해소되거나, 이전에 없던 행정 구조를 설치하는 것을 지원하기 위하여 안보리로부터 임시적으로 법적·행정적 권한을 사용할 수 있도록 허가받아 효과적인 평화구축이 이루어지도록 한다.[30]

우주 공간의 평화적 이용에 대한 유엔의 활동 역시 많은 한계점을 가진다. 논의되는 쟁점 현안에 대해 우주선진국들의 협의가 원활하게 이루어지지 않고 있으며 우주의 군사화에 대한 국가 간의 시각의 차이로 인해 입장의 폭을 좁히지

30 국방대학교 PKO센터, 『UN 평화유지활동 원칙과 지침』, 국군인쇄창, 2013, pp.25~26.

못하고 공동의 목소리를 내지 못한 채 군비경쟁은 점점 치열해지고 있다. 한편 강제성이나 제재의 수단의 부재도 문제가 된다. 선언적 성격의 우주조약들의 동의 여부를 차치하더라도 우주의 평화를 심각히 해치는 행위를 하는 국가에 대해서도 결의안을 채택하는 방법 외에 강제적 제재를 하거나 행동을 철회시킬 수 있는 실질적 수단이 유엔에 없는 것이 사실이다. 그럼에도 불구하고 우주 공간의 평화적 이용에 대한 유엔의 활동은 그 자체로 의미를 가진다. 논의되는 주제에 대한 합의된 결과를 도출하는 것에는 성과가 미흡하지만 우주를 힘을 가진 국가의 독점이 아닌 전 인류가 공유해야 하는 공간으로 정의했고 이를 위해 합의되어야 할 예상되는 문제들을 식별하고 각자의 입장 차를 확인함으로써 합의점을 도출할 단서를 마련할 수 있게 됐다. 상호 불신과 경쟁에 의한 치킨게임에서 벗어나 우주의 평화적 이용에 대한 공동의 문제의식과 활발한 논의로 신뢰를 구축하고 공멸이 아닌 공존의 대안을 모색해야 하며 유엔은 각국이 자신의 셈법을 잠시 뒤로하고 함께 고민할 수 있는 대화의 장으로서의 역할을 해야 할 것이다.

6. 맺음말

이 장에서는 유엔의 국제 평화유지활동을 탐구했다. 제2차 세계대전 이후 유엔은 세계 평화유지를 위한 주체로서 중요한 역할을 하고 있다. 유엔 외에도 다자 및 양자조약, 다국적군, 지역기구, 안보기구와 같이 다양한 국제주체가 평화유지를 위해 활동하고 있지만 유엔만큼 많은 참가국이 다양한 문제를 다루고 많은 비용과 병력을 공여하며 국제사회로부터 활동의 정당성을 인정받는 주체는 없다. 이 때문에 유엔의 역할은 매우 중요하며 세계 평화유지를 위한 중심적 주체로서 유엔의 역할을 원만히 수행하기 위해서는 다양한 노력이 이루어져야 한다.

먼저 유엔본부와 상임이사국들의 노력은 앞에서 논의한 바와 같이 활동의 공정성을 유지하는 것이다. 이는 유엔이 가장 중요하게 다루어야 할 과제이다. 이를 위해 유엔의 관료화와 안보리 상임이사국의 과도한 권력집중을 해소하고 공여국을 확대시키는 노력도 함께 하는 한편 상임이사국들은 정치적 이해관계를 떠나 평화의 목적을 달성하기 위한 리더십을 발휘해야 한다. 또한, 유엔의 평화유지활동은 사안의 특성과 시대의 흐름에 따라 지속적으로 발전되어야 한다. 임무 분야의 다양한 개발뿐 아니라 지역기구, 개별국가, 시민단체 등 활동 주체 간의 원활한 공조도 이루어져서 상호 충돌을 방지하고 노력의 중복을 최소화하여 상승효과가 일어나도록 할 수 있다. 일시적인 분쟁의 중단이 아닌 평화가 붕괴된 구조적인 문제를 해결하여 유엔이 지향하는 '영구적인 평화가 지속되는 상태'에 이르는 것이 평화활동의 최종 상태End State가 되어야 한다. 유엔 회원국의 노력도 중요하다. 유엔 회원국들은 평화활동을 위한 유엔 공여에 적극적으로 참여해야 한다. 특히, 비용뿐 아니라 병력의 기여도 해야 한다. 유엔의 최대 공여국인 미국은 유엔 운영예산의 22%, 평화유지활동의 28%를 담당하고 있지만 80명이 채 되지 않는 군인과 경찰 병력을 파견하고 있다. 다른 선진국들도 마찬가지로 평화유지활동 병력의 대다수는 저개발국가의 외화 획득 수단으로 지원되는 것이 현실이며 이로 인해 윤리적 문제와 유엔 활동의 질적 저하가 이루어지는 현상이 일어나고 있다. 마지막으로 유엔 참가국들은 유엔의 결의안을 적극적으로 이행해야 한다. 유엔 총회가 결의한 규제와 의무들은 대부분 연성법에 해당하여 강제성은 없는 규범이지만 총회에서 결의된 사안에 대한 회원국의 적극적 이행이 있어야 평화를 위한 협력이 결실을 맺을 수 있으며 유엔의 위상 또한 제고된다. 이러한 노력들을 바탕으로 유엔은 세계 평화를 유지하고 인류를 고통으로부터 자유롭게 하는 막중한 임무를 잘 수행해야 할 것이다.

생각해 볼 문제

1. 유엔의 역할은 전쟁으로부터의 평화유지와 같은 전통적인 영역을 넘어 점차 확대되고 있다. 유엔이 세계 평화유지를 위해 확대해야 할 분야와 이를 위해 갖추어야 할 능력을 생각해 보자.

2. 유엔이 가지고 있는 한계 중 하나는 강제성이 부족하다는 것이다. 유엔의 중재 및 제재 기능의 효과 있는 발휘를 위해 강제성을 강화했을 때 발생할 수 있는 문제점과 해결 방안을 생각해 보자.

제3부

평화통일의 길

제12장

국가의 통합과 분단국 통일

1. 머리말

한반도를 중심으로 동북아 지역의 국제정세가 요동치고 있다. 여기에는 미·중 관계의 변화와 함께 북한 문제가 떠오른다. 21세기 들어서 중국이 높은 경제성장과 군사대국화를 통해 세계 2위의 강대국가로 급부상하며 G-2 중심의 세계질서가 형성되는 가운데, 미국은 2012년 신국가방위전략에 의해 '아시아 재균형 전략Rebalancing Strategy'을 이행하여 동북아시아에서 미국의 패권을 다시 잡고자 동북아 지역으로 '세력전이Power Shift' 추세를 보이고 있다.[1] 이에 미국과 일본이 대중 경계 강화에 나섬으로써 아·태 지역의 안보 상황은 한층 복잡해졌다. 미국과 중국은 상호 협력을 토대로 주요 현안과 국제문제를 함께 풀어 나간다는 원칙의 합의에도 불구하고, 아시아·태평양 지역에서 양국 간 군사적 긴장과 갈등의 파고는 높아져 가고 있다.[2] 더욱이, 북한의 핵개발로 인해 한반도에 긴장감이 상승하고 있으며, 이에 따라 남한은 대응책 중 한 가지 방안으로 고고도미사일 방어체계인 사드THAAD: Terminal High Altitude Area Defense를 배치했다. 북의 핵개발로 인해 한반도를 중심으로 남북관계 및 중국과 미국 간에 직접적 군사적 긴장감이 일어남으로써 일본, 러시아 등 주변 4대 강국들과의 국제정세가 복잡해지고 있다.

1 The White House, *Sustaining U.S. Global Leadership: Priorities for 21st Century Defense*, 2012. 1.

2 조민, "국가비전과 통일정책", 『저스티스』, 134(2), 2013, pp.483~502.

한편, 이러한 북한 핵문제 및 미·중 간의 이권을 둘러싼 갈등 상황 속에서 한반도 통일에 대한 분위기는 뒤로 물러나 있다. 하지만 한반도 통일은 한반도 및 동북아의 항구적인 평화와 남북한 주민 모두의 번영과 행복을 위해 선택과 가능성의 문제를 넘어선 필수 불가결한 과업이다.

그러므로 이러한 근본적 대전제를 기본으로, 본 장에서는 통합과 통일에 대한 이론적 배경을 알아보고, 이러한 이론적 배경을 바탕으로 근대 이후 현재까지 통일국가를 이룬 베트남, 예멘, 독일 등의 사례를 통해 한반도 통일에 주는 시사점을 제시하고자 한다.

2. 통합과 통일을 위한 이론적 배경

2-1. 국제정치 연구에서 통합이론

통합을 보는 시각에는 두 경우가 있다. 하나는 하아스Earnst Haas나 린드버그Leon Lindberg처럼 통합을 정치 공동체를 형성하는 '과정'으로 보는 경우이며, 다른 하나는 에치오니Amitai Etzioni, 도이치Karl Deutsch, 제이콥Philip Jacob 등과 같이 포괄적으로 통합을 '하나의 공동체로 통합됐다'라고 말하는 것과 같이 '조건' 또는 '상태'로 보는 경우이다.[3] 다시 말하면 통합이론의 주된 관심은 조직이 통합하여 하나의 공동체를 이루는 과정이나 조직 통합 후 그 통합 공동체를 유지하는 방법에 있다.

이러한 정의를 토대로 통합의 결과와 통합과정, 정치적 변수와 경제적·사회

3 에치오니는 ① 폭력수단의 사용에 대한 효과적인 통제권, ② 자원과 보상의 분배에 대한 의사결정 중심체, ③ 정치의식이 있는 대다수 시민과의 지배적인 정치적 일체감 등의 세 가지 통합요소를 가진 공동체를 '정치공동체(political commu235ity)'로 정의한다. Amitai Etzioni, *Political Unification: A Comparative Study of Leaders and Forces*, New York: Holt, Rinehart and Winston, Inc., 1965, p.4.

적·기술적 변수를 기준으로 통합의 접근방법을 연방주의, 기능주의, 신기능주의, 다원주의로 분류했다.

가. 연방주의

연방주의 이론Federalism은 통합이 정치 엘리트 간의 가치통합을 통해 달성된다고 보는 다원주의와 다르게, 공식적인 협약이나 헌법을 통해서 초국가적인 제도를 창설함으로써 통합이 달성된다고 주장한다. 이는 통합에서 정치적 역할에 주목하고 주권 문제의 해결을 법적·제도적 방법에 근간을 두고 있다. 따라서 연방주의 이론은 경제나 사회 등을 통한 단계적, 점진적인 통합보다는 급진적인 정치적 타결을 우선시한다고 볼 수 있다.[4]

연방주의 이론은 통합을 정치 엘리트에 의한 정치적 결단에 의해 좀 더 큰 정치적 공동체라는 기구를 창설하는 것으로 본다. 다시 말해 통합의 촉진을 위해 좀 더 큰 정치적 공동체라는 기구를 창설함으로써 빠르게 통합을 이루는 것으로 본다.[5]

나. 기능주의

기능주의Functionalism는 1945년 국제연합이 창설된 후 미트라니David Mitrany가 주장한 이론으로 그는 20세기의 특징으로 개별국가 간의 협력을 통해서만 해결될 수 있는 기술적 문제들의 증가를 들고, 이러한 문제들은 정치인들보다는 고도의 전문가들에 의해 해결될 수 있다고 보았다. 미트라니에 의하면, 한 분야의 기능적 협력이 성공하게 되면 다른 분야의 기능적 협력을 촉진하게 되고 이러한 협력망web of cooperation을 통해 상호 불신을 신뢰로 대체할 수 있게 되고 그 결과 통합이 가능하게 된다는 것이다.[6] 이러한 기능주의는 통합의 핵심을 기능function의 통

4 박재영, 『국제정치패러다임』, 서울: 법문사, 1996, p.318.

5 정용길, "통합이론과 경험적 유형", 『국제정치논총』, 제29집 제1호, 1989, p.214.

6 분기에 의한 협력 분야의 확대는 전쟁가능성을 낮추고 평화를 촉진시키게 된다. Sames E. Dougherty, Robert L. Pfaltzgraff Jr., 최창윤 역, 『국제정치론: 이론과 접근법』, 서울: 박영사, 1994, p.512.

합integration으로 보고 있다.

기능주의 이론은 나비효과butterfly effects처럼 작은 변화가 나중에 큰 변화를 가져온다는 차원에서 경제, 문화, 사회 등 비정치 분야의 교류와 협력을 촉진함으로써 점진적으로 정치 분야의 통합에 이를 수 있다고 본다.[7] 즉 정경분리의 원칙에 따라 복지, 경제, 기술, 체육 등 비정치적인 부분에서 교류협력을 통해 정책적 통합이 이루어진다면 평화와 협력이 서서히 확산되면서 사회 및 정치 통합을 이룰 수 있다는 통합전략이론이다.

다. 신기능주의

동서갈등으로 인해 국제적 환경이 변하면서, 기능주의 원칙이 변화한 국제적 상황을 반영하고 이를 설명할 수 있는지 검증하려는 새로운 시도가 나타났다. 하아스Ernst B. Haas는 기능주의 원칙을 국제노동기구에 적용해 그 유효성을 검증하려는 시도와 함께, 이른바 부분 기능을 통합하여 이를 확장하는 논리를 제기했으며 경제통합 과정에서 파생되는 기술적 문제와 정치 행위자들의 의도되거나 과장된 발언 등을 연계시키는 배양된 침투확산 효과라는 개념을 도입했다. 이 개념은 통합과정을 꾸준히 조금씩, 조금씩 증진시킴으로써 한 분야에서 다른 분야로 확산시키는 논리를 제시한 것으로 미트라니의 분지효과라는 용어에서 나온 개념이지만, 정치 공동체의 성립과 관련하여서는 통합과정에서 공동체에 참여하는 국가들 사이에 합의를 강제하거나 유지할 수 있는 초국가적 중앙제도의 존재, 사회구조적 동질성 회복과 공적·정치적 엘리트들의 역할을 중시하는 점진적인 정치적 통합과정에 초점을 맞추었다.[8]

신기능주의 이론Neo-Functionalism은 기능주의에 바탕을 둔 것으로 유럽연합이 발전해 온 과정에 초점을 맞추고 있다. 이 이론은 주로 정당과 이익단체의 역할

7 박기덕, "남북한 정치적 통합모델의 모색: 이론적 논의", 박기덕·이종석 편, 『남북한 체제비교와 통합모델의 모색』, 성남: 세종연구소, 1995, p.354.

8 김영환, "기능주의관점에서 본 대북정책의 한계와 대안: 김대중·노무현·이명박 정부를 중심으로", 영남대학교 대학원 박사학위논문, 2017.

과, 통합되는 국가의 정치 엘리트들이 통합을 지지 또는 반대하는 정도를 강조한다.

하아스는 1957년 이후의 서구통합의 경험에서 실용주의적 고려, 즉 경제적 이익에 대한 기대에 바탕을 둔 이해관계는 일시적일 수 있다는 것을 발견하게 됐다. 왜냐하면 민족주의와 정체성과 같은 강한 이념적 또는 철학적 공약에 의해 보강되지 않았기 때문이다. 따라서 지속적인 장기적 통합 과정을 위해서는 시장과 노동력의 확대와 같은 경제적 동기를 초월한 요인이 필요한데, 하아스는 통합이 순조롭게 진전되려면 정치 엘리트들 간에 공통된 정치적 공약 같은 것이 필요하다고 주장했다. 그만큼 강력한 정치지도자의 역할이 결정적일 수 있다.[9]

신기능주의의 특징은 우선 권력과 복지 문제는 서로 분리할 수 없다고 본다. 권력이란 복지의 목표를 실현하기 위해 사용되는 수단인 것이다. 둘째, 통합을 위해 정치 엘리트의 역할을 부각시키며 엘리트의 정치적 의도를 강조한다. 즉, 기술적 결정이나 비권력적 통합에만 국한하면 그 결과는 미미해져서 파급효과가 별로 없기 때문에 기능적 전략에 의한 정치적 게임을 벌여야 한다는 것이다. 셋째, 초국가적기구의 창설을 의도적으로 조장하여 통합수단으로 사용해야 함을 강조한다. 국가 간의 통합은 정치 엘리트들이 초국가적인 정책결정기구를 통해 공동의 정책을 추진하는 가운데 점차적으로 국가의 주권을 초국가적인 기구에 이양하게 됨으로써 달성된다고 보는 것이다.[10]

신기능주의 이론은 이익단체, 정당, 정부, 국제조직과 같은 정치적 요인들의 중요성을 강조하는 점에서 기능주의와 다르다.

라. 다원주의

다원주의 이론Pluralism에 의하면 정치통합은 국가 간의 평화와 안전을 유지하는

9 Dougherty & Pfaltzgraff, 앞의 책, p.397.

10 양창석, "독일의 통일과정에 관한 연구", 단국대학교 대학원 박사학위논문, 2008.

것을 목표로 하며, 상이한 국민과 정부를 하나의 단위로 합병하는 것을 반드시 목표로 하는 것은 아니다. 다원주의 이론의 대표적 주창자인 도이치에 의하면 비폭력적인 갈등 해결, 평화적인 변화가 기대되는 다원주의적 사회가 정치적으로 통합된 상태인 것이다.[11] 다원주의 이론은 국가 간의 정치통합이 정책 결정자의 인식과 행동에 의해 영향을 받을 뿐만 아니라, 다른 국가의 정치 엘리트 간의 정치적·사회적 가치의 공유에 의해서도 영향을 받는다고 주장한다. 따라서 이 접근방법은 국제관계의 핵심요소가 권력투쟁과 국가 간의 이익 갈등이라는 현실주의 이론과 맥을 같이한다. 다원주의 이론가들은 정치란 기본적으로 외교 전략적 분야에 관한 활동이고, 통합을 결정하는 데에는 정치논리가 경제논리보다 더 큰 비중을 차지한다고 주장한다.

다원주의 이론은 통합에서 정치적 역할을 강조한다는 점에서는 신기능주의 이론과 유사하지만 정책 결정자의 인식과 행동 및 대중의 정치적 태도와 행위의 변화가 통합을 이루는 주요 요소가 된다는 점을 강조하는 것이 다르다.

이러한 제이론들에 대해 간략히 요약하면 다음과 같다. 연방주의 이론은 정부를 통합의 주된 행위자로 보고 기능주의는 사적이고 자발적인 비정치적 그룹을 통합의 주된 행위자로 본다. 신기능주의는 공적이고 정치적이고 관료적인 그룹을 통합의 주된 행위자로 본다. 연방주의자들은 정치활동을 국방, 외교 또는 권력투쟁과 연결된 구체적인 활동으로 간주한다. 그러나 신기능주의자들은 국가를 단일체로 보지 않고 이익과 문제들이 얽혀 있는 정치체제로 간주하며, 정치활동을 공동체에서 가치의 분배에 관한 갈등과 정책결정의 과정으로 생각한다.

11 구영록, 『인간과 전쟁: 국제정치이론의 체계』, 서울: 법문사, 1989, p.334.

3. 국가의 통합 사례 분석

3-1. 국가 통합 사례

가. 로마제국

로마를 역사상 가장 위대한 제국이라고 불러도 과언은 아닐 것이다. 기원전 8세기 무렵 로마시로부터 발전하기 시작하여 이탈리아 반도 및 지중해 전체 그리고 북부 아프리카와 유럽의 대부분을 5세기 하반기까지476년 서로마제국 멸망 장악했던 로마제국의 수명은 1,200년을 넘어선다. 그중 제1, 2차 포에니 전쟁기원전 264~201년을 거쳐 지중해의 패권을 장악하는 시점을 전성기의 시작으로 간주한다면 실제 로마패권은 약 600년이 된다.

이러한 로마가 대제국이 될 수 있었던 원인을 몇 가지 분석하면 다음과 같다. 먼저, 피정복자들을 적극적으로 포용했기 때문이다. 즉, 개방성, 포용성이다. 로마는 영역을 확장시키며, 정복한 지역의 폴리스국가를 해체하지 않고 자치제로 남겨 그들에게 로마의 시민권을 부여했다. 로마는 적극적으로 개방 정책을 펼쳤고 그 덕분에 계속해서 인적 자원을 넓힐 수 있었다. 또한 한편으로 로마의 지식 있는 시민들을 그 지역으로 이민시켜 요소마다 식민시植民市를 건설하는 정책을 유지해 나갔다. 로마는 이러한 방법으로, 즉 관리를 파견하는 일도 군대를 주둔시키는 일도 없이 이탈리아 중부의 넓은 지역에 일종의 강력한 연방 체제를 구축하여 나갈 수 있었다.[12]

둘째로, 로마제국의 지배원리의 하나인 평화와 자유의 보장이다. 우선 평화의 효과가 있다. 이러한 로마의 평화가 주는 또 다른 혜택은 자유의 보증이다. 로마의 정치는 참된 자유를 보증하는 민주정의 정치체계이다. 아리스티데스에 의하면 "모든 대중은 지역 유력자의 권세를 피해, 로마의 체제에 참여할 수 있고, 로마인은 즉각 그 유력자들에게 분노와 응징을 가하기" 때문이다. 이와 같

12 김경현, "팍스 로마나 시대, 로마제국의 지배원리: 식민지 엘리트의 시선", 『역사학보』, 제217권, 2013, pp.19~20.

이 로마는 제국의 통합을 구현하기 위한 체제가 이루어졌다.

셋째로, 로마의 귀족들은 '노블레스 오블리주'의 덕목을 살려서 먼저 자신들의 재산을 국가에 헌납했다. 이러한 로마 귀족의 '노블레스 오블리주'는 일회적인 것이 아니었고 로마사 전체에 흐르는 주요 덕목이었다.[13] 이러한 귀족들의 정신이 로마를 지탱하는 밑바탕이 됐다고 볼 수 있다.

넷째로, 로마인이 가장 소중이 여겼던 덕 가운데 하나인 피에타스〔공경심〕이다. 이는 가족, 국가, 신들에 대한 공경의 의무를 완수하는 것을 의미한다. 즉 피에타스는 우리말로 의역하면 애국심이다. 로마인은 다른 덕보다 이 애국심을 소중이 여겼다. '좋은 사람', '위대한 사람'이라는 단어는 애국적인 사람과 동의어였다. 이와 같이, 로마는 국가에 대한 애국심을 매우 귀중한 가치로 명예로 생각했다. 끝으로, 군대운용과 변경정책이다. 정복한 도시의 시민권을 갖지 않은 부류〔대체로 하층민〕를 징집해 시민으로 만든 뒤, 그들을 변경에 배치하는 것이다. 이 정책의 이점으로 그 병사들을 징집하는 순간 "그들은 본래 속한 종족과 도시에서 벗어나 (……) 로마 시민이 되는 것이다" 또한, 이 징집방식은 해당 도시와 로마 제국 정부 모두에 유익하다. 한편 제국 정부로서는, 지배 종족에 속하게 된 그 병사들을 "제국의 변경으로 데려가 곳곳에 배치하여 경비를 맡길" 수 있다. 그들은 각 도시에서 신체적으로 가장 강건하여 선발된 자들로, 적절한 훈련을 거치면, 실전에서 늘 승리를 거두게 될 것이다.[14]

로마제국은 정의롭고 이성적으로 통치하는 법을 아는 까닭에, 주변국을 통합하여 제국이 될 수 있었다.

나. 미국의 통합

남북전쟁 직후의 재건 시기는 미국이 근대적 정치, 사회, 경제 체계로 이행되는

13 정기문, "로마는 어떻게 제국이 됐는가?: 로마인들의 인식을 중심으로", 『역사문화연구』, 제29집, 2008, pp.295~324.

14 김경현, 앞의 논문, pp.21~22.

분기점이었다. 재건 시기를 미국 역사상 가장 중요했던 한 시기로 꼽을 수 있는 이유는 여기에 있다. 남북전쟁 이후 하나의 국가로 볼 때는 미국이라는 통합국가로의 재건이 성공적이었으나, 실질적으로 재건은 실패했다고 본다. 인종문제를 해결하지 못함으로써 인종주의가 더욱 악화되는 계기가 됐으며, 남부의 재건은 승자인 북부에 의해 주도됐고, 그 과정에서 재건이 일관성 있게 계획된 것이 아니라 힘과 이해관계에 따라 변했기 때문이다.미국은 남북전쟁을 통해 하나의 대국으로 통합이 이루어졌으며, 이후 많은 사회적 진통을 겪었다.

한편, 현대에 들어 미국은 이민자에게 꿈의 나라라는 칭송을 들을 정도로 이민자들에게 많은 희망을 품게 한 파라다이스였다. 이러한 것은 미국이 사회통합을 위해 이민자들을 대상으로 한 이민정책에서도 찾아볼 수 있다. 오바마 정부에서는 적극적 통합을 지향하는 이민 개혁의 방향을 제시하고 있다. 방향은 통합정책을 중앙정부가 주도하고 예산을 지원하되, 그 실행은 지자체와 민간이 적극적으로 추진하도록 장려하는 것이다.

이와 같이 미국은 사회통합의 관건은 이주자들이 거주 지역에 정착하는 것이라고 인식하고, 중앙정부와 관련 지방자치단체, 민간단체, 기업 등이 역할 분담과 협업을 유지하고 있다 특히 이민의 자격부여를 통해 통합 가능성을 높이는 노력뿐만이 아니라, 이미 이주한 사람들을 지역에 통합시키고자 하는 노력을 병행하고자 하는 많은 노력을 하고 있다.[15]

그러나, 최근 트럼프정부의 미국우선주의에 의한 반이민정책으로 사회적 통합적 시각에서 많은 불협화음과 이민자들의 반기를 사고 있다. 미국이 어떻게 모든 인종, 출신, 경제적 불평등을 녹일 수 있는 용광로와 같은 통합적 국가로 거듭날지 의문이 제기되고 있다.

15 이기범, "미국의 이민정책과 사회통합", 『다문화사회연구』, 2(1), 2009, pp.67~92.

다. 유럽의 통합

10세기 이전 유럽은 그리스-로마제국, 그리고 그 뒤를 이은 프랑크 왕국의 존재로 하나의 정치적 통일체를 이루고 있었다. 그러나 10세기에 프랑크 왕국이 분열되면서 유럽의 정치적 통일은 깨지고,[16] 이후 분할과 이질화가 심화됐다. 유럽통합은 이러한 역사적, 정치적 배경을 두고 있다.

일반적으로 우리가 알고 있는 유럽통합은 제2차 세계대전 이후에 시작됐다고 볼 수 있다. 그러나 유럽통합사상이 20세기 중반에 갑자기 발생한 것은 아니다. 그것은 수백 년의 역사를 가지고 있다. 18, 19세기의 많은 지식인들이 이미 유럽통합사상을 전개한 바 있으나, 본격적인 유럽통합운동은 제2차 세계대전 이후에 시작됐다.

유럽통합은 1951년 유럽석탄철강공동체ECSC: European Coal and Steel Community 창설 이래 본격화되기 시작했다. 이후 1992년 EC를 EU로 확대·개편했고, 1999년에는 단일통화 유로Euro가 출범했다. 2000년 12월에는 EU 회원국 확대를 위한 니스조약이 체결됐으며, 2001년 1월에는 유로화가 공식 통용되기 시작했다. 또한 2002년 10월 EU집행위원회는 체코 등 10개국 가입안을 승인했고 2002년 12월 12일 신규 10개국의 EU 가입을 최종 승인했다. 2020년 영국이 EU회원국에서 탈퇴하면서 2025년 현재 28개국이 가입되어 있다. 유럽통합이 경제적인 통합에 기반을 두고 있는 것은 분명한 사실이나, 최종적인 목표는 정치적인 통합이다. 그러나 최근 영국의 브렉시트로 하나의 유럽 국가로서의 통합에 제동이 걸렸다. 이와 같이, 국가의 통합에는 많은 국가 간의 이해관계가 상충되어 많은 진통이 필요하다고 할 수 있다. 그러나 영국의 브렉시트를 제외한 유럽연합의 통합은 심화와 확대가 지속될 가능성이 높다.

16 〈르몽드〉지의 주간 앙드레 폰텐느의 지적처럼 이후 진정한 정치적 실세로서 유럽은 더 이상 존재하지 않게 됐다. 장홍, 『유럽통합의 역사와 현실』, 서울고려원, 1994, p.26.

3-2. 국가 통합 사례에 대한 평가

지금까지 고대 로마가 제국을 이룩한 시대부터 미국의 통합, 유럽의 통합과정을 고찰했다. 고대 로마제국 통합의 핵심의 하나인 시민권보장을 통한 로마 시민의 일원화 및 로마에서 삶의 평화와 자유의 보장과 같은 통합정책, 미국의 오바마 정부에서 적극적으로 시행했던 이민정책과 사회통합 방안 그리고 현재도 진행 중인 유럽의 통합 등의 사례에서 보듯이, 국가나 사회 통합의 핵심은 과거나 현재에도 공통된 핵심 부분이 있다. 바로 이주민들이 통합된 사회에 정착할 수 있도록 차별이 없는 동등한 지위와 평등과 자유를 보장할 수 있는 정치적, 사회적 체제를 마련하는 것이다.

현재 한국도 다문화 사회로 진입하고 있으며, 향후 남과 북이 통일이 되면 통일 이후의 사회의 안전과 평화를 위해서는 앞의 국가 통합사례에서 주는 시사점을 고찰하여 적합한 정책을 시행해야 할 것이다.

4. 분단국 통일 사례 분석

4-1. 독일 분단 원인, 통일 과정, 평가

가. 분단 원인

제2차 세계대전은 독일을 자유주의 체제와 공산주의 체제로 분할하는 결과를 초래했다.[17] 1945년 5월 8일 독일군이 무조건 항복한 후 전승 4대국미국·소련·영국·프랑스이 청구한 전승국의 권한은 1990년 독일 통일 시까지 독일의 법적 상황

17 김동명, 『독일통일, 그리고 한반도의 선택』 (경기 파주시: 한울 아카데미, 2010), pp.453~458.

을 결정하는 요인이 됐다.[18] 제2차 세계대전의 연합국인 미국의 루즈벨트 대통령과 영국의 처칠 수상은 독일과의 전쟁을 조기에 종식하기 위해서 소련의 스탈린 서기장에게 도움을 요청하게 됐다. 1945년 2월 4일 독일의 패전이 짙어지자 스탈린, 루즈벨트, 처칠은 크림반도 얄타에서 독일의 패전과 관리를 위해 회담을 가졌다. 스탈린은 이 기회를 공산주의 세력 확장에 이용하고자 했다. 회담 결과 유럽은 연합군과 소련군의 점령 경계선을 따라 서독과 동독, 서베를린과 동베를린, 그리고 자유진영과 소련 위성국가들로 양분됨으로써 두 개의 유럽으로 분할되게 됐던 것이다.[19]

독일은 수년간에 걸쳐 연합국들에 의해 채택된 여러 조치들에 의해 분할 점령됐다. 연합국들은 그들의 다양한 이데올로기와 정치적 전통의 차이에도 불구하고 전후 독일 국민들에게 매우 강력한 제재를 가해야 한다는 데 동의했다. 이러한 독일에 대한 영향력 있는 강대국들의 조치하에서,[20] 서독은 자유민주주의 체제에 편입되면서 북대서양조약기구NATO에 가입하고, 동독은 사회주의를 표방하며 바르샤바조약기구WTO에 가입했다. 이는 피점령국인 동·서독이 점령국의 정치, 경제체제의 영향을 받을 수밖에 없었기 때문이었으며, 이후 동서블록으로부터 냉전의 첨병尖兵 역할이 지워지는 계기가 됐다. 이로써 동·서 냉전의 국제질서 아래서 1961년 베를린 장벽이 구축된 이후 독일의 분단이 고착화되어 갔으며, 독일의 통일이 이루어지기 전까지 분단국가로 남게 됐다.

---

18 1952년 「3개점령국과독일연방공화국간의관계에관한조약」 제1조. 이 조약을 통해 서독과 서방 3개 전승국은 '독일 통일과 평화조약 체결이 불가능한 상황에서 전승3국이 베를린과 독일 전체에 관한 권한과 책임을 갖는다'라고 합의했다. 파리의정서는 「독일연방공화국내의점령체제의종료에관한의정서」를 말한다. Ingo von Muenich (Hrsg.), Dokumente des geteilten Deutschland (Stuttgart: Alfred Kroener Verlag, 1976), pp.232~247.

19 한관수, 김재홍, "분단국 통일의 결정요인 분석: 독일과 한반도 사례를 중심으로", 『국방연구』, 55(1), 2012, pp.1~24.

20 전득주, 『세계의 분단사례 비교 연구』, 서울: 푸른길, 2004, p.151.

나. 독일 통일 과정

1) 독일 통일 전 전반적 상황

우선 정치적 상황이다. 유럽 지역에서 NATO와 바르샤바조약기구WTO가 직접적으로 대립하는 세력균형의 구조에서 독일 통일과 군사통합의 문제는 국제사회에서 동의를 하지 않는 한 해결이 될 수 없는 정치적 환경과 구조였다. 그러나 1980년대 이후에 소련의 미하일 고르바초프가 경제재건을 위한 페레스트로이카Perestroika와 개방을 위한 글라스노스트Glasnnost를 추진하면서 소련과 동구 공산권 국가가 붕괴되어 갔다. 이러한 현상으로 소련의 영향력은 점차 약화됐고, NATO와 바르샤바조약기구WTO의 적대 관계가 느슨해지면서 유럽 지역에서 양극의 세력균형 체제가 붕괴되고 이는 동서 냉전체제가 평화공존 체제로 변화되는 계기를 제공했다.[21]

둘째, 경제적 상황이다. 독일 통일 전의 서독은 1980년대 중반 이후부터 1990년대 초반까지 급성장했으며, 1984년부터 1992년까지 9년간 평균 경제 성장률은 2.78%였다. 이와 같이 서독 경제가 급성장하게 된 배경에는 자본주의 시장경제하에서 소득 분배 및 복지 균형화 정책을 지속적으로 추진한 결과라고 볼 수 있다. 그러나 동독의 경제상황은 파산 상태에 처해 있었다.[22] 당시 동·서독의 경제상황을 비교한 IMFInternational Monetary Fund보고서를 보면, 동독의 GNP는 서독의 약 2분의 1 정도, 그리고 노동 생산성은 30~35% 수준에 불과했다. 동·서독의 경제력을 비교해 보면 GNP 6배 이상, 1인당 GNP 3배 등으로 동독에 비해서 서독의 경제력이 우세한 상황이었다표 3. 참조.

---

21 존 아이켄 베리 저, 강승훈 역, 『승리이후: 제도와 전략적 억제 그리고 전후의 질서 구축』, 서울: 한울, 2008, pp.333~334.

22 통일원, 『독일 통일 백서』, 서울: 통일원, 1994, p.17.

표 3. 동·서독의 경제력 비교

구분	서독	동독	비교
1인당 GDP	20,558달러	9,703달러	2.1배
무역규모	6,111억 달러	470억달러	13.1배
수출	3,413억 달러	237억 달러	14.4배
수입	2,698억 달러	233억 달러	11.6배
무역수지(10억$)	79.7	-0.5	-

출처: 주독일 한국대사관, 『독일통일백서』, 1991.

셋째, 사회적 상황이다. 소련이 경제재건을 위한 페레스트로이카와 개방정책인 글라스노스트를 추진하는 과정에서 소련과 동구 공산권 국가가 붕괴되면서 동독에 대한 소련의 정치적, 군사적 지원과 영향력이 점차적으로 약화되어 갔고 이는 동독의 개혁을 요구하는 동독 주민들의 시위와 탈출이 확산되는 상황으로 전개됐다. 1989년 5월 2일 헝가리가 오스트리아의 국경선 일부를 개방하자 동독 여행자들이 서독으로 탈출을 시작했으며, 이후 지속적으로 탈출 러쉬가 이어져 1989년 11월 9일 베를린 장벽이 개방되는 시점까지 체코슬로바키아와 폴란드 등을 거쳐 약 22만 명의 동독 주민이 서독으로 탈출했다.[23]

넷째, 군사적 상황이다. 서독 연방군과 동독 인민군의 군사적 상황은 동서 냉전체제하에서 양진영의 최첨단에서 대립과 갈등의 실질적인 역할을 수행했으며, 북대서양기구와 바르샤바조약기구의 핵심 회원국으로서 군사적으로 중요한 역할을 수행했다. 당시 군사력은 서독이 총 병력 494,000명으로 우위를 점하고 있었는데, 이를 보완하기 위해서 소련은 385,000명의 소련군을 동독 지역에 주둔시켰으며, 반면에 서독 지역에도 미국군, 영국군, 프랑스군 등 401,700명의 외국군이 주둔하고 있었다.[24]

23 박영한, 『남북 군사통합시 독일 모델 적용 가능성 연구』(국방정책연구보고서), 서울: 한국전략연구소, 2004, pp.17~18 참고.

24 김두현, "독일 통일의 군사통합 과정에 관한 연구", 국민대학교 대학원 박사학위논문. 2016, p.42.

2) 독일 통일 세부 과정

통일되기 전의 동·서독 관계는 평화적 공존관계였다. 이미 1951년에 베를린 협약을 체결하여 동·서독 교류의 물꼬를 텄고, 서독의 동방정책으로 1970년에 동·서독 정상회담이 이루어졌으며, 1972년에는 동·서독 기본조약이 체결되어 교류와 협력이 활발해졌다. 이 상황에서 고르바초프의 페레스트로이카와 글라스노스트로 동유럽에 개혁바람이 불었고, 동독에서도 평화적 혁명이라고까지 불리는 개혁운동이 일어났다. 이를 계기로 1989년부터 동독 주민들이 탈출하기 시작했다. 이는 동독 정권에 대한 충성심을 서독으로 이전시킨 사례로 동독의 붕괴를 초래한 기폭제가 됐으며 동독 정부의 개혁을 요구하는 동독 주민의 시위와 그 여파로 1989년 11월 9일 베를린 장벽이 붕괴됐고, 11월 20일 라이프치히 월요데모에서 '우리는 한 민족이다Wir sind ein Volk'라는 구호가 처음으로 등장했다. 이것은 동독의 존재를 부인하는 구호였다.[25]

이후 1990년 3월 18일의 동독자유총선거에서 서독의 집권당인 기독교민주당CDU이 지원한 동독의 기독교민주당이 집권하게 됐다. 아울러 1990년 8월 23일 동독인민의회에서는 동독이 서독의 기본법 제23조에 따라 1990년 10월 3일에 서독으로 편입한다는 안건이 가결됨으로써 독일 통일을 기정사실화 했다. 1990년 10월 3일부로 독일 통일과 동시에 동독 인민군이 해체되면서 동·서독의 군사통합이 공식적으로 진행됐다. 그리고 바르샤바조약기구WTO 해체와 소련군의 철수 완료 등 정치통합, 화폐·경제통합, 사회통합이 동시에 진행됐다.[26]

세부적으로 독일의 통일 과정을 화폐·경제 통합, 사회통합, 정치통합의 과정을 살펴보면 다음과 같다. 우선 화폐·경제 통합 과정을 보면 동·서독 정부는 1990년 4월 25일부터 5월 17일까지 6차례의 전체회의와 소그룹 회의를 개최하여 화폐·경제, 사회통합에 관한 국가조약에 합의하고 5월 18일 양독 수상이 참

25 양창석, "독일의 통일과정에 관한 연구", 단국대학교 대학원 박사학위 논문, 2008.

26 위의 논문, p.32.

석한 가운데 양독 재무장관이 조약에 서명했다.[27] 기본원칙으로 사회적 시장경제체제를 공동의 경제 질서로 규정했다. 화폐통합에 관한 규정을 통해 통화 지역을 단일화하여 서독 마르크화DM를 공통화폐로 사용하도록 했으며, 서독의 연방은행이 화폐발행은행이 됐다. 경제통합에 관한 규정에서는 사유재산권의 보장, 경쟁적인 생산 질서의 보호, 자유로운 가격형성의 보호, 노동·자본·재화 및 서비스의 완전한 이동의 자유 등 사회적 시장경제체제의 전제 조건으로서의 기본적 여건을 확정했다.

화폐통합은 동독 경제가 서독 경제로 편입하는 것을 전제로 한 것이므로, 화폐통합이 성공하기 위해서는 동독 경제를 위한 화폐가치의 안정과 서독의 통화 안정성이 보장되어야만 했다. 따라서 동·서독 전역에서 인플레이션 충격이 일어나지 않게 하고 동시에 동독 기업의 경쟁력을 제고시키는 화폐교환 방식을 선택해야 했다. 또한 통화 안정을 위해서는 동독에 시장경제적 신용제도를 수립할 필요가 있었다. 화폐가치의 안정을 위해서는 시장경제적 조건을 갖추어야 했다. 따라서 화폐통합과 불가분의 관계에 있는 경제통합도 1990년 7월 1일 같은 시기에 효력이 발생했으며, 사회적 시장경제를 위한 절대적인 법적 기초를 형성했다. 경제통합은 1990년 10월 3일 자로 효력을 갖게 된 통일조약과 더불어 양 독일 지역에 단일한 경제질서가 도입되는 것을 의미했다.[28] 동독의 계획경제체제에서 시장경제체제로의 전환 과정에서 필수적인 요소인 시장경제를 위한 법적·제도적 장치 마련, 가격의 자율화와 경제적 구조조정을 위한 일반 원칙들을 「지도원칙에 관한 공동의정서」에 제시하여 화폐 및 경제통합을 이루어 갔다. 경제통합을 통해서 동·서독은 사유재산제, 자유경쟁, 자유로운 가격 등 시장경제원리에 입각하여 인력·자본·재화·서비스의 완전 자유 이동이 보장되는 공

27 서독 측 협상 대표단장은 티트마이어 연방은행 이사(전 재무차관, 후에 연방은행총재), 동독 측 단장은 크라우제 수상실 정무차관(통독 후 교통장관 역임)이 맡았다.

28 국가조약에서는 전문과 제1조에서 사회적 시장경제 도입을 규정했다. 사회적 시장경제는 경제정책을 자유시장경제와 사기업에 맡겨 시장경제력이 주축을 이루도록 하는 한편, 시장경제의 결과로 나타날 수 있는 사회적 불평등을 축소·제거하는 데 초점을 맞추고 있는 경제체제라고 할 수 있다. 이용필 외, 『남북한통합론: 이론적 및 경험적 연구』(서울: 인간사랑, 1992). p.108.

동의 경제지역을 구축하게 됐다.[29]

사회통합은 노동법적, 사회정책적 측면에서의 통합을 내용으로 하며, 그 취지는 동·서독 내 사회적 복지 기준의 통일에 있었다. 사회통합의 분야는 노동법, 사회보험(연금, 의료, 산재, 실업 보험), 고용촉진, 보건위생 및 사회부조 등이다. 화폐통합과 경제통합에 따른 경제적 전환과정에서 발생하는 경제적 충격을 완화하기 위해서는 노동, 임금협상, 사회보장 등 사회분야 통합이 병행되어야 했다. 특히, 사회적 시장경제에 상응하는 노동법 질서, 노동 성과의 정당성과 사회적 균형에 기초한 사회보장제도를 통해 사회 공동체 형성을 목표로 했다. 사회통합은 서독의 사회적 시장경제가 요구하는 노동법적 제도가 마련되고 정당한 성과와 사회적 균형을 보장하는 제도가 구축될 때 완성되기 때문에 동독은 서독의 사회적 안전에 부합되지 않는 국내법을 폐지 또는 개정하고 새로운 법을 제정하거나 서독법을 도입하기로 결정했다.[30]

정치통합과정을 보면, 1989년 11월 28일 서독의 콜 수상이 독일 통일을 위한 "10개항 프로그램"을 제의하자 동독의 모드로우 수상도 1990년 2월 1일 "하나의 조국, 독일을 위한 4단계 통일방안"을 제시했다.[31] 이후 1990년 3월 18일 동독에서는 바이마르공화국 이후 58년 만에 처음으로 자유 총선거가 실시됐다. 자유선거를 통해 구성된 동독 「인민의회」[Volkskammer]는 1990년 8월 23일 "1990년 10월 3일을 기해 기본법 제23조에 입각하여 독일민주공화국이 독일연방공화국 기본법의 적용 영역으로 가입[Beitritt]할 것임"을 공식적으로 의결했다. 동독의 경제·사회·정치 구조가 악화일로인 가운데 신속한 결단이 내려지기를 원했던 주민들의 압력에 대해 동독 의회가 이러한 역사적 결정으로 반응을 보였던 것이다.[32] 동독의 인민의회는 통일 전야인 10월 2일 자정을 기해 해산되

29 양창석, 앞의 글, p.144.

30 폐지 또는 개정된 동독법, 새로 제정된 법, 서독에서 도입된 법의 구체적 종류에 대해서는 다음 참조. 강일선, "독일 통일에 관한 연구(III): 동·서독의 사회통합을 중심으로", 『사회과학연구』, 6(4), 1999, p.128 참고.

31 정용길, 독일 통일과정에서의 동·서독관계와 남북관계에의 시사점. 저스티스, 제134권, 제2호, pp.466~482.

32 주독일 한국대사관, 『독일통일백서』, 1991, p.12.

고, 연방의회에 편입됨으로써 통일을 위한 국내적 통합과정이 완료됐다. 10월 3일 독일은 4대 전승국이 동의하고 인접국과 세계의 모든 국가가 인정하는 가운데 완전한 주권국가로서 통일을 달성하게 됐다.

3) 독일통일에 대한 전승 4대국의 입장

독일 통일의 문제는 독일의 내부적인 문제이면서 국제정치적 측면이 있다. 베를린 장벽의 개방을 전후하여 전승 4대국 중에서 독일 통일을 지지한 나라는 미국뿐이었으며, 소련, 영국, 프랑스는 부정적이었다.[33] 당시 "미국의 전략적 목적은 유럽 공동체와 나토의 틀 안에서 독일의 통일을 추구함으로써 자유와 민주주의라는 정치적 역동성뿐만 아니라 평화와 안보를 증진시키는 것이었다"[34] 따라서 1989년에서 1990년까지 미국은 행정부 차원에서뿐만 아니라 국민들 사이에서도 독일인의 자결권과 통일을 지원했으며, 영국과 프랑스에게 독일 통일을 지원하도록 공식·비공식적으로 촉구했다. 미국은 서독과의 긴밀한 협의를 통해 소련과 폴란드, 영국과 프랑스에 대해서도 설득 작업을 벌였다. 그러면서도 미국은 서독에게 소련과 영국, 프랑스의 우려를 이해하고 이들에 대한 신중한 배려를 주문했다.

독일 통일을 가장 우려한 우방은 영국이었다. 독일의 재통일은 영국의 국가이익에 부합되는 것이 아니었다. 영국에게 독일이 통일된다는 것은 곧 독일이 EC의 주도국이 되는 것을 의미했기 때문이다. 그래서 대처 수상은 독일 통일을 막지 못한다면 가급적 그 속도를 늦추도록 하려 했다. 한편, 프랑스는 독일 통일에 대해서 미국처럼 적극적인 지지를 하거나 영국처럼 반대의 입장이 아닌, 독일 통일에 대해 다소 유보적이며 입장이 분명치 않았다. 미테랑 대통령은 유

33 부시 대통령은 대처 수상과 미테랑 대통령 등은 독일 통일에 대해 우려를 했지만, 자신은 그렇지 않았으며 미국은 독일 통일을 지지한다는 과거의 약속을 지켜야 한다고 생각하고 콜 수상의 주도를 따르고 지지했으며, 상황을 악화시킬 수 있는 말은 피했다고 회고했다. Bush and Scowcroft, op. cit., pp.187~191.

34 Robert B. Zoellick, 유복근 역, "2+4: 독일 통일의 교훈", 외교통상부 조약국, 『국제법 동향과 실무』, 통권 제11호, 2005, p.22.

럽의 강한 결속에 초점을 두고 '독일이 유럽의 통일을 촉진하는 한 독일의 통일에 반대하지 않겠다'라는 식으로 독일 문제와 유럽통합을 연계하는 입장을 취했다. 소련의 경우는 소련은 서독과 미국에서 독일 통일이 거론되고 있는 데 대해 우려하면서, 동독을 소련 안보의 방패로 유지하려고 했다. 소련은 동독이 전략적 우방이자 바르샤바조약기구의 중요한 회원국임을 강조하면서, 전후 질서를 토대로 두 개의 주권국이며 유엔회원국인 동독과 서독의 존재를 인정해야 유럽의 안정이 보장될 수 있다는 입장을 보였다. 또한 고르바초프로서는 그가 추진하고 있었던 페레스트로이카의 성공을 위해서도 동독의 안정화와 존립이 매우 중요했다. 하지만, 몰타 미·소 정상회담1989년 12월 2일~3일에서 고르바초프와 부시는 냉전종식을 선언하고 더 이상 서로 적으로 간주하지 않을 것이라고 밝혔다. 고르바초프는 "독일인들이 자결권의 행사를 원한다면 소련으로서는 반대할 이유가 없다"라는 진전된 입장을 표명했다.[35]

다. 평가

통합이론의 측면에서 볼 때 독일의 분단에서 통일까지의 과정에서 서독의 통일정책은 '기능주의'에서 '신기능주의'를 거쳐 '연방주의' 접근을 보였다고 평가할 수 있다. 분단 시부터 1989년까지는 동·서독 간의 경제, 문화를 비롯한 다방면의 인적·물적 교류협력을 확대함으로써 상호 신뢰를 쌓고, 대외적으로 서구동맹과의 결속과 동방정책을 바탕으로 긴장 완화를 이룩하는 '기능주의적 접근'을 보였다. 베를린 장벽의 개방 이후 동독 주민들이 통일을 요구하게 되자 콜 수상은 '10단계 통일방안'을 통해 조약 공동체와 국가 연합적 구조와 같은 '초국가적 기구'의 창설을 의도적으로 시도함으로써 '신기능주의적 접근'을 보였다. 그러나 1990년에 들어와 동독 주민들의 서독 이주 급증과 통일 요구, 동독 상황의 악화, 고르바초프의 국내정치적 지위 약화 등의 요인 때문에 콜 수상은 단계적 통일

35 4대전승국 수뇌들의 회고담", Die Zeit, Nr. 11, 8 Maerz, 1996.

대신 조기통일을 추진함으로써 '연방주의적 접근'을 보였다.

한편, 독일 통일 과정에서 보았듯이, 독일 통일은 1989년 11월에 베를린 장벽이 개방된 후 불과 11개월 만인 1990년 10월에 통일이 완수됐다. 그 전에 동독 지역의 총선을 통한 사회주의 정권의 붕괴, 서독 마르크 도입을 통한 경제통합까지 이루어야 했으니 독일 통일은 그야말로 충분한 사전 준비 없이 역사의 행보를 숨 가쁘게 뒤좇아 가며 이루어진 사건이었다. 독일 통일은 또한 동독의 급격한 몰락과 서독으로의 흡수라는 흡수통일 방식으로 이루어졌다.

이와 같이 독일은 제2차 세계대전 이후 강대국에 의해 1945년 민족의 의사와는 관계없이 분단됐다가, 독일 내부적으로 서독이 주도적으로 통일을 위해 노력해 동독을 흡수하고 외부적으로는 강대국의 지지와 협력에 의해 1990년 분단된 지 약 45년 만에 재통일국가를 이루었다. 하지만 독일 통일이 짧은 기간 안에 서독의 일방적인 주도로 완수됨으로써 이후 많은 문제를 야기했다.

4-2. **베트남** 분단 원인, 통일 과정, 평가

가. 분단 원인

베트남의 분단은 남북한, 그리고 동·서독과도 구분되는 과정에서 기인한 것이다. 간략히 언급하면 베트남의 분단은 1985년 프랑스에 의한 식민통치가 끝난 시점으로 거슬러 올라가 식민통치하의 독립운동 과정에서 지역적 및 계층적으로 심화되어 온 베트남 사회의 갈등구조가 근원이 됐다. 남베트남 정부는 1955년에 미국의 원조로 디엠정권이 수립됐으나 장기간 독재통치를 실시했으며, 1963년 군부 쿠데타에 의해 정권이 교체됐으나, 역시 독재통치를 함으로써 대중의 지지를 얻지 못했다. 그러나 이와는 반대로 북베트남 정부는 사회주의 체제를 수립했으나 전쟁 승리의 주체라는 사실과 반외세 민족주의 이념을 표방함으로써 대

중들로부터 정통성을 확보할 수 있었다.[36]

나. 통일 과정

남북베트남의 통일은 사실상 전쟁을 통한 통일이다. 그러나 통일을 이룬 후의 통합 과정은 체제통합모형에 상당한 시사점을 주고 있다. 베트남의 전쟁 이후의 체제통합과정을 살펴보면 다음과 같다.

첫째, 통일정부의 권위 획득 과정이다. 전쟁에 승리한 북측이 주축이 된 통일정부는 권위를 획득하기 위해 사회주의 이념을 도입하고 정당화 과정을 거치면서, 반외세의 민족주의를 고취하고 그 당위성을 부각하는 노력을 했다. 이러한 사회주의 이념을 전제로 정치제도의 개편을 진행했는데, 특히 남부 지역의 당 조직의 개편과 정비를 통해 통합을 도모하고 정치지도자의 선정 과정을 통해 그 권위를 확보하려고 했으나 호의적인 평가를 받지 못했다. 또한, 통일정부는 권위를 획득하기 위해 최고인민회의를 조직했으며 국가위원회와 각료회의를 구성했다. 그러나 최고회의는 실질적인 권한을 부여받지 못했고 국가위원회와 각료회의는 남부 지역 주민의 대표성을 갖지 못했다. 또한 지방조직의 개편에서 지방행정조직의 자치권한을 강화하고 당 조직의 정비를 도모했다. 이러한 일련의 조치들은 또한 대중 동원이라는 적극적인 홍보를 통하여 실현하려고 했다.

둘째, 경제개혁 정책의 추진이다. 북부의 사회주의 경제체제를 통일국가의 경제체제로 설정하고 남북의 경제구조를 계획경제로 개편했으며, 관료중심적인 통제 관리체제로 운영했다. 그러나 이러한 개편과 운영은 전쟁에 승리한 북베트남 정부가 거의 주도적으로 남베트남의 경제상황에 대한 필요한 내용을 충분히 이해하지 못했으며, 관료주의로 인해 남부 지역의 경제현실과 동떨어진 정책결정과 집행이 이루어졌다. 또한, 남부 베트남 지역 내의 열악한 경제기반과 주민들의 비협조적인 태도로 인하여 실시하고자 하는 계획대로 되지 못했으며 결론

36 전신욱·서봉섭, "한반도 통일과 남북 체제통합에 관한 연구: 독일·예멘·베트남의 체제 통합 사례의 비교분석을 중심으로", 『통일연구』, 제3권 제1호, 1998, pp.113~135.

적으로 실패하고 말았다. 이러한 조건하에서 1979년 당 중앙위원회 6기 회의에서 시장경제를 부분적으로 수용하는 신경제정책을 채택하게 됐으며 이를 기반으로 한 경제발전의 틀을 이루게 됐다.

셋째, 가치 통합 과정이다. 이는 교육, 사회재교육, 대중매체, 종교탄압 등을 통하여 남부 베트남의 가치관을 통합하려는 노력을 했다. 그러나 이상의 체제통합정책은 많은 문제점으로 인해 효과성이 크게 저하됐고 기대한 결과에 도달하지 못했다.

다. 평가

베트남의 통일 과정은 독일이나 예멘과 달리, 전쟁으로 인한 북베트남의 승리로 이루어진 강압적 통일이라 할 수 있다. 베트남의 통일 과정은 전쟁을 통한 통일이므로 통일 과정에서 시사하는 바는 적으나, 통일 후 체제통합정책과정에서 주는 시사점은 크다. 몇 가지 통합과정상의 문제점을 확인하면서 향후 남북통일연구에 의미 있는 시사점을 제시할 것이라 사료된다.

첫째, 통일정부의 권위획득 과정에서 정통사회주의 이념에 입각하여 권위의 정당성을 추구했던 통일정부가 개혁을 전제로 하는 과학적 사회주의를 추구함으로써 체제의 정당성 위기를 맞게 됐으며, 통일정부가 등용한 관료들이 체제통합에 필요한 지식과 경험이 없었을 뿐만 아니라 부패와 부조리에 쉽게 영합했다. 또한, 전문성을 갖지 못한 정치지도자들이 권력을 계속 유지함으로써 통일 후의 상황변화에 적절히 대응하지 못했다.

둘째, 통일정부의 경제개혁 과정에서의 문제점으로 남베트남의 경제에 대해 충분한 사전지식이 부족했고 사회주의 경제체제 중심으로 남베트남의 경제구조를 유지시킴으로써 사회주의 경제체제가 갖고 있는 공통적인 약점 즉 생산수단의 국가소유, 인센티브제도의 결여, 유통질서의 통제 등으로 말미암아 생산의 비효율성 유발 등 효과적인 대응책을 추진하지 못했다.

셋째, 남북 가치 통합 과정상의 문제점이다. 가치통합의 주체가 당과 정부로 제한됨으로써 주민들이 비협조적인 태도를 보였으며, 가치통합정책이 너무 급속히 추진되어 남부 주민들이 가치통합의 정책집행에 저항했다. 그뿐만 아니라, 관리자를 북부 지역 혹은 남부의 프롤레타리아 계급으로부터 충원함으로써 남부 지역사회에 신지배계층을 발생시켜 남북 주민 간의 갈등을 심화시켰다.

넷째 종교 문제로, 사회주의 이념과 종교생활이 상호 배치됨으로써 사회가치의 통합을 어렵게 만들었다.

위와 같은 베트남의 통일 후 체제통합과정상에서 나타난 문제점을 거울삼아 향후 남북통일의 체제통합과정상에서 발생할 수 있는 문제점을 사전 파악함으로써 남북통일의 체제통합과정에 주는 의미가 크다 하겠다.

4-3. **예멘** 분단 원인, 통일 과정, 평가

가. 분단 원인

예멘은 아리비아반도 서남부 지역에 위치하고 있다. 이러한 예멘은 역사적으로 두 번이나 오스만투르크제국의 지배를 받았으며, 그들의 지배로부터 독립하는 과정에서 서로 다른 세력들이 독립운동을 주도함으로써 분단에 이르게 됐던 것이다. 북예멘은 1962년 군부 쿠데타가 발생하여 권력을 장악하고 예멘아랍공화국을 선포하게 됐다. 이후 북예멘은 두 번의 내전을 겪고 많은 내우외환을 거치면서 1971년 선거를 통하여 정국이 안정을 찾는 듯했으나, 1974년 퇴진했던 군부와 부족 세력들이 또다시 쿠데타를 통해 정권을 전복시켰다. 그러나 군사정권의 대통령이 반대파와 남예멘의 테러로 연속하여 사망하면서 남북관계는 극도로 악화됐다.[37]

한편 영국의 통치하에 놓여 있던 남예멘에서는 민족해방전선이 결성되어 대영 독립투쟁이 이루어졌다. 그 결과 영국은 1967년 철수하게 된다. 이후 남예멘

37 김영철, "분단국의 통일효과와 통치체제에 관한 연구: 독일·베트남·예멘의 사례를 중심으로", 경남대학교 대학원 박사학위논문, 2017.

은 1968년 소련과 군사기술협정, 1979년 우호조약을 체결하는 등 친소 협력체계를 구축했다. 이러한 남예멘의 좌파정권과 남예멘을 중심으로 한 소련의 거점 세력에 위협을 느낀 사우디아라비아를 비롯한 아랍권 보수 세력은 1970년대 중반부터 1980년대 초반까지 북예멘에 대하여 다각적인 원조를 제공했다. 이러한 일련의 상황 속에서 남북예멘은 점차적으로 분단과 동·서 냉전체제의 틀 안에서 각각 분리된 적대적 독립국가로 상황이 전개됐다.

결국 남북예멘은 1967년부터 1990년 통일 시까지 23년간 통일을 원했지만 외세 개입〔소련과 사우디아라비아〕, 양측 집권자들의 정치체제의 안전추구 및 기타 사회·경제적 수단과 군사력의 부족으로 분단을 감수하지 않으면 안 됐다.[38] 남북예멘을 비교할 때, 북예멘은 남예멘보다 정치적 안정과 민주 발전 면에서 앞섰고 경제력도 우수했으나 남북예멘 모두 사회·문화면에서는 후진성을 보였다. 또한 남북예멘은 정치적으로 서로 분단 상태에 있었지만 경제 체제면에서는 사실상 비슷한 수준이었다. 또한, 사회적 의식면에서는 서로 이질적인 것이 있기는 했지만 결코 배타적이거나 대립된 상황은 아니었다. 이같이 남북예멘은 국력의 차이가 크지 않고 사회·경제적 동질성도 상당히 있었기 때문에 양측 정치지도자의 결단에 따라 통일을 용이하게 달성할 수 있는 조건을 갖추고 있었다.

나. 통일과정

1960년대 말부터 남북예멘은 통일의 당위성을 인정하고 논의를 진행했으나, 서로 간의 의견 차이로 서로 전쟁도 겪는 등 우여곡절의 논의 끝에 1990년 5월 22일 통일을 선포함으로써 통합의 길을 걷게 됐다. 남북예멘의 이러한 우여곡절을 겪으면서도 통일을 이룰 수 있었던 것은 국제환경의 변화와 남북예멘의 석유개발이 결정적인 요인으로 작용했기 때문이다. 즉 남북예멘의 경우 외세의 간섭

38 전득주, 『세계의 분단사례 비교 연구』, 서울: 푸른길, 2004, p.358.

이 철회되고 통일을 이루는 경우 양측 모두가 경제적 번영을 누릴 수 있다는 확신이 팽배해 있었고, 이에 따라 남북예멘 지도자들이 결단을 내림으로써 통합의 새로운 길로 들어서게 됐던 것이다. 이러한 예멘의 통일은 전형적인 1 : 1의 대등통합방식이며 정치협상에 의한 통일이다. 그러나 남북예멘은 정부조직을 기계적으로 합병함으로써 과도정부의 조직이 비대화되는 한편 행정의 일관성이 결여되는 결과를 낳았다. 이외에도 과도정부는 비능률적인 행정과 보수주의자들의 반정부 운동으로 고통을 받았다. 경제적 측면에서도 과도정부는 경제특별위원회를 구성하여 남북예멘의 경제통합을 추진했다. 예멘의 경제통합 과정에서 겪은 어려움의 하나는 기업과 토지를 사유화하는 과정에서 전 소유자들이 소유권을 주장하는 반면 정부는 재정형편상 보상 조치를 취하지 못한 것이다. 또한, 자국의 경제기초시설이 발전되지 못한 상황에서 석유개발에만 기대하다 걸프전의 발발로 경제가 더더욱 어려움을 겪었다. 그뿐만 아니라, 남북예멘 간의 사회통합은 이슬람 전통에 어긋나지 않는 범위 내에서 남북예멘의 사회문화적 가치를 인정하는 방향으로 나아가고 있다. 이처럼 이슬람 정신이 사회통합의 기조가 됨에 따라 남예멘 주민들은 많은 불편을 겪게 됐다.

다. 평가

남북예멘의 통합과정에서 걸프전의 영향도 많이 받은 것도 사실이지만 근본적인 원인은 통합방식 자체의 결함으로 볼 수 있다. 과도정부는 남북예멘의 관료를 그대로 흡수함으로써 재정의 낭비를 초래했고 효율적인 정책수립과 집행이 불가능했다. 한마디로 예멘 통일은 정치와 행정의 결함이 경제상황을 악화시켰고 경제상황의 악화가 사회적 혼란을 증대시키는 악순환의 과정을 거치게 된 것이다.

5. 분단국 통일·통합이 한반도 통일에 주는 시사점

이상과 같이 살펴본, 분단국의 통일 사례는 우리 한반도 통일에 값진 시사점을 제공하고 있다. 우선 독일 통일이 주는 시사점이다. 통일을 염원하는 한반도에 독일 통일은 한반도가 처한 상황, 즉 정치, 사회, 경제적 상황을 고려해 볼 때 가장 유사한 사례라 할 수 있다. 그러므로 한반도는 독일로부터 분단고통의 완화를 위한 방법은 물론 궁극적으로 통일의 방법과 지혜도 얻을 수 있다. 그뿐만 아니라 통일독일은 통일 후에 나타날 수 있는 여러 가지 문제들과 그 문제들을 해결하는 방법들도 보여 주고 있다. 첫째, 동·서독이 실천했던 분단관리체제로부터 얻을 수 있다. 분단구조하에서 동·서독 관계의 원칙은 교류와 협력을 통한 상호공존이었다. 이것은 동·서독이 각각 실리를 추구하며 실천이 가능한 작은 일로부터 시작하는 "작은 걸음kleine Schritte"으로 접근하는 것이었다. 동·서독 간의 경제적 교류에서 대부분 동독 쪽에 더 유리했지만 서독은 이것을 전혀 개의치 않고, 크게 독일 문제의 해결로 생각한 것이 교류를 활성화해 통일 독일의 밑바탕이 됐다. 지난 2016년 남한과 북한 정부는 대 통일을 위한 작은 통일, 즉 독일 통일의 사례에서 보여 주듯 대 통일을 위한 "오솔길"을 언급했다. 바로 상호 신뢰를 바탕으로 한 서신 교환, 상대방의 TV시청 및 사회, 경제, 문화적 교류를 통한 인적, 물적 교류 등으로 점진적인 대 통일의 길로 가야 한다. 둘째, 독일 통일의 과정과 방법은 베트남 통일과 다르게 1990년 10월 3일, 평화적이고 민주적인 방법으로 통일을 했다는 것이다. 이것은 통일의 가장 기본적 가치이면서 중요한 시사점이라 할 수 있다. 독일 통일은 조약과 협정을 바탕으로 "화폐, 경제 및 사회통합에 관한 국가조약"을 비롯하여 선거조약, 통일조약을 체결함으로써 통일을 하기 위해 동·서독 간 풀어야 할 문제들을 대체로 조약과 협정으로 해결했다. 더불어, 주변 강국들과 회담을 통한 통일외교를 성공적으로 이루었다. 즉 2+4 협정〔동·서독 당사국, 미국, 영국, 프랑스, 러시아〕을 성사시켜 독일 통일을 가로막는 국제 문제도 해결했다. 이러한 독일 통일의 과정과 방법은, 유사한 상황에 처해 있는 한반도가 추구해야 할 방법론이라 할 수 있다. 한반도도 지정학적 특성과 주변 국가들의 역학 관계로 인하여 한반도 통일은 우리 민족 내부의 문제와 주변국들의 이해가 얽힌 복합적인 문제라는 양면성을 가지고 있다. 그러므로 한반도는 한반도의 통일을 지원할 수 있는 국제적 통일 환경도 조성하여야 한다.

다음으로, 베트남 통일이 보여 주는 시사점이다. 베트남의 통일은 우리 한반도에게 반면교사로서의 통일 시사점을 여실히 보여 주고 있다. 현재 북한은 이념적으로 북 베트남이 당시 취하고 있었던 공산주의 이념을 그대로 추구하고 있다. 이러한 측면은 공산주의 근본이념인 폭력에 의한 프롤레타리아 정권 창출, 즉, 전쟁을 통한 무력적, 강압적 통일을 추구하고 있다는 것이다. 북한의 현재까지 행태를 고려해 볼 때, 화전양면성을 갖고 있음을 기억해야 할 것이다. 또한, 베트남 통일은 통일방법뿐만 아니라 통일 후 정치지도자 및 고위정부 관료들의 선출 및 구성에서 전문성이 부족하고 남베트남의 대표성이 배제됐다. 이러한 정부기구는 남베트남의 경제상황에 대해 필요한 지식과 이해가 부족해 남부지역의 경제현실과 동떨어진 정책을 결정하고 집행했다. 이러한 체제통합정책은 많은 문제점으로 인해 효과성이 크게 저하됐고 기대한 결과에 도달하지 못했다. 이처럼 베트남의 통일 사례는 독일의 통일 사례와 달리 반면교사로서 한반도 통일에 주는 시사점이 매우 크다 하겠다.

끝으로, 예멘 통일이 보여 주는 시사점으로, 남북예멘의 통일 방법은 합의에 의한 평화적 통일방식이었으나, 급진적 통일로 준비 과정이 매우 부족했다. 통일 이후에도 통합방식 자체의 근본적 결함으로, 통일 과도정부는 남북예멘의 정부 구성 인원을 100%로 흡수하면서 재정의 낭비를 초래했고 효율적이며 효과적인 정책수립과 집행이 이루어지지 않았다. 이러한 정치, 행정적 문제점은 경제상황을 악화시켰고 사회적 혼란을 증대시키는 악순환의 과정을 거치게 된 것이다. 이러한 남북예멘의 통일은 향후 한반도 통일 이후 통일 정부 수립의 구성과 정책집행에 주는 시사점이 매우 크다 하겠다.

6. 맺음말

이 장에서는 과거의 국가 통합과 분단국 통일에 대한 문제를 다루었다. 현재 세계 유일의 분단국인 한반도의 통일은 우리의 염원이며, 평화를 추구하는 세계인의 바람이라 할 수 있다. 지금까지 분단국의 통일 사례, 독일의 흡수형 통일, 예멘의 합의형 통일, 베트남의 무력형 통일방식을 알아보았으며, 이러한 통일 사례가 한반도에 주는 시사점을 확인했다. 제2차 세계대전 이후 분단된 나라들 가운데 가장 복잡하고 어려울 것으로 보았던 독일이지만 베를린 장벽이 무너지고, 평화적, 민주적 방식으로 통일을 이루어 냈다. 이러한 분단국의 통일 과정에서 나타난 갈등관계 및 상황양상을 고찰·비교하여 나타난 시사점과 통일 후에 나타난 또 다른 갈등과 문제점이 주는 교훈을 기초로, 향후 한반도 통일을 위해 우리가 지향해야 할 남북관계의 효율적인 갈등관리 방법과 통일방식을 모색해야 한다. 한반도 통일에 대한 우리 스스로 통일에 대한 가치를 재인식하고 더불어 남북한 통일에 많은 영향력을 미치고 있는 주변 강대국들의 협조를 이끌어 낼 수 있는 국제적인 분위기 조성에도 많은 관심과 노력을 기울여야 한다.

생각해 볼 문제

1. 베트남의 통일은 독일의 통일과 달리 무력 통일로 이루어졌다. 이러한 무력통일이 가능했던 이유는 어디에 있는지 생각해 보자.

2. 통일 사례를 통해 향후 한국의 통일 과제를 이루는 데 있어서 제시하는 주요 시사점에 대해 생각해 보자.

제13장

한민족의 통일 노력과 평화통일의 길

1. 머리말

한민족 통일에 대한 평화사상과 노력은 광복 이전부터 현재까지 많은 사상가들의 연구 그리고 정부정책을 통해 지속적으로 이루어져 왔다. 우리 민족이 지금까지 생존할 수 있는 전략적 자산이며 내부적 갈등을 극복할 수 있는 정신적 근원이 바로 위대한 사상에 있다. 그런 의미에서 한반도 평화통일을 위한 광복 이전과 이후 대표적 평화사상가들의 통일론을 고찰해 보고자 한다. 또한, 해방 이후 한국의 초대정부인 이승만 정부 시절부터 최근 정부까지의 공식적인 통일정책을 진단하고 이에 따른 향후 한반도 통일을 위한 시사점을 제시하고자 한다.

2. 한민족 통일을 위한 시도들

2-1. 1948년 광복 이전의 통일론

가. 조소앙의 삼균주의

조소앙의 삼균주의는 1920년 이후 이데올로기적으로 분열된 독립운동에서 이를 지양하고 항일 투쟁의 힘을 증대하기 위한 현실적 요청에서 만들어진 사상이었다.

삼균주의는 두 가지 형태의 삼균 원칙을 설정하고 있다. 첫째, 광의의 개념으로 삼균은 개인 간의 균등, 그리고 민족 간의 균등, 국가 간의 균등으로 구성되어 있으며, 이것이 확립되면 결국에는 국가가 불필요한 세계 일가의 이상세계가 실현된다는 것이다. 좁은 의미의 삼균은 개인 간 균등을 이룩하는 3대 원칙으로 국가 내부에서 정치적 , 경제적 및 교육적 균등으로 실현된다. 정치적 균등이란 보통선거제와 기본 권리의 보장을 통해, 경제적 균등은 토지 국유화 대 생산 기관 국유화 등으로 사회주의 경제 원칙과 비슷하다고 볼 수 있다. 교육적 균등은 교육의 균등 없이는 개인 간의 균등한 생활이 불가능하다고 보고 국민들에게 교육적 기회를 평등하게 제공하는 것이다.[1] 즉 교육은 국가의 의무 및 국민의 기본권으로 보고 있어 인본적인 면에서는 서구 민주주의에, 국영원칙 면에서는 사회주의 제도에 가깝다고 할 수 있다.

조소앙은 모든 분쟁이 불평등에서 시작되며, 불평등의 영역을 개인, 민족, 국가로 파악했다. 개인, 민족, 국가 단위에서 불평등을 해소하고자 하는 이러한 삼균주의, 즉 정치·경제 및 교육의 균등은 민족 내의 계급을 극복한 민족의 동질적 발전을 향상시키려는 것으로서, 광복 이후 민족국가 건설을 위한 방향을 제시한 것이다.

나. 한용운의 평화사상

만해 한용운의 평화에 대한 인식은 하나의 평화사상이다. 즉 만해는 평화에 대해 나름 명확하고 논리성이 분명하다는 것이다. 그는 사상가들이 빠지기 쉬운 자기 최면에서 벗어나 보편적이고 합리적인 평화에 대한 사고를 명확히 정리하고 있다. 그의 평화사상은 단순히 당시의 시대적 상황에만 국한되는 것이 아니라 보편성을 분명히 지니고 있다는 점에서 시간과 공간의 개념을 넘는 내용으로 구성되어 있다고 하겠다.[2]

1 김용호, "조소앙과 삼균주의에 대한 재조명", 『한국정치연구』, 제15권 제1호, 2006, pp.49~64.

2 정경환, "제2장 만해 한용운의 정치사상에 관한 연구", 『민족사상』, 11(4), 2011, pp.41~90.

1) 민족자결론

만해의 정치사상은 다양한 차원에서 분석될 수 있지만 한마디로 규정하면 '민족자결론'으로 정의할 수 있다. 민족자결론은 독립적인 자존을 기초로 한 사상으로 민족자결은 평화의 기본조건이라고 강조하고 있다.[3] 그의 정치사상을 민족자결론에 의거하여 간략하게 고찰하면 먼저, 독립적 자존을 강조하고 있고 둘째, 나를 중심으로 하는 개체의 독립자존을 통해 민족자결에 대한 신념을 나타내고 있으며 셋째, 민족자결이 평화의 근본 조건임을 주장하고 있다.[4] 민족자결이라는 의미는 민족의 과업과 미래를 민족 스스로의 힘에 의해 결정한다는 주체적인 의미를 담고 있다. 이런 점에서 볼 때 세계 평화는 민족자결력이 강한 민족국가의 튼튼한 토대 속에서 가능하다 할 수 있다. 그는 민족자결이 바로 동양 평화뿐만이 아니라 세계 평화를 위한 전제 조건임을 확실히 인식하고 반복해서 자신의 견해를 피력하고 있다. 다시 말해 민족자결이 세계 평화의 근본적인 해결책이라고 본 것이다.

2) 자유에 기초한 평화론

만해의 자유관은 매우 보편적이고 합리성을 지니고 있다고 평가된다. 그는 "자유를 만물의 생물"로 인식함으로써 "자유가 없는 사람은 죽은 시체와 같다"라는 명구를 만들어 내었다. 또한, 평화는 "인생의 행복"이라고 한 것 역시 평화에 대한 입장을 잘 표출한 것으로 보인다. 만해 한용운은 평화를 본질적 가치가 아니라 자유에 의해서 획득되어야 할 "결과적 가치"로 보았다. 만해 한용운이 자유를 얻기 위해서는 가장 소중한 생명을 바쳐도 무방하다고 한 것은 자유의 중요성을 나타낸 그의 깊은 인식을 그대로 보여 주고 있다. 그에게 참된 자유의 결과물로서 평화는 자유가 전제되지 않고서는 그 어떤 참된 평화는 나타나기 어렵다

---

3 위의 논문

4 정경환, "제7장 만해 한용운의 평화사상과 한반도 통일", 『통일전략』, 12(1), 2012, pp.239~283.

고 했다.[5] 또한 평화와 문명과의 비유를 통해 평화주의적 문명이 참된 문명이라고 한다면 침략적 폭력적 문명은 야만이라 칭했다.

3) 평등을 지향하는 평화론

만해는 자유, 평등 그리고 평화의 관계에 대해 다음과 같이 언급하고 있다. 평화의 정신은 평등에 있으므로 평등은 바로 자유의 상대가 된다.[6] 평화의 정신이 평등에 있다는 것은 바로 평등이 평화의 원동력 또는 일종의 동인을 일으키는 것을 알 수 있다. 그리고 평등은 자유와 상반되는 말로 자유와 평등의 상호 관계성에 대한 그의 인식을 그대로 표출한 것으로 보인다. 보장이 없는 평등은 무의미한 것이고, 평등을 전제로 하지 아니하는 자유란 공허한 것이 될 수밖에 없다.[7]

위의 글의 함축적 내용과 같이 불평등한 현상이 존재하는 곳에는 사실상 진정한 평화란 오기 어렵다는 것이 만해의 평화에 대한 기본적 생각이다. 만해의 평화는 불평등이 없는 상호 분열과 파괴가 없는 완전한 평등을 추구하는 그런 평화였다.

다. 안중근의 동양평화론

안중근의 『동양평화론』은 당시 국제정세의 변화 속에서 대한민국의 독립, 동아시아의 평화 및 세계 평화에 대해 논한 것이다. 『동양평화론』을 보는 시각은 다양한데 3국 동맹결성을 촉구하는 사상, 아시아의 독립을 추구하는 이론으로 보는 시각, 동아시아의 평화를 추구하는 사상, 반제국주의 사상으로 보는 시각 등이 있다. 안중근의 『동양평화론』의 내용을 간략히 보면 다음과 같다. 안중근은 『동양평화론』 서문에서 일제가 동양문화의 중심지인 한반도와 중국 대륙 침범을 감행하면 차후 서구 제국주의 열강에 의해 멸망하게 될 것을 경고했다. 그는

5 위의 논문, pp.265~268.

6 韓龍雲, "朝鮮獨立의 書", 萬海韓龍雲先生全集刊行委員會(編), p.346.

7 權寧星, 『憲法學 原論』, 서울: 法文社, 1990, p.307.

이러한 파국적 상황을 모면하기 위한 대응방안으로 일제가 한국과 중국대륙 침략을 단념하고, 지정학적 지역인 중·러·일 3국의 세력 충돌지인 여순 지역을 중립화하는 것이 옳다고 제안했다.[8] 이를 위하여 그는 일제가 여순을 중국에 반환하고 그곳에 한·중·일이 공동으로 관리하고 이용하는 항구를 만들자고 제안한 것이다. 이것은 전략적 요충 지역인 이곳을 중립화함으로써 근본적 분쟁을 막고, 궁극적으로 동양 평화 및 세계 평화에 이바지하고자 한 의도이다. 또한 서양 제국주의 세력의 침략에 대비하여 한·중·일 3국의 공동무장을 허용하는 것이다. 그럼으로 이들 3개국이 군사·경제적 자원을 공동으로 이용하며 동양평화의 분위기를 만들고자 하는 '협력안보-평화경제-평화공동체'의 발상이었다.[9] 그의 동양평화사상은 그가 생존하던 시대를 뛰어넘는 사상체계였다. 그의 동양평화에 대한 관점은 사상적·시대적 한계를 넘어 오늘날 불확실성이 증대되는 한반도 및 동북아의 안보정세에 직접적으로 대입할 수 있는 평화전략론 또는 평화사상으로서의 의미를 가지고 있다고 분석된다.[10] 일례로 안중근의 동양평화론 중 공동은행 설립과 공용화폐 발행[11]은 바로 현재 EU가 추진하고 있는 유럽연합과 같은 방식으로 그 당시 통화의 통합을 통한 경제통합을 제안한 매우 미래지향적 시각을 보여 주고 있었다.

이러한 그가 가진 동양평화사상은 통일한국과 동북아 평화를 기원하는 우리 대한민국 국민에게 커다란 시사점을 제공하고 있다. 통일한국의 성취는 사실 동북아 평화구축과 불가분의 관계이며, 남북한의 평화유지와 통일은 곧바로 동북아 평화구축의 원동력과 기반이 될 것이다.

라. 김구의 평화사상과 통일국가관

8 정병학, "기조강연", 『대한국인 안중근 학술연구지: 안중근의사의 위업과 사상 재조명』, 서울: 사단법인 안중근의사 숭모회, 2005, p.19.

9 오일환, "제2장 안중근의 평화사상의 내용과 의미", 『민족사상』, 6(2), 2012, pp.37~71.

10 정경환, "안중근의 정치사상에 관한 연구", 『민족사상』, 3(1), 2009, p.101.

11 현광호, "안중근의 동양평화론의 연구 현황과 연구 과제", 한국민족운동사 연구, 2013, pp.93 ~132.

백범의 삶은 민족을 위한 조국의 독립과 통일을 위한 헌신적 삶이었다. 그의 삶의 모습은 백범의 삶의 목표가 모든 인류가 하나가 되는 사해동포주의적 인류평화 공동체의 형성에 있었다는 것을 나타내고 있다. 백범 김구에게 평화는 전쟁을 하지 않는 것이 아니다. 한민족 스스로 새로운 질서를 만들고 그것을 지속적으로 추진할 수 있는 원동력을 갖는 것을 말한다.[12] 먼저 백범 김구의 평화사상을 보면 다음과 같다.

우선 백범의 평화사상은 첫째, 국가의 주체를 강조하는 '민족주의'에 입각한 평화관으로 이데올로기적 갈등도 일시적이며 오직 민족만이 하나의 토대가 될 수 있다고 강조했다. 이러한 민족주의는 이기주의적 관점 즉 우리만을 위한 민족주의가 아니라, 개별 민족국가들이 각각 자생력을 갖추어 나간다면 자연스럽게 사해동포, 세계 평화로 화합할 수 있을 것임을 강조하고 있다.[13] 그는 현실적으로 사해동포주의 인류 공동체는 이루기 어려운 과제이지만 우리 민족이 그 일을 뜻깊게 해야 한다고 믿고 있었다. 둘째, 국가의 이념을 강조하는 '자유'에 입각한 평화관으로 자유를 기초로 하고 있다는 점이다.[14] 그는 평화사상뿐 아니라 모든 사상의 전제 내지 기초로 자유를 제일의 가치로 제시하고 있다. 셋째, 국가의 미래 비전을 강조하는 '문화'에 입각한 평화관이다. 백범은 우리가 새롭게 건설해야 할 국가의 미래 비전을 '문화'라 보고 이 문화가 우리 자신의 삶을 행복하게 해 주고 남에게도 행복을 주는 것이라고 했다. 이러한 백범의 문화관은 세계적인 보편성을 갖추고 있다.[15] 백범의 평화사상은 우리 민족을 중심으로 하여 세계로 향한 전략이 담겨 있다.[16]

이상과 같은 백범의 평화사상은 우리 민족 일원에게 통일을 향한 하나의 지

---

12 박균열, "제2장 백범 김구의 평화관 연구: 통일국가 건설을 중심으로", 『민족사상』, 7(3), 2013. 9, pp.35~70.

13 도진순, 『한국민족주의와 남북관계: 이승만 · 김구 시대의 정치사』, 서울: 서울대학교출판부, 1997, pp.127~130.

14 박균열, 앞의 논문, p.60.

15 위의 논문, p.62.

16 정경환, "제1장 백범 김구의 평화사상과 한반도 통일", 『통일전략』, 11(4), 2011, pp.9~44.

침 내지 사상적 모형으로서의 의미를 지니고 있다고 여겨진다. 이렇게 볼 때 백범의 평화사상은 시대를 초월한 보편적인 평화사상으로 재조명되어 오늘날 남북한 관계를 푸는 중요한 해법을 제시해 주고 있다고 하겠다.

2-2. 1948년 광복이후의 통일론

가. 함석헌의 통일관

함석헌은 "이제 우리의 나아갈 길은 간디를 배우는 길밖에 없다"[17]라고 말할 정도로, 그의 비폭력주의 평화사상은 간디로부터 지대한 영향을 받았다. 또한, 함석헌에게 비폭력은 모든 사람 속에 불멸의 영성靈性을 보는 것이요, 그것을 불러내자는 운동이었다.[18] 함석헌의 평화사상은 기독교 평화 신앙에 뿌리를 두고 있다.[19]

한편, 통일과 관련해서는 함석헌의 비폭력주의가 갖는 의미를 좀 더 현실적으로 구체화하고 정책적으로 이끌어 낼 수 있는 의지가 있어야 한다. 이를테면 화해와 협력에 근거를 두면서 서로 갈등과 긴장을 완화하여 전쟁의 가능성을 낮추는 이른바 '한반도 비폭력통일론'이라 할 수 있는 '연방제 통일론'이나 '중립화 통일론'에 대한 논의가 있다. 그러나 그 무엇보다도 함석헌은 이러한 모든 일을 전개해 나가기 위한 정신력, 혼의 힘, 민중의 정신이 우선해야 한다고 강조한다.[20]

이와 같이 함석헌의 사상적 핵심인 협화철학, 협화사상 즉 서로 조화하고 공존하려는 하모니, 이러한 이론과 사상은 통일론에 중요한 시사점을 던져 주고

17 함석헌, 『함석헌전집7-간디의 참모습: 간디자서전』, 서울: 한길사, 1984, p.9.

18 함석헌, 『함석헌전집2-인간혁명의 철학』, 서울: 한길사, 1983, p.41.

19 유석성, "함석헌과 본회퍼의 평화사상", 『신학과 선교』, 33, 2007, pp.1~20; 정지석, "한국 기독교 평화 윤리의 연구: 기독교 평화주의와 함석헌의 평화 사상", 『기독교사회윤리』, 11, 2006, pp.135~150; 박재순, "동아시아와 함석헌의 평화사상", 『일본사상』, 16, 2009, pp.21~53.

20 김대식, "함석헌의 평화사상: 비폭력주의와 협화주의를 중심으로", 『통일과 평화』, 8(2), 2016, pp.45~79.

있다.

나. 운동권의 통일관

학생 운동권은 통일의 문제를 독립된 주체로 설정하기보다는 분단, 반전, 반핵, 평화운동, 북한의 주제사상 등을 망라한 총체적 시각 속에서 접근하는 것이 특징이다.

우선, 통일의 개념에 대해 '분단된 민족을 통합시키는 데 방해하는 파쇼정권과 미제국주의에 대항하여 자주·평화·민족대단결의 원칙하에 한겨레가 한 가족으로 합쳐지는 것을 말한다'라고 규정하고 있다. 이러한 관점에서 출발한 통일 논의와 주장은 한국 사회 변혁 속에서 그 위상을 설정하고 있다. 분단을 통해서 남한사회의 식민지 대리정권이 육성되는 과정은 그 자체로서 조국통일의 과제가 식민지 대리정권의 해체 작업, 즉 분단 고착 세력의 존립기반을 허무는 작업과 제국주의의 남한 사회 식민지 지배구조를 해체하는 작업의 성격을 가지게 됨을 말하는 것이다"라고 정의하고 있다.

통일의 주체에 대해서는 '남한과 북한, 그리고 국제적으로 조국의 완전한 통일을 염원하고 있는 애국민중'이라 주장하고 있는데, 구체적으로는 '남한에서는 변혁에 가장 많은 잠재성을 가지고 있는 노동자·도시 빈민·농민들과 각계각층에서 갈라진 한반도의 현실을 인식하고 있는 모든 민중들, 북한에 있는 통일의 반쪽 주체인 인민대중들, 세계 도처에서 민족 해방투쟁을 벌이고 있는 세계 평화애호민들이 뜻을 합하여 주체'라고 주장한다.

남북 문제로서의 통일 문제가 아니라 분단으로부터 피해 받고 있는 민중이 통일운동에 주체적으로 나서고 사회변혁의 주체로서는 민중이 부각되는 것, 이것이 통일 문제에 대한 기본 접근방법인 것이다.[21]

통일 논의에 있어서 주목되는 점은 북한의 연방제 통일방안에 대한 수용자세

21 최경환, "대학운동권의 분단·통일문제인식", 『통일한국』, 74, 1990, pp.50~56

이다. 운동권은 이러한 북한의 통일방안에 반대할 필요가 없다고 주장하고 이에 반대하는 세력은 미국과 이에 빌붙어 살아가는 소수 통치 모리배들과 매판 독점 재벌들뿐이라 하고 있다. 고로 운동권은 북한의 통일방안인 고려연방제 통일을 적극 지지하고 있다고 할 수 있다.

사실 이러한 통일관은 매우 편협적 사고에 의한 판단으로 매우 위험하고 불안한 폭력적 통일로 이루어질 수 있다.

3. 한국정부의 공식적인 통일정책

지금까지 역대 정부는 각각 당시의 대내외적 상황을 고려, 적합한 통일정책을 제시했다. 정부수립 이후 현재까지 시행되어 온 역대 정부의 통일정책을 알아보면 다음과 같다.

3-1. 이승만 정부1948~1960

이승만 정부의 통일정책은 북진 정책으로 요약된다. 공산주의자들을 섬멸하기 위해서라면 전쟁도 불사한다는 초강도의 강경책을 추진하려 했다, 1954년 4월 27일 제네바에서 남한은 통일을 위한 제안으로서 북한 정부에 총선거를 치르자고 했다. 총선거는 남한의 헌법적 과정에 기본을 둔 유엔UN 감독하에 이루어져야 한다는 것이었다.[22] 북진정책이나 총선거 제안 등과 같은 대북 정책 혹은 통일정책의 함의는 남한 정부가 북한 정권의 합법성 혹은 정통성을 인정하지 않는다는 것이다. 기본적으로 이승만 정부는 한반도의 유일한 합법 정부는 남한이라는

22 양영식, 『통일정책론』(서울: 박영사, 1997), pp.11~20.

신념을 굳게 지켰던 것이다.

이러한 이승만 정부의 강경책과 단독적인 정책은 실질적으로 볼 때, 한반도 통일을 주장하면서 정책을 시행했다고 하지만 남북 대화를 어떻게 이끌고 북한을 어떠한 방법으로 개방시킬 것인가 등에 대한 구체적 준비가 많이 부족했다.

3-2. 박정희 정부1962~1979

북한과의 대화를 완전히 배제하지는 않지만, 박정희 정부는 기본적으로 북한에 대한 불신을 가지고 있었다. 이런 점에서, 한반도가 통일이 되는 유일한 방법 중 가장 효과적인 방법은 승공勝共이라 생각했다. 승공 통일 정책은 먼저 건설에 집중해 경제를 살리고 후에 통일을 위한 적극적인 정책을 시행한다는 방향성이 구체화됐다. 남한이 정치, 경제, 사회, 문화 등 각각의 분야에서 북한을 능가할 때, 비로소 통일이 가능하다고 판단했다.

1960년대 후반에 발생했던 북한 무장 게릴라의 갑작스런 남침과 같은 폭력적 사건들은 남한 정부가 반공을 기치로 내건 안보 정책을 강화하는 중대한 요인으로 작용했다. 1970년에 들어서면서 정부의 통일 정책은, 미국과 소련의 데탕트무드에 따라, 그러한 화해 분위기가 한반도에도 영향을 미치게 됐다. 1970년 광복절 기념사에서 박정희 대통령은 남과 북 사이에 '발전과 건설 그리고 창조의 경쟁'이 있어야 할 것임을 천명한다.[23] 이것은 분단 이후 처음으로 남한이 북한과 평화롭게 공존하기를 희망한다는 뜻을 밝힌 것이어서 그 중요성이 자못 크다고 할 수 있다.[24] 1971년 8월 14일 인도적 차원에서 남북대화가 열리기 시작했다. 이러한 변화의 근본적인 이유로 남한이 경제적 측면에서 북한 체제에 대해 어떤 자신감을 갖게 됐다는 것을 들 수 있겠다.[25]

---

23 *A White Paper on South-North Dialogue in Korea*(Seoul: National Unification Board, 1982), pp.315~320.

24 Hakjoon Kim, *Unification Policies of South and North Korea*, Seoul National University Press, 1978, pp.299~300.

25 양영식, 앞의 책, p.160.

나라 안과 밖에서 생긴 호의적인 변화는 역사적인 '7.4 남북 공동성명'의 중요한 배경이 된다. 남과 북은 '자주, 평화 그리고 민족대단결'이라는 원칙 아래 통일을 위해 함께 노력한다. 성명과 더불어, 통일에 관한 여러 문제를 논의할 남북협력위원회를 발족시킨다. 이는 남북관계를 새로운 시대로 접어들게 하는 중요한 계기로 작용한다.[26] 하지만 이러한 우호적 관계는 미국과 소련 사이의 동서 냉전이 다시 강화되면서 주춤하게 됐다. 이러한 국제적 정세 변화는 한반도에도 직접적 영향을 주었을 뿐만 아니라, 7.4 공동성명의 해석을 두고 남북한이 갈등하기 시작했으며, 1970년 중반 남과 북 사이에 존재했던 경제적, 군사적 경쟁은 남북관계에 더 큰 긴장을 가져다주는 주된 원인이 됐다.

3-3. 전두환 정부1980~1987

전두환 정부의 통일 정책을 면밀히 살펴보면, 당시의 상황을 고려하여 긴장완화와 평화공존이라는 이중적 목적에 이바지할 수 있는 내용들로 구성되어 있다. 남한 정부는 남북한 지도자의 상호 방문1981을 제안하고 나서, 곧 이어서 1981년 6월 5일 남북한 정상 회담을 제안했다. 전두환 정부의 이와 같은 제안은 비정치적 교류뿐만 아니라 정치적인 요소가 긴장완화와 평화공존의 증진에 중요하다는 인식에서 비롯된다. 이러한 접근은 '민족화합민주통일방안'1982에서도 잘 나타난다.[27] 이 방안의 특징은 평화통일원칙을 재확인하고 민족, 민주, 자유, 복지를 목표로 한 미래의 통일국가를 제시했다는 점이다. 또한 세부적인 추진 사항들을 제시했는데 상호평등에 근거한 우호적 관계 유지, 모든 분쟁의 평화적 해결, 국내 문제 불간섭, 휴전 체제의 유지와 군사비 증액 중단, 남과 북이 서명한 모든 국제조약 존중, 이러한 문제들을 논의하고 해결하기 위한 연락 사무소 개소 등

26 이창호, "역대 한국 정부의 통일 정책에 대한 기독교 윤리적 응답: 전쟁과 평화 전통을 중심으로", 『기독교사회윤리』, 제20집, 2010, pp.223~268.

27 김근식 외, 『통일·남북관계 사전』, 서울: 통일부 통일교육원, 2004, pp.141~142.

이 그것이다.[28]

하지만 북한에 의해 대한항공 007편 피폭사건과 남한 대통령을 포함한 고위급 정부관리들을 대상으로 한 랑군Rangoon 폭파 사건 등 1983년에 일어난 비극적 사건들은 남북관계를 급속히 악화시킨다. 그런데, 엄청난 홍수 피해로 고통받던 북한이 남한에게 구호의 손길을 요청하자 남한은 북한의 요청을 수용했고, 이 일이 남북관계 개선의 계기로 작용하게 된다. 1973년 이후로 중단됐던 적십자회담이 재개되고 남과 북은 부총리급 인사가 주도하는 경제 협력 기구 구성에 합의하며 1985년에는 이산가족상봉과 예술가들의 상호 방문 등 남북관계에 유연한 태도를 가지게 된 김일성은 3자 회담이든 당사자 간의 직접 대화이든 만나자는 의사를 표명하기에 이른다.[29]

3-4. 노태우 정부1988~1993

노태우 정부인 제6공화국은 과거와 다른 차원에서 새로운 남북관계의 정립을 위한 통일 노력을 경주했다.

노태우 정부의 통일 정책은 '한민족공동체통일방안'으로 집약되는데, 이 방안의 중요 특징들은 다음과 같다. 먼저, 대화를 통한 신뢰회복 및 남북 정상 회담을 통해 '민족공동체헌장'을 채택하려 한다는 것이다. 즉 화해와 협력을 통한 민족 공동체 형성을 지향한다. 또한, 통일 헌법이 제정되면, 이에 준하여 통일국회와 통일정부를 구성하는 것이다. 즉 남한과 북한이 사회, 문화, 체육, 경제 등 모든 영역에서 교류와 협력을 통해 하나의 민족 공동체를 이루면 이에 따른 파급 효과로 정치적 통합을 위한 조건이 충족되며 이러한 경우에 통일 국가를 이룰 수 있다. 국가 건설은 민족 건설을 통해 성취될 수 있는 것이다.

---

28 Young Whan Kihl, "South Korea's Unification Policy in the 1980's", in Tae-Hwan Kwak, Chonghan Kim, and Hong Nack Kim, eds., *Korean Reunification: New Perspectives and Approaches*, 경남대학교출판부, 1984, pp.34~36.

29 이창호, 앞의 논문, pp.223~268.

세부적으로, 이 합의서에는 남한과 북한 모두 핵무기나 핵과 연관 있는 핵 재처리 혹은 우라늄 가공 시설을 가져서는 안 된다는 것을 규정한다. 이에 따라, 북한은 국제원자력기구IAEA 협정에 서명하고 사찰단의 북한 핵시설 사찰을 수용했다. 그러나 1992년 북한이 '화해, 불가침 및 교류협력에 관한 남북한 기본합의서'를 일방적으로 파기하면서 북한에 대한 신뢰가 완전히 깨졌으며 불신이 급격히 증대됐다. 북한은 1년 후 '핵확산금지조약'에서도 탈퇴한다.[30]

이와 같이, 북한의 터무니없는 일방적인 조치들로 인해, 평화공존을 목표로 하여 상호 간에 맺었던 정치적 약속이나 합의에 대한 신뢰성이 매우 심각하게 훼손된다.

3-5. 김영삼 정부1993~1998

김영삼 정부는 1994년 8월 15일 49돌 광복절에서 '민족공동체통일방안'을 제안한다. 이 방안은 근본적으로 남한 체제가 북한 체제보다 우월하다는 확신에 기초한다. 즉 민족공동체통일방안에서는 우선 우리의 통일정책이 자유민주주의의 철학적 바탕 위에 서 있다는 것을 분명히 했다.[31]

이에 따라, 김영삼 정부는 전쟁포로이며 공산주의자인 이인모를 북한으로 이송하고 또 북한의 식량 부족 문제에 대해 남한 정부가 식량을 지원하는 등 북한을 향한 포용적 정책 방향을 완전히 버리지는 않았다. 그러나 북한의 전쟁 위협과 다른 적대적 행위들에 직면하면서, 매파적 정책 방향을 전반적으로 유지하게 된다. 한 예를 들면, 1996년 9월 북한의 잠수함 침투에 대해서 명백한 군사적 침략 행위로 규정, 이 문제를 유엔에 회부했다.[32]

이처럼, 김영삼 정부는 북한을 향해 때로는 강경책, 때로는 유화 정책을 혼합

30 위의 논문, pp.223~268.

31 김영삼 대통령, "제49주년 광복절 경축사", 1994. 8. 15.

32 Kook Shin Kim, "The Kim Dae-jung government and inter-Korean exchanges and cooperation", *The Korea Journal of National Unification*, vol.7, Seoul: The Korean Institute for National Unification, 1998, p.12.

함으로써 대북 혹은 통일 정책 수립과 실행에서 일관성은 없었다.

3-6. 김대중 정부1998~2003

김대중 정부는 "남북관계는 화해와 협력 그리고 평화정착에 토대를 두고 발전시켜 나가야 할 것"임을 밝히고, 포용정책을 일관적으로 추진했다. 김대중 정부가 제안한 햇볕정책은 북한의 변화와 개방, 개혁을 적극적으로 이끌어 내고자 입안된 것으로서, 화해와 교류협력을 참을성 있게 추진함으로써 북한이 개방과 개혁으로 전진하도록 돕고자 했다. 햇볕정책의 세 가지 원칙을 보면, 첫째는 북한의 군사적 도발에 대해서는 관용하지 않는다는 것, 즉 적절한 보복조치를 취한다는 것, 둘째는 흡수 통일 의도를 공식적으로 폐기해 북한의 통일정책의 반발을 제거했으며, 셋째는 1991년의 화해, 불가침 그리고 교류와 협력에 관한 기본 합의서 실행을 통한 교류와 협력증진이다.

이러한 것을 기본으로 햇볕정책은 가상 통일pseudo-unification을 상정하며, 남북이 합의와 국민투표를 통해 실질적 통일을 이루기까지는 많은 시간이 필요하다. 이러한 현실을 고려해 김대중 정부는 가상 통일이라는 목표를 설정했다.[33]

김대중 정부는 새로운 공식적인 통일방안을 제시하지 않았으며, 김영삼 정부에서 제시한 '한민족 공동체 통일방안'을 이어받고 있다고 할 수 있으며, 앞에서 제시한 지속적인 햇볕정책을 통한 북한정부의 개혁 개방을 유도했다.

3-7. 노무현 정부2003~2008

김대중 정부를 이은 노무현 참여정부는 대북정책에 있어서도 김대중 정부의 기조를 거의 그대로 이어받았다. 노무현 정부의 대북정책의 명칭은 '평화번영정책'

---

33 이창호, 앞의 논문, pp.223~268.

이라고도 일컬어진다. 비록 2002년 핵문제가 다시 대두되어 북·미관계 등 일부 한반도 주변 정세가 악화됐지만, 노무현 정부는 포용정책의 기준하에 다양한 정책과 전략을 구사하여 북한과의 호의적인 관계를 유지하는 데 성공했다는 평가를 받고 있다. 북한 핵문제가 완전히 해결되지 않은 상황하에서도 개성공단이 꾸준히 운영됐으며, 김대중 정부에 이어서 제2차 정상회담까지 개최하기도 했다.[34] 이 일을 두고 북한에 끌려다닌 외교였다는 일각의 비판도 제고된 바 있고, 특히 서해평화협력특별지대 설정과 관련하여 영토의 일부를 북한에 제공하는 것이라는 여론의 비판을 만만치 않게 받기도 했다.

3-8. 이명박 정부2008~2013

2008년 초 출범한 이명박 정부는 기존 정책의 성과와 한계를 바탕으로 정상적인 남북관계를 정립하고 실질적 협력관계로 발전시켜 나간다는 관점에서 「상생·공영의 대북정책」을 제시하고, 구체적인 추진전략으로 「비핵·개방·3000」의 구상을 발표했다.[35] 이것은 북한이 핵을 포기하고 개방하면 남한이 국제사회의 협조를 얻어 10년 내 북한 주민 일 인당 국민소득을 3000달러가 되도록 지원을 아끼지 않겠다는 내용이다. 북이 핵을 포기하면, 북한에 대해 확실한 안전보장을 해 주고 경제지원을 한다는 것이었다.

이명박 정부의 통일정책은 크게 볼 때, 핵문제 해결과 새로운 평화구조 창출, 북한의 개혁, 개방 및 정상 국가화, 그리고 북한 경제재건 및 남북경제공동체 실현이다.[36]

이명박 정부의 통일정책은 실용주의적 접근을 통한 상생공영을 추진했다. 이러한 원칙의 통일정책은 긍정적으로 평가받을 수 있지만, 이명박 정부 들어와

34 최병섭, "한국정부의 통일정책 지속성에 관한 연구: 정책변동에 대한 요인 분석을 중심으로", 『정치와 정책연구』, 제6권, 2012, pp.173~203.

35 통일부, 『통일교육지침서 2017』(통합용), 통일부 통일교육원, p.63.

36 성경륭, 윤황, "이명박 정부의 대북정책: 주요 쟁점과 추진방향", 『평화학연구』, 9(2), 2008.

천안함 사건, 연평도 사건으로 남북관계가 점점 악화됨에 따라 남북한 신뢰는 무너졌고 안보불안이 고조됐다.

3-9. 박근혜 정부2013~2017

박근혜 정부의 통일정책은 2014년 1월 신년기자 회견에서 제기된 '통일 대박론'에서 출발한다. 통일 대박론은 김정은 정권의 불안정성에 따라 급변 사태가 발생할 가능성에서 도출된 것이다. 박근혜 정부의 대북정책은 '한반도 신뢰프로세스'에 기본을 두고 있다. '한반도 신뢰프로세스'는 굳건한 안보를 바탕으로 남북 간 신뢰를 형성함으로써 남북관계를 미래지향적으로 발전시키고, 한반도에 평화를 정착하고 나아가 평화통일의 기반을 구축하는 것을 목표로 하고 있다.[37] 하지만 북한의 제3차 핵실험으로 남북은 군사당국 간 통신선 차단, 개성공단 폐쇄라는 매우 적대적 관계가 됐다.

하지만 박근혜 정부의 통일정책은 독일의 통일 상징 도시인 드레스덴에서 발표한 '한반도 통일을 위한 구상〔드레스덴 구상〕'에 구체적으로 나타난다. 통일부는 업무보고에서 구체적인 추진전략으로 '한반도의 지속가능한 평화구축', '한반도 신뢰프로세스 본격 가동', 그리고 '한반도 통일 시대 준비' 제시했다.[38] 박 대통령의 '드레스덴 구상'[39]은 평화통일을 위한 기반 구축을 위해 세 가지 대북 제안과 DMZ 세계생태평화공원 조성, 북한의 비핵화 촉구 등이 포함되어 있다. 평화통일의 기반 구축을 위한 3대 대북 제안으로 첫째, 남북한 주민들의 인도적 문제 해결, 둘째, 남북공동번영을 위한 민생인프라 구축, 셋째, 남북 주민 간 동질성 회복 등을 제기했다. 이러한 통일 대박론의 국민적 공감대 확산과 지

37 통일부, 『박근혜정부의 통일구상』, 통일부, 2015, p.26.

38 최영준 외, "박근혜 정부의 통일정책의 정책 수용성에 대한 실증연구", 『국제관계연구』, 제21권 1호, 2016, p.7.

39 김형빈·이을진, "통일을 위한 한국정부의 과제에 관한 연구", 『통일전략』, 14(4), 2014, 한국통일전략학회, p.29.

속적 추진을 담당할 정부기구로써 박근혜 대통령은 7월 15일 '통일 준비위원회'를 발족했다.[40]

박근혜 정부의 통일정책은 결국 2016년도 하반기부터 시작된 탄핵국면으로 사실상 결산조차 할 수 없는 미완의 정책으로 끝나고 말았다. 이명박 정부의 대북 압박정책이라고 할 수 있는 5.24조치를 계승하면서도 대북교류와 협력을 위한 시도는 두드러져 보이지 않는다. 개성공단 철수와 남북한의 경색 국면은 박근혜 정부의 통일정책이 보여 준 중요한 단면이라고 할 수 있다.

3-10. 문재인 정부 2017~2022

문재인 정부의 통일정책은 한반도의 항구적인 평화정착을 위해 '평화'를 최우선으로, '상호 존중'의 정신에 입각하여, '일관성과 지속성'을 유지하며, 정책의 영역을 동북아와 국제 사회로 확장해 나감으로써 평화와 번영을 추구하는 것이다. 정책적 비전은 노무현 정부의 '평화번영 정책'을 구체화한 '평화공존, 공동번영'이다. 이를 위한 3대 목표로 ① 북핵문제 해결 및 항구적 평화정착, ②지속가능한 남북관계 발전, ③한반도 신경제공동체 구현이 있다. 이를 뒷받침해주는 4대 전략으로 ①단계적·포괄적 접근, ②남북관계 북핵문제 병행 진전, ③제도화를 통한 지속가능성 확보, ④호혜적 협력을 통한 평화적 통일기반 조성이 있다. 이러한 3대 목표와 4대 전략을 더욱 구체화하기 위한 5대 원칙으로 ①우리 주도의 한반도 문제 해결, ②강한 안보를 통한 평화유지, ③상호 존중에 기초한 남북관계 발전, ④국민과의 소통과 합의 중시, ⑤국제사회와 협력을 통한 정책 추진이 있다.

문재인 정부는 통일정책의 5대 원칙에서 명시하고 있듯이 '강한 안보를 통한 평화유지'를 천명했지만, 국민의 생명을 지켜야 하는 국군의 사명과 한미동맹으

40 김형빈·김두남, "제4장 박근혜정부 통일정책의 쟁점과 과제", 『통일전략』, 16(3), pp.125~155.

로 대변되는 '강한 안보'를 소홀히 했다는 비판으로부터 자유롭지 못하다. 특히 2020년 9월말 해양수산부 공무원이 북한군에 의해 사살된 사건은 현실적 안보를 굳건히 하지 않고 이상적 평화만을 추구했다는 한 예로 지목되고 있다. 문재인 정부는 이 문제를 해결하기 위해 5대 원칙 중의 ④번과 ⑤번도 적극적으로 이행하지 못했다는 국민의 원성을 사기도 했다.

4. 맺음말

이 장에서는 한민족의 평화통일을 위한 방향과 우리의 통일 노력에 대해 살펴보았다. 우리 민족 고유의 사고와 문화를 바탕으로 한 사상은 기존의 분쟁과 갈등을 통합과 조화의 이념으로 발현시켜 주는 역할을 할 뿐 아니라 한반도의 새로운 질서 구축과 미래방향을 제시해 주는 정신적 토대이기 때문이다.

대표적으로 백범 김구의 평화사상에 나타나 있는 내적인 민주공동체와 문화공동체의 구축이야말로 자연스럽게 세계 평화에 기여할 수 있다고 밝힌 바와 같이, 우리에게 통일을 위한 민주, 문화공동체 구성을 통한 단계적 통일을 통해 한반도 통일을 달성하고 이는 곧 세계 평화에 공헌할 수 있음을 시사하고 있다. 그뿐만 아니라, 안중근의 동양평화에 대한 관점은 사상적·시대적 한계성을 뛰어넘어 오늘날 유동성과 불안정성으로 점철되어 있는 한반도 및 동북아의 안보정세에 바로 직접적으로 대입할 수 있는 평화 전략론으로서 그 의미가 크다 하겠다.

이러한 사상적 고찰은 역대 정부가 지금까지 시행해 온 통일정책에 있어서 향후 통일을 위하여 어떠한 정책을 제시하여야 할 것인가에 대한 방향을 설정해 주는 사상이라고 볼 수 있다. 이러한 통일사상, 평화사상에 대한 이론적 고찰을 통해, 정부정책의 새로운 패러다임이 제시되어 통일을 앞당길 수 있는 통일우선 정책이 선행되어야겠다고 사료된다.

생각해 볼 문제

1. 한민족 통일을 위한 여러 평화사상 중 김구의 평화사상이 한국의 통일에 주는 시사점은 무엇인지 생각해 보자.

2. 세계의 정세는 빠르게 변화하고 있다. 또한 북한은 여전히 미사일 발사와 핵실험을 지속적으로 자행하고 있다. 대북통일정책을 수립하는 데 포함해야 할 내용을 제시해 보자.

1 이 장은 다음의 학술대회에 발표된 자료를 기초로 발전시킨 것이다. 박균열, 이재만, 김연종, "한국형 도덕판단역량 측정도구(KMCT) KC-지수의 알고리즘", 한국도덕윤리과교육학회 2024년 하계학술대회, 2024.8.7.

제14장

평화의식 측정을 위한 기본 알고리즘

-한국형 도덕판단역량 측정도구KMCT KC-지수를 중심으로-[1]

1. 머리말

도덕성은 인간이라면 마땅히 느끼고, 인식하고, 실천해야 하는 당위적 요청이다. 도덕성은 윤리라는 말과 상호 통용된다. 이 도덕성은 관점에 따라 여러 방식으로 구분된다. 여러개의 바람직한 덕목이나, 문화권의 종류, 실천양식 등에 따라 구분되기도 한다. 그런데 측정을 위한 구분은 대개 통계학적인 요인factor이 되는 것이 좋기 때문에 측정의 용이성에 따라 J. Rest의 4구성요소윤리적 감수성, 윤리적 판단력, 윤리적 동기화, 윤리적 실천성가 잘 알려져 있다. 이 연구는 이 중에서 윤리적 판단력에 주목하여 측정도구의 알고리즘을 논의한다. 윤리적 정체성이 인간의 일상사에서 가장 중요한 요인이기는 하지만 윤리적 판단력이 가장 많은 부분을 차지하기 때문이다.

윤리적 판단력을 측정하기 위한 노력은 L. Kohlberg의 인터뷰에 의한 주관식 도덕판단력측정도구MJI: Moral Judgment Interview가 있고, 그의 제자였던 J. Rest에 의해 객관식으로 개발된 주제정의형도덕판단력측정도구DIT: Defining Issues Test가 있다. 이 DIT는 콜버그의 5~6단계를 중시한다는 의미를 강조해서 원리Principle를 뜻하는 P-지수를 도출했다. 이 도구는 총6가지한국형 표준화는 3가지의 도덕적 딜레마를 동원하여 각기 12문항의 도덕성 발달 6단계를 지향하는 문장으로 구성되었다. 알고리즘 상으로는 1~4단계에 비해 상대적으로 5~6단계를 얼마나 더 중요하게 여기는지를 측정하기 위해 각 단계별 도덕성을 Dummy화 해서 계산하고 있다. 개별 문항별로 체크를 다 하고 난 뒤에 4종류의 가중치를 부여하도록 구성되었다. 지수의 범위는 0~95점이다.

한편 독일 콘스탄츠대학의 G. Lind는 콜버그와의 개인적인 신뢰와 교류에 바탕으로 두고 DIT가 가진 알고리즘상의 단점을 보완하기 위해, 도덕판단역량 측정도구MCT: Moral Competence Test를 개발했는데, 우선 딜레마 스토리를 2개로 대폭 질이면서, 6단계를 의미없이 숫자만 2배로 나열하는 것이 아니라 소위 이중측면이론dual aspect theory에 따라 딜레마 스토리의 최종적인 결정에 대해 찬성하는 가정과 반대하는 가정을 동시에 제시하여 그 지향성의 일관성을 측정한다. 이 도구는 역량Competence을 의미하는 C-지수를 도출했다. 그런데 이 측정도구는 알고리즘상으로 기울기의 정도와 각도+-를 고려하지 않은 단점을 갖고 있다. 지수의 범위는 0~100점이다.

이에 이 연구는 MCT의 기본골격을 그대로 윤지하면서 단지 알고리즘상의 단점을 보완하여 새로운 형태의 한국형 도덕판단역량 측정도구KMCT의 KC-지수 알고리즘을 제시하는 데 주안을 두었다. 기울기와 각도의 문제를 해소하기 위해 수학적 추세선 공식과 이 추세선의 미세한 차이를 보정하기 위해 통계학적 R^2 결정계수 개념을 도입했다. 지수의 범위는 -100~100점이다. 특히 음의 숫자도 표현할 수 있기 때문에 도덕적 악행의 개념인 에티코패스Ethicopath 현상을 설명할 수 있으며, 도덕적 유약함의 개념인 아리스토텔레스의 아크라시아Akrasia 현상도 설명할 수 있다. 나아가 이 연구는 조건부로 -100~100의 범위를 넘어서는 악마형과 천사형도 표현할 수 있는 Ultra KC-지수도 표현할 수 있도록 개발하였다.

향후 이 연구는 도덕판단역량을 측정하는 보편적인 도덕교육의 문화 정착에 기여하여, 보다 엄밀한 진단에 기초한 피교육자들의 수준에 맞는 맞춤형 도덕교육을 할 수 있는 이론적 토대를 제공해준다. 이것이 완성된다면, 도덕판단역량은 에티코패스, 아크라시아, 정상도덕성으로 구분될 수 있고, 각기 윤리치료,

윤리상담, 윤리교육의 윤리적 활동이 이어질 수 있게 해줄 수 있다.

도덕성을 측정하는 일은 도덕교육에서 가장 중요한 일 중의 하나이다. 측정은 사후적 성과 진단도 되면서 그 다음 단계를 준비하기 위한 기초자료를 제공해준다. 하지만 한국적인 맥락에서 이 일은 그렇게 중요하게 여겨지지 않고 있다. 여러 이유가 있겠으나 무엇보다도 도덕교육을 위한 이론과 실무의 현장에서 담당자들이 그 필요성과 중요성을 자각하지 못하는 데서 그 원인을 찾을 수 있다.

이 연구는 도덕판단역량 측정도구를 개발하기 위해 관련 선행연구를 검토하고, 특히 독일 콘스탄츠대학 G. Lind의 도덕판단역량 측정도구MCT: Moral Competence Test의 기본 알고리즘 상의 단점을 보완하는 데 주안을 둔다.

2. 도덕성의 구성의 요인과 그 작동 체계

2-1. 4구성요소에 의한 요인과 작동 체계

James Rest는 도덕성과 관련하여 기존의 지, 정, 행의 구분을 거부한다. 대신 그는 네 가지 내적 심리 과정을 제시한다. 이러한 4구성 요소 모형은 도덕행위를 산출하는 데 필요한 내적 과정을 나타낸다. 이것은 성격 특성이나 덕목이 아니다. 사람이 특정한 사회적 상황에서 어떻게 반응하는지 조사하는 데 사용되는 주요 분석 단위이다. 또한 각각의 요소들은 모두 인지-정서의 상호작용의 구성물이다. 또한 그러한 과정을 통해 도덕적 행동이 실천된다표 1. 참조.

표 1. James Rest의 4구성요소 모형

	주요 내용
제1요소 (도덕적 감수성)	상황에 도덕적으로 반응하는 것을 선택하도록 하기 위해서는 특정한 행동이 필요할 때 재빠르게 반응해야 하고 적절하게 그 사건들을 설명할 수 있어야 한다. 다시 말하면 개인은 상황적인 정보에 민감해야만 하고 다양한 가능한 행동들을 구성적으로 상상해야만 한다는 것이다. 특정한 행동이 필요할 때 재빠르게 반응해야 하고 적절하게 그 사건들을 설명하는 데 결정적인 것은 공감능력이다. 이것은 보통 다른 사람의 고통을 인식하게 될 때 자신도 느끼게 되는 고통이라고 정의된다. 일단 무엇이 발생했는지를 감지한 사람들은 가능한 행동들과 이러한 행동들의 가능한 결과에 의해서 누가 영향을 받을 것이며 어떻게 사람들이 반응하는지에 관해서 생각하게 된다. 도덕적 민감성은 이와 같이 어떤 상황을 도덕적인 문제 상황으로 감지하고 그 상황에서 어떠한 행동을 할 수 있으며 그 행동들이 관련된 사람들에게 어떠한 영향을 미칠 수 있는가를 상상해 본다는 측면에서 정의와 인지 모두의 점진적인 발달과 특히 밀접한 관계가 있다.
제2요소 (도덕적 판단)	요소1과정의 차원에서 가능한 행동을 확인하였다면, 요소2의 기능은 어떤 행동이 도덕적으로 옳은지 그른지를 판단하는 것이다. 다시 말해, 일어날만한 행위의 방향이 결정되면 이제 도덕적 이상 즉 "내가 할 수 있는 많은 일 중 내가 해야만 하는 일은 무엇이며, 도덕법칙이 필요로 하는 일은 무엇인가?"라는 관점에서 행위의 방향을 평가해야만 한다. 이와 같은 제2요소는 우리에게 도덕적 민감성 속에 사회적 규준들과 도덕원리들을 통합시킬 것을 요구한다. 도덕판단은 다른 어떤 요소들보다 현대 심리학에서 보다 포괄적으로 연구되었다. 도덕성에 관한 분야에서 어떤 이론가들이 도덕 판단에 관한 연구를 도덕 전체에 관한 것이라고 간주한다 해도 4구성요소 모형은 이러한 연구는 단지 요소2와 관계가 있을 뿐이라고 주장한다. 즉 도덕적 판단은 도덕성의 전부가 아닌 것이다. 도덕 판단은 우리에게 인간이 얼마나 민감한지 혹은 인간이 그들의 도덕적 이상을 실행시키는 능력을 가지고 있는지에 관해서 말해주지 않는다. 그리고 어떤 다른 가치들이 도덕적 이상보다 우선하는지와 관련된 제3요소에 관해서도 아무것도 말해주지 않는다.
제3요소 (도덕적 동기화)	행동의 결과를 알고 있고, 여러 행동들이 선택할 만한 매력을 가지고 있을 때 왜 사람들은 도덕적인 선택을 해야만 하는가? 무엇이 다른 가치를 포기하고 도덕적인 가치를 선택하도록 동기화시키는가? 도덕적 가치들은 사람들이 가지고 있는 유일한 가치가 아니다. 사람들은 쾌락, 승진, 예술, 음악, 지위 등과 같은 것을 가치롭게 여길 수 있다. 이러한 다른 가치들은 선택된 도덕적 가치와 충돌하게 된다. 예를 들어, 당신은 어려움에 처한 사람에게 도움을 주기 위해서 새 자전거를 포기해야 한다. 여기서 다른 가치 대신 도덕적 가치를 우선시하는 것을 도덕적 동기화라고 한다.
제4요소 (도덕적 품성 및 실행력)	요소4는 위험하고 예기치 못한 곤경에 빠졌을 때 필요하다. 이것은 방심과 다른 유혹들에 저항할 것을 요구한다. 최종 목적을 마음 속에 그리고 계획하는 것은 매우 중요한 일이다. 즉 도덕적 행동으로의 표출을 위해서는 용기를 잃지 않고, 여러 가지의 유혹에 굴복하지 않으며, 눈앞에 있는 목표를 지켜내는 무엇인가를 필요로 한다. 이러한 인내, 굳건함 그리고 능력의 특성들은 우리가 '인격'(character) 혹은 '자아강도'(self-strength)라고 부르는 것들이다.

출처: D. Narvaez & J. Rest, "The Four Component of Acting Morally," In W. M. Kurtines & J. L. Gewirtz, eds., *Moral Development: An Introduction*, Allyn & Bacon, 1995, 정창우, 『도덕교육의 새로운 해법』, 교육과학사, 2004, pp.63-65 재인용.

2-2. 윤리적 역량과 그 관계

윤리적 행위의 기본 패턴은 다음 장의 그림과 같이 먼저 윤리적 정체성에서부터 시작된다. "나는 누구인가"가 일반적인 정체성이라면 윤리적 정체성의 질문은 "나는 누구여야만하는가"이다. 이 질문에 대한 응답이 윤리적 삶의 첫 시작이 되는 것이다. 이러한 윤리적 요청에 근거하여 윤리적 판단이 이루어지게 되고, 이 판단에 근거하여 윤리적 감수성은 외부 환경으로부터 유입되는 정보에 대한 선별을 하게 된다. 이것을 윤리적 여과Ethical Filtering라고 말한다. 이 과정을 거쳐서 다시 윤리적 판단의 구체적인 과정을 거치게 된다.

윤리적 판단은 매우 복잡하면서도 정교하게 작동된다. 즉 윤리적 문제에 대한 순서판단, 시비판단, 중요도판단, 친소親疏판단, 정도판단, 종류판단, 방향판단, 그리고 총체적인 조화와 조율의 균형판단의 과정을 거치게 된다. 윤리적 감수성으로부터 넘어 온 정보 중에서 특이 현상은 윤리적 판단을 경유하여 다시 윤리적 정체성에 피드백 되어 조정을 받게 된다그림 1 참조.

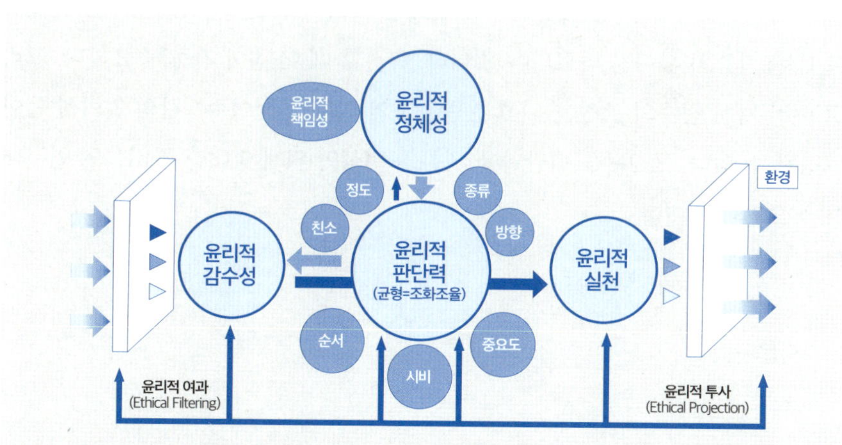

그림 1. 윤리적 역량의 종류와 그 작동체계

출처: 이원봉·박균열, 『성서 속의 인물과 윤리적 역량: 모세오경』, e퍼플, 2024, p.17.
James Rest의 4구성요소 중에서 '동기화'는 그 특성을 포함하면서 '정체성'을 강조하는 형태로 명칭변경을 했고, 거기에 '책임성'을 부연함.

이러한 과정을 거쳐서 윤리적 실천의 단계에 이르게 된다. 윤리적 실천은 매우 순간적으로 이루어지는데 사전적 윤리적 판단에 종속적으로 후행된다. 다만 예견되지 못한 여건이나 추가적으로 발생한 상황 등을 다시 고려하는 잠정적 피드백 과정을 거치게 되는 예외적인 상황만 있을 뿐이다. 이 모든 과정이 끝나면 외부 환경으로 윤리적 행위가 투사된다. 이를 윤리적 투사Ethical Projection라고 한다. 이러한 과정은 계속해서 되먹임feed-back된다. 되먹임 이후 모든 결과가 윤리적 정체성에서 결과에 긍정적으로 부합되는지 가늠하는 것이 책임성이다.

3. 윤리적 판단역량을 측정하기 위한 선행 도구[2]

3-1. 윤리적 판단역량 개념의 대전제

윤리적 판단역량을 측정하기 위한 대전제는 가치의 높낮이가 있다는 점과 그것에 대한 가중치 부여가 다르다는 것이다. 측정할 때 이 점이 가장 중요하다. 그리고 여러 가지 점수의 조정을 위해 찬반논증의 일치성, 상이주제간의 일치성 등이 고려될 수 있다. 표 2는 도덕판단을 위한 도덕성의 위계에 대한 콜버그의 연구내용을 요약한 것이다.

2 이 3장의 내용은 별도의 각주가 없는 부분은 다음을 요약 발췌한 것이다. 이원봉·박균열, 「도덕판단력 측정: MJT와 DIT를 중심으로」, 한국학술정보(주), 2012, pp.53-77.

표 2. 발달의 수준과 단계에 따른 도덕판단의 분류

수준	도덕판단의 기반	발달의 단계
I	도덕가치는 사람이나 표준에 귀속하는 것이 아니라, 외적인 類似 물리적 사건에, 사악한 행위에, 또는 유사 물리적 욕구에 귀속한다.	단계 1. 복종 및 처벌 정향(orientation). 우월한 힘내지 권능에 대한 자기중심적 존경, 혹은 좋은게 좋다는(trouble-avoiding)태도. 객관적 책임 단계 2. 순수 이기주의 정향. 자기의 욕구를 때로는 다른 사람의 욕구를 도구적으로 충족시켜 주는 행위가 정당한 행위이다. 각 행위자의 욕구 및 관점을 받아들일 수 있는 가치상대주의에 대한 각성. 소박한 평등주의, 그리고 상호성 및 교환에 무게를 둠
II	도덕가치는, 훌륭하고 정당한 역할을 수행하는데서 즉 인습적 명령과 타인의 기대에 부응하는 데서 성립한다.	단계 3. 착한 아이 정향. 다른 사람을 돕고 기쁘게 해주고 승인을 얻으려는 정향, 당연한(natural) 요컨대 모두가 하는대로 따라가는 식의 역할 행동 그리고 의도성에 의거한 판다.
		단계 4. 권위와 사회질서 유지 정향. "의무수행"에 그리고 권위자에 대한 존경 표시 및 사회질서 유지 그 자체에 무게를 둠. 타인의 응당한 기대에 따름.
III	도덕가치는, 공유되거나 공유할 만한 표준, 권리, 의무에 대한 자아의 동조에서 성립한다.	단계 5. 계약맺음과 법존중 정향. 협약 그 자체를 지키기 위해, 기대나 규칙이 지닌 임의적 요소를 분별해냄 혹은 그것의 출발점이 무엇이어야 하는가를 인식함. 계약, 타인의 권리 내지 의지의 존중, 다수의 복지 등의 견지에서 의무를 규정함. 단계 6. 양심 혹은 원리 정향. 현실적으로 제약을 주는 사회규칙쪽에 뿐만 아니라 논리적 보편성 및 일관성에의 호소를 담고 있는 선택의 원리쪽에 무게를 둠. 행위의 지도력인 양심에 그리고 상호존중 및 신뢰의 무게를 둠.

주: 1단계와 4단계의 단계해석에 대해 유의할 필요가 있다. 1단계에서의 '처벌'로 이해하게 되면 4단계로 오인될 소지가 있다. 이는 A. Maslow식의 아주 기초적인 아무 이유도 없이 좋고, 싫다고 하는 인습이전의 1수준의 의미가 강조되어야 한다. 4단계*에서의 '질서유지' 개념이 국가질서유지나 세계평화질서유지와 같이 오인될 수 있다. 이 개념은 인습수준의 4단계임이 강조되어야 하며 철저하게 소규모 생활공동체의 질서유지 개념으로 이해되어야 한다.

출처: L. Kohlberg, (1967), "Moral and Religious Education and the Public Schools: A Developmental View", in T. Sizer, ed., Religion and Public Education, Boston: Houghton Mifflin, 172-173; L. Kohlberg, 김민남·진미숙 역, 『도덕발달의 심리학』, 교육과학사, 2000[1984], pp.44-45.

3-2. 주요 측정도구

가. MJI

콜버그는 피아제의 역작인 아동의 도덕판단 연구를 토대로 도덕행동에 대한 새로운 접근을 제시하고 있다. 이른바 인지발달론적 접근Cognitive Developmental Approach이 그것이다. 이 연구를 통해 그는 다음과 같은 도덕성 연구의 세 가지 발판을 구축하고 있다. 첫째는 도덕성이 위계적 단계sequence and stage를 거쳐 발달하고 성숙해 간다는 이론의 구축이며, 둘째는 도덕성을 측정하기 위한 도구Standard Scoring Manual의 개발이었고, 셋째는 도덕성을 변화시키기 위한 교육 프로그램Just Community Approach Program을 개발한 것이었다.[3] 콜버그의 도덕성 발달 측정은 그의 표준채점방법Standard Scoring Manual, 1984에서 제시된 바와 같이 MJI를 통해서 MMSMoral Maturity Score를 확인해 내는 것이다. 그가 개발한 도덕판단력 측정도구인 MJI는 A형, B형, C형의 세 가지 검사로 구성되며, 각 검사는 각기 세 가지의 딜레마로 구성된다. 예컨대 A형 딜레마는 딜레마Ⅲ하인즈 딜레마, Ⅲ'하인즈 딜레마 변형, Ⅰ조의 캠프와 아버지의 낚시 딜레마의 세 개로 구성된다. 개인별 인터뷰를 통해서 그의 도덕 발달의 단계를 확인하고 있다. 여기서 말하는 발달이란 뜻 깊은 용어로 사용되고 있는데, 그 의미는 첫째, 즉시 알아차릴 수 있고, 둘째로 자신에게 이익을 주는 것을 바탕으로 반응적 판단을 내리는 수준에서 사회 구성원들의 행복을 극대화시키는 의미를 지니며, 셋째로 사람들이 서로 동의하는 사회적 협동체계를 지향해 나아가는 것을 말한다. 다시 말해서 콜버그 이론은 기본적으로 발달지향적일 뿐만 아니라 이론적 바탕이 확실한 기법이라고 할 수 있다. 그럼에도 불구하고 콜버그의 MJI기법은 시간이 많이 걸리고, 면담자의 주관적 판단과 전문성의 수준에 따라서 각 단계별 확인에 많은 영향을 미친다는 속성을 지니고 있다. 다시 말해서 객관성 보장이 어렵다는 약점을 가지고 있는 것이다.[4]

MJI의 경제적 분야만을 특화해서 만들어진 사회도덕적 숙고 측정Sociomoral Reflection Measure 도구도 있다Gibbs, 1995; Gibbs, Basinger & Fuller, 1992; Gielen, Comunian & Antoni, 1994; Krettenauer & Becker, 2001. 이 도구는 독특한 이론적 특징을 갖고 있는 것으로 평가되고 있다. MJI와 높은 상관성을 보이고 있고, 특히 연령면에서 높은 상관성을 보이고 있다Gibbs, 1995: 35; Gibbs et al., 1992; Krettenauer & Becker, 2001.

---

3 James R. Rest 편저, 문용린외 공역, 『도덕발달 이론과 연구: 도덕 판단력, 행동, 문화 그리고 교육』(서울: 학지사, 2008), pp.3-4.

4 문용린 외, "한국판 도덕판단력검사(KDIT) 세 가지 지수의 타당도 비교", 『교육심리연구』, 22(4), 한국교육심리학회, 2008a, p.784.

나. DIT

DIT는 레스트가 만든 도덕판단력 측정도구이다. 레스트는 피아제와 콜버그의 인지발달론적 전통을 충실히 따르고 있으면서도 그 이론적 정교화와 심화에 크게 공헌해왔다.[5] 레스트는 DIT를 개발하는 과정에서 측정 방법의 주안점을 도덕성의 단계 평정을 새롭게 정의하는 데 두고 있다. 즉 콜버그의 발달징표184개에 의한 각 개인의 도덕성 단계 평정과는 다른 방식으로 단계를 정의하고 있다. 레스트는 콜버그의 발달징표에 큰 관심을 가지고 있다. 그러면서도 그는 이를 그대로 따르기보다는 오히려 제반 요소를 예리하게 분석하고 비판하였다. 그리하여 그는 콜버그의 방법과 관련하여 다음과 같이 세 가지의 중요한 문제점을 발견하면서 이를 비판적으로 지적하고 있다.[6]

첫째, 발달징표는 인터뷰 과정에서 기술된 피험자의 발언에 명백히 적용될 수 있을 만큼 구체적이어야 하나, 콜버그의 발달징표는 그만큼 구체적이지 못하다는 것이다. 그리고 두 번째는 각 발달징표가 1~6단계의 사고체계 내에서 논리적 위계로 배열되어야 하나, 콜버그의 발달징표는 이러한 논리적 위계성이 미흡하다는 것이다. 마지막으로 하나의 징표가 왜 다른 징표에 비해서 더 발달된 것이고 더 고차원적인지에 대한 정당화가 있어야 하나, 콜버그의 정당화 논리와 설명은 충분치 못하다는 것이다.

이러한 문제의식을 바탕으로 레스트는 다음의 두 가지 요소에 근거하여 도덕성의 발달단계를 재정의하고 있다. 그 두 가지 요소란, 대상자들 사이에 존재하는 대인간 상호기대의 조정 및 손익의 균형화, 즉 공유에 대한 요소와 상호손익의 균형 및 평형화에 대한 요소이다. 다시 말해서 첫째 요소는 서로의 행동에 대한 상호기대가 어떻게 조정되고 알려져서 각자에게 공유되는지에 대한 것이고, 둘째 요소는 동료들 간에 발생하는 상호 손익의 균형과 평형화를 어떻게 획

---

5 James R. Rest 편저, 문용린 외역, 앞의 책, p.3.

6 문용린 외, "한국인의 도덕판단력 발달에 관한 비교연구", 『교육심리연구』, 22(1), 한국교육심리학회, 2008b. p.284. : 문용린, 『도덕과교육론』, (서울: 갑을출판사. 1988), pp.143-144.

득하고 조정하는지에 대한 것이다. 그리하여 레스트는 이를 바탕으로 객관화된 도덕 판단력 검사지인 DIT를 개발하게 된 것이다.

한국에서는 레스트가 개발한 DIT의 원판을 토대로, 타당도와 신뢰도 검증을 거쳐 한국형KDIT으로 개발을 완료했다. 뿐만 아니라 이 개발된 도구를 사용하여 이미 한국 청소년들의 도덕판단력 실증연구는 물론이고 특별히 한국군 장병들에 대한 도덕 판단력도 실증적으로 연구하는 실적을 쌓기도 했다.[7] DIT의 중요한 특징 중 하나는 개인의 도덕발달 단계를 측정하는 것이 아니라, 콜버그의 6단계 중 개인의 인습후기사고post-conventional thinking수준의 정당화를 선호하는 정도를 나타내고 있다는 것이다. 이러한 선호도의 문제는 다음 장에서 다시 다루기로 한다.

한편 린트의 MCT 개발에 있어서 주요 관심사는 측정 및 평가의 용이성에 있었다. 이것은 레스트가 DIT를 개발하는 과정에서도 똑같이 적용되는 부분이었다. 즉 콜버그의 주관식 측정도구MJI인 인터뷰식 자료를 객관화시키는 것이었다. 콜버그는 직접적인 면담을 통해 피험자들에게 인간 생명의 가치나 권리 등과 같은 도덕적 이슈를 내포하고 있는 딜레마 상황을 제시한 후, 그에 대한 응답을 분석하여 피험자의 도덕성과 도덕 판단력의 단계를 평정하는 방식을 사용하였다. 그러나 린트는 이러한 콜버그식 채점체계가 주관식인 인터뷰 방법이어서 채점자의 전문성과 주관성이 깊이 개입되어 타당성과 신뢰성을 확보하기 어렵고, 또한 주관식 인터뷰에서 오는 집단검사의 불가능 등으로 인하여 향후 실증적 연구 확대가 곤란하다는 결점을 해결하기가 어렵게 되어있음을 발견하게 되었다. 이러한 문제점을 보완하기 위해서 콜버그의 이론을 토대로 하되, 객관적 조사방법에 중점을 둔 MCT 도구를 개발하게 된 것이다.

이러한 시도는 레스트도 마찬가지다. 그는 콜버그 방법의 신뢰성에 대하여 몇 가지 중요한 문제들을 제기한 바 있다. 즉, 콜버그의 초기 척도인 1958년도

7 이와 관련한 다음의 연구 참조. 박균열, "한국군 장병의 도덕 판단력 실증연구", 『도덕윤리과교육』, 24, 한국도덕윤리과교육학회, 2007. pp.141-153.

채점 체계를 이용하여 고교생에 대한 종단 연구를 실시한 결과, 일부 피험자에게서 단계의 후퇴, 즉 퇴행 현상을 의미하는 수치가 나타난 것이다. 이러한 문제들을 해결하기 위해 콜버그는 자신의 채점 체계를 점검하고 개선하는 등 많은 노력을 하였고 그 성과도 상당한 것으로 인정되었지만, 근본적으로 그의 측정 방식이 임상적 면담검사인 한, 채점 방식의 타당도와 신뢰도의 문제는 언제든지 제기될 수 있는 개연성을 가지고 있었다.

레스트가 예의 주시하고 착안한 부분이 바로 여기이다. 즉 레스트는 콜버그의 이론에 근거를 두고 실제로 대부분의 이론적 전제들을 받아들이면서도 콜버그의 MJI가 측정 및 평가방법에 있어서 실행과정이 어렵고 객관성이 보장되지 않는다는 점에 유의한 것이다. 그리하여 측정 및 평가의 용이성과 합리성을 높이기 위해 콜버그의 주관식 면담법을 과감하게 개선하여 객관식 검사로 바꾼 DIT를 개발하게 되었던 것이다. 따라서, 레스트가 DIT를 연구하고 개발하게 된 것은 콜버그의 이론 자체를 부정한 것이 아니라 콜버그가 만든 평가 및 측정방식인 면담검사의 불편함을 극복하고 보다 많은 양적 자료들을 확보하려는 단순한 의도에서였다고 볼 수 있다.

그런데 이런 과정에서 한 가지 특이한 부분이 발견되었다. 레스트의 DIT는 객관식 선택형으로 취급하기가 편리하다 보니 활용빈도가 늘어나게 되었고, 이를 통해 많은 양적 자료들이 축적되었다. 그리하여 이에 대한 다양하고 심층적인 분석이 진행되는 과정에서 레스트로 하여금 새로운 모델을 하나 더 구상하게 한 계기가 된 것이다. 즉 이 모든 연구 결과물들은 콜버그에 의해 제시된 전통적인 인지발달론의 단계개념에 대한 재해석과 더 나아가 도덕적 사고와 판단 및 행동 간의 관계에 대한 재해석의 논리, 그리고 경험적인 근거 등을 마련해 주었고, 이를 바탕으로 레스트는 콜버그의 단순단계 모형과는 다른 복합발달 모형과 도덕적 인지, 정서, 행동적 측면을 통합한 4-구성요소 모형을 제시하게 된 것이다.

앞에서 린트의 MCT는 도덕적 일관성moral consistency을 강조하고 있다는 사실을 확인했다. 이와는 대조적으로 레스트의 DIT는 도덕적 선호도moral preference가 도덕 판단력을 대표한다고 주장하고 있다. 레스트의 DIT를 보면, 객관식 선택형 측정으로써, 피험자에게 도덕적 딜레마를 제시하지만 이와 동시에 피험자가 답안들의 중요성에 따라 순서를 매기고 점수를 주도록 함으로써 피험자의 선호도preference를 측정할 수 있도록 구성되어 있다는 것이다. 따라서 DIT에서 도덕판단력의 발달수준을 수치화한 지수index로써 가장 중요하게 다루어지고 연구된 것이 P%점수이다.[8] P%점수는 콜버그의 5단계 및 6단계에 해당하는 전형적인 문항에 피험자가 매긴 순위를 활용하여 계산된다.[9] 따라서 P%점수는 도덕적 의사결정을 내리는 과정에서 인습이후수준post-conventional level에 해당하는 단계5와 단계6의 사고가 차지하는 비중을 수치화 한 것으로, 사회규칙의 기제에 내재해 있는 보편적인 도덕적 원칙에 중요도를 주는 정도로 해석할 수 있다. 이러한 양자의 주장은 린트의 MCT와 레스트의 DIT와의 채점 기준에서도 현저한 차이를 드러내고 있는데 그것이 바로 린트의 MCT의 C-지수와 레스트의 DIT의 P-지수이다. 앞에서 밝힌 바와 같이 레스트의 DIT는 원칙화된principled P-지수로서 단계 선호점수를 보여준다.

이에 대하여 레스트는 DIT의 P-점수의 타당성과 우수성을 강력하게 주장하고 있다.[10] 그는 도덕판단력을 측정하는 검사로부터 얻은 점수가 타당한지의 여부를 알기 위해서는 일곱 가지 기준[11]이 필요한데 DIT는 이것을 모두 갖추었다는 것이다. 또한 린트가 앞에서 언급한 것처럼 DIT에 선호도에 대하여 비판을

8 문용린 외, 앞의 논문, 2008a, p.785.

9 문용린 교수에 의해 개발된 한국형표준화DIT(KDIT)이 계산 방식에 있어서, A점수와 M점수는 1단계로 조정되어 계산된다. 이는 2004년 다음 연구이후 조정된 것이다. 따라서 본 연구에서의 1단계 점수는 이전 버전의 A/M점수를 말한다.: 문용린, "한국청소년의 도덕성발달진단을 위한 연구: 도덕판단력 진단검사(DIT)를 위한 표준화 연구", 미간행, 2004.

10 문용린 외, 앞의 논문, 2008a, pp.786-787.

11 도덕판단력 측정의 타당성 및 신뢰성 관련 7가지 기준은, 첫째 더 높은 도덕추론 능력과 상대적으로 낮은 도덕추론 능력 집단에 대한 변별력, 둘째, 눈에 띌만한 상승 또는 발달적 변화 표시능력, 셋째, 도덕추론 향상을 위한 설계, 넷째, 발달적 위계 증거 제시, 다섯째, 실생활에서의 도덕행동 예언 가능성, 여섯째, 정치적 태도, 선택과 사회참여 등 광범위한 방식 예언 가능성, 일곱째, 적절한 신뢰도 등이다. 문용린외, 앞의 논문, 2008a, p.786 참조.

보이자, 레스트는 신중하게 린트의 발달단계에 대한 일관성 측정 문제와 관련하여 다음과 같이 반론을 제기하고 있다.[12] 첫째는 MCT의 일관성 측정에 있어서의 모순성 문제이다. 즉 MCT의 C-지수는 단계의 일관성에 기초하고 있으나, 이에 못지않게 두개의 다른 이야기 자체가 가지는 일관성 또한 중요하다는 것을 간과하고 있다는 것이다. 다시 말해서 두 사람이 각각의 다른 딜레마 상황에서 각각 다른 수치의 점수를 표시했음에도 불구하고 동일한 일관성의 평가를 받는다는 모순을 지적하고 있다. 예를 들어 두 사람이 특수상황에 직면해있다고 가정했을 때, 한 사람이 의사의 딜레마에서는 찬성 의견 쪽 4단계의 항목에 1점과 반대 의견 쪽 4단계의 항목에 1점을 부여하고, 근로자의 딜레마에서는 찬성 의견 쪽 4단계의 항목에 3점과 반대 의견 쪽 4단계의 항목에 3점을 부여했다고 한다면 다음과 같은 분석이 가능하다. 린트가 제시하고 있는 채점 방식에 의하면 이 두 사람은 각 항목들에 서로 다른 점수를 부여하였음에도 불구하고 동일한 C-지수를 얻게 된다. 그러므로 레스트는 MCT에서의 C-지수가 린트가 생각하는 것처럼 정확하거나 순수하지 않다고 지적하고 있는 것이다.

둘째로, MCT는 피험자 답안의 신뢰도 검증이 어렵다는 것이다. 레스트에 의하면 DIT는 피험자의 답안 신뢰도를 검증할 수 있으나, MCT는 그렇지 못하다고 주장한다. DIT의 경우는 만일 피험자들이 내용을 읽어보지 않고 무작위로 답변하는 경우 이를 적절히 골라낼 수 있다고 주장한다. 예를 들어 피험자들이 의사의 딜레마를 읽고 답안을 작성하려면 해당 의견의 중요성을 묻는 척도[매우 중요하다, 대체로 중요하다, 별로 중요하지 않다, 전혀 중요하지 않다]를 고르는 12가지 문항에 충실히 응답을 해야 하고, 동시에 그러한 의견의 중요성을 다시 4위까지 순위[1순위, 2순위, 3순위, 4순위]를 매기는 문항으로 구성되어 있는 것에 모두 응답을 해야 한다. 그러므로 채점자는 피험자가 표시한 척도와 순위를 비교함으로써 참여자들의 신뢰도를 구할 수 있게 된다. 만일 중요성 척도

12 김항인, "도덕 판단력 측정에 대한 고찰: DIT와 MJT를 중심으로", 『도덕윤리과교육』, 12, 한국도덕윤리과교육학회, 2000, p.234.

에서 A 딜레마에 대하여 매우중요, B 딜레마에 대하여 별로 중요하지 않다고 해 놓고 순위를 고를 때 1순위에 B를 선택하면 이는 허위로 판명되는 것이다. 그리하여 일반적으로 피험자들의 10% 내지 15%가 이러한 신뢰도 검증에서 신뢰할 수 없는 답안으로 제외되어지게 된다.[13] 그러나 MCT는 신뢰할 수 없는 피험자의 답안을 검증해낼 방법이 없다는 것이 레스트의 지적이다. MCT에서 모든 답안들은 동일한 타당성을 가지게 되며, 신뢰도가 좋은 답안들이 신뢰도가 낮은 답안들과 섞이게 되고, 따라서 결과들은 모두가 모호해진다는 것이다.

셋째로 MCT에서는 낮은 단계의 항목에서 나타난 판단의 일관성이 높은 단계의 항목들에서 나타난 판단의 일관성과 같은 비중을 차지하는 문제가 존재한다는 것이다. 즉 단계2에 해당하는 모든 항목들에 일관된 평가를 한 피험자가 단계5에 해당하는 모든 항목들에 일관된 평가를 한 피험자들처럼 높은 C-지수를 받을 경우 문제가 발생한다는 것이다.

이러한 비판과 수정 과정을 통해서 양자는 끊임없이 자신들의 도구들을 개선 보완시켜 나가게 되었다. 이처럼 레스트의 DIT와 린트의 MCT는 상호간의 논문 발표 등 지상논쟁을 통해서 서로의 취약점을 비판해주고 또 이를 긍정적으로 수용함으로써 지속적으로 보완하는 계기가 되기도 했다.

DIT에서 가장 많이 사용되는 지수는 P-지수이다. 이는 콜버그의 5단계와 6단계에 해당하는 인습후기수준의 항목들이 전체 점수에서 차지하는 가중치를 나타낸다. 예를 들어 한 피험자가 인습후기수준의 항목을 가장 중요하다고 순위를 매겼다면 P-지수가 4점만큼 증가하며, 만약 두 번째로 중요하다고 순위를 매겼다면 P-지수 3점이 증가하고, 세 번째로 중요하다고 순위를 매겼다면 2점, 인습후기수준의 항목을 네 번째로 중요하다고 순위를 매겼다면 P-지수 1점이 증가한다. 표준버전에서 여섯 가지 이야기를 이러한 방식으로 평가하게 되면 전체 P-지수는 0점에서 57점에 이르게 된다. 이러한 P-지수를 최초P-지수라 한

13 위의 논문, p.235.

다.[14] 최초 P-지수는 다시 퍼센트로 환산된다. 그러므로 P-지수는 0에서 95점까지 분포한다. 이러한 P-지수는 피험자가 인습후기수준의 고려를 얼마만큼 중요하게 여기는가를 나타내준다.

여기서 중요한 것은 DIT가 개인의 도덕발달 단계를 측정하는 것이 아니라 개인이 인습후기수준의 정당화를 선호하는 정도를 나타내준다는 것이다. 발달적 계열성은 한 개인이 한 단계에서 다른 단계로 계단식으로 갑자기 발달하는 것을 뜻하는 것이 아니라 각 단계를 사용하는 분포도가 변화하는 것을 의미한다. 예를 들면 낮은 단계들의 사고를 덜하게 하고 높은 단계들의 사고를 더 많이 하게 되는 것을 뜻한다.

이러한 일련의 과정에서 피험자들이 하는 일은 제시된 딜레마에 대한 결정을 내리는데 있어서, 12항목들의 중요성을 평가하고 순서를 매기는 일이다. 피험자들은 부록의 설문지 '남편의 고민', '탈옥수', '환자의 애원' 부분에서 보는 바와 같이 도덕적 결정을 내리는 중요성에 따라 각 항목의 진술들을 [매우 중요하다, 대체로 중요하다, 약간 중요하다, 별로 중요하지 않다, 전혀 중요하지 않다]의 5가지 척도에 따라 평가한다. 이렇게 12항목을 모두 평가한 후에 피험자들은 위의 12항목을 동시에 고려하여 그 중요도인 [1순위, 2순위, 3순위, 4순위]를 매기게 된다. 그리고 항목들의 평가점수와 순위들을 통해 각 피험자의 점수를 산출하게 된다 [부록 1] 참조.

다음은 레스트가 콜버그의 단순단계모형을 발전시킨 복합발달모형에 대해서 고찰해보기로 한다. Kohlberg는 자신의 6가지 단계가 보편적이고 불변적이며 불가역적인 순차성을 지닌 '구조화된 전체'structured wholeness라고 주장한다.15 동시에 훈련받은 채점자는 모든 종류의 자료들로부터 신뢰성 있게 단계를 평정해 낼 수 있다고 강조하고 있다. 실제로 그는 자신의 채점방식MJI을 사용한 측

14 위의 논문, p.230.

15 홍성훈, "도덕심리학 연구의 최근 동향과 향후 전망 (인지발달론적 접근의 이론 확장과 적용 확대의 과정을 중심으로)", 『도덕윤리과교육』 제16호, 한국도덕윤리과교육학회, 2003, p.5.

정 연구에서 퇴행 현상과 건너뜀 현상을 의미하는 자료가 산출된 이유 역시 측정 과정에서 구조와 과정이 혼동되었기 때문이라 간주하고, 채점 체계의 개선을 시도할 뿐, 종래의 단계 개념은 수정하지 않았다.

이렇게 단계의 보편성 및 불변성과 순차성을 전제로 하는 단계 개념을 단순단계 모형이라 한다. 이 단순단계 모형은 두 가지 전제를 염두에 두고 있다. 첫째, 피험자는 어느 한 단계에만 속하지 동시에 둘 이상의 단계에 속할 수 없다는 점과 둘째, 상위 단계로의 상승은 점진적인 양적 변화가 아닌 급격한 질적 변화라는 점을 상정하고 있는 것이다. 그러나 Rest의 도덕단계 개념은 다음 여러 측면에서 콜버그의 경우와는 상당히 다르다.[16]

첫째, 인지 구조의 변화는 급진적이기보다는 점진적으로 일어난다는 것이다. 이 때 점진적이라 함은 다음 단계의 사고 형태가 출현할 빈도가 확률적으로 증가한다는 뜻이다. Rest가 보기에 각각의 인지구조나 발달 단계는 질적으로 상호 구분되는 것이지만, 그러한 사고의 출현 빈도는 양적으로 추정될 수 있기 때문에 그는 한 피험자의 도덕 판단 수준을 평가함에 있어서 각 단계별로 그 빈도의 출현 비율%을 구해 볼 수 있다고 믿는다. 따라서 콜버그 방식으로 피험자를 특정한 하나의 단계에 분류하는 것은 '도덕성 발달의 점진적이고 여러 단계에 중복되어 나타나는 현상'을 간과하는 셈이 된다.

둘째, 피험자들은 동일한 과제나 상황에서조차도 서로 상이한 도덕 판단을 한다는 것이다. 레스트의 DIT검사나 콜버그의 MJI검사 모두 재검사 신뢰도를 구해 보면 .70-.80 정도인데, 이것은 피험자의 도덕 판단이 고정된 것이 아니라 유동적인 것임을 시사한다. 피험자는 어느 한 순간 단지 하나의 발달 단계에 있는 것이 아니라, 몇 가지 단계의 사고가 중첩되어 있는 것으로 보아야 한다는 것이다.

셋째, 검사 자료의 형태, 지시사항, 채점 기준, 검사 시행의 엄격성 등에 따라

16 문용린, 『도덕과교육론』(서울: 갑을출판사. 1988), pp.144-145.

피험자의 발달 단계는 서로 다르게 나타난다. 즉, 콜버그의 검사에서 딜레마를 바꾸어 제시하면 피험자의 발달 단계는 다르게 나타난다는 것이다.[17]

이러한 경험적 자료들을 종합해 볼 때, 도덕성의 발달은 콜버그의 단순 모형보다는 레스트의 복합모형에 의해 설명될 필요성이 커진다. 즉, 사람들은 몇 가지의 도덕적 사고 구조들을 동시에 사용할 수 있다는 것이다. 따라서 도덕성의 평정에서 중요한 질문은 '피험자가 현재 어느 단계에 속해 있는가'가 아니라, '특정 조건 아래서 피험자는 어느 정도까지 다양한 사고구조를 활용하는가'가 되어야 한다. 도덕성의 발달은 낮은 단계의 사용에서부터 높은 단계의 사고 구조를 사용하는 것으로 '점차적으로' 이동해 간다는 것이다.

이러한 연구 결과 인지발달론적 도덕성 연구 분야에서 이루어진 이론적 변화 중 하나가 바로 Rest의 4구성요소 모형이라고 볼 수 있다. 이 모형의 궁극적 목표는 도덕성을 인지 측면에서만 보지 않고 정서와 행동의 측면까지 포함시켜 종합적으로 파악하려는 데 있다. 기본적으로 인지발달론자인 레스트가 이러한 모델을 제시한 것은, 도덕성을 설명하는 여러 가지 다양한 이론들에 대한 종합적 검토를 통해 도덕성에 관한 보다 포괄적인 접근의 필요성을 인식하였기 때문이다. 따라서 이 모형의 가장 큰 특징은 도덕성 연구의 전통적인 세 측면인 인지·정서·행동적 측면의 통합을 시도했다는 점이라 할 수 있다.

DIT 측정체계에 대한 최근의 변화가 인상적이다. DIT는 참여자들이 여섯가지 이야기를 읽고 각 이야기에 대해 12가지 문항-그 대부분은 1973년 이미 콜버그가 기술한 바와 같은 단계 가운데 2단계에서 6단계를 반영하여 글로 씌어졌다-에 대해 등급을 정하고 순위를 매기도록 요구받는 지필 척도라는 것은 이미 잘 알려져 있다Rest, 1979b; Thoma, 2002. 원래의 DIT의 내용이 시대에 뒤떨어졌고 신선미가 없다는 비판에 대한 반응으로 DIT-2는 새로운 이야기와 문항으로 탄생되었다. 콜버그 면담체계에 그 근원을 둔 원래의 DIT와 달리 DIT-2는 이야기

17 위의 책, p.145.

와 문항의 내용만을 바꿈으로써 DIT의 기본 특징을 그대로 반영하도록 작성되었다. 따라서 이야기는 모두 다른 맥락에서 똑같은 딜레마를 제시했다. 예를 들면 하인즈Heinz와 약 대신에 DIT-2 이야기는 가난한 농부가 그의 굶주리고 있는 가족을 먹여 살리기 위해 상점을 소유한 부자의 식품창고에 침입해야만 하는지 어떤지를 묻는다. DIT-2의 절차는 도덕적 사고의 척도를 창출하는 원래 과정과는 상당한 변화를 보여주었다. Rest1979a에 의해 기술된 바와 같이 최초의 DIT 이야기는 콜버그와 그 동료들에 의해 사용된 유사한 이야기로부터 도출되었다. 하지만 이와는 대조적으로 DIT-2는 이전의 면담자료에 의존함이 없이 원래 기초가 되는 딜레마와 대응하는 이야기를 창안함으로써 DIT로 이끄는 작업에 편승한다. 이와 함께 DIT-2 문항은 단계에 기초한 문항과 신뢰도 검사 문항의 똑같은 혼합을 제공할 뿐만 아니라 똑같은 단계와 문장구조를 반영하도록 작성되었다. 신뢰도 검사 문항은 성질이 다른 검사측정세트를 사용하는 참여자를 확인하기 위해 설계되었다.18 기존의 DIT를 통해 도출되었던 P-지수, U-지수 등을 제외하고, 이외에 N2-지수 그리고 발달국면 지표, 발달유형 지표, 도덕과 무관하지만 "모르겠다"의 횟수를 통한 분석 등의 다양한 추가적인 논의에 대해서는 Thoma2010의 노력이 돋보인다.

DIT는 응답성실성을 체크하기 위한 다양한 수단을 갖고 있다. 동일응답지수NoDIF: non-differentiation of rates or ranks, 무응답지수MISRT: missing rate, MISRK: missing rank, 평정-순위 일치도RtXRk: rante and rank consistency 등이 있다. DIT는 응답자의 자기꾸밈self-faking을 최소화하기 위해 이러한 응답성실성 검사를 통과하지 못한 데이터는 삭제하기 때문에 대규모 여론조사처럼 대집단의 도덕성의 경향을 파악하는 데는 유효할 수 있으니, 개인별 피드백을 제공하는 데는 상당한 제약이 따른다.[19]

18 Stephen J. Thoma, "도덕판단력 검사에 관한 연구", Melanie Killen & Judith Smetana 편, 앞의 책, pp.174-176.

19 문용린, 『한국인의 도덕성 발달 진단: 한국판 도덕판단력 검사의 개정 및 재표준화』, 집문당, 2011, pp.57-62.

다. MCT[20]

린트의 MCT는 콜버그의 인지발달이론을 토대로 하면서도 MJI가 주관식 인터뷰 방식에서 오는 한계점을 극복하기 위하여 객관식 선택형으로 만든 것이다. 이런 면에서는 린트의 MT와 레스트의 DIT는 공통점을 가지고 있다. 다시 말해서 린트는 도덕적 판단력을 "도덕적 또는 내적 원칙에 따라 결정하고 판단하며 그 판단에 따라 행동하는 능력"이라고 정의한 콜버그 이론에 근거하여 사람들의 도덕 판단력을 측정하기 위해 MCT를 만들었던 것이다.[21]

린트는 MCT를 개발하는 과정에서 도덕판단력 측정 방법의 주안점을 피험자가 제시하는 반대의견에 관심을 두고 있다. 즉 피험자들이 어떤 특수한 상황이나 문제에 봉착했을 때 자신의 입장과 반대되는 주장을 어떻게 다루는가에 대해 관심을 집중시켰고, 이러한 반대의견 부분을 상세히 분석함으로써 나름대로의 도덕적 일관성moral consistency이 있는 도덕 판단력을 측정할 수 있도록 설문지를 만들고 있는 것이다. 부연한다면, MCT는 콜버그의 MJI처럼 도덕적 갈등 상황을 주고 피험자에게 자신의 생각을 주관적으로 설명하라고 요구하는 것이 아니라, 자신의 도덕적인 각 단계별 도식 중 활성화된 부분을 반영하고 있는 객관적 진술문을 선택하도록 하고 있고, 동시에 그 반대의 주장 내용도 수용해서 선택하도록 설문내용이 구성되어 있다.[22]

린트가 개발한 MCT의 주요 특징 중 하나는 피험자의 응답을 분석하는 과정에서 도덕적 일관성을 적용하는 것이다. 다시 말해서 린트는 도덕적 일관성moral

---

20 MCT의 원래 명칭은 MJT(Moral Judgment Test)였는데, 2014년 이후부터 현재의 명칭으로 바뀌어 안착되었다. 이하 출처 표시이외는 모두 MCT로 표기한다.

21 박균열, "도덕 판단력 측정도구 MJT의 특징과 활용법", 『도덕윤리과교육』, 23, 한국도덕윤리과교육학회, 2006, pp.125-162.

22 [부록 2] MCT 설문지 부분의 '근로자의 고민'과 '의사의 고민' 참조. 이 설문지의 특징은 각각의 도덕적 갈등 상황에 대해서 응답자가 찬성·반대 두 부분 모두 응답해야 한다는 것이다. 즉 기본적으로 그 문제에 대하여 비록 찬성하더라도 찬성 관련 6문항에 대하여 응답을 한 후, 반드시 그 다음의 6문항 '만일 반대한다면'이라는 가정에 대해서도 응답해야 한다는 것이다.

consistency이 도덕 판단력을 가장 잘 나타낸다고 주장하고 있다.[23] 린트는 어떤 특수상황이나 문제에 대한 피험자들의 반대의견을 반드시 확보하고 그 반응을 분석함으로써 도덕적 일관성moral consistency을 파악하고 있다. 예컨대 설문지에 나오는 '근로자의 고민'이나 '의사의 고민'을 보면 그들의 행위와 관련된 도덕적 갈등상황을 제시한 후, 피험자에게 근로자의 행동 또는 의사의 행동에 대하여 피험자 본인이 찬성한다고 하였을 때와 반대한다고 하였을 때를 모두 다 응답하도록 설문지는 요구하고 있다. 즉 피험자 본인의 의견에 따라 찬성 또는 반대 한쪽에만 응답하는 것이 아니다. 이렇게 함으로써 자신의 의견에 따라 찬성 한쪽만을 선택함으로써 피험자들의 선호도만 측정하게 되는 한계를 극복하게 된다. 다시 말해서 도덕적 갈등상황에 대하여 찬성 및 반대 반응을 모두 표시함으로써 다른 사람의 행동을 판단할 때 일관성 있는 도덕수준을 유지한다는 것이다. 그리고 반대의견에 대한 면밀한 분석을 통해서 피험자의 도덕적 일관성moral consistency을 합리적으로 측정할 수 있는 장점도 있다는 것이다. 이것이 MCT의 독특한 설문조사 방법이다.

그럼에도 불구하고 이러한 린트의 도덕성 측정에 있어서 기본적 접근방식은 콜버그의 방식과 일치한다. 왜냐하면 린트가 측정도구를 개발할 때 콜버그의 이론을 토대로 했기 때문이다. 그 대표적인 것이 콜버그의 6 단계[24] 적용이다. 린트의 MCT는 콜버그가 주장하는 6단계의 도덕 추리력을 적용하면서 이에 대한 응답자들의 태도와 관련된 발달의 단계적 점수를 부여해주고 있다. 예컨대 '근로자의 고민'과 '의사의 고민'에서 나타나는 도덕적 갈등상황에 대하여 찬성과 반대의 의견을 제시할 때, 이와 관련된 각각 6개의 문항이 있고, 각 문항별로

---

23 G. Lind, "Testing moral judgement competence: A response to Rest, Thoma and Edwards", http://www.uni-constanz.de/ag-moral/rest-96.htm. 김항인, 앞의 논문, p.234 재인용.

24 콜버그(L. Cohlberg)는 3수준 6단계를 설명하면서, 도덕판단의 발달이 하위단계에서 보다 더 포괄적이고 더 복잡한 상위단계에로 연속적인 상향이동의 과정을 이루게 된다고 주장한다. 예컨대, 인간생명의 존엄성과 가치에 바탕을 두는 단계6의 도덕성은 지위와 재산가치에 근거를 두는 단계1로부터 도구적 인간관계에 바탕을 두는 단계2, 그리고 타인에 대한 현실적 애정에 근거하는 단계3, 관습수준의 단계4, 사회계약정신의 단계5, 보편적 도덕원리의 단계6에로 그 모습을 드러낸다는 것이다. 이러한 6단계에 대한 보다 상세한 설명은 김상윤, 앞의 책, pp.147-161. 참조.

'나는 이 주장을 받아들일 수 없습니다'에 해당하는 점수(-4, -3, -2, -1)와 '나는 이 주장을 받아들일 수 있습니다'에 해당하는 점수(1, 2, 3, 4)를 각각 표시함으로써 이를 종합적으로 분석할 수 있다는 것이다. 결국 이러한 태도를 검토함으로써, 콜버그가 가정한 대로 여섯 단계에 대한 선호도를 계층적으로 나타낼 수 있는지를 보여주는 것이다[부록 2] 참조.

이러한 MCT 설문지에서 볼 수 있듯이 린트는 특정의 도덕적 갈등상황을 두고 항상 찬성과 반대 두 부분으로 나누어서 피험자들의 반응을 관찰하고 있음을 알 수 있다. 그러면서도 MCT에서는 찬성 및 반대의 그룹마다 각각 6개의 문항이 전략적으로 배치되어 있고, 이 문항들은 콜버그의 6단계와 밀접하게 관련이 되어 있다. 따라서 피험자들이 도덕적 갈등 상황에 대해 성실하게 응답만 해주면 그들의 도덕적 발달 단계를 정확하게 분석할 수 있고, 동시에 나름대로의 도덕적 일관성moral consistency도 파악할 수 있도록 설계되어 있다.[25]

이러한 린트의 MCT연구는 최근 수십 년 동안에 진행되어온 도덕 판단 연구에 있어서 가장 혁신적인 연구 중의 하나라고 할 수 있는데, 이는 연구의 체계성과 조직적 보완·발전성에서 보여진다. 다시 말해서 린트는 MCT를 연구하는 과정에서 단지 몇 가지 사례들을 수집하는 정도의 일에서 벗어나 다양한 방법으로 도덕 판단을 측정하는 실험을 해왔으며, 많은 실험 대상자들로부터 나오는 자료를 축적하면서 그의 연구를 증명하고 동시에 취약한 부분을 보완 발전시켜왔기 때문이라는 것이다.[26]

MCT의 C-지수는 자신의 도덕적 판단 행동이 도덕적 관심이나 원칙에 의해 결정되는 정도를 측정한 것이다. 즉 C-지수는 어떤 주장을 의견 일치나 다른 요소에 따라 판단하는 것이 아니라 도덕적 질에 따라 판단하는 능력을 나타낸다. 따라서 MCT의 C-지수는 피험자들의 도덕적 판단정도를 측정하여 나타내는

25 G. Lind, "Is the MJT a similar test to the Defining-Issues-Test, DIT?", Psychology and Education of Morality and Democracy: Moral Judgment Test, http://www.uni-konstanz.de/ag-moral/ (2010.6.1. 검색)

26 김항인, 앞의 논문, p.230.

중요한 요소이다. 다시 말해서 어떤 문제에 대한 의견 일치와 같은 비 도덕적 생각 보다는 도덕적 견해에 따라 결정되는 찬성 또는 반대 주장에 대한 피험자들의 판단 정도를 측정한 것이다. 그래서 이 지수는 도덕적 원칙에 대한 응답자의 "필수적 지식" 정도를 나타낸다고 볼 수 있다.[27]

이러한 인지적 변수 외에, MCT를 사용하여 피험자들의 도덕적 생각이나 태도를 측정할 수 있다. 즉 콜버그가 정의한 도덕 추리력의 첫 단계에 대한 피험자들의 태도를 측정할 수 있다는 것이다. 또한 MCT는 도덕적 판단의 상황적 적합성, 도덕적 편협성, 추리력에서 가장 선호되는 단계 등과 같은 피험자들의 도덕판단의 여러 면을 측정하는 데에도 사용될 수 있다.[28]

MCT평가와 관련하여 설문에는 두 이야기가 포함되어 있다. '근로자의 딜레마'와 '의사의 딜레마'가 그것이다.[29] 그리고 각 이야기는 행동적 딜레마에 처한 사람이나 상황에 대해서 피험자가 자신의 의사를 표시하도록 다루고 있다. 이 때 그 사람이 어떤 선택을 하든 도덕적 행동 규범과 대립된다. 왜냐하면 항상 찬성과 반대 두 가지가 병존해 있기 때문이다. 즉 만일 당신이 근로자 또는 의사의 행동에 대해 '찬성'한다고 하였을 때 그것을 얼마나 받아들일 수 있습니까? 라는 질문과 함께 '나는 이 주장을 받아들일 수 없습니다'와 '나는 이 주장을 받아들일 수 있습니다'의 두 가지에 응답을 해야 하고, 이어서 만일 당신이 근로자 또는 의사의 행동에 '반대'한다고 하였을 때 그것을 얼마나 받아들일 수 있습니까? 라는 질문과 함께 '나는 이 주장을 받아들일 수 없습니다'와 '나는 이 질문을 받아들일 수 있습니다'의 두 가지에 응답을 해야 한다. 그래서 피험자의 결정 자체보다 결정의 '질'이 더 중요하다. 결정이 좋고 나쁨은 그 배후에 있는 이유에 따라 결정된다. 피험자들에게 이 이유들에 대한 자신들의 수용정도가

27 Lourenço, O. & Machado, A. "In defense of Piaget's theory: a reply to 10 common criticisms." Psychological Review, 103, 1996. p.154. 박균열, 앞의 논문, 2006, p.129에서 재인용.

28 G. Lind, "What does the MJT measure?", Psychology and Education of Morality and Democracy: Moral Judgment Test, http://www.uni-konstanz.de/ag-moral (2010.6.1.검색)

29 [부록 2] 설문지 '근로자의 고민', '의사의 고민' 부분 참조.

어떠한지 그 의견을 물어보는 것이다. 이 의견에서 여러 수준의 도덕적 추리력을 찾아 볼 수 있다. 설문 내용에서, 여섯 개의 주장은 이야기 속의 주인공이 결정한 것을 지지하였으며, 다른 여섯 주장은 그 결정을 비판하였다. 각 딜레마에 대해 응답자들은 12개의 주장을 판단하도록 하였다. 그것도 동일 사안에 대해서 피험자가 찬성과 반대의 두 가지 반응을 동시에 할 수 있도록 상정해놓았다. 표준 버전에서는 24개의 주장을 평가하도록 되어있다. 즉 MCT에 제시된 주장에 대한 수용성을 판단하기 전에, 피험자들은 주인공의 결정의 옳고 그름에 대해 '받아들일 수 없습니다'(-4,-3,-2,-1)에서부터 '받아들일 수 있습니다'(1,2,3,4)로 된 소위 리커트 척도Likert scale를 사용하여 평가하게 함으로써 도덕 판단력을 측정한다.

MCT의 C-지수는 다음과 같은 몇 가지 특징을 가지고 있다. 첫째, MCT는 측정에 대한 피험자의 단편적 행동보다는 전반적 양상을 보여 준다.[30] 참가자의 다른 판단들을 살펴보면 그 사람이 내린 단편적 판단의 의미를 이해할 수 있다. 예를 들면, 어떤 사람이 도덕적 양심을 이유로 안락사를 할 경우, 이 판단이 그 사람의 높은 도덕적 양심을 반영하는 것인지 안락사 찬성을 반영하는 것인지 확실히 알 수 없다. 다시 말하면, 어떤 사람의 한 가지 도덕적 판단으로부터 어떤 추론을 하는 것은 아주 모호하다. 그 사람의 판단력을 종합적으로 고려할 때만이 그 사람의 도덕성을 더 확실하게 추론할 수 있다.

둘째, MCT는 단순히 도덕적 태도나 가치를 구현하는 것이 아니라 도덕적 과제를 구현한다. 도덕성이 강한 능력이나 인지를 나타낸다면 이 측정에 사용될 수 있도록 과제를 정의해야 한다.[31] 도덕판단을 측정할 수 있는 여러 다양한 과제를 생각해 낼 수 있지만, 몇 가지 과제만 실행 가능하거나 타당하다. 어떤 과제는 측정에 사용하기 적합하지만 도덕유혹 테스트 같이 측정하기에는 비윤리

30 G. Lind, "Can one apply the rationale behind the C-score to any test?" Psychology and Education of Morality and Democracy: Moral Judgment Test, http://www.uni-konstanz.de/ag-moral/ (2010.6.1.검색)

31 Lourenço, O. & Machado, A. "In defense of Piaget's theory: a reply to 10 common criticisms." Psychological Review, 103, 1996, pp.143-164., 박균열, 앞의 논문, 2006, p.129에서 재인용.

적인 과제도 있다. 예를 들면, 유혹에 대한 저항을 측정하기 위해 피험자를 유혹해서 도둑질을 하게 해서는 안 된다. 또한 어려움에 처한 사람을 도와주는 과제 같이 실행은 가능하지만 타당하지 않은 과제도 있다. 도와주는 행동이 도덕적 책임이 동기가 되어 도와줄 수도 있지만 그렇지 않을 수도 있다. 도움을 주는 행동 중에는 다른 사람을 지배하기 위한 욕망이 동기가 될 수도 있고, 사회적 압력 때문에 또는 큰 보상을 받고 싶은 기대감으로 도와줄 수도 있기 때문이다.

결국 도덕 판단력을 측정하기에 적절한 과제는 사람들에게 반대 주장을 제시하는 것이다. 문제의 상황에 부딪혔을 때, 여기에 대한 피험자들의 찬성 반응의 경우 딜레마 해결에 있어 선호되는 도덕적 추리 수준을 나타낸다. 그리고 반대 주장에 대한 반응은 다른 사람의 행동을 판단할 때 특정한 도덕 수준을 일관성 있게 사용할 수 있다는 것을 의미한다. C-지수는 이 개념을 따른다. 테스트를 받는 사람이 찬성 또는 반대 주장에 대해 도덕적 일관성을 보이면 높은 능력의 점수를 받게 된다. 피험자가 도덕의 질은 상관없이 딜레마의 '올바른' 해결점에 대한 의견으로 반대 주장을 평가하면, MCT에서 낮은 도덕 판단력 점수를 얻는다. 그런 면에서 MCT는 다음과 같은 사실을 명확히 하고 있다.

첫째, 모든 판단의 일관성이 도덕 판단력을 나타내는 것은 아니다. 도덕 문제에 대해 일관성 있는 판단만이 여기에 해당되며, 다른 문제에 대한 일관성에는 적용되지 않는다. 예를 들어 비판에 반대되는 문제에 대한 의견을 가졌을 경우, 딜레마에 대한 일관성 있는 판단은 타당도 높은 도덕적 판단의 지표가 아니라 오히려 그 반대로 도덕적 경직성을 나타내기 때문이다.

둘째, 도덕적 관심이나 원칙에 따라 판단 행동을 결정하는 것은 당면한 딜레마의 해결책을 강력하게 찬성 또는 반대하는 것을 의미하는 것은 아니다. 도덕성과 헌신은 서로를 배제하는 것이 아니며 반드시 서로를 포함하는 것도 아니다.[32]

32 G. Lind, "How does one measure moral judgment? Problems and alternative ways of measuring a complex construct.[German: Wie mißt man moralisches Urteil? Probleme und alternative Möglichkeiten der Messung eines komplexen Konstrukts]," In: G. Portele, ed., Sozialisation und Moral, Weinheim: Beltz, 1978. pp.171-201.

MCT는 이중측면이론dual aspects theory을 기반으로 하고 있다. 도덕 판단력의 두 요소, 즉 인지적 요소와 정적 요소를 동시에 평가할 수 있다는 것이 MCT의 가장 독특한 특징이다.[33] 즉 MCT는 도덕판단력의 두 요소인지적 요소와 정적 요소를 동시에 평가할 수 있는 도구이다. Gross가 지적했듯이, 이것은 이 두 요소를 융합하는 상당히 향상된 단일 인터뷰 기술을 제공한다.[34]

이것은 이 두 요소를 융합하는 상당히 향상된 단일 인터뷰 기술을 제공한다. 이 특성은 피아제, 콜버그, 그리고 린트 등이 설명한 도덕판단 및 도덕발달에 대한 이중특성이론에 근거하고 있다. 피아제에 따르면, 감정적 메커니즘과 인지적 메커니즘은 서로 다르지만 서로 분리될 수도 없다는 것이다.35 전자는 에너지에 의존하고, 후자는 구조에 의존한다. 따라서 콜버그는 자신의 도덕 발달 단계 모델을 도덕 행동의 감정적 그리고 인지적 측면으로 설명하였다. 이중특성이론은 도덕 행동을 감정적 속성과 인지적 속성을 고려하여 종합적으로 설명한다. 도덕 행동을 충분히 설명하기 위해서는 두 가지 사항이 포함되어야 한다. 첫째, 도덕 행동을 설명하는 도덕적 이상과 원칙, 둘째, 결정 과정에서 이러한 이상과 원칙을 적용할 때 사람들이 가지고 있는 인지적 능력 등을 포함해야 한다는 것이다.

한편 린트의 MCT는 일관성을 나타내는 C-지수로서 도덕적 판단력을 측정한다. 물론 린트도 때때로 콜버그의 4개 항목으로 이루어진 5단계와 6단계의 점수를 합산한 P-지수를 제시하기도 하였으나, 그는 선호도 측정을 강조하지

---

33 G. Lind, "What is the psychological and methodological background of the MJT?", Psychology and Education of Morality and Democracy: Moral Judgment Test, http://www.uni-konstanz.de/ag-moral/ (2010.6.1.검색)

34 M. L. Gross (1994). "Jewish Rescue in Holland and France during the Second World War: Moral cognition and collective action." Social Forces, 73, pp.463-496; M. L. Gross (1995). "Moral judgment, organizational incentives and collective action: Participation in abortion politics." Political Research Quarterly, 48, pp.507-534; M. L. Gross (1996). "Moral reasoning and ideological affiliation: a cross-national study." Political Psychology, 17, pp.317-338.

35 J. Piaget, "The affective unconscious and the cognitive unconscious." In B. Inhelder & H.H. Chipman (eds.), Piaget and his school (pp.63-71). New York, 1976.: Springer.

않는다. 왜냐하면 P-지수는 인지적 구조가 아닌 단지 태도만을 측정하는 것으로 간주하기 때문이다.[36]

린트는 피험자의 답안의 일관성에 바탕을 둔 측정만이 진정한 도덕적 구조의 측정이라고 보고 있다. 즉 일관성의 측정에 있어서 어떤 단계가 가장 높은 점수를 받았는가가 아니라, 피험자가 동일한 단계를 나타내는 4개의 항목을 얼마나 일관성 있게 등급을 부여했는가에 관심의 초점이 주어진다. 린트에게 있어서 도덕적 능력이란 "특별한 문제에 관해 의견의 일치를 보이는 것에 상관없이 사실을 초월한 어떠한 도덕적 원리를 통찰하는 능력"으로 설명되고 있다. 린트의 선호도에 대한 지적은 단순하면서도 명쾌하다. 즉 단계 선호 측정은 단지 좋고 나쁨의 도덕적 정서의 하나인 도덕적 태도를 측정한다고 본 것이다. 그래서 콜버그의 MJI와 레스트의 DIT는 이러한 단계 선호 지수에 기초하였으므로 단지 태도에 대한 측정도구라고 주장한다.

한편 다른 이론에 따르면 감정과 인지는 인간 마음의 독립된 요소로서 도덕 행동과도 분리된다고 한다. 이러한 이론들은 도덕 행동에는 감정적 영역과 별도의 인지적 영역이 있다고 주장한다. 또한 감정적, 인지적, 행동적 반응들을 분리해서 측정할 수 있다고 주장한다. 예를 들면, 서로 다른 종류의 행동을 일으키는 두 요소를 다른 테스트를 사용해서 측정할 수 있다고 주장하는 것이다. MCT에 대한 이론적 배경, 구성원리, 채점방식 등에 대한 상세한 소개는 박균열 2006: 131의 연구가 있다.

MCT는 콜버그의 연구에 의해 입증된 인지발달론에 의해 지지되고 있는데, 그 특징은 다음몇 가지로 요약된다. 첫째, MCT는 선호도 순서order of preferences를 중시한다. 즉 도덕적 딜레마에서 피험자들은 도덕적 추리 단계를 순서대로 선호해야 한다. 둘째, 준단방향구조quasi-simplex structure를 가지고 있다. 인접한 단계들 간의 상관관계는 더 멀리 떨어진 단계들 간의 상관관계보다 더 높아야 한

36 G. Lind, "Is the MJT a similar test to the Defining-Issues-Test, DIT?", Psychology and Education of Morality and Democracy: Moral Judgment Test, http://www.uni-konstanz.de/ag-moral/ (2010.6.1.검색)

다. 셋째, 인지-정서적 평행cognitive affective parallelism을 나타낸다. 인지발달과 정서의 높은 상관성을 전제하고 있다는 것이다. 넷째, 문항 속의 논증 과정에서 비록 가정된 상황이 다르다고 하더라도equivalence of pro and con argument 단계 지향은 일정하게 지향해야 한다. 다섯째, MCT는 어려운 도덕적 과업a difficult moral task을 측정하는 것이다. 즉 특정주제에 대한 도덕적 태도를 측정하는 것이 아니라, 도덕적 역량moral competence을 측정하는 것이다. MCT가 태도가 아닌 역량을 측정하는 것이기 때문에 단계 상향을 가장한다고 해도 높은 점수를 획득할 수 없도록 구성되어 있다.

이러한 점을 종합해서 높은 C-점수, 즉 높은 도덕판단역량은 다음과 같이 표현된다. 낮은 가치에 대해서는 낮게 지향하고, 높은 가치에 대해서는 높게 지향할 때 높은 점수가 나타나게 되는 것이다. 이를 low-low high-high라고 명명할 수 있다. 이는 곧 높은 C-점수의 다른 표현이라고 할 수 있다.

이러한 경향을 MCT 설문지 척도를 기준으로 살펴보면 현저하게 나타난다. 그림 2은 현저한 C-점수의 차이를 보여준다. 왼쪽은 반대논증은 모든 응답에서 가장 낮은 동의를 했고, 찬성논증에서는 모든 응답에서 가장 높은 동의를 했다. 이런 경우 가치위계에 대한 차이 인식이 없어서 0점이 나온 것이다. 마찬가지로 찬성과 반대 논거 모두 똑같은 -4나 4로 응답했다고 해도 0점이 나오게 된다. 한편 우측의 경우 반대와 찬성의 논거의 지향 방향(=기울기)도 일치하면서 가치위계에 대해 low-low high-high를 지향하고 있기 때문에 높은 점수가 나타난 것이다.

MCT 검사지의 채점을 위해서는 Lind1978; 2003의 선행연구를 참고해야 한다 표 3. 참조. 각 단계별 할당된 번호의 자리에는 계산자가 미리 입력되어 있다. 즉 근로자의 딜레마에선 각 단계에 찬성쪽에 여섯 개(1,5,3,2,6,4번)의 문항이, 반대쪽에도 여섯 개(12,9,11,7,10,8)의 문항이 배치되어 있다. 의사의 딜레마문항에서도 찬성쪽에 3,4,6,5,2,1번의 문항이, 반성쪽에 10,11,7,12,8,9번의 문항이 배치되어 있다.

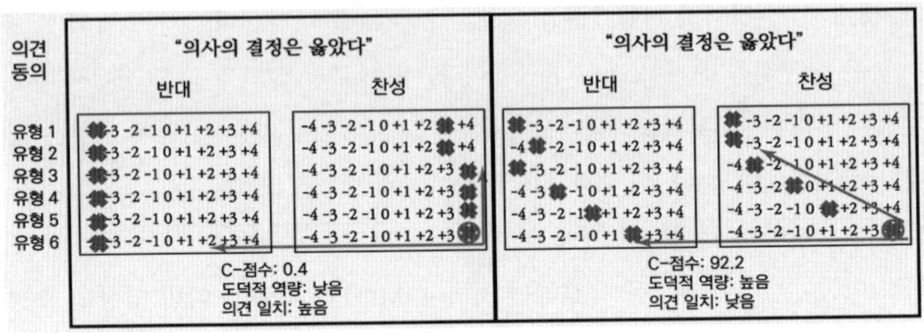

그림 2. 도덕판단역량의 상이한 정도를 보여주는 두 가지 응답

주1) 각 유형들은 콜버그의 6단계와 일치한다.
2) 구조적인 정보는 검사 질문들에 대한 개인의 응답 패턴으로부터 평가 가능하며, 독립된 반응들로부터는 불가능하다. 예를 들어, 유형6 주장 ("+4")에 대한 한 가지 매우 긍정적인 평가는 좌측의 패턴에서는 낮은 도덕적 역량을 의미하지만, 다른 반응들과의 맥락에서 보았을 때, 우측에서는 높은 도덕적 역량을 의미한다. MCT 속의 주장들은 그들의 유형에 따라 그 정도가 결정되지 않는다는 점에 주목해야 한다.

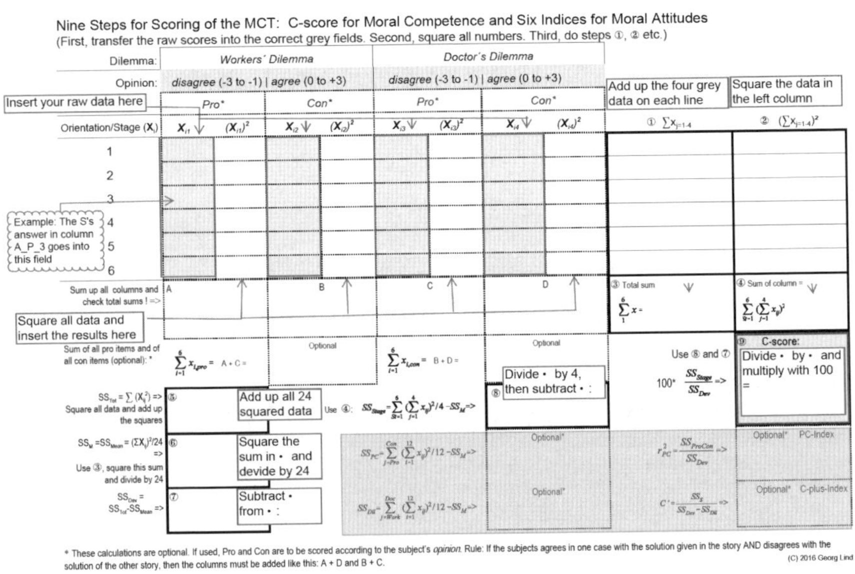

그림 3. MCT C-지수 계산식(1)

$$C_{index} = \frac{SS_{Stage}}{SS_{Dev}} \times 100$$

$$SS_{Stage} = \frac{SS_{Square}}{m} - SS_{Mean} \qquad SS_{Dev} = SS_{Tot} - SS_{Mean}$$

$$SS_{Square} = \frac{\sum_i^n\left(\sum_j^m x_{ij}\right)^2}{m} \qquad SS_{Tot} = \sum_j^m \sum_i^n\left(X_{ij}\right)^2$$

$$SS_{Mean} = \frac{\left(\sum_j^m \sum_i^n x_{ij}\right)^2}{mn}$$

$$C_{index} = \frac{\frac{\sum_i^n\left(\sum_j^m X_{ij}\right)^2}{m} - \frac{\left(\sum_j^m \sum_i^n X_{ij}\right)^2}{mn}}{\sum_j^m \sum_i^n\left(X_{ij}\right)^2 - \frac{\left(\sum_j^m \sum_i^n X_{ij}\right)^2}{mn}} \times 100$$

<표기법>

SS_{Square} = sum of square of elements – 원소들의 제곱의 합

SS_{Dev} = *Standart deviation of elements* – 원소들의 표준편차

SS_{Tot} = *sum of elements* – 원소들의 합

SS_{Mean} = *mean of elements* – 원소들의 평균

$\bar{x}$ = *mean of stage* – 단계의 평균

$\bar{y}$ = *mean of values* – 값들의 평균

a = *slope of elements* – 추세선의 기울기

그림 4. MCT C-지수 계산식(2)

표 3. MCT C-지수 계산식(3)

의견	근로자의 딜레마		의사의 딜레마		태도 지수들	
	찬성*	반대*	찬성*	반대*	X_{1-4}	$(X_{1-4})^2$
1단계	1**	12	3***	10		
2단계	5	9	4***	11		
3단계	3	11	6	7		
4단계	2	7	5	12		
5단계	6	10	2	8		
6단계	4	8	1	9		
$\sum_{1}^{6} x=$					$SS_{Tot}=\sum x^2=$	
	$\sum_{i=1}^{6} x_{i,pro}=$		$\sum_{i=1}^{6} x_{i,con}=$		C-지수=r^2*100	

$SS_{Deviation}=$ $SS_{Tot}-SS_{Mean}=$

$SS_{Stage}=$ $\sum_{St=1}^{6}(\sum_{j=1}^{4} x_{ij})^2/4-SS_M=$

$r^2_{Stage}=\frac{SS_{Stage}}{SS_{Dev}}$

$SS_{Mean}=$ $(6x)^2=$

$SS_{PC}=$ $\sum_{j=Pro}^{Con}(\sum_{i=1}^{12} x_{ij})^2/12-SS_M=$

$r^2_{PC}=\frac{SS_{PooCon}}{SS_{Dev}}$

$SS_{Dil}=$ $\sum_{j=Work}^{Doc}(\sum_{i=1}^{12} x_{ij})^2/12-SS_M=$

$r^2_{Dil}=\frac{SS_{Dil}}{SS_{Dev}}$

C^+지수$=\frac{SS_s}{SS_D-SS_{Dil}}$

주1) C지수와 C+지수와의 실증적 차이가 거의 없어서, C+지수는 거의 사용되지 않음.
2) '*'표시의 '찬성'과 '반대'는 판단 주체의 의견이다. 부정적인 문항에 대한 찬성과 반대의 값은 반대로 표기해 줌.
3) '**'의 '1-12'의 두 쌍의 번호는 문항번호를 말함.
4) '***'은 2004년 버전에 의거 '의사의 딜레마' 중 'Pro'의 1단계와 2단계의 값을 바꾸어야 한다는 권장을 반영한 것임.

출처: Lind, G. (2003[2000]), "Review and Appraisal of the Moral Judgment Test", unpublished, pp.5-6; Lind, G. (1978), "How does one measure moral judgment? Problems and alternative ways of measuring a complex construct.[German: Wie mißt man moralisches Urteil? Probleme und alternative Möglichkeiten der Messung eines komplexen Konstrukts]," In: G. Portele, ed., Sozialisation und Moral, Weinheim: Beltz, pp.171-201, 박균열(2006) 재인용.

4. 한국형 윤리판단역량 측정도구KMCT KC-지수의 알고리즘

4-1. 시작점: C-지수 알고리즘의 한계점[37]

가. 기울기의 역전현상에 대한 간과

G. Lind는 도덕적 역량에 대한 우리의 내재적 정의에 따르면, 한 개인에 대한 C-점수의 계산은 그 사람의 도덕적 지향들과는 논리적으로 독립적이라고 주장한다. 이것이 의미하는 바는 다음의 그래프에서 확인될 수 있는데, 가상의 두 개인이 똑같은 C-점수를 가지고 있지만 도덕적 딜레마를 토론할 때 완전히 다른 도덕적 지향들을 선호한다그림 5. 참조.

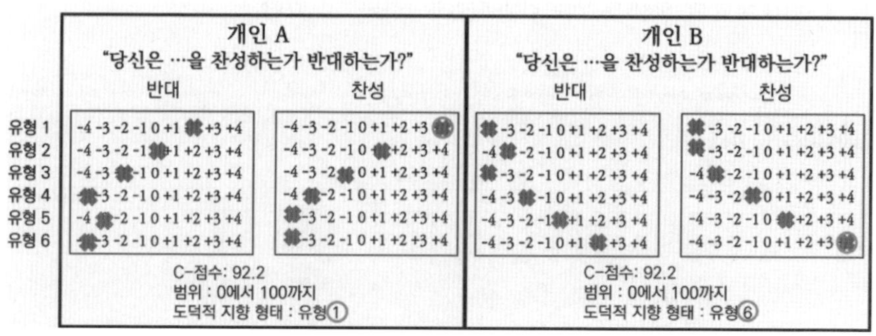

그림 5. 도덕적 역량의 상이한 정도를 보여주는 두 가지 응답

주1) 각 유형들은 콜버그의 6단계와 일치한다.
2) MCT를 통해 우리는 참여자들의 내재적인 도덕적 기준들로 그들의 도덕적 역량을 측정한다. 위 그래프는 가상의 두 사람이 똑같은 높이의 도덕적 역량(C-점수)을 가지지만, 도덕적 지향에 대해서는 완전히 다른 선호들을 가지는 것을 보여준다.

---

37 이러한 문제점에 대한 다음의 연구에서 처음 시작되었다. 하지만 당시에는 기울기 상의 정도와 방향에 대한 문제점을 발견하지 못한 상태로 MCT C-지수의 단순 개선을 위한 다양한 방식에 대해서만 고민했었다. 당시에 필자는 이 연구에서 Ethicopath의 잠정 개념으로 Moral Path를 제안했는데 이후에는 Ethicopath가 이 개념을 대신한다. 또한 이 연구에서 필자가 사용한 새로운 KMCT와 KC-지수는 이 연구가 제시하고자 하는 개념과 상이하기 때문에 이 연구에서 제안된 개념으로 대체된다. 당시의 제안사항은 단순한 계산설계상의 잠정개념으로 간주된다. 박균열, "도덕판단역량측정도구(MCT) 및 C-지수 알고리즘 개선", 「예술인문사회 융합 멀티미디어 논문지」, 9(12), 2019, pp.147~157, p.152.

G. Lind는 가상의 두 개인이 똑같은 C-점수인 92.2를 나타냈지만, “완전히 다른 도덕적 지향”이라고만 설명했지, 그것이 “완전히 도덕적으로 전도된”이라고 말하지 않았다. 우리는 “낮은 가치를 중히 여기고, 높은 가치를 낮게 여기는 사람”을 도덕적으로 심각하게 문제 있는 것으로 실제로 여긴다. 이 연구는 그러한 경우 Ethicopath라고 명명하려고 한다. 이것은 G. Lind가 기울기 역전의 경우-를 간과한 예이다.

나. 기울기 정도에 대한 간과

또한 G. Lind는 기울기의 높낮이를 간과했다. 예컨대 위의 그림3의 개인B가 보인 지향성이 이상적인 높은 점수인데, 높은 가치에 대한 강한 가중치가 없으면서도 조금의 상향만 보여도 만점인 100점을 보여주고 있다그림 6. 참조.

Dilemma:	Workers' Dilemma				Doctor's Dilemma					
Opinion:	Disagree(-3 to -1)		Agree(0 to +3)		Disagree(-3 to -1)		Agree(0 to +3)		Sum up the arguments for each Stage	Square the sums in the left column
딜레마자체에 대한 선호도				**2**				**1**		
	Pro*		Con*		Pro*		Con*			
Stage (X_{ij})	X_{i1}	$(X_{i1})^2$	X_{i2}	$(X_{i2})^2$	X_{i3}	$(X_{i3})^2$	X_{i4}	$(X_{i4})^2$	SUM X_j	$(\text{SUM } X_j)^2$
1	1	1	1	1	1	1	1	1	4	16
2	1	1	1	1	1	1	1	1	4	16
3	1	1	1	1	1	1	1	1	4	16
4	1	1	1	1	1	1	1	1	4	16
5	2	4	2	4	2	4	2	4	8	64
6	3	9	3	9	3	9	3	9	12	144
	A		**B**		**C**		**D**		**Total Sum**	**Sum of Column**
Sum up all columns and Check total Sums	9	17	9	17	9	17	9	17	36	272
		Optional				**Optional**				
Sum of all pro items and of all con items (optional):*	**SUM Pro***	18			**SUM Con***	18				
$SS_{Tot}=SUM(X_{ij}^2)$ Square all data and add up the squares	68				SS_{Stage}	14			C-Index $=SS_{Stage}/SS_{Dev}*100$	100

그림 6. 낮은 기울기의 예

다. 특이 양상에 대한 간과: 산모양, 협곡모양

C-지수는 지향성의 점증성, 점감성만 보여도 만점을 보이고 있다그림 7, 8. 실제 이러한 점은 도덕적 비정상성이라고 보아야 한다.

Dilemma:	Workers' Dilemma				Doctor's Dilemma					
Opinion:	Disagree(-3 to -1)		Agree(0 to +3)		Disagree(-3 to -1)		Agree(0 to +3)		Sum up the arguments for each Stage	Square the sums in the left column
딜레마자체에 대한 선호도				2				1		
	Pro'		Con'		Pro'		Con'			
Stage (X_{ij})	X_{i1}	$(X_{i1})^2$	X_{i2}	$(X_{i2})^2$	X_{i3}	$(X_{i3})^2$	X_{i4}	$(X_{i4})^2$	SUM X_j	(SUM $X_j)^2$
1	-4	16	-4	16	-4	16	-4	16	-16	256
2	-4	16	-4	16	-4	16	-4	16	-16	256
3	4	16	4	16	4	16	4	16	16	256
4	4	16	4	16	4	16	4	16	16	256
5	-4	16	-4	16	-4	16	-4	16	-16	256
6	-4	16	-4	16	-4	16	-4	16	-16	256
	A		B		C		D	(Ctrl)	Total Sum	Sum of Column
Sum up all columns and Check total Sums	-8	96	-8	96	-8	96	-8	96	-32	1536
		Optional				Optional				
Sum of all pro items and of all con items (optional):	SUM Pro'	-16			SUM Con'	-16				
SS_{Tot}=SUM(X_{ij}^2) Square all data and add up the squares	384				SS_{Stage}	341.33			C-Index =SS_{Stage}/SS_{Dev}*100	100

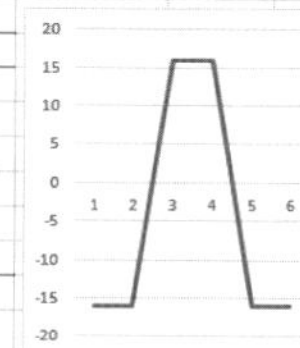

그림 7. 산 모양의 예

Dilemma:	Workers' Dilemma				Doctor's Dilemma					
Opinion:	Disagree(-3 to -1)		Agree(0 to +3)		Disagree(-3 to -1)		Agree(0 to +3)		Sum up the arguments for each Stage	Square the sums in the left column
딜레마자체에 대한 선호도				2				1		
	Pro'		Con'		Pro'		Con'			
Stage (X_{ij})	X_{i1}	$(X_{i1})^2$	X_{i2}	$(X_{i2})^2$	X_{i3}	$(X_{i3})^2$	X_{i4}	$(X_{i4})^2$	SUM X_j	(SUM $X_j)^2$
1	4	16	4	16	4	16	4	16	16	256
2	4	16	4	16	4	16	4	16	16	256
3	-4	16	-4	16	-4	16	-4	16	-16	256
4	-4	16	-4	16	-4	16	-4	16	-16	256
5	4	16	4	16	4	16	4	16	16	256
6	4	16	4	16	4	16	4	16	16	256
	A		B		C		D	(Ctrl)	Total Sum	Sum of Column
Sum up all columns and Check total Sums	8	96	8	96	8	96	8	96	32	1536
		Optional				Optional				
Sum of all pro items and of all con items (optional):	SUM Pro'	16			SUM Con'	16				
SS_{Tot}=SUM(X_{ij}^2) Square all data and add up the squares	384				SS_{Stage}	341.33			C-Index =SS_{Stage}/SS_{Dev}*100	100

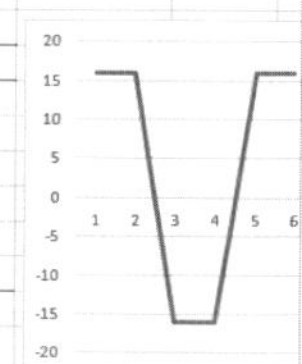

그림 8. 협곡 모양의 예

라. 도덕적 유약함=Akrasia 표현 제한

도덕적 유약함은 가치의 높낮이를 구분하지 못하면서 주저주저하는 경우를 말한다. 가치위계에 대한 엄격한 구분지향을 하지 못하고, 1,2,1,2,1,2 또는 2,1,2,1,2,1과 같은 형태의 높낮이를 보이는 경우에도 C-지수는 100점을 나타내고 있다.

Dilemma:	Workers' Dilemma				Doctor's Dilemma					
Opinion:	Disagree(-3 to -1)		Agree(0 to +3)		Disagree(-3 to -1)		Agree(0 to +3)		Sum up the arguments for each Stage	Square the sums in the left column
딜레마자체에 대한 선호도				2				1		
	Pro'		Con'		Pro'		Con'			
Stage (X_{ij})	X_{i1}	$(X_{i1})^2$	X_{i2}	$(X_{i2})^2$	X_{i3}	$(X_{i3})^2$	X_{i4}	$(X_{i4})^2$	SUM X_j	(SUM $X_j)^2$
1	1	1	1	1	1	1	1	1	4	16
2	2	4	2	4	2	4	2	4	8	64
3	1	1	1	1	1	1	1	1	4	16
4	2	4	2	4	2	4	2	4	8	64
5	1	1	1	1	1	1	1	1	4	16
6	2	4	2	4	2	4	2	4	8	64
	A		B		C		D		Total Sum	Sum of Column
Sum up all columns and Check total Sums	9	15	9	15	9	15	9	15	36	240
		Optional				Optional				
Sum of all pro items and of all con items (optional):	SUM Pro'	18			SUM Con'	18				
SS_{Tot}=SUM(X_{ij}^2) Square all data and add up the squares	60				SS_{Stage}	6			C-Index =SS_{Stage}/SS_{Dev}*100	100

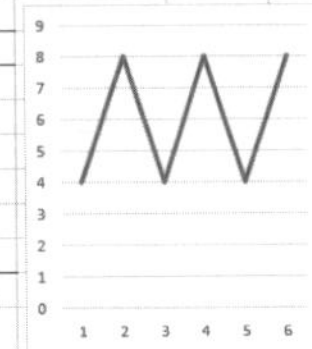

그림 9. 도덕적 유약함의 예(1)

Dilemma:	Workers' Dilemma				Doctor's Dilemma					
Opinion:	Disagree(-3 to -1)		Agree(0 to +3)		Disagree(-3 to -1)		Agree(0 to +3)		Sum up the arguments for each Stage	Square the sums in the left column
딜레마자체에 대한 선호도				2				1		
	Pro'		Con'		Pro'		Con'			
Stage (X_{ij})	X_{i1}	$(X_{i1})^2$	X_{i2}	$(X_{i2})^2$	X_{i3}	$(X_{i3})^2$	X_{i4}	$(X_{i4})^2$	SUM X_j	(SUM $X_j)^2$
1	2	4	2	4	2	4	2	4	8	64
2	1	1	1	1	1	1	1	1	4	16
3	2	4	2	4	2	4	2	4	8	64
4	1	1	1	1	1	1	1	1	4	16
5	2	4	2	4	2	4	2	4	8	64
6	1	1	1	1	1	1	1	1	4	16
	A		B		C		D	(Ctrl)	Total Sum	Sum of Column
Sum up all columns and Check total Sums	9	15	9	15	9	15	9	15	36	240
		Optional				Optional				
Sum of all pro items and of all con items (optional):	SUM Pro'	18			SUM Con'	18				
SS_{Tot}=SUM(X_{ij}^2) Square all data and add up the squares	60				SS_{Stage}	6			C-Index =SS_{Stage}/SS_{Dev}*100	100

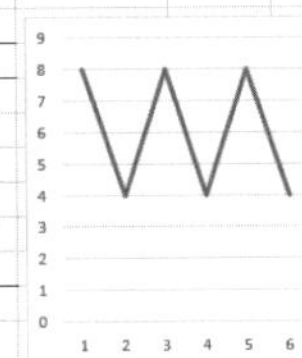

그림 10. 도덕적 유약함의 예(2)

4-2. C-지수 개선을 위한 KC-지수의 기본 개념

첫째, 기울기가 양수인가 음수인가에 따라 그 특성을 달리 표현할 수 있어야 한다.
둘째, 기울기가 낮을 경우 그만큼 점수를 차감해야 한다.
셋째, 기울기의 높낮이를 표현하기 위해 추세선 공식을 활용한다.

넷째, 기울기의 높낮이를 표현하기 위한 추세선 공식을 미세하게 보정해주기 위해 결정계수 R^2 값을 활용한다.

4-3. 기본 수학 공식

Mid KC-지수는 KC-지수 도출을 위한 출발점이다. 이 지수는 C-지수에 기울기값을 곱한 값이다. 음의 기울기값도 포함되어 있기 때문에 -100~100의 범위를 갖는다.

Ultra KC-지수는 악마형과 천사형의 도덕성도 측정할 수 있는 특수형태의 도구로서 점수의 한계가 없다. KC-지수는 절대값 100의 범위내에서는 이 Ultra KC-지수와 동일하다. Ultra KC-지수가 절대값 100을 초과할 경우 100에서 멈추도록 설계되었다. 그런데 KC-지수는 매우 엄격해서 점수가 낮게 나오는 경향이 있고, 많은 사람들이 백분점수에 익숙하기 때문에 그렇게 조정해서 할 수도 있다. 이때는 KC-지수 원점수에 1/2+50을 하면 된다.

[KC-index 도출을 위한 기본 수학식]

n : stage 개수
m : 그룹 개수
x : stage 각 단계 값
y : 각 stage 측정 값
w : 가중치

<종합항목 추세선 기울기>

$$Total\ a = \frac{n(\sum xy) - (\sum x)(\sum y)}{n(\sum x) - (\sum x)^2}$$

<평균항목 추세선 기울기>

$$a = \frac{n(\sum xy) - (\sum x)(\sum y)}{mn(\sum x) - (\sum x)^2}$$

<R^2 결정계수: 추세선 기울기 보정>

$$R^2 = \left(\frac{\sum(x_i - \bar{x})(y_i - \bar{y})}{\sqrt{\sum(x_i - \bar{x})^2 \sum(y_i - \bar{y})^2}}\right)^2$$

$$SS_{Stage} = \frac{SS_{Square}}{m} - SS_{Mean} \qquad SS_{Dev} = SS_{Tot} - SS_{Mean}$$

$$SS_{Square} = \frac{\sum_i^n\left(\sum_j^m x_{ij}\right)^2}{m} \qquad SS_{Tot} = \sum_j^m \sum_i^n \left(X_{ij}\right)^2$$

$$SS_{Mean} = \frac{\left(\sum_j^m \sum_i^n x_{ij}\right)^2}{mn}$$

$$initial\ KC_{index} = a \times w_j \times \frac{\frac{\sum_i^n\left(\sum_j^m X_{ij}\right)^2}{m} - \frac{\left(\sum_j^m \sum_i^n X_{ij}\right)^2}{mn}}{\sum_j^m \sum_i^n \left(X_{ij}\right)^2 - \frac{\left(\sum_j^m \sum_i^n X_{ij}\right)^2}{mn}} \times 100$$

$$*\ (|a| > 1)|a| = 1$$

$$ultra\ KC_{index} = R^2 \times initial\ KC_{index}$$

$$raw\ KC_{index} = \begin{cases} if(|Ultra\ KC_{index}| > 100)|Ultra\ KC_{index}| = 100 \\ otherwise\ Ultra\ KC_{index} \end{cases}$$

$$KC_{index} = \frac{raw\ KC_{index}}{2} + 50$$

- initial KCindex: Cindex에 기울기 정도와 음양 반영. 만점은 절대값 100
- ultra KCindex: 추세선과 결정계수를 적용하여 계산. 절대값 100보다 클 수 있음.
- raw KCindex: ultra KC index가 절대값이 100보다 크면 100으로 표기. 만점은 절대값 100
- Kcindex: raw KCindex를 100분위점수로 표준화 함.

4-4. C-지수, KC-지수의 가상 결과 비교

가. 기울기의 역전현상

4, 3, 2, -2, -3, -4를 입력했을 때의 결과이다. C-지수는 100, KC-지수는 -100이다. 추세선과 R^2의 보정과정을 거치고, Ultra KC-지수에서 100이 넘을 경우 100으로 처리하는 과정을 거쳐 개량형 KC-지수가 -100이 나온 것이다. 이로써 KC-지수는 기울기 역전현상을 구현할 수 있는 알고리즘의 의미성과 효과성이 입증된다.

	-124			종합기울기	-7.085714286
		17.5		평균slope	-1.771428571
		-7.0857143			
				R2	0.94679803
				평균slope*R2	-1.677185081
C-Index $=SS_{Stage}/SS_{Dev}*100$			100		
Mid KC-Index $=slope * SS_{Stage}/SS_{Dev}*100$			-100	만점: [100]	
Ultra KC-Index =R2*slope*SStage/SSDev*100			-167.7185081	[100] 초과가능	
KC-Index =R2*slope*SStage/SSDev*100			-100	만점: [100]	앱개발 기준

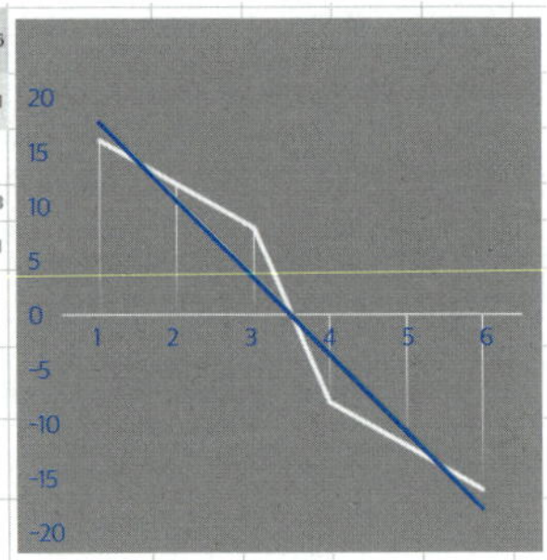

나. 기울기 정도

1, 1, 1, 1, 2, 3을 입력했을 때의 결과이다. C-지수는 100, KC-지수는 추세선과 R^2의 보정과정을 거쳐서 25.6이 나와, 보다 현실화되었다.

	26			종합기울기	1.485714286
		17.5		평균slope	0.371428571
		1.48571429			
				R2	0.689795918
				평균slope*R2	0.256209913
C-Index $=SS_{Stage}/SS_{Dev}*100$			100		
Mid KC-Index $=slope * SS_{Stage}/SS_{Dev}*100$			37.14285714	만점: [100]	
Ultra KC-Index =R2*slope*SStage/SSDev*100			25.62099125	[100] 초과가능	
KC-Index =R2*slope*SStage/SSDev*100			25.62099125	만점: [100]	앱개발 기준

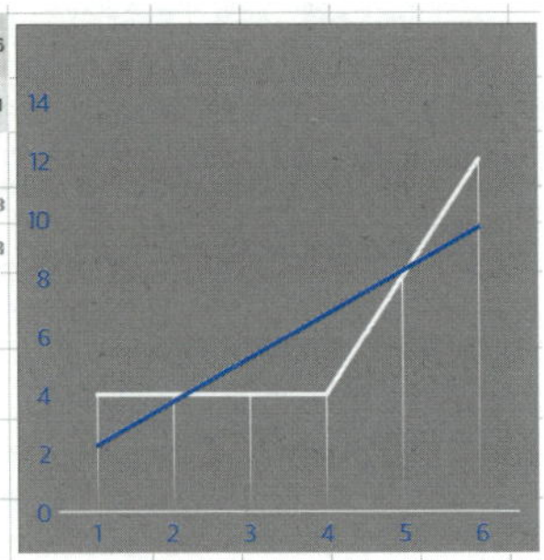

다. 특이 양상: 산모양, 협곡모양

▶ -4, -4, 4, 4, -4, -4를 입력했을 때의 값: C-지수는 100점, KC-지수는 0점

	0			종합기울기	0
		17.5		평균slope	0
		0			
				R2	0
				평균slope*R2	0
C-Index $=SS_{Stage}/SS_{Dev}*100$			100		
Mid KC-Index $=slope * SS_{Stage}/SS_{Dev}*100$			0	만점: [100]	
Ultra KC-Index =R2*slope*SStage/SSDev*100			0	[100] 초과가능	
KC-Index =R2*slope*SStage/SSDev*100			0	만점: [100]	앱개발 기준

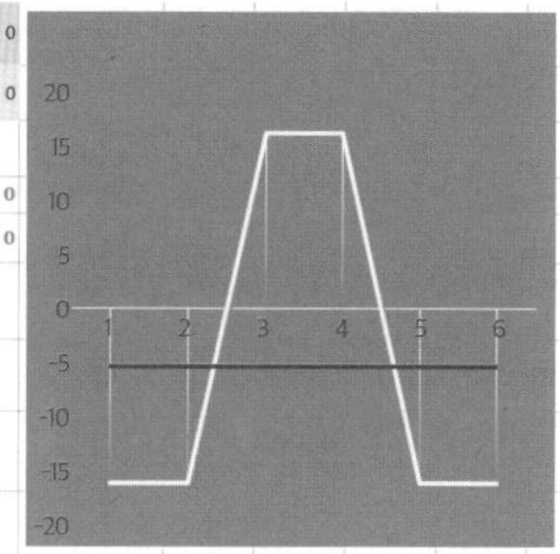

▶ 4, 4, -4, -4, 4, 4를 입력했을 때의 값: C-지수는 100점, KC-지수는 0점

	0			종합기울기	0
		17.5		평균slope	0
		0			
				R2	0
				평균slope*R2	0
C-Index $=SS_{Stage}/SS_{Dev}*100$			100		
Mid KC-Index $=slope * SS_{Stage}/SS_{Dev}*100$			0	만점: [100]	
Ultra KC-Index =R2*slope*SStage/SSDev*100			0	[100] 초과가능	
KC-Index =R2*slope*SStage/SSDev*100			0	만점: [100]	앱개발 기준

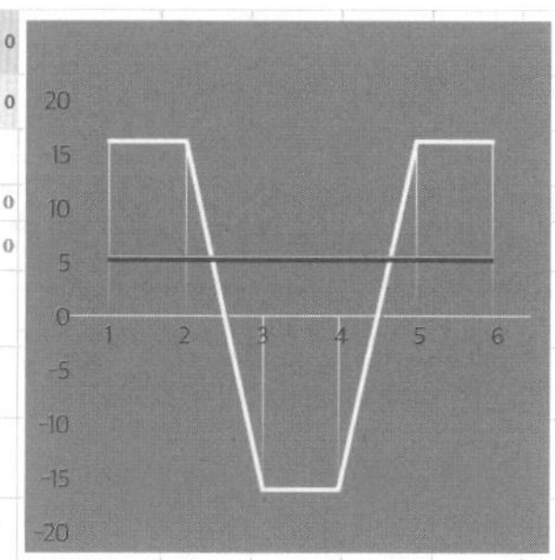

라. 도덕적 유약함$_{=Akrasia}$의 예

▶ 1, 2, 1, 2, 1, 2를 입력했을 때의 값: C-지수는 100점, KC-지수는 0.73점

	6			종합기울기	0.342857143
		17.5		평균slope	0.085714286
		0.34285714			
				R2	0.085714286
				평균slope*R2	0.007346939
C-Index $=SS_{Stage}/SS_{Dev}*100$			100		
Mid KC-Index $=slope * SS_{Stage}/SS_{Dev}*100$			8.571428571	만점: [100]	
Ultra KC-Index =R2*slope*SStage/SSDev*100			0.734693878	[100] 초과가능	
KC-Index =R2*slope*SStage/SSDev*100			0.734693878	만점: [100]	앱개발 기준

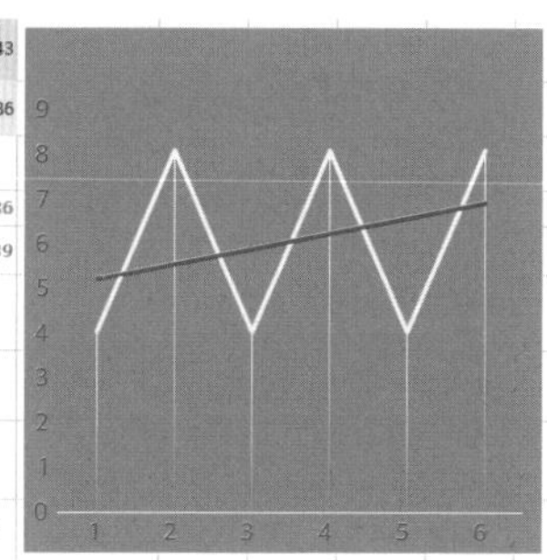

▶ 1, 2, 1, 2, 1, 2를 입력했을 때의 값: C-지수는 100점, KC-지수는 -0.73점

	-6			종합기울기	-0.342857143
		17.5		평균slope	-0.085714286
		-0.3428571			
				R2	0.085714286
				평균slope*R2	-0.007346939
C-Index $=SS_{Stage}/SS_{Dev}*100$			100		
Mid KC-Index $=slope * SS_{Stage}/SS_{Dev}*100$			-8.571428571	만점: [100]	
Ultra KC-Index =R2*slope*SStage/SSDev*100			-0.734693878	[100] 초과가능	
KC-Index =R2*slope*SStage/SSDev*100			-0.734693878	만점: [100]	앱개발 기준

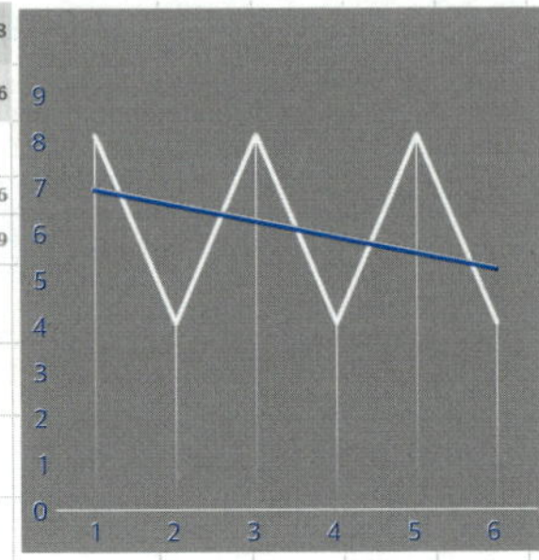

4-5. KC-지수와 Ultra KC-지수의 가상 결과 비교

KC-지수는 절대값 100까지는 Ultra KC-지수와 동일하다. 아래 결과는 -20, -6, -2, 2, 6, 20을 입력했을 때의 결과이다. 실제 -20과 20의 값은 범용 MCT측정도구의 기본 사양의 범위를 넘어서는 값이다. 하지만 DIT의 가중치 부여하는 방식을 원용할 경우도 있을 수 있기 때문에 알고리즘만 정립해두는 것이다. 이 도구는 향후 악마형과 천사형의 악행을 측정할 때 활용될 수 있을 것으로 기대된다.

	480			종합기울기	27.42857143
		17.5		평균slope	6.857142857
		27.4285714			
				R2	0.935064935
				평균slope*R2	6.41187384
C-Index $=SS_{Stage}/SS_{Dev}*100$			100		
Mid KC-Index $=slope * SS_{Stage}/SS_{Dev}*100$			100	만점: [100]	
Ultra KC-Index =R2*slope*SStage/SSDev*100			641.187384	[100] 초과가능	
KC-Index =R2*slope*SStage/SSDev*100			100	만점: [100]	앱개발 기준

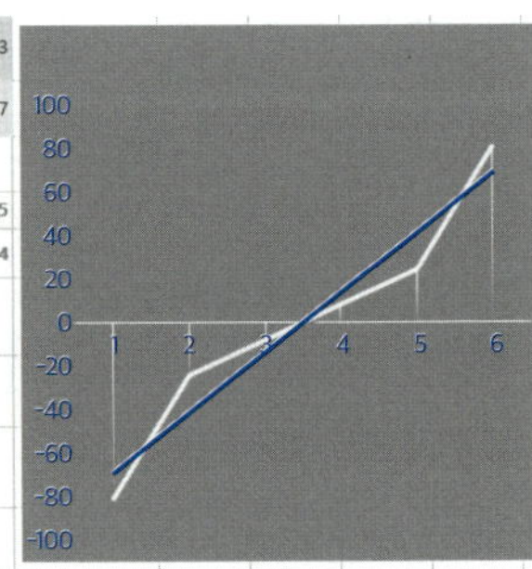

5. 결론

이 연구는 G. Lind에 의해 개발된 도덕판단역량 측정도구MCT의 C-지수의 알고리즘이 갖는 단점과 한계점을 극복하는 대안을 제시하는 데 초점을 두었다. MCT는 현재까지 소개된 도덕판단역량을 측정하는 도구 중에서 가장 효율적이고, 과학적이며, 실제적이며, 타당도가 높은 도구이다. 하지만 그 C-지수의 알고리즘이 몇 가지 점들을 설명하지 못하고 있다. 1 기울기 역전 현상, 2 기울기의 정도+-, 3 가치위계에 대한 산모양과 협곡모양의 특이지향, 4 특정 단계에서의 높낮이의 큰 변화가 없는 아크라시아에 대해 설명하지 못하고 있다.

이 연구는 C-지수의 기본값에 추세선과 R^2 개념을 적용하여, 이러한 문제점을 해소했다. 이 연구는 그렇게 해서 탄생한 지수를 KC-지수라고 명명한다. 그런데 사실 설문지의 내용은 바꾸지 않아도 되기 때문에 한국형 도덕판단역량 측정도구KMCT로까지 명명하지 않아도 된다. 하지만 KMCT는 이중측면이론에 의한 찬성-반대의 모드를 고수하지 않을 수도 있기 때문이다[부록 3] 참조.

이와 같은 KMCT와 KC-지수를 활용한다면 다음과 같은 비전을 가질 수 있다.

첫째, 향후 사회의 다양한 주제를 망라하는 통합형 가치의식조사로 확장 발전시킬 복안에 기여할 것이기 때문에 새로운 이름을 가질 필요가 있다. 특히 인터넷과 앱을 구축하여 국제적인 Big Data를 확보하는 데도 기여할 수 있을 것으

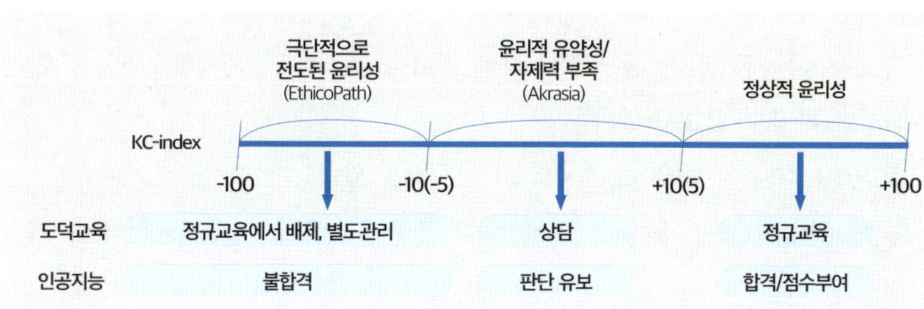

그림 11. KC-지수의 범위에 따른 가치의식의 종류 명칭과 처방 명칭

로 기대된다.

둘째, KC-지수는 계산이 용이하기 때문에, 현장교육에 있어서 비교적 쉽게 통용될 수 있는 장점을 갖고 있다.

셋째, KC-지수는 -100~100까지의 넓은 범위를 갖고 있기 때문에 다양한 가치의식을 설명할 수 있어서 이를 활용한 다양한 대책을 마련할 수 있다. 기존 C-지수가 0~100인 것에 비하면 2배 정도 넓다. 이 말은 더 많은 가치의식의 차이를 설명할 수 있다는 것을 의미한다. 이러한 점을 감안하여 윤리적 처방의 종류를 아래 그림 11와 같이 도식화할 수 있다. 여기서 동시에 인공지능의 인증 프로그램을 만들 때 하나의 준거가 될 수도 있다는 시사점을 얻을 수 있다.

넷째, KC-지수는 마이너스 점수를 표현할 수 있기 때문에 기존의 도덕적 악행, 부도덕함 등 도덕적 일탈 현상을 보다 과학적으로 설명할 수 있다. 이러한 자료가 축적된다면 교도소 상담이나 문제학생에 대한 상담 분야에서 폭넓게 적용될 수 있을 것으로 기대된다.

다섯째, 장차 이와 같은 데이터를 많이 쌓게 되어 어떤 특징이 선명하게 잡히게 된다면, 신경과학 분야와의 협력을 통해 보다 정밀한 뇌신경학적인 특징을 뇌파나 fMRI 등을 활용하여 설명이 가능해질 것으로 기대된다.

여섯째, 가치의식의 정도를 명확하게 표현할 수 있는 KC-지수는 기반 장군멍군게임Tit-for Tat과 같은 다양한 전략적 게임이론과 결합하여 다양한 방식으로 적용될 수 있다. 이러한 결합형태는 외교정책결정 등 다양한 양자관계의 해를 도출하는 데 기여할 것으로 기대된다.

일곱째, 다양한 국제공동연구를 통해 경험을 공유하고, 국제비교연구를 위한 연대성을 확장할 필요가 있다.

한편 KC-지수는 다음 몇 가지의 과제도 갖고 있다.

첫째, 윤리적 역량 중에서 판단역량에 국한된 것으로 기술되었는데, 윤리적 감수성 등 다른 역량과는 어떤 상관성을 갖고 있는지 살펴보아야 한다.

둘째, 복합적으로 측정할 수 있는 도덕성의 모둘을 구축하여, 인터넷과 앱으로 동시에 전세계인을 대상으로 하는 플랫폼을 만들어야 한다. 동시에 여러 주제별·인구통계별·기타 도덕성 영향 외생변수간의 복합적인 관계를 장기추적해야 한다.

셋째, 통상적인 발달론이 가진 제한점이기도 하지만, 인지발달 능력이 낮아지는 연령대 이후의 응답자들의 KC-지수를 어떻게 보정할지의 해법도 고민해보아야 한다.

넷째, 마이너스 점수를 받은 학생과 응답자들을 해당 기관별로 어떻게 조치할 것인지에 대한 법령 및 행정적인 사전적 준비를 해야 한다.

도덕교육에서 도덕성 측정은 매우 중요한 작업이기는 하지만 제대로 기획하고, 실시하고, 피드백을 할 수 없으면, 무용지물이 된다. 측정문화가 현장교육에서 정착되기 위해서는 교사의 전문성 확보가 필요하고, 그렇게 하기 위해서는 전국의 교대와 사대 교과교육학 담당 교수들의 측정에 대한 전문적 역량이 절대적으로 필요하다. 별도의 교과목을 신설할 필요성도 있다. 그리고 교과교육학을 전공하지 않는 교수들도 담당하는 과목 중에 '교육론'으로 끝나는 과목이 있을 경우 측정에 대한 내용과 연계하여 수업할 수 있도록 역량을 갖추는 것이 필요하다.

생각해 볼 문제

1. 북한의 입장에 찬성하면 무조건 잘못되었다는 의견에 대해, KMCT의 구성원리에 따라 비판적 견해를 제시해보자.

2. 평화를 위해서는 전쟁을 해서는 절대 안 된다는 의견에 대해, KMCT의 구성원리에 따라 비판적 견해를 제시해보자.

부록

[부록 1] KDIT 설문지

※ 다음을 잘 읽고 해당하는 칸에 여러분의 의견을 "∨" 표시해 주십시오.

남편의 고민

한 부인이 이상한 병으로 죽어가고 있었다. 그래서 남편은 아내를 데리고 병원에 갔다. 의사는 암이라고 말하면서, 집에서 가까운 약국에 그 암을 치료할 수 있는 약이 있다고 했다. 그런데 약국 주인은 그 약을 만드는 데 돈과 시간을 많이 쓰고, 고생을 했기 때문에 그 약값을 아주 비싸게 요구했다. 그래서 남편은 약값 마련을 위해 열심히 일을 했지만, 약 값의 반밖에 벌지 못했다. 남편은 그 약국에 가서 주인에게 "아내가 죽어가고 있어요. 그 약을 반값에 주세요. 나머지 반값은 다음에 드리겠습니다."라고 애원했다. 그러나 약국 주인은 "미안하지만 안되겠습니다"라고 말하면서 거절했다. 그래서 남편은 아내를 살리기 위해 많은 고민과 걱정을 하다가, 약을 몰래 훔치는 수밖에 다른 방법이 없다고 생각하기 시작했다.

(1) 만약 당신이 이 남편의 입장에 놓인다면, 당신은 어떻게 하겠는가?

____① 훔친다　　____② 잘 모르겠다　　____③ 훔치지 않는다

(2) 남편의 훔칠까 말까 하는 결정에 다음의 질문들은 어느 정도로 중요한가?

매우 중요하다 ①	대체로 중요하다 ②	약간 중요하다 ③	별로 중요하지 않다 ④	전혀 중요하지 않다 ⑤	질 문
					1. 이유가 무엇이든 법이 정한 일은 지켜야 하지 않을까?
					2. 정말로 아내를 사랑한다면, 약을 훔쳐서라도 아내를 살려야 하지 않을까?
					3. 그 약을 먹어도 아내가 살지 죽을지 모르는데, 감옥에 갈 일을 할 필요가 있을까?
					4. 부모님이 도둑질은 나쁜 짓이라고 하셨으므로, 약을 훔치지 말아야 하지 않을까?

매우 중요 하다 ①	대체로 중요 하다 ②	약간 중요 하다 ③	별로 중요 하지 않다 ④	전혀 중요 하지 않다 ⑤	질 문
					5. 아내를 위해서 약을 훔칠까? 아니면 남편인 자신을 위해서 약을 훔칠까?
					6. 그 약을 만든 약국 주인의 노력과 고생도 중요하지 않을까?
					7. 약을 훔치다 잡히면 감옥에서 오랫동안 벌을 받아야 하지 않을까?
					8. 아내와 남편은 각자 서로 무엇이 더 중요하다고 생각할까?
					9. 남편이 약을 훔친 것을 초등학교 때 선생님이 알게 되면 화를 많이 내시지 않을까?
					10. 이럴 때, 법을 지키는 것은 사람의 목숨을 살리는데 오히려 방해가 되는 것이 아닐까?
					11. 약국 주인은 너무 욕심이 많고 마음씨가 나쁘니까, 도둑을 좀 맞아도 되지 않을까?
					12. 약을 훔쳐서라도 아내의 목숨을 살리려고 하는 것이, 그냥 가만히 있는 것보다 더 나은 일이 아닐까?

(3) 위의 질문 중에서 중요하다고 생각되는 4개의 질문을 고른 후, 중요한 순서대로 그 질문의 번호를 쓰시오.

1순위	2순위	3순위	4순위

KDIT 문항별 콜버그 발달단계

이야기 \ 문항			1	2	3	4	5	6	7	8	9	10	11	12
DIT 원본	KDIT	남편의 고민	4	3	2	1	3*	4	1	6	1	5A	3	5A
		탈옥수	3	4	A	4	6	1	3	4	3	4	5A	5A
		의사와 환자	3	4	A	2	5A	1	3	6	4	5B	4	5A
	-	학생데모	3	4	2	5A	5A	3	6	4	3	5A	5B	4
		고용주의 처지	4	4	3	2	6	1	5A	5A	5B	3	4	3
		학생신문	4	4	2	4	1	5A	3	3	5B	5A	4	3

주1) * 표시의 '3'은 아래 출처(문용린)에서는 'c'로 표시되어 있었는데, 영어원본을 확인하여 수정함.
2) DIT P-지수 계산자에서 5A/5B는 6과 함께 인습이후 단계이므로 같이 처리하여 산정하게 됨.
3) 스토리별로 단계값이 3개이거나 1개밖에 없어도 점수 계산에는 문제가 없음. P-지수 계산은 스토리별 가장 중요한 4개의 판단 기준이 무엇인지 고르는 것을 이용하기 때문임. 개별 항목에 매기는 중요도는 참가자가 주의 깊게 테스트에 응했는지 검증하는 용도로만 사용되고 점수에는 반영되지 않음.

출처: 문용린, 『한국인의 도덕성 발달 진단: 한국판 도덕판단력 검사의 개정 및 재표준화』, 집문당, 2011, p.162; https://arxiv.org/abs/2309.13356 (2025.1.25. 검색); DIT측정과 피드백을 제공해주고 있는 미국 알라바마대학교 근무 한혜민 교수 개별 인터뷰 (2025.1.25.)

탈옥수

어떤 사람이 10년을 감옥살이를 해야 하는데 1년만 살다가 감옥에서 도망을 쳤다. 그리고 다른 지방으로 가서 자기 이름을 바꾸고 8년간 열심히 일해서 큰 부자가 되었다. 부자가 된 그는 양심적으로 회사를 운영하고, 월급도 잘 주고, 가난한 사람을 많이 도와주어 훌륭한 부자로 유명해졌다. 그러던 어느 날 옆집 부인이 이 부자가 감옥에서 도망친 범인이라는 것을 우연히 발견하게 되었다. 그리고 경찰에서는 아직도 그를 체포하려고 열심히 찾고 있다는 사실을 알게 되었다. 부인이 이 부자를 경찰에 신고하면, 경찰은 범인을 잡아서 다시 감옥에 보내게 될 것이다. 그 대신 그 부자의 회사는 망할 것이고, 더 이상 좋은 일을 못하게 될 것이다. 부인은 이 사람을 경찰에 신고해야할지 하지 말아야 할지 망설이고 있다.

(1) 만약 당신이 이 부인의 입장에 놓인다면, 당신은 어떻게 하겠는가?

____① 신고해야한다　　　____② 잘 모르겠다　　　____③ 신고하면 안 된다

(2) 부인이 부자를 신고할까 말까 하는 결정에 다음의 질문들은 어느 정도로 중요한가?

매우 중요 하다 ①	대체로 중요 하다 ②	약간 중요 하다 ③	별로 중요 하지 않다 ④	전혀 중요 하지 않다 ⑤	질　문
					1. 감옥에서 도망친 후 그가 한 8년간의 착한 일은, 그 사람이 나쁜 사람이 아니라는 것을 보여주는데 충분하지 않을까?
					2. 감옥에서 도망쳐도 잡히지 않으면, 감옥에서 도망치려고 하는 범인이 점점 많아지지 않을까?
					3. 벌을 다 받지 않고 감옥에서 도망치는 일은 나쁜 일이 아닐까?
					4. 그 범인은 착한 일을 많이 했으니까 옛날에 법을 어긴 일은 용서받을 수 있지 않을까?
					5. 그 부자를 다시 감옥에 보내게 되면 그 사람이 했던 착한 일을 무시한 것이며, 앞으로 계속해서 착한 일을 하지 못하게 만드는 것은 아닐까?

매우 중요 하다 ①	대체로 중요 하다 ②	약간 중요 하다 ③	별로 중요 하지 않다 ④	전혀 중요 하지 않다 ⑤	질 문
					6. 감옥에서 도망치다가 잡히면 더 큰 벌을 받으니까 도망치지 말아야 하지 않을까?
					7. 그 사람을 다시 감옥으로 보내는 것은 얼마나 인정이 없고 나쁜 것인가?
					8. 만일 신고하지 않으면, 감옥에서 도망치지 않고 끝까지 벌을 받고 있는 다른 범인들에게는 억울한 일이 아닐까?
					9. 이 사실을 알기 전에, 그 부인은 이 범인과 어느 정도 친한 사이였을까?
					10. 이유야 무엇이든 간에 도망친 범인을 신고하는 것은 당연히 해야 할 일이 아닐까?
					11. 한 사람의 생각과 다른 많은 사람의 생각이 다를 때, 사회는 이 문제를 어떻게 해결할까?
					12. 그를 다시 감옥으로 보내는 것은 그 범인을 위해서인가, 아니면 다른 사람들을 위해서인가?

(3) 위의 질문 중에서 중요하다고 생각되는 4개의 질문을 고른 후, 중요한 순서대로 그 질문의 번호를 쓰시오.

1순위	2순위	3순위	4순위

환자의 애원

어느 젊은 여자가 암에 걸려 6개월 밖에 살 수 없게 되었다. 이 암은 그 여자를 너무 아프고 고통스럽게 했다. 너무너무 아파서 그 여자는 정신을 잃기까지 한다. 강한 진통제를 주면 덜 아프게 해줄 수는 있지만, 이것은 너무 강한 것이어서 환자를 오히려 더 빨리 죽게 할 염려가 있었다. 가끔 고통이 멈추었을 때 이 환자는 의사에게 조금 많은 진통제를 주어서 아픔 없이 죽게 해달라고 애원했다. 여자는 너무 아파서 참기도 힘들고 어차피 죽을 것이니까 편안하게 죽도록 도와달라고 의사에게 울면서 부탁했다. 의사는 이 환자의 애원대로 고통 없이 죽을 수 있게 해주어야할지 말아야할지 고민하고 있다.

(1) 만약 당신이 이 의사의 입장에 놓인다면, 당신은 이 환자의 애원을 어떻게 하겠는가?

____① 들어 준다 ____② 잘 모르겠다 ____③ 들어주면 안 된다

(2) 환자의 애원을 들어줄까 말까 하는 결정에 다음의 질문들은 어느 정도로 중요한가?

매우 중요하다 ①	대체로 중요하다 ②	약간 중요하다 ③	별로 중요하지 않다 ④	전혀 중요하지 않다 ⑤	질 문
					1. 환자의 가족들은 어떤 생각을 하고 있을까?
					2. 의사가 아닌 사람이 진통제를 주어서 사람이 죽게 되면 당연히 죄가 되는 것처럼, 의사가 그렇게 해도 똑같이 죄가 되지 않을까?
					3. 사람을 죽이는 일을 하느님이 용서할 수 있을까?
					4. 의사가 실수한 것처럼 일을 꾸며서 환자의 부탁을 들어줄 수도 있지 않을까?
					5. 나라의 법에 스스로 죽고 싶어 하는 사람을 죽지 못하게 할 권리가 있을까?
					6. 일부러 사람을 죽이는 것을 의사가 해서는 안 되는 일이라고 배우지 않았을까?

매우 중요 하다 ①	대체로 중요 하다 ②	약간 중요 하다 ③	별로 중요 하지 않다 ④	전혀 중요 하지 않다 ⑤	질 문
					7. 의사는 환자를 덜 아프게 해주는 일에 신경을 써야 할까, 아니면 다른 사람이 자신을 어떻게 생각할지에 더 신경을 써야 할까?
					8. 사람이 편안하게 죽도록 도와주는 일이 때로는 더 좋은 일이 아닐까?
					9. 오직 하느님만이 사람의 목숨을 살리거나 죽일 수 있는 것이 아닐까?
					10. 의사는 무엇을 가장 중요하게 생각하면서 자신의 일을 해야 할까?
					11. 어떤 사람이 스스로 죽고 싶어 할 때, 법은 그 사람이 스스로 죽는 것을 허락할 수 있을까?
					12. 사회는 자살을 허락하면서, 동시에 살고 싶은 사람들의 생명을 지켜주는 두 가지의 반대되는 일을 잘 할 수 있을까?

(3) 위의 질문 중에서 중요하다고 생각되는 4개의 질문을 고른 후, 중요한 순서대로 그 질문의 번호를 쓰시오.

1순위	2순위	3순위	4순위

[부록 2] MCT 설문지

근로자의 고민

외관상 이유를 알 수 없는 해고 조치 때문에, 일부 공장 근로자들은 매니저가 인터컴을 통해 그의 종업원들을 도청하고, 그것을 정보로 사용한다고 의심하고 있다. 그러나 매니저 측은 이에 대해 공개적으로 강력하게 부정한다. 노조 측은 이러한 혐의가 확증되면 회사에게 불리한 조치가 취해질 것이라고 선언한다. 그런 후 2명의 근로자는 공장의 행정사무실에 무단으로 침투해 들어가서, 근로자들의 주장을 증명해 줄 도청 테이프 사본을 가져간다. 이 내용과 관련하여 아래의 찬성, 반대 두 부분 모두에 표시를 해주세요.

만일 당신이 두 근로자의 행동에 대해 <u>찬성한다고</u> 하였을 때 그것을 얼마나 받아들일 수 있습니까? 어쩌면 그들이 <u>옳다고</u> <u>주장</u>하는 사람도 있을 것입니다.	나는 이 주장을… 받아들일 수 <u>없습니다</u>								받아들일 수 <u>있습니다</u>
	-4	-3	-2	-1	0	1	2	3	4
1. 그들이 회사에 큰 피해를 준 것은 아니기 때문에 받아들일 수 있다. (1)									
2. 회사가 법을 어겼으므로, 법과 질서를 회복하기 위해서라도 두 근로자의 행동은 받아들일 수 있다. (4)									
3. 대부분의 근로자들이 그들의 행동에 찬성하고 만족을 느낄 것이기 때문에 받아들일 수 있다. (3)									
4. 사람들 사이의 신뢰와 개개인의 존엄성이 회사의 복리보다 비중이 더 크기 때문에 받아들일 수 있다. (6)									
5. 회사에서 먼저 부정행위를 저질렀기 때문에, 두 근로자의 부정행위도 납득이 되므로 받아들일 수 있다. (2)									
6. 두 근로자들은 회사 측이 그 어떠한 합법적인 수단도 사용하는 것을 보지 못했으므로, 그들도 본인들이 생각하기에 회사보다는 조금 덜한 죄악이 되는 것을 선택했기 때문에 받아들일 수 있다. (5)									

* 이하 각 셀의 괄호 속의 숫자는 콜버그 도덕발달 단계를 의미함.

만일 당신이 두 근로자의 행동에 대해 반대한다고 하였을 때 그것을 얼마나 받아들일 수 있습니까? 어쩌면 그들이 틀렸다고 주장하는 사람도 있을 것입니다.	나는 이 주장을… 받아들일 수 없습니다								받아들일 수 있습니다
	-4	-3	-2	-1	0	1	2	3	4
7. 만일 두 근로자가 저지른 행위를 따라 모두가 그 같은 행동을 하게되면 사회의 법과 질서는 위험에 노출될 것이기 때문에 반대한다. (4)									
8. 재산 소유권 같은 기초적인 권리를 침해하거나 법적으로 정당화되지 않는 행위를 하는 것은 옳지 않기 때문에 반대한다. (6)									
9. 다른 근로자들로 인하여 자신들이 회사로부터 해고당할 수 있다는 것을 감수하는 것은 현명한 방법이 아니기 때문에 반대한다. (2)									
10. 근로자들은 법적으로 일을 해결하려 하지 않았고 급한 마음에 오히려 법을 위반했기 때문에 반대한다. (5)									
11. 비록 도청을 한다 해도 자기 스스로가 성실하고 정직하다면 굳이 테이프 사본을 훔칠 이유가 없고 도둑질을 할 필요도 없기 때문에 반대한다. (3)									
12. 다른 근로자들의 해고 조치가 두 근로자들에게는 직접적인 영향을 끼치지 않았으므로 테이프를 훔칠 이유가 없었기 때문에 반대한다. (1)									

의사의 고민

한 여성은 암 말기 선고를 받았고, 그녀를 구할 수 있는 어떠한 희망도 없었다. 그녀는 끔찍한 고통에 시달렸고, 너무 허약해져서 모르핀 같은 진통제를 많이 투여할 시 그녀의 죽음을 초래할 수 있는 상태였다. 회복기간 중 그녀는 의사에게 죽을 수 있을 만큼의 모르핀을 투여해 달라고 간청했다. 그녀는 자신이 더 이상 고통을 견뎌낼 수 없고 어차피 몇 주 뒤에 죽을 것이라고 말했다. 의사는 그녀의 간청을 들어주었다. 이 내용과 관련하여 아래의 찬성, 반대 두 부분 모두에 표시를 해주세요

만일 당신이 의사의 행동에 대해 <u>찬성한다고</u> 하였을 때, 그것을 얼마나 받아들일 수 있습니까? 어쩌면 그가 <u>옳다고 주장</u>하는 사람도 있을 것입니다.	**나는 이 주장을…** **받아들일 수 <u>없습니다</u>**								**받아들일 수 <u>있습니다</u>**
	-4	-3	-2	-1	0	1	2	3	4
1. 의사는 그의 양심에 따라 행동해야 한다. 여성의 고통 상태로 보아 삶을 보존해야 한다는 도덕적 의무에 대한 정당성이 상실되었다고 볼 수 있으므로 받아들일 수 있다. (6)									
2. 오직 이 의사만이 그녀의 소원을 충족시켜 줄 수 있는 유일한 존재였고, 동시에 그녀의 소원을 존중한 결과이므로 받아들일 수 있다. (5)									
3. 의사는 단지 여자의 소원을 들어줬을 뿐이고, 그렇기에 그는 안 좋은 결과에 대해서는 염려할 필요가 없으므로 받아들일 수 있다. (1)									
4. 여성은 어차피 암으로 죽을 것이고 의사가 그녀에게 진통제를 과다하게 투여하는 것은 힘든 일이 아니었기 때문에 받아들일 수 있다. (2)									
5. 여성은 구할 수 없는 상태였고 그녀의 고통을 덜어주기 위한 것뿐이므로 의사는 실제로 법을 어긴 것은 아니며 받아들일 수 있다. (4)									
6. 대부분의 그의 동료 의사들도 아마 그와 같은 결정을 내렸을 것이라고 예상되기 때문에 받아들일 수 있다. (3)									

만일 당신이 의사의 행동에 대해 <u>반대한다고</u> 하였을 때, 그것을 얼마나 받아들일 수 있습니까? 어쩌면 그가 <u>틀렸다고 주장</u>하는 사람도 있을 것입니다.	나는 이 주장을… 받아들일 수 없습니다								받아들일 수 있습니다
	-4	-3	-2	-1	0	1	2	3	4
7. 그가 그의 동료의 신념과는 반대로 행동했기 때문이다. 만일 그들이 안락사에 관해 반대하면, 의사는 그것을 해서는 안 된다. (3)									
8. 비록 누군가가 엄청난 고통으로 인해 죽을 것이라고 한다 해도 생명을 지켜야 한다는 의사의 신념에 대한 굳은 믿음을 누군가는 가져야 하기 때문에 받아들일 수 없다. (5)									
9. 생명을 보호하는 것이 모든 사람들의 도덕적 의무이기 때문이다. 우리가 안락사와 살인을 구별하는 것에 대한 명백한 도덕적 기준이 없으므로, 한 사람이 다른 사람의 생명을 직접 끊는 것은 옳지 않기 때문에 받아들일 수 없다. (6)									
10. 의사는 이 일로 인해 처벌을 받을 수도 있기 때문이다. 같은 이유로 인해 이미 많은 사람들이 심한 처벌을 받았으므로 받아들일 수 없다. (1)									
11. 의사가 그녀의 죽음에 개입하지 않고 기다렸더라면 일이 이렇게 복잡해지지는 않았을 것이므로 받아들일 수 없다. (2)									
12. 의사는 법을 어겼기 때문이다. 안락사가 합법적이라 생각되지 않는다면, 그 요청을 들어줘서는 안 되므로 받아들일 수 없다. (4)									

[부록 3] KMCT 설문지

상황 1: 안락사 사례에서 의사의 의사 결정

말기 암 환자 가 반복적으로 안락사에 참여해 달라고 요청했습니다. 의사는 환자의 요청을 이행할지 여부를 결정하고 있습니다.

1. 이 문제가 당신에게 얼마나 중요합니까?

낮은 중요도 ⟵		⟶		높은 중요도
1	2	3	4	5

2. 당신은 의사가 환자의 안락사를 원하는 것을 들어줘야 한다고 생각하십니까?

1) 동의한다 ⇨ 3으로 이동 2) 동의하지 않는다 ⇨ 4로 이동

3. 의사가 환자의 요청을 수락합니다.

※ 의사가 환자의 안락사 요청을 수락할 수 있는 몇 가지 이유는 다음과 같습니다. 각 이유에 얼마나 동의하십니까?	동의하지 않음 ⟵							⟶	동의함
	-4	-3	-2	-1	0	1	2	3	4
1. 환자의 요청이 개인적으로 귀찮기 때문이다. (1)									
2. 공익에 위반되지 않는지 의사는 환자의 요청을 진지하게 고려했다. (5)									
3. 의사 동료들의 의견이 안락사에 강하게 반대하지 않았기 때문이다. (3)									
4. 끝없는 고통에서 벗어나고 싶어하는 환자의 진심어린 요청을 들어주는 것은 인간으로서 옳은 일이기 때문이다. (6)									
5. 안락사를 받아들여도 그 의사의 급여는 줄어들지 않기 때문이다. (2)									
6. 의사가 그 환자의 요청을 수용한다고 해도, 이로 인해 병원을 운영하는 데 문제가 없기 때문이다. (4)									

* 이하 각 셀의 괄호 속의 숫자는 콜버그 도덕발달 단계를 의미함.

4. 의사가 환자의 요청을 수락하지 않습니다.

※ 의사가 환자의 안락사 요청을 수락해서는 안 되는 몇 가지 이유는 다음과 같습니다. 각 이유에 대해 얼마나 동의하십니까?	동의하지 않음 ⟵							⟶ 동의함	
	-4	-3	-2	-1	0	1	2	3	4
1. 인간의 생명을 강제로 빼앗아서는 안 되며, 인간에게 부여된 유일한 생명을 자연적이지 않은 방법으로 끝내서는 안 된다. (6)									
2. 환자의 요청으로 인한 추가적인 스트레스를 회피하기 위해서이다. (1)									
3. 안락사는 단지 환자가 요청했기 때문이 아니라 엄격한 절차와 깊은 고려를 거친 후에만 허용되어야 한다. (5)									
4. 의사가 동료들에게 환자를 죽였다는 말을 듣기를 원하지 않기 때문이다. (3)									
5. 엄청난 고통을 겪고 있는 모든 환자에게 필요에 따라 안락사를 허용한다면, 인간이 고통을 견디는 동안 가끔씩 삶의 의미를 느끼는 것을 방해할 수 있기 때문이다. (4)									
6. 환자에게 안락사를 허용한다고 해서 의사가 얻는 이익은 특별히 없기 때문이다. (2)									

상황 2: 두 직원의 문제

직원 두 명은 회사가 사무실에 감시 카메라를 설치해 직원들의 동의 없이 감시한다는 사실을 기억해냈습니다. 그들은 사무실에 침입해 영상을 훔치고 카메라가 사적인 대화를 도청하는 데 부적절하게 사용되었다는 증거를 수집해 부당 해고 소송을 제기할 생각입니다.

1. 이 문제가 당신에게 얼마나 중요합니까?

낮은 중요도 ←				→ 높은 중요도
1	2	3	4	5

2. 직원들의 결정에 동의하시나요?

1) 동의한다 ⇨ 3으로 이동　　2) 동의하지 않는다 ⇨ 4로 이동

3. 직원들이 침입하여 영상을 훔치기로 결정했습니다.

※ 아래는 두 직원이 침입하여 영상을 훔쳐야 하는 몇 가지 이유입니다. 각 이유에 얼마나 동의하십니까?	동의하지 않음 ←								→ 동의함
	-4	-3	-2	-1	0	1	2	3	4
1. 깊이 생각하고 싶지 않기 때문이다. (1)									
2. 회사 경영진이 직원들의 사생활 대화를 촬영함으로써 직원들과의 관계를 단절했기 때문이다. (4)									
3. 동료들이 그들의 결정을 지지할 것이기 때문이다. (3)									
4. 회사와의 계약을 준수하는 것보다 인권이 보장되는 근무 환경을 누리는 것이 더 중요하기 때문이다. (6)									
5. 직원들은 자신의 이익을 위해 절도 행위를 했다. (2)									
6. 회사 관리자가 감시카메라를 설치한 불법행위는 부당한 행위이며, 회사 규정이나 계약서에 명시되어 있지 않기 때문이다. (5)									

4. 직원들은 침입해서 영상을 훔치지 않기로 결정했습니다.

※ 아래는 두 직원이 침입해서 영상을 훔치면 안 되는 몇 가지 이유입니다. 각 이유에 얼마나 동의하십니까?	동의하지 않음 ⟵							⟶	동의함
	-4	-3	-2	-1	0	1	2	3	4
1. 모든 사람이 이렇게 행동하고 스스로 문제를 해결한다면 직장이 정상적으로 운영되지 않을 것이고 회사 운영에도 피해를 줄 것이다. (4)									
2. 직원이든 회사든 모두의 재산상의 권리는 존중되어야 하기 때문이다. (6)									
3. 영상을 훔치면 얻는 것보다 잃는 것이 더 많기 때문이다. (2)									
4. 절도 행위는 공공의 질서와 안녕을 무너뜨리는 행위이기 때문이다. (5)									
5. 도난과 파괴 행위는 그 행위를 한 직원들을 좋게 보지 않을 것이기 때문이다. (3)									
6. 공연히 이리저리 불려다니는 일이 귀찮기 때문이다. (1)									

상황 3: 다큐멘터리 제작자의 문제

다큐멘터리 제작자가 남극의 펭귄에 대한 촬영을 진행 중입니다. 예상치 못한 눈보라로 펭귄이 몇 일 동안 고립되었고, 기근으로 인해 죽을 위기에 처해 있습니다. 제작자의 팀원들은 펭귄을 돕기 위해 제작자에게 허가를 요청했습니다. 제작자는 팀의 요청을 수락하고 펭귄을 도울지 여부를 결정하고 있습니다.

1. 이 문제가 당신에게 얼마나 중요합니까?

낮은 중요도 ⟵		⟶		높은 중요도
1	2	3	4	5

2. 제작자가 펭귄을 돕자는 팀의 요청을 수락하기를 개인적으로 원하시나요?

1) 동의한다 ⇨ 3으로 이동　　2) 동의하지 않는다 ⇨ 4로 이동

3. 제작자는 펭귄을 돕기로 결정합니다.

※ 아래는 제작자가 펭귄을 돕기로 결정한 몇 가지 이유입니다. 각 이유에 얼마나 동의하십니까?	동의하지 않음 ⟵							⟶	동의함
	-4	-3	-2	-1	0	1	2	3	4
1. 아무 생각없이 그냥 돕는 것이 더 속이 편하기 때문이다. (1)									
2. 제작자는 계획된 기간 내에 다큐멘터리를 촬영할 책임이 있으며, 펭귄을 돕는 것이 촬영을 일정대로 진행하는 데 도움이 되기 때문이다. (5)									
3. 팀원들의 요청을 들어주면 제작자로서 체면이 서는 일이기 때문이다. (3)									
4. 위험에 처한 무력한 생명을 구하는 것은 인간으로서 옳은 일이기 때문이다. (6)									
5. 만약 그 펭귄들이 죽게 된다면 새로운 촬영환경을 조성하는 데 큰 손해를 입게 된다. (2)									
6. 프로젝트를 성공적으로 끝내기 위해서는 팀원들간의 좋은 관계를 유지해야 하기 때문이다. (4)									

4. 제작자는 펭귄을 돕지 않기로 결정했습니다.

※ 제작자가 펭귄들을 돕지 않기로 한 결정을 내릴 수 있는 몇 가지 이유는 다음과 같습니다. 당신은 각 이유에 얼마나 동의합니까?	동의하지 않음 ⟵							⟶	동의함
	-4	-3	-2	-1	0	1	2	3	4
1. 펭귄을 구하는 데 너무 많은 비용이 들 수 있기 때문이다. (2)									
2. 펭귄을 구하지 않으면 팀원들이 에너지를 비축하는 데 도움이 되며, 이는 극한 상황에서 팀원들의 관계를 좋게 유지하는 데 도움이 되기 때문이다. (4)									
3. 어려움에 처한 펭귄들을 당장 돕게 된다면 펭귄들이 혹한의 자연 속에서 장기적인 생존능력을 진화시켜나가는 데 방해가 될 수 있기 때문이다. (6)									
4. 팀원들은 자연의 질서에 개입하면서 촬영해서는 안 된다는 기본원칙을 준수해야 하기 때문이다. (5)									
5. 제작자는 회사로부터 더 높은 평가를 받고 싶기 때문이다. (3)									
6. 더 큰 문제가 발생하면 골치 아프기 때문이다. (1)									

박균열 朴均烈 pgy556@gnu.kr

서울대학교 대학원 교육학 박사(시민윤리)
경상국립대학교 사범대학 윤리교육과 교수
통일부 통일교육위원
한국공공가치학회 회장, 한국윤리학회 부회장
UCLA 한국학센터 방문학자 역임
대한변호사협회 검사평가특별위원회 위원 역임
국방대학교 국가안전보장문제연구소 연구교수(별정4급) 역임
서부사하라 MINURSO 지원 KMU PKO 영어통역장교 역임

주요연구
『도덕적 민주적 역량』(공역), 양서각, 2017.
『한국 군대의 윤리학』, 솔과학, 2019.
『국가윤리교육론』, 철학과현실사, 2005.
『직장생활과 위기관리 윤리』(eBook), e퍼플, 2023.
『말빈 벌코위츠의 PRIMED 인격교육론』(공역), 교육과학사, 2024.

이원봉 李元奉 wonbong8022@hanmail.net

경상국립대학교 대학원 교육학 박사(시민윤리)
고려대학교 대학원 정치학 석사
백석대학교 대학원 목회학 석사(목사 안수)
국방대학교 교수 역임

주요연구
『전쟁과 문명』(공저), 21세기사, 2010.
『도덕 판단력 측정』(공저), ㈜한국학술정보, 2012.

강명진 姜明震 sang3840@daum.net

경상국립대학교 대학원 문학 박사(시민윤리)
통일부 통일교육위원 중앙협의회 운영위원 역임
통일부 통일교육위원

주요연구
『지역사회 통일교육』(공저), ㈜한국학술정보 2012.

김진만 金振晩 kim-jman@hanmail.net

경북대학교 대학원 문학 박사(윤리학)
경상국립대학교 윤리교육과 강사
육군3사관학교 윤리학과 교수 역임
미국 테네시대학 방문학자 역임

주요연구
『국가안보와 군대윤리』, ㈜한국학술정보, 2008.
『직업군인의 윤리학』, 양서각, 2015.

방원석 方元錫 bangws@daum.net

경상국립대학교 대학원 경영학 박사(기업윤리)
경상국립대학교 학술연구교수
미국 국방언어학교(DLI) 수료

주요연구
『직장생활과 윤리적 리더십 핸드북』(공저), 그린, 2024.
"The Source to Creating Competitive Advantage".
"Effect of CSR on Customer Loyalty" 등 논문 다수

임여진 林女眞 bijou0501@naver.com

경상국립대학교 교육학 박사(시민윤리)
해군리더십센터 리더십교수
한국상담학회 해군위원장
한국코치협회 프로코치

주요연구
『한국군 리더십 연구』(공저), 국방대학교, 2009.
『리더십의 정석』(공저), 경찰인재개발원, 2020.
『해군코칭가이드북』, 국군인쇄창, 2020.

성현영 成賢英 shy6028@naver.com

경상국립대학교 교육학 박사(시민윤리)
경상국립대학교 윤리교육과 강사
(사)한국인성교육협회 전문강사
경남 장애인종합복지관 음악치료사 역임

주요연구
『북한의 정치와 사회』(공저), 경상국립대학교출판부, 20
『직장생활과 윤리적 리더십 핸드북』(공저), 그린, 2024.

전찬영 田讚榮 marinepride@hanmail.net

경상국립대학교 대학원 박사수료(시민윤리)
해군리더십센터 교육부장 겸 정책담당
대한민국 해군 청해진함 부함장 역임
대한민국 해군 진해기지사령부 정보참모 역임
한미연합사 해상작전장교 역임

주요연구
『북한의 정치와 사회』(공저), 경상국립대학교출판부, 2

평화·사상과 통일의 길 개정증보 2판

초판 1쇄 발행 • 2017년 8월 28일
증보판 1쇄 발행 • 2020년 11월 6일
개정증보 2판 1쇄 발행 • 2025년 2월 20일

지은이 박균열, 이원봉, 강명진, 김진만, 방원석, 임여진, 성현영, 전찬영
펴낸이 권진회
부장 김경민
팀장 김성중
편집 이가람
디자인 이희은

펴낸곳 경상국립대학교출판부 | 출판등록 1989년 1월 7일 제16호
주소 경남 진주시 진주대로 501
전화번호 055) 772-0801(편집), 0802(디자인), 0803(도서 주문)
팩스 055) 772-0809
전자우편 gspress@gnu.ac.kr
홈페이지 gspress.gnu.ac.kr
페이스북 www.facebook.com/gnupub
ISBN 978-89-6257-402-9